U0856189

广西社会科学年鉴

GUANGXI SHEHUIKESUE NIANJIAN

2003

《广西社会科学年鉴》编辑部编辑

方　志　出　版　社　出　版

图书在版编目(CIP)数据

广西社会科学年鉴·2003/《广西社会科学年鉴》编辑部编.—北京:方志出版社,2003.11
ISBN 7-80192-083-X

I.广... II.广... III.社会科学—广西—2003—年鉴 IV.C126.7—54

中国版本图书馆CIP数据核字(2003)第100122号

广西社会科学年鉴
2003

编　　者:《广西社会科学年鉴》编辑部
责任编辑: 何明忠

出版发行: 方 志 出 版 社
(北京市建国门内大街5号中国社会科学院大楼12层)
邮编　100732
网址　http://www.fzph.org
邮箱　zbsh@fzph.org
经　　销: 新华书店总店北京发行所
印　　刷: 广西壮族自治区民族印刷厂

开　　本: 787×1092　1/16
印　　张: 15.5
字　　数: 513千字
版　　次: 2003年11月第1版　2003年11月第1次印刷
印　　数: 0001—2000册

ISBN 7-80192-083-X/K·63　　定价:80.00元

编 辑 说 明

一、《广西社会科学年鉴》是中共广西壮族自治区委员会宣传部主管、广西壮族自治区社会科学界联合会主办的地方专业年鉴。它以反映广西社会科学的发展状况、学术动态等为任务，旨在为社会各界提供有关广西社会科学界的基本情况和基本资料，为繁荣发展社会科学事业服务，为促进社会主义物质文明、政治文明和精神文明建设服务。

二、本年鉴以马列主义、毛泽东思想、邓小平理论和"三个代表"重要思想为指导，坚持党的基本路线，坚持解放思想、实事求是、与时俱进和"双百方针"，追求年鉴的科学性、客观性和实用性。

三、本年鉴从2003年起逐年编纂出版。本卷年鉴着重记述2002年发生的事情和收入相关资料，但作为创刊号，卷中部分内容适当追溯历史，并收录一些历时性资料。

四、本卷年鉴的主要栏目有：特载、学习宣传贯彻中共十六大精神、概况、学术动态、科研成果、科研机构、学术团体、社会科学期刊、人物、大事记和附录。年鉴中的动态信息一般分为三个层次，并作条目化处理；其他文献和信息资料一般分为两个层次。内容层次的设置，完全为便于读者阅读和检索，并表示类目、分目、条目之间的层次关系，但不反映严格的科学分类体系，科研机构、学术团体及其他单位的排序一般也不表示其地位和规模。

五、作为资料性工具书，本年鉴内容资料的选题选材和编排，条目的内容要素和记述程序等，都按照既定的体例有所规范。为方便读者阅读、检索，还配备双重检索系统：书前刊有详细目录，书后配有索引。

六、由于资料采集不易和成书时间仓促，本卷年鉴难免疏漏和不足，欢迎各界读者批评指正，我们将在今后的编辑工作中竭力改进。

本年鉴在策划、组稿、编辑加工过程中，得到有关领导机关、协办单位和广大社会科学工作者的大力支持，谨表示衷心感谢！

广西社会科学年鉴编纂委员会

主　任　邹善康

副主任　周国丰　庞汉生　许家康

委　员　(以姓氏笔划为序)

玉丕民　阳国亮　何龙群　张　敦　张瑞枝

李海荣　杨伟嘉　庞隆昌　黄　铮　黄宗炎

蓝日基

主　编　许家康

副主编　梁培林　刘　俊

《广西社会科学年鉴》编辑部

主　任　王庐云

副主任　袁梅花

责任编辑　梁培林　刘　俊　王庐云　袁梅花　梁双慰

装祯设计　刘唐雄　黄振华

特约撰稿人名单

（以文稿刊出先后为序）

李秋果　吕朝辉　杨清林　廖子良　吴弘晖　蒙春梅　黄如猛　黄泉熙　曾　东　林卓群
黄　山　黄建华　朱家安　黄民权　张　军　赵明龙　杜朝由　朱光葳　李顺九　李建平
黄燕熙　唐　凌　陈青青　唐玉云　王惠文　江书中　韦梅权　李彩林　陈成业　郑垂耀
梁富林　吴庆生　赵少钦　黄永宁　黄正亮　黄伟立　莫平华　张永平　黄红星　陆冬梅
李世泽　覃洁贞　梁贯珍　张绍森　吴　毅　杨炳忠　李海阳　胡任农　练日贵　刘承勇
晏源源　施均显　刘旭金　田　维　赵凌雪　顾乐真　廖明君　张　捷　陈慧杰　周道容
吴中任　谢　新　龙凤英　陈　刚　黄选高　黄伟漳　邹荣林　郑　莉　李欣广　唐红祥
谢沛善　彭志光　邵　捷　陈学璞　黄筱娜　蒋英菊　李登明　陶建义　林　海　黄文季
王永兴　梁柯林　梁　娟　雷冠中　陆进强　任浩明　莫河东　滕盛勒　蔡昭祚　唐德海
马佳宏　唐　鹏　黄成授　卢巧燕　韦勇强　陶建平　李　波　赵芬兰　陈雪霞　龚维玲
刘秀玲　周华楣　黎莉萍　苏妙英　李朔冬　徐管康　卢炤岳　严小良　邵广华　刘　政
黄朝阳　梁汉弟　申君贵　何立荣　曹　方　林屹培　姚　华　吕永权　沈小春　黄　承
钟凯林　覃祖强　林智荣　韦秀康　陈欣德　陈家柳　沈　瑜　尹会仙　莫飞勇　黄健湛
覃国生　陈丽琴　陆　萤　肖永孜　刘东燕　凌云志　梁积汉　麦永雄　萧晓玲　徐继旺
张叔宁　王祥俊　黄伟林　张明非　韦家朝　刘上扶　陈海伦　徐书业　肖映霞　邓超斌
李文红　陈弢弘　李　剑　秦宏毅　秦少卿　黄学之　蒋椆媛　何光耀　苏长高　吴盛光
何朝红　宋开祝　唐万峰　郭其奎　江彦舟　梁卓平　郑朝燊　谭　漪　张　涛　周　健
陈会龙　李亦芝　薛文钰　农耕之　刘　彬　甘士显　钟　蔚　雷　坚　黄振南　杨东甫
陈魁元　蒙　湘　李泰城　叶润青　周　仪　贺祥麟　卢美楷　李昆荞　唐莉莉　蒋承雄
龙润忠　罗宗志　李　文　覃卓凡　邹　伟　黄洪波　马良清　梁少英　洪芳春　黄　飙
王建设　吴　晖　刘彩芬　郭　晋　陆　嵘　刘文俊　刘　波　林志杰　黄招扬　郑信芳
谢明俊　蒋明智　刘　琳　何翠芬　马仕生　黄怡鹏　陈新建　孙可庸　李运宁　黄晓伟
梁文杰　卢明德　赵　杰　何述强　覃勇荣　石青竹　杨丽娜　韦国友　连云凯　谭泽松
赵海东　陈耀爵　苏一策　丘　虎　吴宛芝　李小燕　吴双平　梁　扬　戴进伟　覃彩銮
陈彦桦　廖胜林　李国君　甘　驰

桂林集琦药业股份有限公司

以制药业为主，以基因药物和天然药物的研究、生产及经营为主要发展方向，以“汇集英才、致力健康”为使命的国家重点高新技术制药企业。拥有12家控股子公司和1家参股公司，资产总额10.27亿元。

公司拥有精良的硬件设施，科技园占地15.3公顷，主要生产线设备全部从德国引进，达到国际先进、国内一流的水平。拥有年产8亿片片剂、1亿粒胶囊、200吨颗粒剂、1000万瓶滴眼剂、2亿粒软胶囊等5条生产线。

公司具有雄厚的科研开发实力，公司博士后工作站是国家人事部授予的科研工作站，专门从事基因药物、天然药物、化学药物前沿技术的研究开发。公司与中国军事医学科学院、第二军医大学、第四军医大学、沈阳药科大学、中国农业大学、北京理工大学、中山大学、华南理工大学建立技术合作关系，成立专业合作科研机构，成功开发多个国内领先的科研项目。

公司坚持“客户为本，服务至上”的营销理念，构建覆盖全国300个城市、4000家医院、上万家药店及十几个国家和地区的营销网络，组成有1000多名成员的年轻化、知识化、专业化的销售团队。

公司将努力培育核心能力和品牌优势，力争到2005年成为中国制药行业的骨干企业。

DAEWOO

桂林大宇

GDW6122W1

桂林大宇客车有限公司是1994年桂林客车工业集团与韩国大宇合资组建的客车生产企业。主要生产经营中、高档的大、中、轻型公路客车，城市公交车和豪华旅游客车，已开发出10个系列100余种车型，产品涵盖大、中、轻型，高、中、普档，达到年产5000辆客车的生产能力。公司构建了“以用户为关注焦点”的质量保障体系，于2002年在同行业率先获得ISO9001:2000版的认证。2003年5月首批获得由中国质量认证中心颁发的“3C”认证证书。公司在各地开设18个办事处，在各大中城市均设立特约维修中心和配件代理店。是交通部的重点客车生产企业。

公司地址：桂林市象山区净瓶路10号
联系电话：0773-3626220 3626202
传真电话：0773-3626199 3605961
网　　址：http://www.gldaewoo.com

GDW6120K

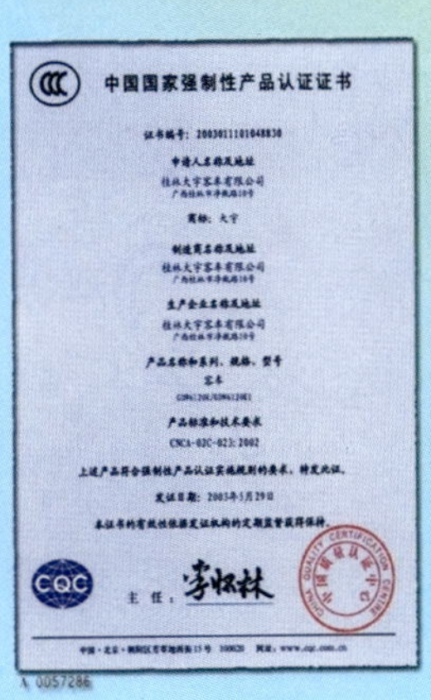

GDW6900E

桂林大宇客车有限公司

GUILIN DAEWOO BUS CO., LTD.

桂林市邮政局

辖12个县邮政局，有支局、所193个。

1998年邮电分营时，桂林邮政亏损6013万元，欠银行贷款4917万元，全员劳动生产率仅为人均4.5万元。自分营以来，桂林邮政员工冲破绿色围墙，走向市场。至2001年，实现扭亏目标，还清银行贷款，上缴利润619万元。2002年，桂林邮政业务收入达到1.23亿元，实现利润750.1万元，全员劳动生产率10.11万元。

党委书记、局长文顺月

2002年2月投入使用的桂林邮政通信指挥调度中心大楼，总建筑面积1.2万平方米，是桂林市中山路标志性建筑物

2002年10月，桂林邮政物流有限责任公司代理娃哈哈系列产品在桂林的总经销

桂林邮政彩扩中心按柯达公司2003年亚洲VDSI标准装修后于3月22日重新开业。这是国内第2家按此标准装修的柯达彩扩店。图为重新开业剪彩仪式

Guilin Tebon Superhard Materials Co.,Ltd

桂林特邦新材料有限公司

桂林特邦新材料有限公司（原桂林漓江特种材料有限责任公司），是一家专门从事超硬材料及其制品的产品开发、生产、检测、销售的高新技术企业。公司前身为桂林矿产地质研究院试验厂，已有30多年的历史。由公司组建的国家特种矿物材料工程技术研究中心，为企业产品创新和可持续发展创造了有利的条件。

公司实行多品牌经营战略，产品主要有：立方氮化硼复合片及刀具，人造金刚石系列单晶、聚晶，金刚石绳锯、薄壁钻，激光焊接锯片，圆锯片、条锯、钻头、磨盘、磨轮，扩孔器，及水热法合成宝石晶体等。产品性能、质量居国内领先水平，销往全国各地并出口美国、印度、澳大利亚、台湾、香港等近十个国家和地区，产品出口额占总产值的30%以上。

公司秉承团结、诚信、创新、发展的企业精神，坚持客户第一、市场先导的经营理念，持续创新，追求卓越，以质量为本，打造优质品牌，充分满足顾客期望。

董事长：吕智

总经理：谢志刚

地址：广西桂林市漓江路18号 邮编：541004

网址：www.china-diamondtool.com

电话：0773-5835409　5839815

传真：0773-5812310

E-mail:TEBON@china-diamondtool.com，

sales@china-diamondtool.com

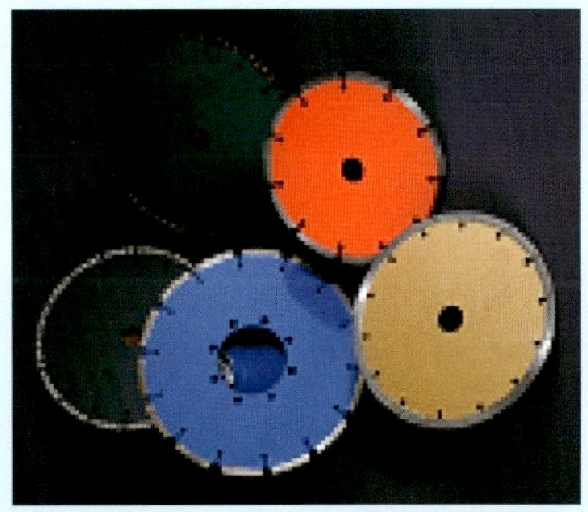

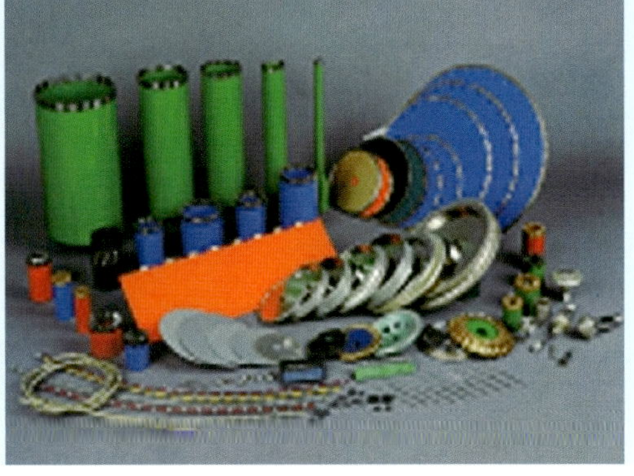

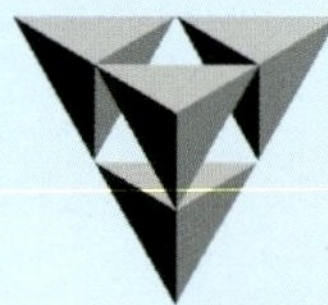

桂林创源金刚石有限公司

Champion Union

桂林创源金刚石有限公司系桂林特邦新材料有限公司（国家特种矿物材料工程技术研究中心）、创源（香港）发展有限公司、桂林矿产地质研究院共同兴办的科技型企业。2002年通过ISO9001:2000质量管理体系认证。

公司的业务范围是开发、生产及销售加工玻璃、宝石等使用的人造金刚石工具。

公司在全国建立销售网络，以高品质的产品、及时的供货和竭诚的服务来满足新老顾客的期望。

Add:广西桂林市漓江路18号 P.C:541004
Tel:0773-5825220 5839694
Fax:0773-5831553
E-mail:chuangyuan@gl.gx.cninfo.net
http://www.rigm.ac.cn

桂林娃哈哈食品有限公司

杭州娃哈哈集团有限公司为中国最大饮料企业，2002年饮料产销量323.2万吨,比上年增长29%,占全国饮料总产量的16%,实现销售收入88亿元,利税17亿元,在浙江以外的24个省市建有32个生产基地和40家子公司。

桂林娃哈哈食品有限公司是由法国达能公司、杭州娃哈哈集团有限公司和桂林郎臣饮料有限公司合资成立的三资企业，总投资额2500万美元，外方主要合作方是世界500强企业之一的法国达能公司。公司占地5.06公顷,有员工110多人。拥有从美国、意大利、德国进口的具有世界先进水平的全自动化生产线4条，主要生产果汁饮料、瓶装纯净水、桶装纯净水，并将生产含气软饮料、易拉罐功能饮料等娃哈哈系列产品。

2001年4月，桂林娃哈哈食品有限公司建成投产。当年完成产值1.3亿元,利税1400多万元,实现当年投产当年见效的良好业绩。2002年，公司更上一层楼,实现产值1.86亿元,利税2600多万元。先后获得桂林市技术进步先进企业、桂林市优秀经营单位、广西消费者放心产品等荣誉称号。

设备先进的水处理中心

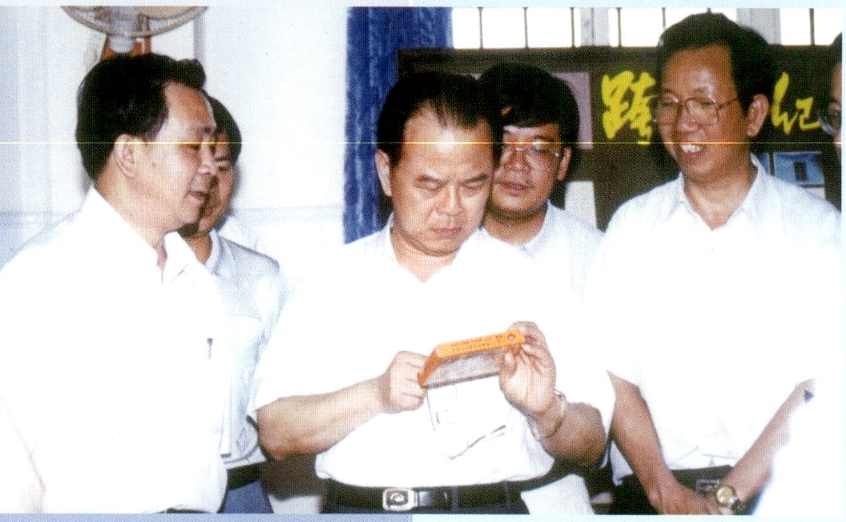

自治区党委书记曹伯纯（中）视察源安堂

广西源安堂药业有限公司

北有同仁堂，南有源安堂。

“源安堂”既是该公司的名称，也是著名商标。“源远流长，安民济世，堂堂正正，造福人类”是公司立业之本，发展之基，强盛之源。悬壶济沧海，兴业惠万民；奉献源安堂心血，但愿世间人安康，是源安堂的经营宗旨和奋斗目标。

源安堂的崛起，经历了沧海桑田的变迁。在莫兆钦董事长的带领下，源安堂人靠改革、靠精神、靠创新、靠行动，几度风雨酬壮志，千年古方出正药。“肤阴洁”复方岗松洗液、“肤阴洁”复方黄松洗液、“肤阴洁”复方黄松湿巾、银胡抗感合剂、肠胃散、银胡感冒散和朱虎化瘀酊，七个拥有自主知识产权的国药，用中草药精提炼制而成，改变了传统中草药黑、大、粗的老面孔，疗效确切，使用安全、方便，展现了中华民族国粹风采，深受广大消费者的欢迎。

十年奋斗，源安堂从小到大，从弱到强，从一间资产不到100万元的小厂，发展成为拥有洗剂、湿巾、散剂、酊剂等4个剂型生产车间和生产线（均达到GMP标准），总资产逾亿元，职工1000余人（其中有职称的专业技术人员83人），设计年产能力10亿元以上的现代化制药企业，广西医药行业先进单位，广西纳税大户，广西农业产业化经营组织先进单位，全国明星企业。

莫兆钦董事长（右）接受湖南卫视“乡村发现”栏目记者采访

设备先进的药瓶生产车间

生产车间

公司外景

玉林电视台

成立于1993年10月。2001年7月与玉林有线电视台合并。设8个部室，职工130人，其中具有中级以上专业技术职务资格的28人。拥有3个频道（新闻综合频道、都市频道、知识频道），信号覆盖人口约1800万，每天播出时间超过30小时。

以新闻立台、专题强台、技术护台为宗旨，凝聚全台力量，大胆改革，勇于创新，管理水平及节目质量不断提高，每年被中央电视台、广西电视台采用的新闻、专题稿件超过400条，获奖近20项。硬件设施进一步完善，采、编、播设备实现数字化。

地址：玉林市广电路1号
邮编：537000
电话：0775-2680560

1999年落成的玉林广播电视中心

“玉林新闻”现场报道

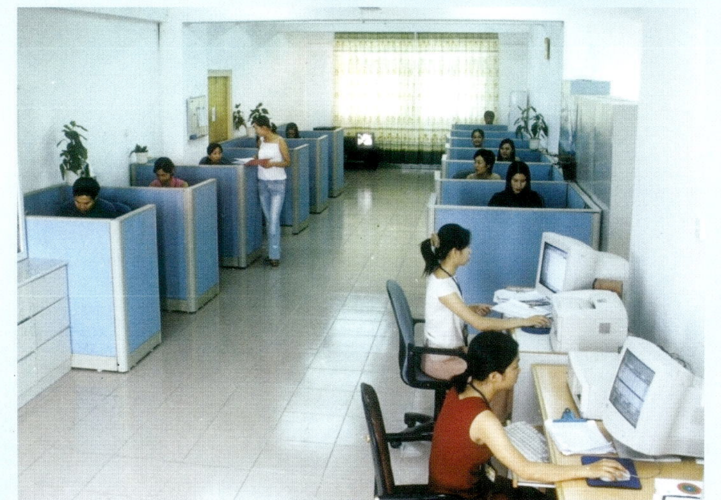

广电中心办公区

位于桂东南第一高峰大容山(海拔1275米)的发射基地

院领导班子：党委副书记周国萍（左一），院长、党委书记官英勇（左二），副院长邓海波（右二）、刘明

玉林市第一人民医院

始建于1938年1月，座落在玉林市中心。医院占地9.6万平方米，建筑面积13.3万平方米，其中医疗用房6.9万平方米，固定资产1.7亿元。2002年末有职工1042人，其中具有高级专业技术职务资格的69人，中级360人。是广西医科大学第六附属医院和第六临床医学院。

新中国成立后，尤其是改革开放以来，玉林市第一人民医院进入了历史上最好的发展时期。至20世纪90年代，已发展成为桂东南地区一所集医疗、急救、科研、教学、预防、康复保健于一体的大型综合性医院，全国500家大型医院之一。经卫生部、世界卫生组织（WHO）分别审定为三级甲等医院、国家级爱婴医院、国际紧急救援中心网络医院。设有脑外科医院1个，门诊部3个，研究所（室）5个，治疗中心8个，医技科室14个，临床科室26个，护理单元32个；开放病床650张。年门诊量65万人次，出院病人1.8万人次，开展手术6000多例。

医院拥有核磁共振仪、全身CT、2000型超声乳化仪、惠普5500型多普勒诊断仪、C臂数字成影机等260多台（套）国内外高、精、尖的医疗仪器设备，为医护人员施展才华提供了良好条件。

医院学科齐全，具有较高的综合诊疗水平。尤其心血管内科、胸心外科、神经内外科、骨科、急诊科、新生儿科等，对各类急症、疑难病的救治均具有比较丰富的经验。能开展断肢（指）再植术、肾移植术、经皮穿刺球囊二尖瓣扩张术、冠状动脉造影术、冠状动脉成形+冠脉内支架术、射频消融术、非体外循环冠脉搭桥术、脑血管畸形及急性脑血栓形成的介入放射治疗、听神经瘤切除、巨大脑膜瘤切除术，各种肌皮瓣、骨瓣移植，腹腔镜及宫腔镜手术等。近几年来，医院承担科研课题100多项，通过科研成果鉴定62项，其中获国家级科研成果奖3项（合作），省级10项，市（厅）级科技成果奖50多项。医护人员在国家级医学杂志发表论文500多篇，省级医学杂志发表论文1000多篇。

20世纪80年代以来，医院不断派出专家和骨干到国内外考察、进修，参加学术会议，与20多家国内外大医院建立友好合作关系。

该院参加2002年全国护理新知识、新技术竞赛荣获一等奖。护理部主任陈照坤（右二）及选手与中华护理学会理事长王春生（右三）等专家在颁奖仪式上合影

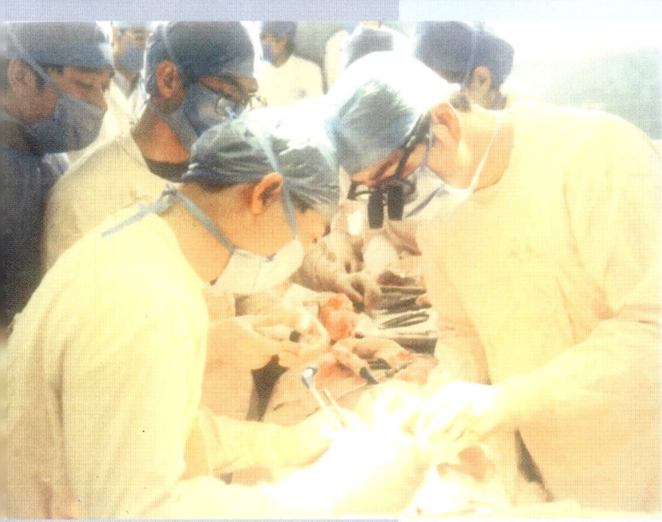

非体外循环下行冠状动脉搭桥术，自1999年1月开展至今，已完成100多例

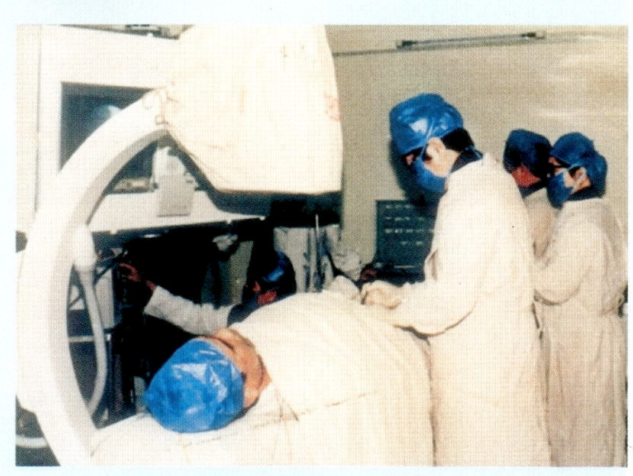

医院介入治疗中心已成功开展心脏介入治疗2500多例，其中完成冠脉成形+冠脉内支架术400多例。图为医师为患者进行介入治疗

设施先进的医院住院大楼，2002年12月落成。楼高17层，建筑面积3.4万平方米，设有病床1000多张

那桐华侨工业区

那桐华侨工业区中心大道动工仪式

那桐华侨工业区位于隆安县那桐镇浪湾华侨农场，距南宁市中心40公里，距县城20公里。规划占地20平方公里。区内学校、医院、金融、电信、供电、供水等设施齐全。南百二级公路、那桐至大新二级公路、南昆铁路、南百高速公路（在建）、那桐至武鸣三级公路和右江过境。通过加大招商引资工作力度，出台优惠政策，优化投资环境，已有年产10万吨高纯度酒精厂，广西福斯银冶炼厂、年产30万吨生物饲料厂等多家企业落户该区。

隆安县

位于广西西南部。辖6个镇和6个乡，行政区域面积2277平方公里，人口36.87万。2002年实现国内生产总值10.89亿元，其中第一产业增加值6.26亿元，第二产业增加值2.4亿元，第三产业增加值2.23亿元；财政收入1.13亿元；全社会固定资产投资完成额3.06亿元；城乡居民年末储蓄存款余额7.22亿元。隆安县靠近自治区首府南宁市，交通方便，资源丰富，环境优美。主要旅游景区（点）有龙虎山和榜山文塔。著名地方产品有板栗、桂圆、荔枝、红瓜子等。

自治区党委常委、南宁市委书记李纪恒在县委书记温守荣、县长唐波文陪同下视察隆安县城

隆安板栗2002年获国家林业局优质板栗称号

自治区级旅游景点龙虎山

横县科丰菌业有限公司

技术培训

双鲍蘑菇

喜收竹荪

科、工、贸一体化的民营科技型企业。位于横县校椅镇国家级星火密集区内，南宁至广州高速公路旁，距南宁市75公里，距广州市580公里。交通、通信十分便利。

公司占地3.8公顷，建筑面积2.5万平方米，拥有全空调的制种生产车间和冷藏车间。现有科技人员15人，其中具有高级专业技术职务资格的2人、中级6人、初级7人。公司与广西大学、广西农科院、桂林南方食用菌研究所结成长期紧密型联系，与横县校椅、云表等5个乡镇的农户签订长期农业合同，并与国内外多家客商签订长期供销合同。采用“公司+研究所+基地+农户”的经营管理模式，利用液体菌种技术进行食用菌产业化开发。生产磨菇、姬松茸、木耳等10多种干鲜系列产品，年产各类优质菌种500万袋以上，并开展食用菌产业技术培训、技术咨询服务。是广西较大的微生物科技企业。

联系人

余世强：办公电话0771--7112166
手　机：13878728886
王　健：BP：127--1571834
手　机：13907735509
邓建辉：办公电话0771--7110081
手　机：13014910939
BP　机：8998426739

主要产品

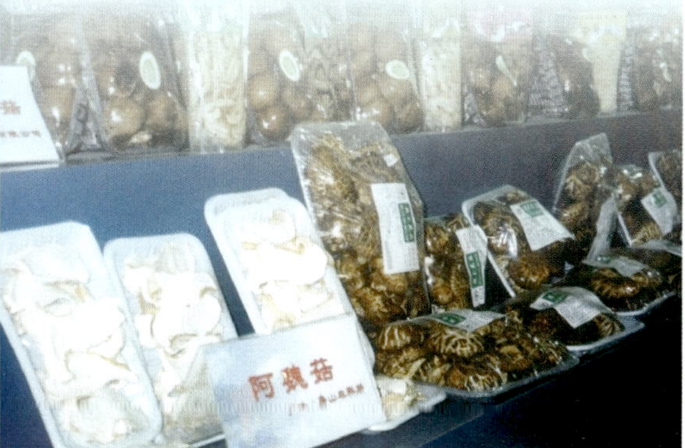

北流市农业局

北流市农业局曾为北流的水稻高产，率先在广西实现亩产吨谷市做出了重大贡献。现在以内强素质、外树形象为载体，牢牢树立服务与管理的观念，努力发展北流农业和农村经济。积极推广应用水稻免耕抛秧技术。2003年推广面积达2万公顷，居玉林市首位。优质稻推广面积达4.33万公顷，占双季稻的82%。农业结构调整取得突破性进展，潮菜、法国豆、冬红薯、马铃薯、蘑菇等生产基地逐渐形成，花卉、名优水果种植方兴未艾。农业企业异军突起，有8家农业企业被评为玉林市农业龙头企业。农村经济合作组织的建立，扩大了农产品生产和销售渠道。农业向标准化、无公害产业化转变，加快了北流农业现代化进程。

局长李品林在检查水稻生长情况

技术人员在管理珍珠番石榴

北流市山围镇花卉生产基地

免耕优质稻示范基地

协办单位介绍

玉林市农业科学研究所

始建于1955年10月，隶属自治区农业厅和广西农科院。1971年后隶属玉林地区农业局。1997年玉林撤地设市后改名为玉林市农业科学研究所。现有在编人员130人，其中高级农艺师12人，农艺师26人。设有粮食作物研究室、蔬菜研究室、植物保护研究室、栽培研究室、土壤肥料研究室、经济作物研究室、食用菌研究室和国家级农作物区域试验站。建所近50年来，一直承担国家、自治区、玉林市科研项目，共取得科研成果131项，其中国家级20项，省部级38项，地厅级73项。发表学术论文、论著385篇（种）。水稻育种是该所的强项，20世纪60年代选育出“包胎矮”、“包选2号”等水稻新品种，在华南稻作区推广种植1330多万公顷，增产稻谷70多亿公斤，分别获国家科学大会和广西科学大会奖；70年代参加全国“籼型杂交水稻”优势利用研究获国家特等发明奖，为中国杂交水稻三系配套作出了重大贡献。“八五”时期以来，育成水稻新品种（组合）21个，其中汕优玉83、特优18、特优216、博优175、博优212、培杂266、早桂1号均获得自治区科技进步奖，累计推广面积633万公顷，为玉林市实现吨粮田市以及广西乃至全国的粮食生产发展作出了重大贡献。选育出玉优一号苦瓜、玉丰一号苦瓜、甜脆豌豆、珠绿青花菜等蔬菜品种并大面积推广，取得显著的社会经济效益。1995年以来，坚持解放思想、实事求是，坚持以科研为主、多业并举的方针，实行科研与开发相结合，开展经营创收，每年经济创收100万元以上，确保科研工作顺利开展。2000年建成花园式单位；2001年分别被评为全国标兵农科所、广西文明庭院、玉林市美化绿化先进单位。多年被自治区农业厅评为先进单位。

自治区农业厅厅长张明沛（左一）和玉林市副市长吕坚（右一）及市农业局局长甘承会（右二）到该所观光园检查指导工作

所长莫振茂（右一）陪同玉林市委副书记庞汉生（左二）、玉林市副市长吕坚（右二）考察该所现代农业观光园

副所长容林熙（左一）、陈耀福（右一）陪同自治区农业厅副厅长郑恒受深入该所科研田间检查指导

选育的水稻新品种早桂一号获广西科技进步二等奖

选育的玉优一号丝瓜

局领导班子：党组书记、局长吕汉江（中），副局长苏合勋（右二）、陈家辉（左二）、余家振（右一）、欧盛新（左一）

玉林市国土资源局

积极推行经营性土地招标、拍卖、挂牌出让制度。图为吕汉江局长主持玉林市江南区商贸用地挂牌出让仪式，该宗地出让面积35.16公顷，成交出让金2.27亿元，比挂牌起始价高出1亿多元

近年来，玉林市国土资源局围绕国有土地管理工作的重点，依法行政，阳光作业，从源头上构筑起反腐败的大堤，国土资源管理基础工作，尤其是国土资源有形市场建设工作取得突破性进展，逐渐走出一条廉洁高效的国土资源管理新路子。

理论创新 开展"加强国有土地资产管理"、"三个创新"、"创新与整治"三个专题学习教育活动，在全市国土资源管理系统进行"土地二重性"大讨论，提出"认识市场、走进市场、拥有市场"的国土资源管理新理念，促进了国土资源管理方式的根本转变。

制度创新 积极推行体制创新。一是建立广西第一家有形土地市场，变革供地方式，创下广西至今为止招标拍卖挂牌出让地块成交金额最大（2.27亿元）的记录。二是工作机制创新。建立一种将公开与承诺相结合，直接与限时相结合，服务与监督相结合的新型工作机制和窗口服务制，打破过去由一个人包干到底的旧的工作机制。在窗口建立工作职责、人员守则、工作程序、办事时限等7个规章制度。把对外服务部门集中在玉林市房地产交易大厅办公，设定规范程序，精简审批环节，简化办事手续，规定办事时限，接受社会监督，将"受理"与"承办"分离，实行"一个窗口进出"的外部运转机制和各负其责协同作战的内部运作机制，工作效率提高。

科技创新 构筑电子政务阳光行政平台。2001年建立玉林市国土资源管理网络中心，各项业务工作流程编程纳入局域网，实现土地登记、抵押、查封和地价评估、资料查询、业务限时督办等网络化管理。在玉林市房地产交易大厅，通过等离子显示器、电子触摸屏、LED显示系统向社会公布土地供应信息和挂牌交易信息，自觉将政府部门的行政行为置于社会公众的监督之下。

2002年9月12日，自治区国土资源厅、自治区纪委在玉林召开国土资源有形市场建设现场会；10月27日，国土资源部、监察部联合检查组到玉林检查时，冷宏志组长对玉林市国土资源有形市场建设给予充分肯定。该局2001年以来，曾获全国国土资产管理工作先进单位、全国基本农田保护工作先进单位等称号。

玉林市房地产交易大厅推行窗口办文、阳光作业制度。图为群众到交易大厅办事情景

坚持依法行政，积极开展创建土地执法模范县活动。市属陆川县被评为全国土地执法模范县。图为陆川县政府领导在全国土地执法模范县授牌仪式上

重视矿产资源的合理利用和规划管理，制定《玉林市矿产资源总体规划》。图为矿产资源总体规划评审会

规范土地市场，经营性土地使用权入市招标拍卖、挂牌出让已走上正轨。图为玉林市国土资源局举行拍卖会的一个场面

重视基本农田保护工作，采取有力措施保护耕地，全市基本农田保护率达到85%以上。图为基本农田保护区标志牌之一

抓好土地整理开垦工作，保证耕地总量动态平衡。图为玉林市土地开垦整理作业现场

玉林市蚕种场

玉林市蚕种场是集蚕业技术推广、桑蚕良种繁育、蚕业产业一体化经营、蚕业产品综合开发利用于一体的综合性经济实体，多次被自治区农业厅评为先进单位。有职工100多人，其中专业技术人员占60%。主要产品有蚕种、蚕茧、丝棉被、保健酒等。该场生产的蚕种各项指标均超过自治区标准，深受用户青睐。年产蚕种15万张，其中30%销往国际市场，其余销往江苏、浙江、重庆、四川、广东等省市。近年研究开发的保健品——益元酒和虫草雄蛾酒，具有抗疲劳、免疫调节等功能，市场前景广阔。

场　　址：广西玉林市人民东路116号
（东郊汽车总站旁）
场　　长：廖华珍
联系电话：0775-2699606　2684576
传　　真：0775-2672101

中共玉林市委书记
高雄到场检查指导工作

该场生产的蚕种、
蚕茧、丝棉被等产品

该场新研制开发的保健品——益元酒和虫草雄蛾酒

廖华珍场长和商本庆副场长在参加首届东南亚（南宁）农业博览会专场洽谈会后留影

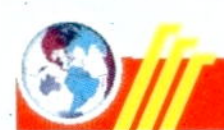

广西全州湘山酒厂

国家中型一档企业。位于风景秀丽的广西桂林北部古城——全州城东，湘江、灌江、万乡河三江交汇处，交通、通信十分方便。全州自古是鱼米之乡，米质特优，以大米为原料的酿酒业源远流长。湘山酒厂继承和发扬一千多年米酒酿造传统经验，集民间酿造工艺之大成，不断提高技艺，更新设备，采用先进技术，年产酒近万吨，质量上乘。主导产品55%（V/V）湘山酒是广西名酒，连续五次评为国家优质酒；湘山酒系列、湘山粮液系列、湘山醇系列是广西名酒；金稻米酒、桂青酒是广西优质酒。产品行销全国，远销海外。企业连续十多年被评为广西经济效益最佳企业。

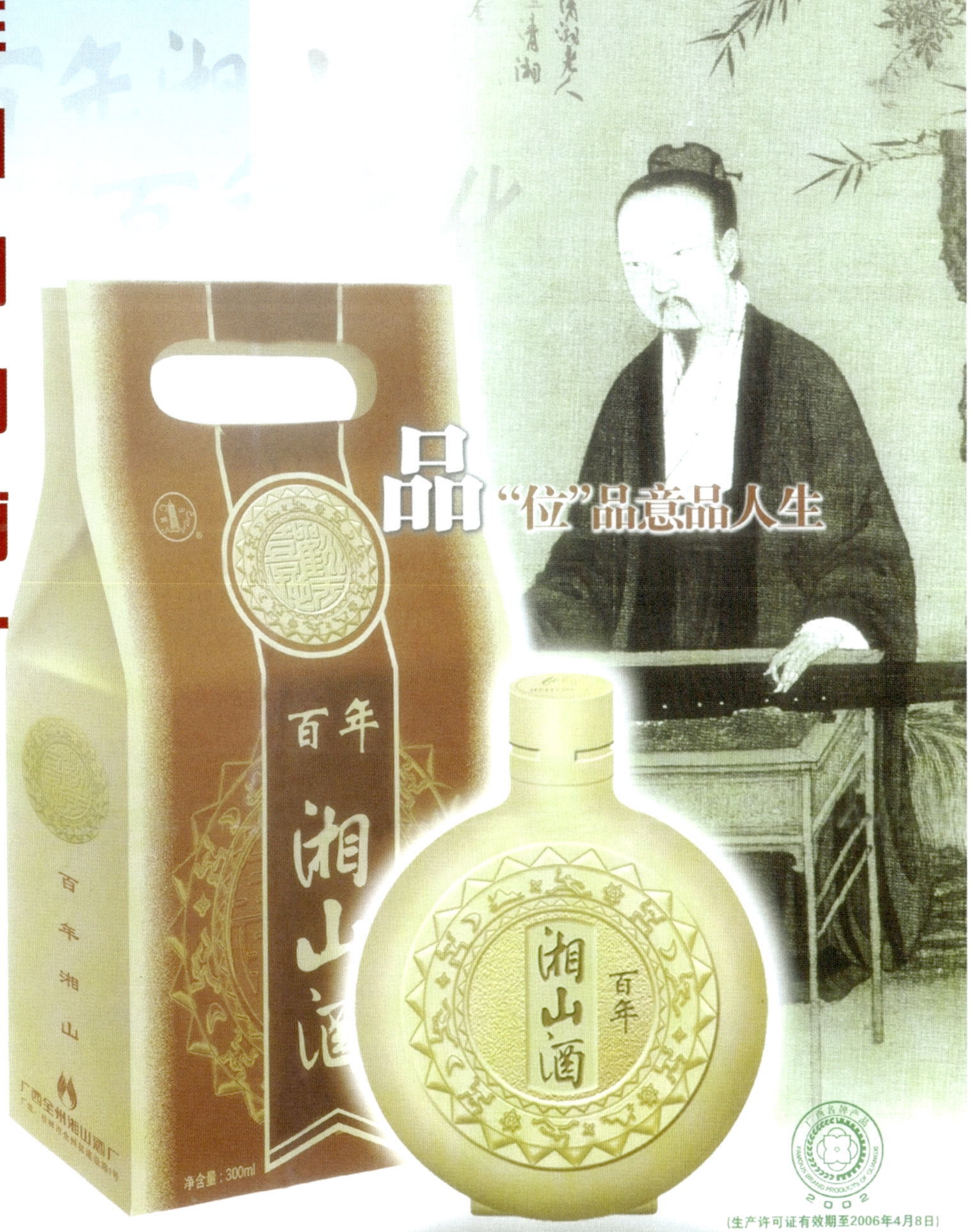

（生产许可证有效期至2006年4月8日）

广西全州湘山酒厂

厂址：桂林市全州县建设路1号

中国农业银行广西分行

中国农业银行直属一级分行。1979年恢复设立。经过24年艰苦创业，已发展成为资金实力雄厚、经营品种繁多、服务功能齐全、网络优势突出的国有独资商业银行。

中国农业银行广西分行本着“明礼诚信、奋勇争先、高效廉洁、文明办行”的宗旨，牢固树立“以市场为导向，以客户为中心，以效益为目标”的商业银行经营理念，为广西经济和社会发展提供全方位、多功能、高效率的金融服务。在支持广西经济发展的同时，银行的各项业务也有长足发展。截至2003年9月底，各项存款余额684亿元，各项贷款余额518亿元，存、贷款增量均居广西同业首位。

中国农业银行广西分行金融产品丰富，达233种，其中人民币贷款类金融产品75种，人民币存款类金融产品32种，外汇类金融产品35种，中间业务类金融产品91种。为适应社会发展和客户的需要，农业银行相继推出金穗借记卡、金穗信用卡、通汇宝、银证通、银保通、债市通、西联汇款、边贸结算、“金钥匙”消费信贷、票据贴现等品牌产品，推出个人综合授信和个人信用评级、个人理财、个人黄金买卖、可循环使用信用、公开统一授信、活期存款账户透支、应收账款融资、代理销售开放式基金、记账式国债柜台交易等新业务，较好地满足了广大客户多样化的金融服务需求。

中国农业银行广西分行大力创新服务手段，提升服务功能，构建全行网络运行体系，遍布广西城乡的1100多个营业网点实现电脑化、数字化、网络化、信息化；适时推出金融超市、自助银行、95599电话银行、网上银行、企业银行等新型金融服务和特色服务，打造互联网时代企业、个人理财的新模式，为社会各界提供快捷便利、优质高效的金融服务。

一流的形象

一流的科技

一流的产品

一流的效率

广西保险学会

1986年成立。2002年末有团体会员8个，个人会员300人，其中具有高级专业技术职务资格的100人。会长吴芬，常务副秘书长陈成业。

学会成立17年来，始终坚持办会宗旨，广泛开展理论研讨活动，大力普及保险理论和分保险知识，为发展保险业服务。

会刊《广西保险》是一块丰产的保险理论园地，曾被评为广西社科联系统优秀期刊。学会利用这块园地，结合保险市场的实际，组织开展理论研究，收获颇丰。

学会第四次会员代表大会

邀请中国人民银行研究生部教授、原中国保险学会副秘书长叶奕德（右）到南宁讲学

学会编辑出版的部分书籍和期刊

2002年8月8日，在融水召开理论研讨会

广西金融学会

1987年成立。2002年末有团体会员29个。理事会有理事97人，其中常务理事31人。会长李明初，秘书长龙刚家。

学会组织机构健全，学术活动经常开展，金融理论与实务研讨卓有成效。多次获广西社会科学先进学会称号。

会刊《广西金融研究》是广西金融系统惟一全国公开发行的期刊，自1979年创刊到2002年12月，累计出刊350期。

目　录

特　载

学习宣传贯彻中共十六大精神

概　况

学术动态

科研成果

科研机构

学术团体

社会科学期刊

人　物

大　事　记

附　录

索　引

特　　载

江泽民在北戴河发表重要讲话强调：社会科学和自然科学同样重要

2001年8月7日，江泽民、朱镕基、胡锦涛、李岚清等党和国家领导人在北戴河亲切会见了部分国防科技专家和社会科学专家，并同他们进行了座谈。

在认真听取了专家们的发言后，江泽民发表了重要讲话。他指出，在党的80年的奋斗历程中，知识分子发挥了极为重要的作用。我国知识分子队伍不断壮大，从解放前不足5万人，发展到目前已有3000多万人。在党的领导下，广大知识分子在工业、农业、国防、科技、教育、文化、卫生等各条战线上，为我国的经济发展和社会进步作出了重大贡献。特别是党的十一届三中全会以来，广大知识分子焕发出空前的积极性和创造性。科技工作者瞄准国际前沿，勇攀科技高峰，在高新技术领域取得了一大批具有自主知识产权、接近和达到国际先进水平的成果，并在工农业、国防等领域广泛应用，推动了我国经济实力、科技实力、国防实力的增强。哲学社会科学领域的广大知识分子，勇于探索和实践，拥护和宣传党的基本理论、基本路线、基本纲领，从中国的实际出发深入研究党和国家事业发展中的重大战略问题，为两个文明建设、为党和政府的政策，提出了重要理论成果和建议，作出了积极的贡献。

江泽民强调，要实现现代化建设的宏伟目标和中华民族的伟大复兴，必须进一步发挥知识分子的作用。广大知识分子作为工人阶级的一部分，要认清自己肩负的历史使命，努力为我国先进生产力和先进文化的发展，为实现和发展最广大人民的根本利益，继续贡献自己的力量。

江泽民指出，加强哲学社会科学研究，对党和人民事业的发展极为重要。一个民族要兴旺发达，要屹立于世界民族之林，不能没有创新的理论思维。这是人类文明发展史给人们的一个重要启示。哲学社会科学，是人们认识世界、改造世界的重要工具，是推动历史发展和社会进步的重要力量。哲学社会科学的研究能力和成果，也是综合国力的重要组成部分。在认识和改造世界的过程中，哲学社会科学与自然科学同样重要；培养高水平的哲学社会科学家，与培养高水平的自然科学家同样重要；提高全民族的哲学社会科学素质，与提高全民族的自然科学素质同样重要；任用好哲学社会科学人才并充分发挥他们的作用，与任用好自然科学人才并发挥他们的作用同样重要。我们实施科教兴国战略，包括自然科学和社会科学两个方面。哲学社会科学工作者与自然科学工作者要互相学习，优势互补，密切合作，共同进步。

江泽民强调，哲学社会科学工作者要坚持理论联系实际，注重研究全局性、前瞻性、战略性的重大课题，促进理论创新、制度创新、科技创新的蓬勃进行。要始终坚持以马列主义、毛泽东思想、邓小平理论为指导，坚持科学的世界观和方法论。要立足国情，立足当代，与时俱进，开拓创新，以深入研究重大现实问题为主攻方向，从改革开放和现代化建设的实践中获取理论创新的深厚源泉和强大动力，准确把握当今世界的发展趋势，深刻认识当代中国经济社会发展的规律。坚持解放思想、实事求是，追求真理，淡泊名利。坚持百花齐放、百家争鸣的方针，努力营造良好的学术研究环境，支持学术繁荣、发展。要在促进改革开放和现代化建设的实践中，在为党和政府科学决策的服务中，推进哲学社会科学事业。我国哲学社会科学事业的发展，需要造就一批用马克思主义武装起来、立足中国、面向世界、学贯中西的思想家和理论家，造就一批理论功底扎实、勇于开拓创新的学科带头人，造就一批年富力强、政治和业务素质良好、锐意进取的青年理论骨干。在各级党委和政府的领导下，各教育部门、宣传部门、组织人事部门和各高等院校、党校、哲学社会科学研究机构等，要相互配合，共同努力，进一步形成良好的哲学社会科学人才培养激励机制，促进哲学社会科学优秀人才不断成长。

江泽民在考察中国人民大学时强调：大力促进社科事业发展繁荣

2002年4月28日，江泽民考察中国人民大学并与师生代表进行座谈。在听取了师生们的发言后，江泽民作了重要讲话。他首先代表党中央、国务院，向中国人民大学的全体师生员工，向全国高等院校的师生员工和广大教育工作者致以诚挚的问候。他衷心祝愿中国人民大学在新世纪创造新的成就，为祖国、为人民、为社会主义现代化建设做出更大的贡献，成为以人文社会科学为主的世界知名的一流大学。

江泽民说，去年八月，他在北戴河与国防科技和社会科学专家座谈时强调了哲学社会科学的重要性，指出哲学社会科学与自然科学同样重要，培养高水平的哲学社会科学家与培养高水平的自然科学家同样重要，提高全民族的哲学社会科学素质与提高全民族的自然科学素质同样重要，任用好哲学社会科学人才并充分发挥他们的作用与任用好自然科学人才并充分发挥他们的作用同样重要。对这“四个同样重要”，大家都很认同，现在的关键在于落实。

江泽民说，哲学社会科学，主要是帮助人们解决世界观、人生观、价值观，解决理论认识和科学思维，解决对社会发展、社会管理规律的认识和运用的科学。掌握必备的哲学社会科学知识，对于人们正确认识纷繁复杂的社会现象，提高道德素养和精神境界是十分重要的，对于领导干部特别是高级干部学会讲政治、懂全局，驾驭复杂形势、研究战略策略、提高领导水平更是十分重要的。各级党委和政府要关心哲学社会科学的发展，积极创造支持科学探索、鼓励学术创新的社会环境和学术氛围。

江泽民在讲话中对我国广大哲学社会科学工作者提出五点希望：

希望大家增强创新意识，在推动理论创新、制度创新、科技创新方面不断取得新的成绩。与时俱进是马克思主义的理论品质，也是我国哲学社会科学保持蓬勃活力的重要保证。哲学社会科学工作者应适应变化着的时代条件，积极进行创造性的理论探索，努力为推动理论和实践的发展作出自己的贡献。

希望大家深入改革开放和现代化建设的实践，努力对全局性、战略性、前瞻性的重大课题作出科学的理论回答。尤其要注重对人民群众创造的新鲜经验进行科学总结和理论概括，不断深化对当代中国经济社会发展规律的认识，为党和政府的决策服务，为改革开放和现代化建设服务。

希望大家既立足中国又面向世界，努力继承和弘扬中华民族的优秀文化，积极学习借鉴各国人民创造的有益文化成果。中华文化博大精深，为人类文明进步作出了不朽的贡献，我们应结合时代精神加以继承和发展。同时，我们要拓展眼光，积极吸取人类文明的一切优秀成果。只有这样，我们才能更好地建设有中国特色社会主义文化。

希望大家坚持严谨治学、实事求是、民主求实的学风。要甘于寂寞，淡泊名利，力戒浮躁，潜心钻研；要认真读书，多思慎思，关注现实世界，注重学术积累；要厚积薄发，出精品，出上品；要加强团结、和谐合作，在学术研究中相互切磋，共同进步。要不断研究和提高教学质量，特别要加强基础课程和重点学科的建设。古人说：“经师易遇，人师难遭”。大学的老师要做传授知识的“经师”，更要做善于育人的“人师”，以自己良好的思想和道德风范去影响和培养学生。

希望大家坚持用马克思主义的立场、观点和方法来指导哲学社会科学的发展。是否体现了中国先进生产力的发展要求、中国先进文化的前进方向和中国最广大人民的根本利益，是衡量我国哲学社会科学性质、方向和水平的根本尺度。广大哲学社会科学工作者要不断增强贯彻“三个代表”要求的自觉性和坚定性。

江泽民最后说，我们正处在社会主义改革开放和现代化建设的伟大时代。在这样一个时代，哲学社会科学是大有作为的。全国哲学社会科学战线的广大同志们，要肩负起历史重任，勤奋工作，与时俱进，为我国哲学社会科学的发展和繁荣，为中华民族的伟大复兴谱写新的篇章。

江泽民在考察中国社会科学院时发表重要讲话

2002年7月16日，中共中央总书记、国家主席、中央军委主席江泽民来到中国社会科学院考察工作，与专家学者们座谈。在认真听取大家的发言后，江泽民发表了重要讲话。江泽民首先代表党中央、国务院，向全体同志，向全国哲学社会科学工作者，表示诚挚的问候。

江泽民强调，建设有中国特色社会主义这项前无古人的伟大事业，要求我们必须建设一支强大的哲学社会科学队伍，中央也需要掌握一支从事哲学社会科学研究的专门队伍。中国社会科学院是中央直接领导的国家哲学社会科学研究机构，在哲学社会科学研究方面肩负着重要职责。面对新世纪的新形势和新任务，我们一定要办好中国社会科学院。

江泽民指出，要推进改革开放和现代化建设，要把建设有中国特色社会主义事业不断推向前进，就必须深入了解社会，不仅要深入了解中国社会，还要全面了解世界这个大社会；不仅要了解社会发展的历史，而且更重要的是要研究当今社会发展的现实问题。这就需要我们加强理论研究和理论创新，加强哲学、经济学、政治学、国际政治和经济、法学、历史学、民族学、新闻学、人口学、社会学、文学、语言学、考古学等各学科的研究。要大力加强对各门传统学科的研究，大力加强对各门新兴学科和交叉学科的研究，大力加强各门学科的理论和体系的建设，大力加强各门学科的方法和手段的建设。在科学技术迅速发展的今天，哲学社会科学尤其要加强对信息技术等先进手段的运用。要努力使我国哲学社会科学的发展成为我们正确认识世界和改造世界，推动理论创新和先进文化发展，促进党和国家决策的科学化民主化，推进改革开放和现代化建设的重要力量。我国哲学社会科学界要努力担负起认识世界、传承文明、创新理论、咨政育人、服务社会的职责。

江泽民对加强哲学社会科学建设提出了五点要求。第一，要坚持以马克思主义为指导。这是我国哲学社会科学沿着正确方向健康发展的根本保证。坚持以马克思主义为指导，最重要的是要善于把马克思主义的基本原理同中国的实际相结合，不断推进马克思主义的中国化，在实践中丰富和发展马克思主义。第二，要坚持解放思想、实事求是。只有坚持解放思想，实事求是，与时俱进，我国哲学社会科学才能蓬勃发展、充满活力。要加强对全局性、前瞻性、战略性重大理论和实践问题的研究，在研究和解决重大课题的过程中推动哲学社会科学和学科的发展。要深入实践，深入群众，既立足中国实际，又放眼世界大势，努力从人民群众广阔而丰富的实践中提炼研究题材，汲取思想养分，提出真知灼见，创造学术精品，为国家发展和民族振兴服务。第三，要坚持“二为”方向和“双百”方针。哲学社会科学研究应坚持为人民服务、为社会主义服务的方向，坚持“百花齐放，百家争鸣”的方针，提倡理论创新和知识创新，鼓励大胆探索，在实践中不断认识真理、服从真理、发展真理，努力建设具有中国特色、中国风格、中国气派的哲学社会科学。第四，要坚持优良的学风。要坚持严谨而不保守，活跃而不轻浮，锐意创新而不哗众取宠，追求真理而不追逐名利。做人、做事、做学问相统一，是中华民族的优良传统。只有坚持老老实实地做人，踏踏实实地做事，扎扎实实地做学问，才能成为一名对祖国和人民有贡献的学问家。第五，要坚持和改善党对哲学社会科学事业的领导。各级党委和政府都要加强对哲学社会科学研究工作的领导，加大支持力度，同时要认真研究和把握哲学社会科学研究工作的规律，改进领导方式，不断提高领导水平。要全面落实党的知识分子政策，尊重知识、尊重人才，充分调动广大哲学社会科学工作者的积极性、主动性和创造性，认真听取他们的意见和建议，重视他们的研究成果，关心他们的学习、工作和生活，做他们的知心朋友，为加快发展哲学社会科学多办实事。

江泽民强调，当今世界的人才竞争是全方位的，不仅包括领导人才、科技人才、管理人才的竞争，也包括文化人才的竞争，当然也就包括哲学社会科学人才的竞争。名级党委和政府，各组织人事部门、宣传部门、教育部门和各哲学社会科学研究机构、高等院校、党校等等，要共同努力，进一步形成哲学社会科学人才培养、激励、选拔和任用的良好机制，促进哲学社会科学优秀人才茁壮成长。各级领导干部尤其是主要负责同志，既要具有比较丰富的自然科学知识，又要具有比较丰富的社会科学知识，这样才能够善于讲政治，善于驾驭复杂局势，从宏观上把握社会主义现代化建设的规律，不断提高决策和领导水平。

江泽民最后指出，在推进社会主义现代化建设和实现中华民族的伟大复兴的历史进程中，我国哲学社会科学任重道远，大有可为。希望全国哲学社会科学界的同志们团结奋斗，开拓创新，为加快发展我国的哲学社会科学，为建设有中国特色社会主义事业不断做出新的贡献。

在国家社会科学基金项目优秀成果颁奖大会上的讲话

胡锦涛

（1999年9月23日）

在新中国成立五十周年纪念日即将来临之际，中共中央宣传部、全国哲学社会科学规划领导小组召开大会，表彰和奖励国家社会科学基金项目的优秀成果，这是很有意义的。党和国家对发展哲学社会科学事业非常重视，并寄予殷切期望。我代表党中央和国务院，向获奖的专家学者表示热烈的祝贺！向全国哲学社会科学工作者致以亲切的问候！

我国是一个历史悠久、具有丰富文化底蕴的国家。我国的哲学思想和灿烂文化对中华民族和世界文明的发展作出过重大贡献。新中国成立后，在中国共产党的领导下，全国的哲学社会科学事业走上了以马克思主义为指导的发展道路，在社会主义建设中发挥了十分重要的作用。

党的十一届三中全会以来，我国哲学社会科学进入了新的发展时期，出现了新的繁荣局面。广大哲学社会科学工作者，坚持以马克思列宁主义、毛泽东思想和邓小平理论为指导，坚持为建设有中国特色社会主义事业服务、为党和政府决策服务的方向，努力研究改革开放和社会主义现代化建设提出的理论和实践问题，在社会主义初级阶段、社会主义改革开放理论、社会主义市场经济理论、社会主义民主法制建设理论和社会主义精神文明建设理论等的确立和发展，在新时期党的基本路线和各项重大方针政策的形成和宣传等方面，都作出了重要的贡献。

在这二十年中，哲学社会科学各学科的建设也取得了显著成绩。基础研究、应用研究、对策研究都有新的重大进展，产生了一批具有时代特点、颇有影响的优秀成果，涌现出了一批功底扎实、富有创新精神的学科带头人，壮大了哲学社会科学工作者队伍。哲学社会科学的新发展，伴随着改革开放和现代化建设阔步前进和历程。这二十年，是我国哲学社会科学研究工作充满生机和活力的二十年，也是取得丰硕成果的二十年。

我们正处在世纪之交，中国和世界的发展都进入了一个重要时期。面对国际国内形势的发展变化，需要我们从时代特点和当代中国的实际出发，深入探讨、准确把握和正确回答我国及世界发展所面临的重大问题。因而也就需要我们进一步拓展哲学社会科学的视野和领域，形成新思想、新观点、新方法、新学科，把哲学社会科学的研究推上新的水平和新的境界，使面向二十一世纪的中国哲学社会科学事业有一个大发展。这样才能为我国的改革开放和社会主义现代化建设，为中华民族的全面振兴和人类进步事业作出更大的贡献。这是中国哲学社会科学工作者的崇高历史使命。

为了完成这一使命，必须认真总结我国哲学社会科学发展的历史，继续探索哲学社会科学的发展规律。经过长期的实践，我们党已经形成了关于繁荣哲学社会科学的正确方针和政策，也积累了许多经验，这是继续推进我国哲学社会科学事业的重要保证。

坚持马克思列宁主义、毛泽东思想、邓小平理论的指导地位，是发展我国哲学社会科学的根本，决定着我国哲学社会科学的性质和方向。马克思主义的基本原理特别是它的世界观和方法论，是我们认识世界和改造世界的强大思想武器。哲学社会科学的一切学科和领域，都必须坚持以马克思主义为指导，决不能搞指导思想上的多元化。唯有如此，才能保证哲学社会科学发展的正确方向。毛泽东思想是马克思列宁主义基本原理与中国革命和建设的具体实践相结合的产物。邓小平理论是毛泽东思想在新的历史条件下的继承和发展，是把马克思主义同当代中国实践和时代特征结合起来的科学理论，是当代中国的马克思主义，是马克思主义在中国发展的新阶段。实践证明，坚持毛泽东思想和邓小平理论对我国哲学社会科学的指导地位，我国的哲学社会科学事业才能具有中国特色，才能更好地为我们的改革开放和社会主义现代化建设服务。

当然，坚持以马克思主义为指导，决不是教条式地搬用，或者脱离实际地从马克思主义一般原理去作抽象推论，或者用它的个别结论去代替具体的科学研究，而是要深刻领会它的精神实质，善于运用它的立场、观点、方法去指导具体的社会科学研究及其学科建设。广大哲学社会科学工作者一定要认真学习马克思列宁主义、毛泽东思想和邓小平理论，用以武装自己的头脑，牢固确立正确的世界观、人生观和价值观，真正掌握和运用好辩证唯物主义与历史唯物主义。

在改革开放和现代化建设的发展进程中，必然会提出许多重大的理论和实践问题，研究和解决这些问题，应该成为我国哲学社会科学的主攻方向。努力为建设有中国特色社会主义事业、为党和政府的决策提供智力支持和理论服务，科学地总结中国人民历史创造活动的经验并把它们上升为理论，应该成为全国广大哲学社会科学工作者的一个最基本的任务。当前，我国改革开放进入攻坚阶段，发展处于关键时期。由于经济成分和经济利益的多样化，社会生活方式的多样化，社会组织的多样化，社会岗位和就业形式的多样化，新情况新问题大量涌现，迫切地需要我们去研究。同时，还要通过深入研究和广泛宣传，帮助人们划清在一些重大原则问题上的理论和政治是非界限，提高思想政治水平。在国际上，经济全球化趋势日益明显，综合国力的竞争日趋激烈，科技进步日新月异，知识经济初见端倪，霸权主义和强权政治仍然存在，西方敌对势力对我国实施"西化"、"分化"的政治战略没有也不会改变。这种国际经济政治形势，对我国的发展会带来一些什么样的影响，我们应该如何把握复杂多变的国际环境，抓住机遇，加快发展，使我国在国际竞争和国际斗争中立于不败之地，并在国际事务中发挥更大的作用，也都需要我们以新的研究、新的成果作出回答。所有这些，都对哲学社会科学提出了新的课题和新的要求。

哲学社会科学发展的最深厚的源泉和最强大的动力是人民群众的社会实践。哲学社会科学只有在正确回答国内外重大理论问题和现实问题中发挥了应有的作用，才能体现自身的重要价值和理论力量。衡量我国哲学社会科学研究工作成效大小的一个重要标志，是看它在何种程度上提供了符合我国社会主义初级阶段实际、有利于推动社会主义现代化建设、促进决策民主化科学化、维护广大人民群众根本利益的成果。广大哲学社会科学工作者在研究工作中必须坚持理论联系实际的马克思主义学风，以我国改革开放和现代化建设的实际问题、以我们正在做的事情为中心，着眼于马克思主义理论的运用，着眼于对实际问题的理论思考，着眼于新的实践和新的发展。广大哲学社会科学工作者一定要深入改革和建设的第一线，从亿万人民群众的伟大创造中汲取营养，认真总结实践中的新经验和新创造，积极探索有中国特色社会主义经济、政治、文化的发展规律，并从经济、政治、科技、教育、文化、民族、军事、外交、统一战线、党的建设等各个方面，进一步加强理论与实际紧密结合的研究，创造性地运用和发展哲学社会科学各个学科和领域的理论与知识。同时，要重视基础研究，加强重点学科和新兴、边缘、交叉学科的建设，全面地发展哲学社会科学。

"百花齐放、百家争鸣"，是发展繁荣我国哲学社会科学事业的正确方针。哲学社会科学的发展需要有一个民主、团结和相互探讨的良好氛围。在坚持四项基本原则的前提下，要充分发扬学术民主，鼓励自由讨论，鼓励不同学派、不同学术观点的相互切磋和争鸣，提倡同志式的、充分说理的批评和反批评。这是探索真理、发展科学的必要条件。只有学术空气活跃起来，形成百家争鸣的局面，才有利于新思想、新观点、新学科的产生和发展，才有利于形成和保持哲学社会科学的繁荣局面。在贯彻"双百"方针的过程中，要注意区分学术问题与政治问题的界限，不要把一般的学术问题当成政治问题，也不要把政治问题当作一般的学术问题。学术问题的研究和讨论没有禁区，政治理论包括党的方针政策的宣传要有纪律。

解放思想，实事求是，大胆探索，勇于创新，是发展哲学社会科学的内在要求和必由之路。江泽民同志指出："创新是一个民族的灵魂"，"科学精神的精髓是求实创新"。马克思主义和整个哲学社会科学的发展史说明，理论上的每一个重大发展，无不是突破创新的结果。而这种突破创新，应是大胆探索与实事求是的统一。只有紧密结合新的时代特征，在实践中继续丰富和创造性地发展马克思主义理论，才能更好地坚持马克思主义的指导地位。只有在实践的基础上努力开创哲学社会科学发展的新境界，才能推动这一事业不断走向繁荣。广大哲学社会科学工作者一定要坚持解放思想、实事求是的思想路线，打破思想禁锢，防止教条主义，提倡大胆探索，鼓励锐意创新。探索与创新是同继承与借鉴不可分割的。我们要密切联系中国和世界的发展提出的重大问题，吸收借鉴中华民族的优秀文化成果和人类所创造的一切文明成果。坚持贯彻古为今用、洋为中用的方针，反对食古不化和食洋不化，要尊重和支持广大哲学社会科学工作者在研究中进行的艰苦的创造性劳动。

积极探索和建立符合社会科学发展规律、与社会主义市场经济体制相协调的科研及其管理体制，是发展社会科学事业的重要条件。这种新体制，应有利于哲学社会科学工作者的积极性、创造性的充分发挥和优秀成果、优秀人才的脱颖而出；有利于研究方法、研究手段的改进和多学科的协同攻关及新研究领域的开辟；有利于基础研究、应用研究、对策研究的相互协调和共同推进；有利于社会科学研究成果的转化推广和社科研究资金的筹集。要大力深化改革，切实解决科研机构重复设置，条块分割，“大而全、小而全”，人浮于事，低水平重复研究等问题。要加强对哲学社会科学事业的宏观引导、规划和管理，采取有效措施搞好国家社科研究重大项目和中长期科研规划。通过上述努力，使我们的哲学社会科学事业形成良好的发展机制。

邓小平同志指出：“科学技术是第一生产力。”科学包括自然科学和社会科学。二者犹如车之两轮，鸟之两翼，同等重要。只有密切配合，相互结合，科学才能全面发展和进步。发展社会科学，是我国科教兴国战略的重要组成部分。

江泽民总书记指出：“积极发展哲学社会科学，这对于坚持马克思主义在我国意识形态领域的指导地位，对于探索有中国特色社会主义的发展规律，增强我们认识世界、改造世界的能力，有着重要意义”。哲学社会科学的发展水平和繁荣程度，是一个民族的综合素质和文化力量的重要体现和标志。积极发展哲学社会科学是全党和全社会的重要任务。各级党委和政府要充分认识发展哲学社会科学的重大意义，加强对哲学社会科学事业的领导，加大对哲学社会科学研究的投入，加强哲学社会科学队伍的建设，关心哲学社会科学工作者的工作和生活。希望社会各界都来支持我国的哲学社会科学事业的发展。

同志们，在建设有中国特色社会主义的伟大时代，广大哲学社会科学工作者是大有可为的。希望同志们进一步增强政治意识、大局意识、服务意识、创新意识，以高度的责任感和使命感，敬业奉献，严谨治学，团结协作，开拓进取，多出成果，多出人才。让我们在以江泽民同志为核心的党中央领导下，高举邓小平理论伟大旗帜，坚持党的基本路线，认真贯彻十五大精神，为哲学社会科学的发展和繁荣，为把建设有中国特色社会主义事业全面推向二十一世纪而努力奋斗！

在广西第七次社会科学优秀成果颁奖大会暨广西社科界迎春茶话会上的讲话

自治区党委副书记　马庆生

（2002年2月5日）

刚刚过去的2001年，是我们跨进新世纪的第一年，也是我们实施“十五”计划和现代化建设第三步战略部署的第一年。而今年，也将是我们党和国家历史上非常重要的一年。在这个辞旧迎新、继往开来的时刻，广西社会科学界的250多名代表欢聚一堂，我代表自治区党委和政府，向广西第七次社会科学优秀成果评奖获奖作者表示祝贺！向在座的各位并通过你们向全区社会科学工作者致以亲切的慰问！

过去的一年，我们牢牢把握加快发展这个主题，紧紧抓住西部大开发的机遇，大力推进经济结构战略性调整，加快工业化、城镇化步伐，深化改革，扩大开放，促进发展，实现了“十五”计划和西部大开发的良好开局。过去的一年，我区社会经济发展主要预期目标基本实现，经济整体运行态势良好。初步统计，全区完成国内生产总值2231.2亿元，比上年增长8.2%；财政收入260亿元，增长18.2%；全社会固定资产投资完成731.1亿元，增长10.8%；经济结构调整取得新进展，工业化、城镇化稳步推进；农业结构调整继续向优化的方向发展，优质和特色农产品加快发展；重大项目建设取得突破性进展，全年新开工重大项目31项，龙滩水电站、百色水利枢纽、平果氧化铝二期工程等国家重点工程开工建设，西南公路出海通道广西段全线通车；科技、教育加快发展，社会事业全面进步，精神文明建设取得新成绩，民主法制建设进一步加强。这些成就的取得，是全区各族人民共同奋斗的结果，我们社会科学工作者也付出了辛勤的劳动。

过去的一年，广西社科界继续高举邓小平理论伟大旗帜，深入学习、领会、贯彻江泽民同志“三个代表”重要思想，紧紧围绕改革开放和社会主义现代化建设中的热点、难点和疑点问题，组织开展学术研讨活动，产生了一大批优秀成果。社会科学研究机构和专家、学者致力于社会科学知识的宣传、普及和提高，为落实党的路线、方针、政策，为揭批“法轮功”、破除封建迷信，为提高全社会全民族的文化素质作出了积极的贡献。在此，我代表区党委和政府向全区社会科学工作者表示衷心的感谢！

今年是我们党和国家历史上非常重要的一年。社会科学战线一定要认真贯彻党的十五届五中、六中全会和中央经济工作会议精神，围绕中心，服务大局，高度重视并切实做好统一思想的工作，努力把全党同志和全国人民的思想统一到邓小平理论和“三个代表”重要思想上来，统一到中央应对复杂国际局势作出的重要判断和重大决策上来，统一到中央关于今年工作的总体要求和部署上来，为完成今年改革开放和现代化建设的各项任务，为十六大的胜利召开提供强有力的思想和舆论保证。

江泽民同志的“七一”重要讲话，是一篇马克思主义的纲领性文献，是中国共产党进入新世纪的政治宣言。社会科学界要继续把学习宣传贯彻江总书记“七一”重要讲话和“三个代表”重要思想的工作引向深入。首先，要准确把握“七一”重要讲话体现的与时俱进的理论品质，引导广大社会科学工作者深刻理解“七一”重要讲话提出的一系列新思想、新观点、新论断，积极倡导求真务实、勇于创新的精神，在解放思想中统一思想。其次，要深刻认识“三个代表”重要思想是马列主义、毛泽东思想、邓小平理论的继承和发展，真正懂得在新的历史条件下坚持“三个代表”重要思想就是坚持马列主义、毛泽东思想、邓小平理论。三是要大力弘扬理论联系实际、学以致用的学风，注重在人民群众的实践创造中汲取理论营养，进行理论概括，深入研究和正确回答重大理论和实践问题，努力拿出有深度、有分量、有说服力的理论成果。

当今世界激烈的综合国力竞争，不仅包括经济实力、科技实力、国防实力等方面的竞争，也包括社会科学方面的竞争。世界多极化、经济全球化的深入发展，引起世界上历史的和现实的、外来的和本土的、进步的和落后的、积极的和颓废的等各种思想文化相互激荡，有吸纳又有排斥，有融合又有斗争，有渗透又有抵御。总体上处于弱势地位的广大发展中国家，不仅在经济发展上面临严峻挑战，在文化发展上也面临严峻挑战。保持和发展本民族文化的优良传统，大力弘扬民族精神，积极吸取世界其他民族的优秀文化成果，实现文化的与时俱进，是关系广大发展中国家前途和命运的重大问题。

科学技术是第一生产力，是先进生产力的集中体现和主要标志，也是人类文明进步的基石。在二十一世纪，科学技术将会继续取得重大突破，给人类社会的发展带来新的巨大推动。社会科学工作，是党和国家工作大局的重要组成部分。江泽民去年8月在北戴河会见部分国防科技专家和社会科学专家时指出：“哲学社会科学，是人们认识世界、改造世界的重要工具，是推动历史发展和社会进步的重要力量。哲学社会科学的研究能力和成果，也是综合国力的重要组成部分。在认识和改造世界的过程中，哲学社会科学与自然科学同样重要；培养高水平的哲学社会科学家，与培养高水平的自然科学家同样重要；提高全民族的哲学社会科学素质，与提高全民族的自然科学素质同样重要；任用好哲学社会科学人才并充分发挥他们的作用，与任用好自然科学人才并发挥他们的作用同样重要。”

要做好我区的社会科学工作。下面几点要予以高度重视：

首先，要鼓励原始性创新。原始性创新孕育着科学技术质的变化和发展，是一个民族对人类文明进步作出贡献的重要体现，也是当今世界竞争的制高点。广大社会科学工作者要有攀登高峰的勇气和毅力，加强前瞻性、基础性、战略性领域的创新研究，努力提高持续创新能力。基础研究是创新的先导与源泉，对社会生产力的发展和人类文明进步具有巨大的不可估量的推动作用，我们要从我国当前的实际情况和长远发展的需要出发，按照有所为有所不为的方针，选择一些重大的项目，加强研究，协同攻关，力求有所突破。要加强社会科学基础学科建设，繁荣学术园地。同时也要高度重视应用理论的研究和推广，加强对我区经济和社会发展具有战略意义的理论研究。

其次，要坚持弘扬科学精神，努力提高全区各族人民的社会科学素质。一个国家人民的思想道德和科学文化素质如何，从根本上决定着其综合国力和国际竞争力的提高。社会科学素质的高低，对人们利用知识、进行科学思维和提高科技创新能力，对社会生产力和精神文化的发展，有着深刻的影响。我们必须把提高全区各族人民的科学素质作为一项重要的基础性社会工程，全面加以推进。要在广大干部和群众中大力普及自然科学和社会科学知识，弘扬科学精神，宣传科学思想，提倡科学方法，用科学战胜迷信愚昧，以利在全社会进一步形成爱科学、学科学、用科学的良好风尚。做好社会科学普及工作，各级社科联、各学会和广大社会科学工作者肩负着光荣的职责。

第三，要紧密联系实际，有针对性地做好社会科学理论研究工作。当前，我国社会正处在深刻变革之中，干部群众的思想问题和实际问题明显增多。紧密联系改革发展稳定的实际，有针对性地做好社会科学理论研究工作，是摆在社科界面前的一项重大而紧迫的任务。社会科学战线要根据形势发展的要求，帮助干部群众认清深化改革、推进经济结构调整的重要性和必要性，了解党和政府解决困难和问题的有关政策措施，正确对待改革中利益关系的调整，更加自觉地支持改革、投身建设。要大力宣传稳定压倒一切的思想，进一步增强干部群众的民主法制观念，努力维护安定团结的政治局面。

第四，要坚持理论联系实际的学风。社会科学工作者应该遵循先进文化的前进方向，自觉投身改革开放和现代化建设的伟大实践，努力推进我国社会科学的创新和繁荣。要注重把解决理论问题同解决实际问题结合起来，要自觉深入改革开放和现代化建设的实践，要坚持讲真话、报实情，实事求是地反映情况，坚决反对弄虚作假。要切实改进文风，写文章要言之有物、言简意赅，切忌八股习气。要大力倡导严谨、务实、敬业的良好风气，把注意力从追求成果数量转变到追求成果质量上来，努力克服浮躁、急功近利等不良倾向，多出精品力作。

第五，各级党委和政府要高度重视社会科学工作，热情关心和推进社会科学事业的发展。要尊重知识，尊重人才，真诚团结、充分信任和热情关心广大社会科学工作者，积极营造良好的环境，对优秀的成果和优秀的人才要大力扶持，积极宣传，给予奖励。要进一步采取有力措施，努力培养和造就一大批坚持四项基本原则、坚持党的基本路线、文化素养好、理论功底深厚、富有创造才华的社会科学家。

广西社会科学界联合会是党领导下的人民团体和社会科学工作者的群众组织，是推动广西社会科学事业繁荣发展的重要力量。自成立以来，广西社会科学界联合会开展了卓有成效的工作，尤其是在领导和协调社会科学界各个学会、协会、研究会，指导各地市、高校社科联，组织针对现实问题的学术研讨活动，开展学术交流，普及社会科学知识，组织优秀成果评奖等方面做出了显著成绩。希望广西社科联进一步发挥党和政府联系社会科学工作者的桥梁和纽带的作用，做好联络、协调、服务工作，团结广大社会科学工作者，为促进先进文化的发展而不懈努力。

各级社科联和各学会、协会、研究会要加强同社会科学工作者的联系，竭诚为他们服务，依法维护他们的权益，促进他们的团结合作，引导和组织他们加强理论学习和积极深入生活，努力把社科联和学会建设成为社会科学工作者之家。社科联也要进一步深化改革，形成适应社会主义市场经济和社会科学发展规律的组织体制、运行机制和活动方式，更好地促进社会科学的发展繁荣。各级党委、政府要加强和改善对社科联和学会组织的领导，关心和支持他们的工作，切实帮助他们解决实际问题，充分发挥他们的作用。

广大社会科学工作者要牢记自己的历史使命，投身改革和建设的实践，不断提高思想道德修养和科学理论素养，充分发挥主动性、创造性，要在坚持、发展马克思主义的基础上解放思想，在回答、解决实际问题的基础上统一思想；要活跃学术气氛，努力创建有中国特色的理论，不断推动理论创新，推进马克思主义中国化，努力为建设有中国特色社会主义精神文明，实现中华民族的伟大复兴贡献力量。

最后，祝大家新春愉快、身体健康、家庭幸福、万事胜意！

学习宣传贯彻中共十六大精神

中共广西壮族自治区委员会关于学习宣传贯彻党的十六大精神的通知

（2002年11月17日）

各市（地）、县（区）党委，柳州铁路局党委，自治区党委各部委，自治区级国家机关各委办厅局党组（党委），各人民团体党组，各大专院校党委：

党的十六大，是我们党在新世纪召开的第一次代表大会，也是我们党在开始实施社会主义现代化建设第三步战略部署的新形势下召开的一次十分重要的代表大会。大会高举邓小平理论伟大旗帜，全面贯彻“三个代表”重要思想，认真总结了党的十五大以来五年的工作，以及改革开放以来特别是党的十三届四中全会以来党领导全国各族人民推进中国特色社会主义的基本经验，对新世纪新阶段我国的社会主义现代化建设和党的建设作出了全面部署。大会选举产生了新的中央领导机构，修改了党的章程，确立了“三个代表”重要思想在全党的指导地位。认真学习贯彻这次大会精神，对于统一广大党员、干部和各族群众的思想认识，抓住机遇，开拓进取，加快我区的改革与发展，实现富民兴桂新跨越，具有重大而深远的意义。为切实把十六大精神学习好、领会好、贯彻好，特作如下通知：

一、认真学习文件，全面、准确领会精神实质

学习贯彻十六大精神，重点是学习贯彻江泽民同志的报告。江泽民同志的报告高屋建瓴、气势恢宏，内涵丰富、思想深刻，是一篇闪耀着马克思主义光辉的纲领性文献，是我们党团结和带领全国各族人民在新世纪新阶段继续奋勇前进的政治宣言和行动纲领。学习中，要全面、准确领会精神实质，着重把握以下六个方面：

1. 深刻认识党的十六大的主题，明确我们党在新世纪坚持举什么旗、走什么路、实现什么目标。在党中央领导下，高举邓小平理论伟大旗帜，全面贯彻“三个代表”重要思想，继往开来，开拓进取，全面建设小康社会，加快推进社会主义现代化，坚持走中国特色社会主义道路，实现中华民族的伟大复兴。

2. 充分认识党的十五大以来我国改革开放和现代化建设取得的巨大成就，深刻理解党的十三届四中全会以来党领导全国人民建设中国特色社会主义必须坚持的基本经验，增强贯彻执行党的基本理论、基本路线和基本纲领的自觉性，增强对中国特色社会主义的认识，增强对现代化建设规律的把握，更好地把马克思主义基本原理同中国具体实际结合起来，解放思想，与时俱进，不断开创中国特色社会主义事业新局面。

3. 深刻认识党的十六大把“三个代表”重要思想确定为党必须长期坚持的指导思想的重大意义，明确贯彻“三个代表”的根本要求，牢固确立“三个代表”重要思想在各项工作中的指导地位，在思想上、政治上同党中央保持高度一致，把中国特色社会主义事业全面推向前进。

4. 正确认识新世纪新阶段我国面临的国际国内发展大势，明确十六大提出的新世纪全面建设小康社会的主要任务和奋斗目标，以宏伟目标凝聚人心、鼓舞斗志，增强夺取社会主义现代化建设新胜利的信心和决心。

5. 充分认识和正确把握全面建设小康社会、加快推进社会主义现代化建设的基本方略和大政方针，紧紧抓住发展这一执政兴国的第一要务，坚持以经济建设为中心，积极推进经济、政治、文化建设和体制改革，努力做到发展有新思路，改革有新突破，开放有新局面，各项工作有新举措，促进社会主义物质文明、政治文明、精神文明协调发展。

6. 充分认识新世纪党的建设的指导思想和目标、任务，以改革的精神全面推进党的建设新

的伟大工程，切实加强党的思想理论建设、执政能力建设、领导干部队伍建设、基层组织建设和作风建设，坚持和健全民主集中制，深入开展反腐败斗争，不断增强党的创造力、凝聚力和战斗力。

二、学习步骤和方法

1. 学习分两个阶段安排。年底前主要是传达十六大精神，通读大会文件，全面、准确领会精神实质；从明年1月开始，分专题深入学习。学习中，要联系实际，研究制定贯彻落实的具体措施。自治区党委将于近期召开全会，在认真学习十六大精神的基础上，联系广西实际，提出贯彻落实意见，并作出相应决定。

2. 重点抓好领导干部的学习。要采取党委中心组学习、集中轮训、组织研讨班、举办报告会等多种形式，把集中学习与个人自学、通读文件与专题研讨结合起来，不断把学习引向深入。自治区党委于11月20日至26日分两批举办领导干部学习班，把学习十六大精神同研讨我区贯彻落实的意见结合起来。各级党委也要对本地区、本部门领导干部的学习作出具体安排。领导干部要率先垂范，带头学习，力求学深一些、学好一些，努力成为勤奋学习、善于思考的模范，解放思想、与时俱进的模范，勇于实践、锐意创新的模范。

3. 认真组织好广大党员、干部、群众的学习。机关、学校、企事业单位和农村各级党组织，要采取多种形式，认真组织党员、干部、群众学习十六大文件。

三、紧密联系实际，加快富民兴桂新跨越进程

学习十六大精神一定要紧密联系实际，注重实效，不做表面文章，不搞形式主义，切实把学习成效体现到富民兴桂的各项工作中去。

一是要联系思想实际。通过学习，真正在思想上确立“三个代表”的指导地位，进一步解放思想，转变观念，与时俱进，开拓进取。要把学习十六大精神作为长期任务，坚持不断学习，深入领会，务求真正弄懂弄通。

二是要联系工作实际，把学习贯彻十六大精神同推进本地区、本部门改革开放和现代化建设的各项工作紧密结合起来。要深入研究和分析新世纪新阶段本地区、本部门、本单位面临的新形势新任务，积极探索实现新发展的思路和举措，抓住机遇，加快富民兴桂新跨越进程。

三是要把学习十六大精神同推动当前工作结合起来，以十六大精神为指导，坚定信心、振奋精神，上下一心、扎实工作，努力完成今年的各项任务，进一步巩固和发展我区的大好形势，为全面完成“十五”计划确定的各项任务奠定坚实基础。

四、切实加强领导，确保学习成效

学习、贯彻党的十六大精神，是当前和今后一个时期首要的政治任务。各级党委务必加强领导，制定切实可行计划，精心组织实施，加强督促检查，认真总结经验，确保取得成效。各级党委宣传部门要认真抓好理论骨干队伍的培训，充分发挥他们的作用，把广大党员、干部、群众的学习不断引向深入。

要加强舆论宣传，在全区城乡大张旗鼓地宣传十六大精神。各级新闻单位要作出具体计划，开辟宣传专栏和组织专题节目，大力宣传十六大精神，及时报道干部群众学习贯彻十六大精神的情况，总结推广好的学习经验；各地都要充分运用城乡各种文化阵地和宣传工具，开展多种形式的宣传报道活动，使十六大精神家喻户晓，深入人心。

各地、各部门学习贯彻十六大精神的情况，要及时向自治区党委作出报告。

（桂发[2002]16号）

中共广西壮族自治区委员会关于学习贯彻党的十六大精神的决定

（2002年12月3日中国共产党广西壮族自治区第八届委员会第三次全体会议通过）

为学习贯彻党的十六大精神，加快富民兴桂新跨越步伐，全面建设小康社会，现作出如下决定：

一、认真学习、大力宣传十六大精神，把广大党员、干部和各族群众的思想、行动统一到十六大精神上来

党的十六大是我们党在新世纪召开的第一次代表大会，也是我们党在开始实施社会主义现代化建设第三步战略部署的新形势下召开的一次十分重要的代表大会。大会高举邓小平理论伟大旗帜,全面贯彻"三个代表"重要思想,认真总结了党的十五大以来的工作,总结了改革开放以来特别是党的十三届四中全会以来党领导人民建设中国特色社会主义的基本经验,对新世纪新阶段我国的社会主义现代化建设和党的建设作出了全面部署,选举产生了新一届中央领导集体。这次大会是一次团结的大会、胜利的大会、奋进的大会。认真学习贯彻党的十六大精神,对于全面建设小康社会,加快推进社会主义现代化,实现中华民族的伟大复兴,具有重大而深远的意义。

学习贯彻十六大精神,重点是学习贯彻江泽民同志的报告。要认真研读原文,深刻领会精神实质,特别要重点把握好八个方面的主要内容及其精神实质:一要深刻理解十六大的主题,明确我们党在新世纪坚持举什么旗、走什么路、实现什么目标。二要深刻理解党的十五大以来我国在改革、发展、稳定等各方面取得的巨大成就和十三届四中全会以来取得的重大历史性成就,振奋精神,鼓舞斗志。三要深刻理解党领导人民建设中国特色社会主义的基本经验,并用以指导工作,不断开创中国特色社会主义事业新局面。四要深刻理解十六大的灵魂,进一步提高对"三个代表"重要思想历史地位和重大意义的认识,增强贯彻落实"三个代表"重要思想的自觉性和坚定性。五要深刻理解全面建设小康社会的奋斗目标,最广泛地动员广大党员、干部和各族人民群众为实现这一目标而努力奋斗。六要深刻理解全面建设小康社会、加快推进社会主义现代化的主要任务和政策措施,促进社会主义物质文明、政治文明和精神文明协调发展。七要深刻理解十六大报告的精髓,坚持党的思想路线,解放思想、实事求是、与时俱进。八要深刻理解新世纪党的建设的指导思想和目标、任务,以改革的精神全面推进党的建设新的伟大工程。与此同时,面对很不安宁的世界和艰巨繁重的任务,我们还必须增强忧患意识,居安思危,倍加顾全大局,倍加珍视团结,倍加维护稳定。

认真学习宣传贯彻十六大精神,是我区当前和今后一个时期的首要政治任务。全区各地各部门各单位要迅速掀起学习宣传贯彻十六大精神的热潮。重点抓好县(处)级以上领导干部的学习,同时认真组织好广大党员、干部和群众的学习。各级领导干部要带头学习,努力成为勤奋学习、善于思考的模范,解放思想、与时俱进的模范,勇于实践、锐意创新的模范。要大力弘扬理论联系实际的学风,紧密联系改革开放和现代化建设的实际、本地区本部门本单位的实际以及党员干部的思想实际,加深对十六大精神的理解和把握,不断把学习引向深入。各级宣传部门要把宣传学习贯彻十六大精神作为当前和今后一个时期宣传工作的重中之重,充分发挥新闻媒体的宣传主导作用,在全社会形成学习贯彻十六大精神的良好氛围。通过学习贯彻,把广大党员、干部、群众的思想和行动统一到十六大精神上来。

二、联系实际,全面贯彻落实十六大精神,加快富民兴桂新跨越步伐,全面建设小康社会

学习贯彻十六大精神,最根本的是要联系我区实际,全面贯彻"三个代表"重要思想,抓住新机遇,开创新局面,实现新发展,加快富民兴桂新跨越步伐,全面建设小康社会。

(一)联系实际,全面贯彻落实十六大精神,就是要坚定不移地坚持党的基本理论、基本路线、基本纲领和基本经验,在思想上、政治上、行动上与以胡锦涛同志为总书记的党中央保持高度一致。

改革开放以来,我们党在总结历史经验和新的实践的基础上,逐步形成了党的基本理论、基本路线、基本纲领和基本经验,这是我们做好工作的法宝,对于党和国家事业的发展具有长远的指导作用。我们一定要加深对党的基本理论、基本路线、基本纲领和基本经验的认识,并在实践中长期坚持。

十六大选举产生了新一届中央领导班子,为全面建设小康社会,推进中国特色社会主义事业,实现中华民族的伟大复兴,提供了坚强的组织保证。我们一定要紧密团结在以胡锦涛同志为总书记的党中央周围,在思想上、政治上、行动上与党中央保持高度一致,把我区的改革开放和现代化建设事业不断推向前进。

(二)联系实际,全面贯彻落实十六大精神,就是要全面贯彻"三个代表"重要思想,用"三个代表"重要思想统揽全局、指导工作。

十六大把"三个代表"重要思想同马列主义、毛泽东思想、邓小平理论一道确立为我们党必须长期坚持的指导思想,这是一个重大的历史性决策。"三个代表"重要思想是对马列主义、毛泽东思想、邓小平理论的继承和发展,反映了当代世界和中国的发展变化对党和国家工作的新要求，是推进中国特色社会主义伟大事业的强大理论武器和行动指南。我们一定要深刻领会“三个代表”重要思想的科学内涵和精神实质，牢牢把握关键在坚持与时俱进、核心在坚持党的先进性、本质在坚持执政为民的根本要求，坚持用“三个代表”重要思想统揽全局、指导工作，把“三个代表”重要思想贯彻到改革发展稳定的各项工作中去，贯彻到加强和改进党的建设的各个方面。

（三）联系实际，全面贯彻落实十六大精神，就是要把发展作为第一要务，努力实现经济的跨越式发展。

广西已经进入了加快发展的重要时期。紧紧抓住国家实施西部大开发战略、我国加入世贸组织以及我国将与东盟建立自由贸易区的历史性机遇，加快经济社会发展，实现从后发展地区到社会主义现代化省区的历史性跨越，是我区面临的最重大、最紧迫的任务。我们必须按照十六大的要求，解放思想、实事求是、与时俱进，开展新一轮解放思想的再讨论、再教育，坚决冲破一切妨碍发展的思想观念，坚决改变一切束缚发展的做法和规定，坚决革除一切影响发展的体制弊端，做到发展有新思路，改革有新突破，开放有新局面，各项工作有新举措，坚持把发展作为执政兴国的第一要务，坚持用发展的办法解决前进中的问题，坚定不移地贯彻落实自治区第八次党代会关于实现富民兴桂新跨越的总体部署，坚定不移地深入实施十五大以来自治区党委制定的“三大战略、六大突破”决策以及农业、工业、科技、教育、文化、旅游、扶贫、对外开放等各方面的具体思路和措施，以加快发展为主题，以结构调整为主线，以推进工业化、城镇化为重点，以改革开放和科技进步为动力，以提高人民生活水平为根本出发点，加快社会主义现代化建设。紧紧抓住本世纪头二十年重要战略机遇期，在不断提高国民经济整体素质和效益的基础上，力争经济发展速度高于全国平均水平，并保持一个较长的快速增长期，确保全区经济更加发展、民主更加健全、科教更加进步、文化更加繁荣、社会更加和谐、人民生活更加殷实，实现经济与人口、资源、环境协调发展，加快富民兴桂新跨越步伐，全面建设小康社会。

加快富民兴桂新跨越步伐，全面建设小康社会，必须始终坚持以经济建设为中心，大力发展社会生产力，推进经济的跨越式发展。坚持在调整中提高，在创新中发展，夯实基础，强化支柱，完善布局，优化环境，走出一条速度快、结构优、效益好、后劲足、竞争力强的经济发展新路子。夯实基础，就是要全面实施西部大开发战略，扩大投资规模，加强基础设施建设和生态环境建设，特别要下大力抓好事关发展全局的重大项目的建设，增强经济发展后劲；坚持党在农村的基本政策，推动农村经营体制创新，加快农业产业化步伐，建设现代农业，发展农村经济，增加农民收入，壮大县域经济，加快城镇化进程；毫不动摇地巩固和发展公有制经济，毫不动摇地鼓励、支持和引导非公有制经济发展，大幅度提高非公有制经济在国民经济中的比重；大力实施科教兴桂和人才战略，激发生产力发展的巨大潜能，形成经济跨越式发展的科技创新和人才支撑体系。强化支柱，就是要走新型工业化道路，以信息化带动工业化，以工业化促进信息化，大力引进、培育和发展制造业，增创产业竞争新优势，加快工业化进程。运用高新技术和先进适用技术改造提升传统产业，增强企业核心竞争力，大力发展有色金属、电力、汽车、食品、医药、制糖、建材、高新技术等重点产业，同时，依托优势资源，发挥比较优势，高起点发展新的优势产业，培育和壮大优势产业群。完善布局，就是要在五大经济区主导产业、特色经济进一步发展的同时，适应行政区域调整和依托现代化交通网络，经营出海通道，发展通道经济，逐步引导形成围绕中心城市布局的城市经济圈，以及沿海、沿江、沿边和沿主要交通干线布局的产业经济带。以建设南贵昆经济区为契机，推进南宁、柳州、桂林等中心城市和其他有条件的地方率先实现全面建设小康社会目标。支持贫困地区、边境地区、革命老区和少数民族地区加快发展，增强自我发展能力，实现共同富裕。优化环境，就是要坚持标本兼治，加大整治力度，营造良好发展环境，努力把我区建设成为创业成本低、市场秩序好、社会信用高、人居环境优美安全的省区，增强经济发展的综合竞争力。

（四）联系实际，全面贯彻落实十六大精神，就是要进一步深化改革、扩大开放。

改革开放是加快富民兴桂新跨越步伐，全面建设小康社会的强大动力。必须加大经济体制改革力度，推进市场化进程。改革国有资产管理体制，积极探索有效的国有资产经营体制和方式，实现国有资产保值增值。进一步探索公有制特别是国有制的多种实现形式，大力推进国有企业体制创新、技术创新、管理创新和结构优化，建立和完善现代企业制度。通过市场和政策引导，积极推进股份制，发展混合所有制经济，培育和发展一批具有国际竞争力的企业集团和著名品牌。建立健全现代市场体系，完善市场运行机制，在更大程度上发挥市场在资源配置中的基础性作用。深化投融资体制改革，放宽民间资本的市场准入领域，培育多元投资主体。积极稳妥地推进政治体制改革，扩大社会主义民主，完善民主决策和监督机制，健全社会主义法制，推进依法治桂，深化司法体制改革，维护社会政治稳定。深化行政管理体制改革，减少和规范行政审批，完善政府的经济调节、市场监管、社会管理和公共服务的职能，改进机关作风，提高依法行政水平。牢牢把握先进文化的前进方向，深化文化体制改革，支持文化产业发展，促进文化与经济的融合，努力把我区建设成为具有鲜明时代特点和南疆特色的民族文化自治区。

坚持对外开放与对内开放、“引进来”与“走出去”相结合，在更大范围、更广领域和更高层次上参与国际经济技术合作和竞争，全方位扩大对外开放，加快经济国际化进程。大力推进优势资源开发和高新技术产业领域的对外开放，逐步开放基础设施和服务业等新的领域。进一步引导外资和国内资本参与我区的开发与建设，积极引进有实力的跨国公司和国内大企业，扩大外商直接投资规模。实施市场多元化战略，推进外贸主体多元化，坚持以质取胜，优化进出口商品结构，扩大商品和服务贸易。大力引进区外、海外各类专业人才和智力。推进企业与跨国公司的合作，支持和引导有条件的各种所有制企业“走出去”，培育形成一批有实力的跨国企业，促进企业生产经营国际化。进一步加强与东南亚各国在经贸、文化、旅游等领域的合作。南北钦防沿海地区要争创新优势，加快形成并发挥对外开放的龙头作用。其他地方也要抢抓机遇，发挥优势，加快对外开放步伐，全面提高对外开放水平。

（五）联系实际，全面贯彻落实十六大精神，就是要坚持执政为民，全心全意为人民谋利益。

贯彻“三个代表”重要思想，本质在坚持执政为民。必须牢固树立马克思主义的群众观点，坚持把实现人民的根本利益放在第一位，在经济社会发展的基础上不断为人民谋取切实的经济、政治、文化利益。按照全面建设小康社会要求，加快推进社会主义现代化，不断提高城乡居民收入水平和生活质量。进一步抓好扶贫开发，巩固和发展扶贫成果，在解决农村贫困人口温饱问题的基础上，创造条件，加快致富奔小康步伐。千方百计扩大就业，积极帮助下岗失业人员解决再就业问题，完善社会保障体系，保障困难群众的基本生活。积极支持人民当家作主，保障人民管理国家事务和社会事务、管理经济和文化事业的权利。大力发展教育、科学、文化、卫生、体育等事业，不断满足人民群众日益增长的物质文化需求，促进人的全面发展。

（六）联系实际，全面贯彻落实十六大精神，就是要毫不放松地加强和改善党的领导，全面推进党的建设新的伟大工程。

加快富民兴桂新跨越步伐，全面建设小康社会，要切实加强和改善党的领导，按照十六大提出的党的建设目标的总要求，以改革的精神全面推进党的建设新的伟大工程，不断提高我区各级党组织的创造力、凝聚力和战斗力，为改革开放和现代化建设提供坚强的组织保证。必须始终不渝地抓好思想理论建设，深入学习贯彻“三个代表”重要思想，提高各级党员干部的马克思主义理论水平。必须始终不渝地抓好党的执政能力建设，不断提高领导水平和执政水平，更好地担负起团结带领全区各族人民推进富民兴桂新跨越的历史重任。必须始终不渝地抓好党的民主制度建设，进一步建立健全党内民主制度，更好地坚持和贯彻民主集中制，增强党的团结和活力。必须始终不渝地抓好领导班子和干部队伍建设，培养和造就一支朝气蓬勃、奋发有为、能够担当重任、经得起风浪考验的高素质的领导干部队伍，认真贯彻党政领导干部选拔任用工作条例，以建立健全选拔任用和监督管理机制为重点，积极推进干部人事制度改革，进一步形成广纳群贤、人尽其才、能上能下、充满活力的用人机制，把优秀人才集聚到加快广西改革与发展的各项事业中来，加大培养选拔优秀年轻干部工作力度，进一步做好培养选拔妇女干部、少数民族干部和党外干部的工作。必须始终不渝地抓好基层党组织建设，积极探索加强和改进基层党组织建设的新路子，使之成为贯彻“三个代表”重要思想的组织者、推动者和实践者，深入开展以实践“三个代表”重要思想为主要内容的保持共产党员先进性的教育活动，充分发挥共产党员的先锋模范作用。必须始终不渝地加强党的作风建设，防止和克服形式主义、官僚主义，坚持领导干部挂点联系，进村入户、下基层为民办实事办好事等制度，密切党同人民群众的血肉联系，旗帜鲜明、毫不动摇地深入开展反腐败斗争，进一步抓好领导干部廉洁自律、查处大案要案、纠正部门和行业不正之风的工作，坚持标本兼治，综合治理，加强制度建设，强化教育和监督，从源头上预防和解决腐败问题。

三、切实加强领导，确保十六大精神的全面贯彻落实

学习宣传贯彻十六大精神，加快富民兴桂新跨越步伐，实现全面建设小康社会目标，必须加强领导，狠抓落实。

各级党委要增强政治意识、大局意识和责任意识，加强领导，周密部署，精心组织，认真抓好学习宣传贯彻十六大精神的工作。各级领导干部要切实负起责任，一把手要亲自抓，一级抓一级，层层抓落实。

各地各部门各单位都要按照中央的部署和自治区党委的要求，根据各自情况和特点，制定学习贯彻十六大精神的方案和措施，并认真组织实施，把学习贯彻十六大精神的工作扎实推向前进。

学习贯彻十六大精神，关键在抓落实，出成效。各地各部门各单位都要把学习贯彻十六大精神转化为加快富民兴桂新跨越步伐的实际行动，用富民兴桂新跨越的新业绩检验学习贯彻十六大精神的实际效果。面对加快发展的繁重任务，广大党员干部要胸怀全局，加强学习、努力实践，不断提高创新能力，始终保持昂扬奋发的精神状态和求真务实的工作作风，加强团结，维护大局，最广泛最充分地调动一切积极因素，凝聚全区各族人民的智慧和力量，聚精会神搞建设，一心一意谋发展，同心同德干事业，掀起新一轮加快发展的热潮，把我区社会主义现代化建设不断推向前进。

加快富民兴桂新跨越步伐，全面建设小康社会，是全区共产党员在新世纪新阶段的庄严使命。自治区党委要求，全区各级党组织和广大共产党员一定要紧密团结在以胡锦涛同志为总书记的党中央周围，高举邓小平理论伟大旗帜，全面贯彻“三个代表”重要思想，认真落实党的十六大精神，团结带领全区各族人民，万众一心，奋力拼搏，加快富民兴桂新跨越步伐，全面建设小康社会，谱写新世纪广西改革开放和社会主义现代化建设的新篇章！

自治区党委关于2003年全区理论学习的通知

（2003年2月22日）

各市（地）县党委，自治区党委各部委，自治区级国家机关各委办厅局党组（党委），各人民团体党组，柳州铁路局党委，各大专院校党委：

2003年是全面贯彻落实党的十六大精神的第一年，是加快富民兴桂新跨越步伐、全面建设小康社会的重要一年，改革发展稳定的任务十分繁重。要完成今年的各项任务，关键在于加强各级党组织和党员干部特别是领导干部的思想建设，不断提高理论素质，增强领导现代化建设和驾驭全局能力。根据中央今年工作的总体部署，结合我区工作实际，现就2003年全区理论学习提出如下要求：

一、理论学习的总体要求

今年的理论学习，以深入学习贯彻党的十六大精神为主要内容，要在前一阶段普遍学习的基础上转入重点专题的学习，紧密联系广西实际，贯彻落实自治区第八次党代会和八届三次全会精神，紧紧围绕加快富民兴桂新跨越步伐、全面建设小康社会的目标，切实抓好理论武装工作，为实现全面建设小康社会良好开局提供坚强有力的思想保证和精神动力，进一步促进社会主义物质文明、政治文明和精神文明协调发展。

二、理论学习的基本内容和具体安排

今年的理论学习主要集中学习讨论四个专题，每季度学习一个专题。

（一）全面贯彻“三个代表”重要思想，进一步增强贯彻落实“三个代表”重要思想的自觉性和坚定性。“三个代表”重要思想是十六大的灵魂。把“三个代表”重要思想同马克思列宁主义、毛泽东思想和邓小平理论一道确立为我们党必须长期坚持的指导思想，是十六大的一个历史性贡献。学习贯彻十六大精神，首先要抓住学习贯彻“三个代表”重要思想这个中心环节，全面深入地领会“三个代表”重要思想的科学内涵和精神实质，牢牢把握贯彻“三个代表”重要思想的根本要求。学习这一专题，一是充分认识“三个代表”重要思想是对马克思列宁主义、毛泽东思想和邓小平理论的继承和发展，反映了当代世界和中国的发展变化对党和国家工作的新要求，是加强和改进党的建设、推进我国社会主义自我完善和发展的强大理论武器，是党必须长期坚持的指导思想；二是充分认识始终做到“三个代表”，是我们党的立党之本、执政之基、力量之源；三是充分认识贯彻“三个代表”重要思想，关键在坚持与时俱进，核心在坚持党的先进性，本质在坚持执政为民。要通过学习，引导广大党员干部进一步提高对“三个代表”重要思想历史地位和重大意义的认识，进一步增强贯彻落实“三个代表”重要思想的自觉性和坚定性。

（二）坚持解放思想，实事求是，与时俱进，实现改革开放新突破。坚持党的思想路线，解放思想、实事求是、与时俱进，是我们党始终保持先进性和增强创造力的决定性因素，也是十六大报告的精髓。学习贯彻十六大精神，要紧紧把握这个精髓，引导党员干部自觉地把思想认识从那些不合时宜的观念、做法和体制的束缚中解放出来，从对马克思主义的错误的和教条式的理解中解放出来，从主观主义和形而上学的桎梏中解放出来，善于在解放思想中统一思想，用发展着的马克思主义指导新的实践。学习这一专题，一是要深刻懂得，世界在变化，我国改革开放和现代化建设在前进，人民群众的伟大实践在发展，迫切要求我们认真总结实践的新经验，在理论上不断扩展新视野，作出新概括；二是要深刻懂得，通过理论创新推动制度创新、科技创新、文化创新以及其他各方面的创新，不断在实践中探索前进，永不自满、永不懈怠，这是我们要长期坚持的治党治国之道。要通过学习，清除陈腐落后的思想观念，掀起新的思想大解放热潮，实现广西改革开放的新突破。

（三）全面建设小康社会，加快富民兴桂新跨越的步伐。高举邓小平理论伟大旗帜，全面贯彻“三个代表”重要思想，继往开来，与时俱进，全面建设小康社会，加快推进社会主义现代化，为开创中国特色社会主义事业新局面而奋斗，是十六大的主题。学习贯彻十六大精神，要紧紧围绕这个主题，一是深刻理解全面建设小康社会是历史和时代赋予我们党的庄严使命，是中华民族伟大复兴的必由之路；二是深刻理解要全面建设小康社会，必须紧紧抓住发展这个主题和第一要务，毫不动摇地坚持以经济建设为中心，自觉地服从和服务于这个中心，排除一切干扰，集中全区人民的智慧和力量，千方百计加快发展；三是深刻理解全面建设小康社会的奋斗目标；四是深刻理解全面建设小康社会的战略部署。要通过学习，明确目标，把握任务，坚定信心，为全面建设小康社会献计出力。

（四）加强和改善党的领导，全面推进党的建设新的伟大工程。加强和改善党的领导，是实现各项奋斗目标的重要保证。要充分认识新世纪党的建设的指导思想和目标、任务，以改革的精神全面推进党的建设新的伟大工程，切实加强党的思想理论建设、执政能力建设、领导干部队伍建设、基层组织建设和作风建设，坚持和健全民主集中制，深入开展反腐败斗争，不断增强党的创造力、凝聚力和战斗力。学习这一专题，一是要全面理解加强和改进党的建设的总目标、根本方针和行动纲领；二是要充分认识加强和改进党的建设的重点任务和主要措施；三是要进一步认识深入开展反腐败斗争的重大意义，切实加强党风廉政建设，不断增强我区各级党组织的创造力、凝聚力和战斗力，为改革开放和现代化建设提供坚强的组织保证，更好地担负起团结带领全区各族人民推进富民兴桂新跨越的历史重任。

三、大力弘扬理论联系实际的马克思主义学风

大力弘扬理论联系实际的马克思主义学风，是提高理论学习成效的根本要求，全区各级党组织和全体党员干部在学习中要坚持学以致用的学风，做到理论与实际、学习与运用、言论与行动相统一，切实解决改革和发展过程中一些带根本性的理论问题和实际问题。

（一）学习“全面贯彻‘三个代表’重要思想，进一步增强贯彻落实‘三个代表’重要思想的自觉性和坚定性”这一专题，必须坚持用“三个代表”重要思想统揽全局、指导工作，把“三个代表”重要思想贯彻到改革发展稳定的各项工作中去；必须使全区各级党组织和广大党员干部始终保持与时俱进的精神状态，不断开拓马克思主义理论的新境界；必须把发展作为执政兴国的第一要务，聚精会神搞建设，一心一意谋发展，不断开创我区现代化建设新局面；必须最广泛最充分地调动一切积极因素，为加快富民兴桂新跨越步伐、全面建设小康社会而努力奋斗。

（二）学习“坚持解放思想，实事求是，与时俱进，实现改革开放新突破”专题，要紧密结合我区

改革开放的实际情况，在不断发展变化的形势下迎接新挑战、完成新任务、实现新发展。通过开展解放思想再讨论、再教育活动，坚决冲破一切妨碍发展的思想观念，改变一切束缚发展的做法和规定，革除一切影响发展的体制弊端，做到发展有新思想，改革有新突破，开放有新局面，各项工作有新举措。

（三）学习“全面建设小康社会，加快富民兴桂新跨越的步伐”专题，要紧紧围绕贯彻落实自治区第八次党代会关于实现富民兴桂新跨越的总体部署，全面实施“三大战略、六大突破”决策以及农业、工业、科技、教育、文化等各方面的具体思路和措施，以加快发展为主题，以结构调整为主线，以推进工业化、城镇化为重点，以改革开放和科技进步为动力，以提高人民生活水平为根本出发点，加快社会主义现代化建设。

（四）学习“加强和改善党的领导，全面推进党的建设新的伟大工程”专题，必须围绕我区党的建设的新情况，坚持以改革的精神全面推进党的建设新的伟大工程，不断提高我区各级党组织的创造力、凝聚力和战斗力，为改革开放和现代化建设提供坚强的组织保证。

四、各级党委要切实加强对理论学习的领导

各级党委要进一步提高对在新形势下加强理论学习重要性的认识，把理论学习摆上重要议事日程，认真抓实、抓好、抓出成效。各级党委的主要领导要亲自抓，分管领导具体抓，形成一级抓一级，层层抓落实的领导责任制和工作机制。

（一）要按照中组部、中宣部《关于加强和改进党委（党组）中心组学习意见》和《关于建立县级以上党政领导干部理论学习考核制度的若干意见》的要求，进一步健全学习制度，切实抓好党委中心组的学习。各级领导要带头学习，作出表率。

（二）要加强对学习的指导、督促、检查，及时总结学习的经验，全面推动学习的深入开展。

（三）要做好理论学习骨干的培训，提高理论水平；加强理论研究，着重研讨关系广西发展大局的重大理论问题和实际问题；充分利用广播、电视、报刊等媒体加强理论宣传，营造浓厚的理论学习氛围。

（四）各级党委宣传部门要对今年的理论学习作出具体安排，做好服务工作。有关部门要各司其职，密切配合，确保理论学习取得成效。

（桂发[2003]3号）

在自治区党委八届三次全会上的讲话

曹伯纯

（2002年12月3日）

这次全会经过同志们的共同努力，圆满完成了各项议程。会议期间，大家认真学习了党的十六大精神，审议通过了《中共广西壮族自治区委员会关于学习贯彻党的十六大精神的决定》，进一步统一了思想，提高了认识，这对于团结、动员全区广大党员和干部群众，高举邓小平理论伟大旗帜，全面贯彻“三个代表”重要思想，以十六大精神为指导，解放思想，振奋精神，抓住机遇，开拓进取，加快富民兴桂新跨越步伐，全面建设小康社会，必将产生重大影响。

下面，我代表自治区党委常委会，就深入学习贯彻十六大精神，加快富民兴桂新跨越步伐，全面建设小康社会的问题，讲几点意见。

一、深入学习、全面准确把握十六大的基本精神

党的十六大，是我们党在新世纪召开的第一次代表大会，也是我们党在开始实施社会主义现代化建设第三步战略部署的新形势下召开的一次十分重要的代表大会。十六大是一次团结的大会、胜利的大会、奋进的大会，在我们党和国家发展进程中具有里程碑意义，其历史功绩必将永载史册。十六大明确回答了我们党在新世纪坚持举什么旗、走什么路、实现什么目标的事关党和国家前途命运的重大问题，为我们在新世纪继续胜利前进指明了方向。十六大确立了“三个代表”重要思想在全党的指导地位，把“三个代表”重要思想同马列主义、毛泽东思想、邓小平理论一道确立为党必须长期坚持的指导思想，这是一个历史性的重大决策，为全党和全国各族人民不断开创中国特色社会主义事业新局面提供了强大理论武器。十六大选举产生了十六届中央委员会和中央纪律检查委员会，并在十六届一中全会上选举产生了以胡锦涛同志为总书记的新一届中央领导集体，顺利实现了中央领导集体的新老交替，为我们党始终保持蓬勃生机和强大的创造力、凝聚力、战斗力，率领全党和全国人民全面建设小康社会，胜利实现十六大提出的各项任务和奋斗目标，提供了坚强的组织保证。十六大的这些历史性贡献，对我们党和国家的改革发展和长治久安，具有十分重大的现实意义和深远的历史意义。

十六大的胜利召开和圆满成功，极大地振奋了全党和全国各族人民的精神，进一步展示了我们党坚持改革开放、维护世界和平与促进共同发展的良好形象。深入学习和全面贯彻党的十六大精神，对于确保广大党员、干部和各族群众统一思想，同心同德，抓住机遇，开拓进取，完成十六大确定的各项任务；确保社会主义中国在风云变幻的国际局势中始终保持安定团结和强大生机；确保我们党始终走在时代前列和不断增强创造力、凝聚力、战斗力；确保加快我区富民兴桂新跨越步伐，实现全面建设小康社会宏伟目标，都具有重大意义。十六大闭幕后，我区各地各部门各单位，对学习宣传贯彻十六大精神高度重视，抓得很紧。11月16日广西代表团回到南宁，17日上午自治区党委即召开常委扩大会议进行传达学习，并对全区的学习贯彻问题进行了研究，当天下发了通知，作出了部署。18日自治区党委又召开区直机关副厅级以上领导干部大会，传达学习十六大精神，接着从11月20日至26日举办了两期厅以上领导干部学习研讨班，专题学习领会十六大精神。各地各部门各单位也都从各自实际出发，采取党委中心组学习、举办讨论会、报告会等多种形式，认真组织广大党员干部学习，许多单位还派出干部深入基层，向群众面对面地宣讲十六大精神。各级宣传部门和新闻媒体，全力以赴，开辟专栏、专题节目，大张旗鼓地宣传十六大精神，宣传各地各部门各单位学习情况和经验。全区已初步形成了学习宣传贯彻十六大精神的热潮。本次全会后，全区各地各部门各单位要在前段工作的基础上，联系实际，进一步把学习宣传贯彻十六大精神引向深入，务必取得实效。

十六大精神非常丰富，集中体现在江泽民同志的报告中。学习贯彻十六大精神，重点是学习贯彻江泽民同志的报告。报告主题鲜明、内涵丰富、思想深刻、论述精辟，体现了解放思想与实事求是的高度统一，理论创新与实践创新的高度统一，总结过去与规划未来的高度统一，立足国情与面向世界的高度统一，具有很强的理论性、思想性、前瞻性和指导性，是我们党团结带领全国各族人民在新世纪新阶段继续奋勇前进的政治宣言和行动纲领。学习贯彻江泽民同志的报告，要特别注重从报告的主题、历史成就、基本经验、大会灵魂、奋斗目标、主要任务、报告精髓、根本保证等八个方面深入学习、深刻理解。首先，要深刻理解报告的主题，明确在新世纪我们党要高举的旗帜，就是马克思列宁主义、毛泽东思想、邓小平理论和“三个代表”重要思想的旗帜；要走的道路，就是中国特色社会主义道路；要实现的目标，就是在本世纪头二十年，全面建设小康社会，然后再奋斗几十年，到本世纪中叶基本实现现代化，把我国建设成为富强民主文明的社会主义国家。第二，要深刻理解十五大以来我国在改革、发展、稳定等各方面取得的巨大成就和十三届四中全会以来取得的重大历史性成就，统一思想，振奋精神，坚定信心，鼓舞斗志。第三，要深刻理解党领导人民建设中国特色社会主义的基本经验，在实践中长期坚持并创造性地加以运用，不断开创中国特色社会主义事业新局面。第四，要深刻理解十六大的灵魂，进一步提高对“三个代表”重要思想历史地位和重大意义的认识，全面领会“三个代表”重要思想的科学内涵和精神实质，明确贯彻“三个代表”重要思想关键在坚持与时俱进，核心在坚持党的先进性，本质在坚持执政为民的根本要求，牢固确立“三个代表”重要思想在各项工作中的指导地位，增强贯彻执行的自觉性和坚定性。第五，要深刻理解全面建设小康社会的目标，最广泛地动员广大党员干部和各族群众为实现这一目标而努力奋斗。第六，要深刻理解全面建设小康社会、加快推进社会主义现代化的主要任务和政策措施，促进物质文明、政治文明、精神文明协调发展和共同进步。第七，要深刻理解十六大报告的精髓，坚持党的思想路线，解放思想、实事求是、与时俱进。第八，要深刻理解新世纪党的建设的指导思想和目标、任务，以改革的精神全面推进党的建设新的伟大工程。此外，我们还要认真学习大会修改通过的党章和中纪委工作报告。学习党章，主要是学习总纲部分，深刻认识党的性质、宗旨和肩负的历史使命。学习中纪委的工作报告，主要是充分认识十五大以来党风廉政建设和反腐败工作取得新的明显成效和基本经验，明确新时期党风廉政建设和反腐败工作的指导思想和主要任务。

总之，十六大精神博大精深。各地各部门各单位和广大党员干部特别是各级领导干部，都要把学习贯彻十六大精神作为当前和今后一个时期的首要政治任务，按照中央的部署和自治区党委的要求，认真抓好落实。学习中，要重点抓好各级党委中心组和县(处)以上领导干部的学习，把集中学习与个人自学、通读文件与专题研讨结合起来，保证时间、集中精力，有计划、有步骤地引向深入。要认真研读原著，全面系统掌握精神实质，对主要精神和新观点、新论断，更要下功夫深入钻研，切实弄懂弄通。要端正学风，紧密联系思想和工作实际，研究解决本地本部门本单位改革与发展中的重大问题，增强学习的针对性和实效性。要建立健全领导责任制，坚持一级抓一级，加强督促检查，确保学习效果。通过学习，真正把思想和行动统一到十六大精神上来。

二、全面贯彻落实党的十六大精神，加快富民兴桂新跨越步伐，全面建设小康社会

全面贯彻落实十六大精神，最根本的就是要把十六大精神全面贯彻落实到我区改革发展稳定的各项工作中去，抓住新机遇、开创新局面、实现新发展，加快富民兴桂新跨越步伐，全面建设小康社会。党的十五大以来，我区各地各部门各单位和广大党员干部群众，高举邓小平理论伟大旗帜，全面贯彻“三个代表”重要思想，认真贯彻落实中央的各项方针政策，大力实施“三大战略、六大突破”决策以及农业、工业、科技、教育、文化、旅游、扶贫、对外开放等各方面的具体工作思路和措施，抓住机遇，开拓奋进，取得了显著成效。国民经济克服需求不足及自然灾害等不利影响，逐步走上了持续快速健康发展的轨道，质量和效益明显提高，实现了既有较高速度又有较好效益，生产力水平迈上了新台阶。经济结构战略性调整也取得了重大进展，产业结构、产品结构、区域经济结构和所有制结构逐步优化，特色经济发展明显加快。改革进一步深化，国有企业改革整顿取得突破性进展，多数企业初步形成了适应市场经济要求的经营机制、产品创新机制、激励和约束机制，一批骨干企业基本建立起现代企业制度框架，社会主义市场经济体制初步建立。对外开放不断扩大，全方位、多层次、宽领域的对外开放格局基本形成，开放型经济取得新发展。基础设施建设取得重大成就，建成了大批重大项目，西南出海通道框架基本建成。西部大开发开局良好，各项开发建设快步推进，特别是龙滩水电站、百色水利枢纽、平果铝氧化铝二期等国家重点项目开工建设，以及规模宏大的边境建设大会战胜利告捷，标志着广西实施西部大开发战略取得了重大进展。扶贫开发取得历史性成就，农村贫困人口发生率下降到3%，贫困地区群众饮水难、行路难、用电难、收听收看广播电视难等问题基本得到解决，实现了从贫困到温饱的历史性跨越；城乡居民收入进一步增长，衣食住用行条件和生活环境明显改善，生活质量不断提高。同时，精神文明建设和民主法制建设不断加强，各项事业全面发展；党的建设全面推进，“三讲”教育和“三个代表”重要思想的学教活动开展得有声有色，取得了明显成效，各级党组织的创造力、凝聚力和战斗力明显增强。这些成绩的取得，是党中央、国务院正确领导的结果，是各级党委、政府率领全区各族干部群众辛勤劳动、战胜各种困难和风险、艰苦奋斗的结果，来之不易，我们要倍加珍惜，并以此为基础，抓住机遇，创造条件，团结奋斗，加快发展。

但也必须看到，十六大以后，全国必将出现新一轮的快速发展期，形势喜人也逼人。我们唯有把发展的步伐再加快一点、步子再迈大一点，方能跟上全国发展的形势。在这个问题上，我们一定要头脑清醒，切实增强责任感、紧迫感和危机感，抓住时机，集中全力，加快发展，大步跃进，肩负起历史赋予的光荣使命和神圣职责。本着这样的考虑，这次提请全会审议的《决定》稿，根据党的十六大精神和自治区第八次党代会确定的目标任务、方针原则，着眼加快富民兴桂新跨越步伐，全面建设小康社会，在深入分析国际国内形势和广西区情，经过充分调查研究，广泛听取各方面意见的基础上，提出要抓住本世纪头二十年的重要战略机遇期，集中全区各族人民的智慧和力量，聚精会神搞建设，一心一意谋发展，同心同德干事业，在不断提高国民经济整体素质和效益的基础上，力争经济发展速度高于全国平均水平，并保持一个较长的快速增长期，确保全区经济更加发展、民主更加健全、科教更加进步、文化更加繁荣、社会更加和谐、人民生活更加殷实，实现经济与人口、资源、环境协调发展，加快富民兴桂新跨越步伐，全面建设小康社会。

加快发展，顺利实现我们的奋斗目标，必须在已有成功经验的基础上，坚持与时俱进，开拓创新。党的十五大以来，我们在改革发展稳定等方面大胆探索，积累了许多宝贵经验。实践证明，自治区党委根据十五大精神，结合广西实际制订的“三大战略、六大突破”决策及一系列相关的具体工作思路与措施，符合十六大精神、符合“三个代表”重要思想要求、符合广西实际，是完全正确的，必须一以贯之，继续贯彻落实，并根据十六大精神进一步加以完善。为此，当前和今后一个时期我区工作的指导思想和总体要求是：高举邓小平理论和“三个代表”重要思想伟大旗帜，全面贯彻党的十六大精神，深入实施“三大战略、六大突破”决策以及与之相关的一系列具体工作思路和措施，坚持以西部大开发为契机，以加快发展为主题，以经济结构调整为主线，以推进工业化、城镇化为重点，以改革开放和科技进步为动力，以提高人民生活水平为根本出发点，加快富民兴桂新跨越步伐，全面建设小康社会。在具体工作中，必须紧紧抓住发展、改革、开放、稳定等重点工作，全力予以突破，以带动全局。

抓发展，就是要坚定不移地把发展作为执政兴国的第一要务，始终坚持以经济建设为中心，大力发展社会生产力，坚持在调整中提高，在创新中发展，推动国民经济的跨越式发展。为此，要切实扩大投资规模，加强基础设施建设和生态环境建设；坚持党在农村的基本政策，推动农村经营体制创新，建设现代农业，发展农村经济，增加农民收入，壮大县域经济；毫不动摇地巩固和发展公有制经济，毫不动摇地鼓励、支持和引导非公有制经济发展，大幅度提高非公有制经济在国民经济中的比重；实施科教兴桂和人才战略，夯实经济发展基础。坚持走新型工业化道路，以信息化带动工业化，以工业化促进信息化，在运用高新技术和先进适用技术改造提升传统产业，大力发展现有重点产业的同时，大力引进、培育和发展制造业，依托优势资源，发挥比较优势，高起点发展新的优势产业，全力推进工业化和城镇化进程。要深入实施区域经济战略，发展特色经济，构筑各具特色又相互涵盖的经济区、经济带，完善经济布局，推动若干基础较好的中心城市和其他有条件的地方率先实现全面建设小康社会目标。要坚持标本兼治，加大投资软环境建设和整治力度，优化经济发展环境。所有这些概括起来，就是要夯实基础、强化支柱、完善布局、优化环境，努力走出一条速度快、效益好、结构优、后劲足、竞争力强的经济发展新路子。与此同时，加强政治建设，大力发展社会主义民主政治，加强文化建设，大力发展社会主义文化，确保物质文明、政治文明和精神文明的协调发展，全面建设小康社会。

抓改革，就是要深化经济、政治、文化体制改革，加快体制创新，努力从根本上消除束缚生产力发展的体制性障碍。经济体制改革，重点要围绕加快市场化进程，深化国有企业改革，大力推进国有企业体制创新、技术创新、管理创新和结构优化，建立和完善现代企业制度，培育和发展一批具有国际竞争力的企业集团和著名品牌，提高企业核心竞争力；改革国有资产管理体制，积极探索有效的国有资产经营体制和方式，实现国有资产保值增值；健全现代市场体系，完善市场运行机制，在更大程度上发挥市场在资源配置中的基础性作用。政治体制改革，重点要在坚持四项基本原则的前提下，扩大民主，健全法制，完善民主决策和监督机制；深化行政管理体制改革，加快转变政府职能，革新管理观念，改进管理方式，提高依法行政和服务水平。大力推进文化体制改革。

抓开放，就是要适应经济全球化趋势和我国加入世贸组织的新形势，坚持以项目为中心，以优化投资软环境为突破口，进一步扩大对外开放领域、拓宽利用外资渠道、增加对外商品和服务贸易以及推动重点区域加快对外开放，在更大范围、更广领域、更高层次上参与国际经济技术合作和竞争。尤其要高度重视我国将与东盟建立自由贸易区的机遇，充分看到我区邻近东盟的有利条件，加强调查研究，积极探讨应对措施，寻求发展的更大空间，全面提高对外开放的质量和水平。

抓稳定，就是要为加快富民兴桂新跨越步

伐,全面建设小康社会创造良好环境。各级党委、政府要正确处理改革、发展、稳定的关系,把稳定工作摆在十分重要的位置,充分发挥政法部门的骨干作用,抓紧抓好社会治安综合治理,严厉打击国内外敌对势力和严重刑事犯罪分子的捣乱破坏,严厉打击"法轮功"邪教组织。要高度重视、正确处理人民内部矛盾,积极主动化解各种不稳定因素。要坚持不懈地抓好安全生产,最大限度地减少安全事故的发生。要坚持依法治国和以德治国相结合,加强精神文明建设,努力营造民主团结、积极向上、生动活泼、安定和谐、干事业谋发展的社会政治环境。

解决广西前进中的问题,关键在发展。《决定》在这方面讲得很充分,既体现了十六大精神和"三个代表"重要思想要求,又保持了各项工作和政策措施的稳定性、连续性。相信《决定》付诸实施后,我区改革开放和现代化建设必将取得新的更大进展。现在重要的问题是要抓好落实。全区各地各部门各单位,都要按照《决定》的部署和要求,因地制宜,扬长避短,发挥优势,采取切合本地本部门本单位的具体措施,扎扎实实地贯彻落实,切实做到发展有新思路、改革有新突破、开放有新局面、各项工作有新举措,全力加快富民兴桂新跨越步伐,全面建设小康社会。

三、解放思想、实事求是、与时俱进,以思想大解放促进经济社会大发展

十六大报告指出,坚持党的思想路线,解放思想、实事求是、与时俱进,是我们党坚持先进性和增强创造力的决定性因素。对广西而言,解放思想,始终是事关全局的重大问题。我们要全面贯彻落实十六大精神,实现改革与发展新突破,首先要在思想观念的转变上实现新突破。这些年来,我们在解放思想方面作了很大努力,也取得了明显成效,因此,我们的事业也取得了很大发展。现在我们对问题的看法,对事物的认识,同五年前、十年前比较,有了很大的进步,思想解放的成果是显而易见的。然而,时代在前进,形势在发展,实践在深化,思想解放是没有止境的。我们务必着眼加快富民兴桂新跨越步伐,全面建设小康社会,掀起新一轮思想解放高潮,坚决冲破一切妨碍发展的思想观念,坚决改变一切束缚发展的做法和规定,坚决革除一切影响发展的体制弊端,使思想不断有新解放,实践不断有新创造,始终保持与时代发展同步。

解放思想、实事求是、与时俱进,必须坚持用发展着的马克思主义指导新的实践。如何对待马克思主义向来是思想解放的关键性问题,在这一问题上的立场和态度,最能体现思想是否解放及其解放的程度。马克思主义是我们立党立国之本,任何时候都必须坚持。同时又要坚决反对本本主义、教条主义,不能用本本去框实践,而是要根据新形势新情况,把思想认识从对马克思主义的错误的和教条式的理解中解放出来,用发展的马克思主义指导新的实践。当前,最重要的是要高举"三个代表"重要思想的伟大旗帜,这是解放思想的核心和灵魂。"三个代表"重要思想创造性地提出了一系列新思想、新观点、新论断,贯穿着解放思想、实事求是、与时俱进的思想路线,体现着继往开来、开拓进取的创新精神。各地各部门各单位和各级领导干部,一定要坚持用"三个代表"重要思想指导和审视各项工作,看是否代表了先进生产力的发展要求,是否代表了先进文化的前进方向,是否代表了最广大人民的根本利益,凡是符合"三个代表"重要思想的,就毫不动摇地坚持,不符合就坚决加以纠正。

解放思想、实事求是、与时俱进,必须坚持科学求实,遵循客观规律。解放思想、实事求是、与时俱进,从根本上说就是要冲破一切陈旧的思想和主观偏见的束缚,使我们的思想和行动与客观实际相符合,紧跟时代前进的步伐。要做到这一点,很重要的一条就是必须坚持科学求实的精神,严格遵循客观规律。世界万事的发展都有其客观规律性,我们只有努力去认识、去把握,才能确保思想解放不迷失方向,才能坚持一切从实际出发、实事求是,才能始终与时俱进。在现实中,我们可能都有过这样的体会,为做好工作,曾想了很多办法,下了很大功夫,但有时却收效不甚明显,甚至可能适得其反,这其中的原因是多方面的,但我认为与我们对客观规律的把握、遵循不够有很大关系。加快富民兴桂新跨越步伐,全面建设小康社会,是在新的历史条件下推进的惠及全区各族人民的宏大事业,在前进的道路上肯定会碰到各种各样的问题,克服困难,解决问题,加快发展,需要我们艰苦实践和探索。因此,我们一定要把大胆探索的勇气与科学求实的精神结合起来,认真研究改革发展中出现的新情况、新问题,严格按客观规律办事,使我们始终做到解放思想而不主观臆想、实事求是而不盲目蛮干、与时俱进而不因循守旧。

解放思想、实事求是、与时俱进,必须大胆创新。创新是解放思想、与时俱进的必然结果。如果

不大胆创新，不开拓新局面、实现新发展，就根本谈不上坚持了解放思想、实事求是、与时俱进。落实十六大精神，加快富民兴桂新跨越步伐，全面建设小康社会，任务重、困难大，要求我们必须有那么一股开拓创新的精神和干劲，既要不断推动制度创新，又要不断推动科技、文化和其他各方面的创新。每一个党员干部特别是县处级以上领导干部，都要坚决冲破传统观念、做法和体制的束缚，克服因循守旧、等待观望、消极畏难、怕担风险、无所作为的思想，自觉树立创新意识，培养创新精神，提高创新能力，投身创新实践，敢走前人没有走过的路，只要对广西的发展有利，就大胆试、大胆干，努力干出一番业绩来。

解放思想、实事求是、与时俱进，必须体现在行动上，落实在加快富民兴桂新跨越步伐的实践中。解放思想、实事求是、与时俱进，是具体的、现实的，不是空洞的口号，我们绝不能停留在口头上，必须始终如一地贯彻到各项工作中，确保各项工作不断有新起色、上新水平。检验解放思想的成效，就是要看是否确定了符合本地本部门本单位实际的发展思路，营造了加快发展的良好氛围，开创了改革发展的新局面，是否推动了生产力的发展，促进了先进文化的繁荣，实现、维护和发展了最广大人民群众的根本利益。全区上下都要大力支持改革，尊重创造性实践，扶持新生事物，营造鼓励人们干事业、支持人们干成事业的良好社会氛围。

总之，实践永无止境，决定了解放思想也永无止境。我们一定要适应实践的发展，以实践来检验一切，自觉地把思想认识从那些不合时宜的观念、做法和体制的束缚中解放出来，从对马克思主义的错误的和教条式的理解中解放出来，从主观主义和形而上学的桎梏中解放出来，以思想的大解放促进经济社会的大发展。

四、切实加强领导，确保十六大精神全面落到实处

学习贯彻十六大精神，加快富民兴桂新跨越步伐，全面建设小康社会，任务十分艰巨繁重，必须切实加强领导。各地各部门各单位，要切实把学习贯彻十六大精神作为首要政治任务，联系各自实际，制定具体的方案和措施，并狠抓落实，确保学习贯彻取得实实在在的效果，不断推进改革发展稳定各项工作。

贯彻落实十六大精神，加快富民兴桂新跨越步伐，全面建设小康社会，关键取决于各级党组织，取决于各级党组织的思想、作风、纪律、组织状况和创造力、凝聚力、战斗力。全区各级党组织要全面贯彻“三个代表”重要思想，按照十六大报告提出的四个“一定要”、三个“始终”和六方面任务，以改革的精神，切实加强党的思想、组织、作风和制度建设，在全体党员中开展以实践“三个代表”重要思想为主要内容的保持共产党员先进性的教育活动，坚持和健全民主集中制，继续深入开展反腐败斗争，不断为党的肌体注入新活力，使各级党组织始终走在时代前列，充满生命力、创造力、凝聚力和战斗力，成为贯彻“三个代表”重要思想的组织者、推动者和实践者，成为团结带领全区各族人民贯彻落实十六大精神，加快富民兴桂新跨越步伐，全面建设小康社会的坚强领导核心。

各级领导干部是学习贯彻十六大精神，加快富民兴桂新跨越步伐，全面建设小康社会的组织者、指挥者，要充分认识并切实承担起自己所肩负的历史使命和神圣职责，带头学习、带头贯彻，努力成为勤奋学习、善于思考的模范，解放思想、与时俱进的模范，勇于实践、锐意创新的模范。要大力发扬脚踏实地、埋头苦干的工作作风，坚决反对形式主义、官僚主义，力戒虚浮之风，时时处处坚持重实际、说实话、办实事、求实效，凡是确定了的事情，都要一抓到底，抓出成效。要适应新形势新任务的要求，努力改进领导方式，提高领导水平，不断深化对共产党执政规律、社会主义建设规律和人类发展规律的认识，不断提高科学判断形势的能力、驾驭市场经济的能力、应对复杂局面的能力、依法执政的能力和总揽全局的能力，更好地担负起历史赋予的重任。

贯彻十六大精神，加快富民兴桂新跨越步伐，全面建设小康社会，是一项艰巨的历史任务，广大共产党员一定要牢记宗旨，胸怀全局，充分发挥先锋模范作用。每一个党员就是一面旗帜，就是一个标杆。党员的表现直接关系到党在群众中的形象和号召力、感召力。全体共产党员都要认真学习实践“三个代表”重要思想，坚定理想信念，永葆共产党人的先进性，始终站在时代潮流的前头。要振奋、要拼搏，立足于自己的岗位，勤勤恳恳、兢兢业业地学习和工作，努力多作贡献，为广大干部群众树立榜样、作出表率。

团结就是力量，团结就是胜利。面对加快富民兴桂新跨越步伐，全面建设小康社会的繁重任务，全区上下一定要倍加顾全大局、倍加珍视团结、倍加维护稳定，不断增进党内团结、党内与党

外的团结、党与群众的团结、干部与群众的团结、党政军民的团结以及各民族之间的团结，真正做到心往一处想、劲往一处使，不埋怨、不泄气、不消沉，齐心协力、和衷共济，共同推进我区的改革开放和现代化建设。

最后简单讲一讲岁末年初需要抓好的有关工作。今年以来，经过全区上下的艰苦努力，改革发展稳定等各项工作都取得了喜人的成绩。现在已进入年关，各地各部门各单位要进一步抓紧做好各项工作，不能松懈，确保圆满完成年初确定的各项任务。元旦、春节将至，大家要十分注意维护社会稳定，安排好人民群众尤其是困难群众的生活，保证人民群众欢乐祥和地过好年。同时抓紧谋划明年的工作，早考虑早安排，争取工作的主动权。要按照中央的有关要求，认真做好自治区人大、政府、政协的换届准备工作，确保换届顺利进行。

同志们，党的十六大已经发出了全面建设小康社会的动员令，让我们紧密团结在以胡锦涛同志为总书记的党中央周围，高举邓小平理论伟大旗帜，全面贯彻“三个代表”重要思想，沿着十六大指引的方向阔步前进，为加快富民兴桂新跨越步伐，实现全面建设小康社会的宏伟目标而努力奋斗。

新世纪催人奋进的伟大目标

——学习党的十六大报告的体会

潘　琦

江泽民同志在刚刚闭幕的中国共产党第十六次全国代表大会的报告中，向全党和全国人民提出了全面建设小康社会的奋斗目标，这个奋斗目标犹如一声惊雷，震撼世界，它向世人宣告：中国共产党在20世纪80年代提出的著名的现代化建设“三步走”战略中的第一、第二步目标已成功实现，占世界五分之一人口的中国开始进入了一个全面建设小康社会的新的历史阶段，沉睡的东方巨龙正在奋起跃升，一个古老的民族正在走向新的伟大复兴！

实现小康社会的目标，曾是中国人千百年来的一个梦。从老子的“鸡犬之声相闻，民至老死不相往来”的小国寡民生活的向往，到“三亩地一头牛，老婆孩子热炕头”的农耕社会知足常乐的憧憬，到“楼上楼下，电灯电话”的现代文明社会生活的渴望，一代又一代的中国人无不在做着一个小康之梦。然而，在新中国诞生前的旧中国，所有这一切的一切，也仅仅是一个美好的梦想而已。是伟大的中国共产党给中国人民指明了圆梦的正确道路，使千百年来的梦想一步一步变成了现实。

最早给我们描画现实的小康蓝图的是邓小平同志。早在改革开放之初，邓小平同志就从我国的基本国情出发，科学地设计并提出了社会主义现代化建设“三步走”的战略部署。经过20多年的奋斗，到2000年前两步目标已经胜利实现，人民生活总体上达到了小康水平。这是上个世纪发生的最为激动人心的大事，是社会主义制度的伟大胜利，是中华民族发展史上的一个新的里程碑。回首党的十三届四中全会以来我们所走过的十三年历程，中国人民在中国共产党的领导下，顶住了由于东欧剧变、苏联解体，社会主义遭受挫折所造成的巨大压力，经受住两极格局瓦解后异常复杂的国际形势和发达国家在新科技革命及经济全球化中占据着有利地位这两大严峻的挑战与考验，以及国内外政治斗争、经济风险和自然灾害的挑战与考验，走过了极不平凡的道路。以江泽民同志为核心的第三代领导集体，保持着清醒的政治头脑，始终站在时代发展的前列，代表着中国社会生产力的发展要求，紧紧扭住经济建设这个中心，牢牢锁定发展是执政兴国的第一要务，社会主义现代化建设不断取得新的突破，确保了实现从温饱到小康的历史性跨越。

善于根据人民的意愿和事业的发展，提出切合实际而又具有感召力的奋斗目标，并团结和带领广大人民为之不懈地奋斗，这是我们党的政治优势和政治领导艺术。江泽民同志在党的十六大报告中，发扬解放思想、实事求是、与时俱进的精神，深刻地分析了在总体上实现小康目标的情况下，党和国家面临的新形势新任务，适时、科学地提出了全面建设小康社会的新的奋斗目标，并从经济、政治、文化等方面勾画了宏伟的蓝图，制定了推进各方面工作的方针政策。这是符合社会主义现代化建设“三步走”战略部署、符合我国当前的基本国情、符合全国各族人民共同心愿的新的战略构想，有利于最广泛最充分地调动一切积极因素，为实现中华民族的振兴而奋斗；有利于展示我国良好的国际形象，对加快推进我国的现代化建设、实现中华民族的伟大复兴，必将产生鼓舞斗志、凝聚民心的重要作用。

全面小康是对目前基本上实现小康的重大超越。全面建设小康社会的目标，就是在目前基本上实现小康的基础上，在经济、政治、文化、生态各个方面，建设一个惠及十几亿人口的更高水平的、更全面的、发展比较均衡的小康社会。具体地说，就是在优化结构和提高效益的基础上，国内生产总值到2020年力争比2000年再翻两番，综合国力和国际竞争力明显增强；社会主义民主更加完善，社会主义法制更加完备，依法治国基本方略得到全面落实，人民的经济、政治和文化权益得到切实尊重和保障；全民族的思想道德素质，科学文化素质和健康素质明显提高，形成比较完善的现代国民教育体系、科技和文化体系、全民健身和医疗卫生体系；可持续发展能力不断增强，生态环境得到改善，资源利用率显著提高，促进人与自然的和谐，推动整个社会走上生产发展、生活富裕、生态良好的文明发展道路。这个目标合乎国情，体现民意，顺应民心。实现这个目标，我们的祖国必将更加繁荣富强，人民的生活必将更加幸福美好，中国特色社会主义必将进一步显示出巨大的优越性。

十六大已经为我们描绘了全面建设小康社会的宏伟蓝图，要把这幅宏伟蓝图变成现实，就必须全面贯彻十六大提出的党在新世纪推进各方面工作的方针政策，坚决执行党对建设中国特色社会主义经济、政治、文化和党的建设各项工作的战略部署。要牢牢抓住经济建设这个中心，不断解放和发展社会生产力。要深化经济体制改革，完善社会主义市场经济体制，推动经济结构战略性调整，坚持走新型工业化道路，大力推进信息化，加快建设现代化，保持国民经济持续快速健康发展，不断提高人民生活水平。要全面繁荣农村经济，稳定农业的基础地位，推进农业和农村经济结构调整，保护和提高粮食综合生产能力，健全农产品的质量安全体系，增强农业的市场竞争力。要积极推进西部大开发，促进区域经济协调发展。要坚持和完善基本经济制度，深化国有资产管理体制改革。要深化分配制度改革，健全社会保障体系。要坚持对外开放政策，抓住经济全球化和加入世界贸易组织的契机，建立和发展开放型经济。要千方百计扩大就业，不断改善人民生活，维护社会稳定。要在抓好物质文明建设的同时，坚持抓好政治文明和精神文明；在抓好发展物质生产力的同时，大力发展文化力，使经济、政治、文化、社会各方面协调发展，为全面建设小康社会提供强大的精神动力和营造良好的政治、文化环境。

“问渠哪得清如许，为有源头活水来。”时代在发展，社会在进步，中国在腾飞，在全面建设小康社会、实现中华民族伟大复兴的新的征途中，毫无疑问我们将不断创造出新的业绩，铸造新的辉煌。同时也还会遇到许多新的困难和挑战。但有中国共产党的强有力领导，有坚强、清醒、成熟、团结统一和善于面对各种挑战驾驭全局的党中央领导集体，有全国各族人民振兴中华的决心、毅力和奋斗精神，全面建设小康社会的宏伟目标就一定能够实现，中国特色社会主义事业将奏响更加雄浑高亢的乐章！

十六大精神学习宣传研讨活动综述

【十六大精神宣讲】 2002年12月2日，中央宣讲团成员、中央文献研究室副主任金冲及在自治区党委礼堂作首场十六大精神宣讲报告。自治区党委书记曹伯纯主持报告会，自治区四家班子领导，自治区党委委员、候补委员、纪委委员，自治区直属机关副厅级以上领导干部和自治区学习十六大精神宣讲团成员等共1200多人参加报告会。12月3日，金冲及在桂林漓江剧院作第二场报告。自治区党委常委李金早主持报告会，桂林市、柳州市、柳州地区四家班子领导，柳州铁路局领导班子成员，桂林市副处级以上领导干部以及部分高等院校师生、企业领导干部1000多人参加报告会。金冲及的宣讲报告，从十六大的意义、13年的伟大历程和基本经验、全面贯彻“三个代表”重要思想、全面建设小康社会的奋斗目标和重大部署、加强和改进党的建设等方面进行深入阐述，受到与会者的好评。

根据自治区党委的决定，在传达学习十六大精神和举办领导干部学习研讨班的基础上，由自治区党委宣传部牵头，从有关部门抽调20位有理论功底和宣讲经验的领导干部、专家学者，组成自治区学习党的十六大精神宣讲团，深入基层开展十六大精神宣讲活动。宣讲团成员于11月22日～27日在南宁集中学习备课，形成统一宣讲提纲，并进行试讲。自治区党委副书记马庆生在宣讲团分赴各地宣讲前，曾会见宣讲团成员，并对宣讲活动提出要求。自治区党委常委、宣传部部长潘琦、自治区党委常委李金早对宣讲成员的抽调、培训和宣讲内容、任务等提出具体要求，潘琦部长还对宣讲团成员进行宣讲辅导。12月5日自治区宣讲团成员分赴各市(地)县和高等院校、大中型企业进行宣讲。至12月20日，宣讲团成员共作宣讲辅导报告228场，直接听众约20万人。许多市(地)县和学校、企业通过分会场和电视、广播转播，约有200万干部群众间接听取自治区宣讲团宣讲。

在中央和自治区学习十六大精神宣讲团的带动下，各市、县也及时组织宣讲队伍，采取多种形式深入基层，开展宣讲活动。南宁市从有关单位抽调100名理论骨干，组成宣讲团到基层宣讲，听众达1万多人。梧州市组织市、县(区)和部门宣讲队25支，宣讲人员153人，到基层宣讲280多场，听众8万人。桂林市、县两级组织宣讲1633场，听众10多万人。至12月30日，自治区各市、县共组织宣讲4139场，听众达到121万人。

【领导干部和理论骨干培训】
2002年11月20～22日和11月24～26日，自治区党委在党校举办两期厅级领导干部学习十六大精神研讨班，共有551名副厅级以上领导干部参加学习研讨。11月20日，第一期研讨班开班典礼在自治区党校礼堂举行，自治区四家班子领导，各市(地)党委书记、市长(专员)，自治区直属单位主要领导、高等院校主要负责人、重要骨干企业主要领导共255人出席。自治区党委书记曹伯纯在会上作动员讲话，自治区领导李兆焯、马庆生、陆兵、刘奇葆、王万宾、马铁山等出席。曹伯纯在讲话中指出，学习贯彻十六大精神，重点是学习贯彻江泽民的报告，全面、准确地领会报告的精神实质。研讨班就如何深刻理解十六大的主题，深刻理解党的十五大以来改革开放和现代化建设所取得的巨大成就，深刻理解党领导全国人民建设中国特色社会主义必须坚持的基本经验，深刻理解十六大把“三个代表”重要思想确定为党必须长期坚持的指导思想的重大意义，深刻理解十六大提出的全面建设小康社会的奋斗目标，深刻理解十六大制定的全面建设小康社会、加快推进社会主义现代化建设的任务及基本方略和大政方针，深刻理解十六大提出的新世纪党的建设的指导思想和目标任务以及深刻理解坚持党的思想路线等问题展开深入研讨。

自治区学习宣传十六大精神理论骨干培训班于11月21～23日在南宁举行。自治区各市、地委宣传部部长，柳铁党委宣传部长，自治区直属机关工委、高校工委、企业工委宣传部部长，宣传口各单位主要负责人，各市、地委讲师团团长、宣传部理论科长等60多人参加培训。自治区党委常委、宣传部部长潘琦在培训班传达党的十六大精神并就十六大精神的学习宣传作全面部署，自治

2002年11月，自治区党委在党校举办两期厅级领导干部学习十六大精神研讨班。图为第一期研讨班开学典礼 自治区党委宣传部供稿

区党委宣传部副部长邬善康，自治区党委宣传部部务委员、自治区党委讲师团团长李海荣，自治区党委宣传部理论处处长冯学军分别就“全面贯彻‘三个代表’重要思想”、“全面建设小康社会”、“加强和改进党的建设”等专题作学习辅导。

【社会科学界学习研讨活动】 2002年11月26日，自治区党委宣传部、自治区党校、广西社科院、自治区社科联联合召开社科理论界学习十六大精神座谈会。与会人员认为，党的十六大对于党和国家事业的发展具有重大而深远的意义。十六大报告是党在新世纪新阶段的政治宣言，是全面建设小康社会、加快推进社会主义现代化的行动指南，是马克思主义的纲领性文献。学习、研究、宣传和贯彻“三个代表”重要思想，是哲学社会科学工作者义不容辞的职责和长期任务。自十六大召开至年底，社科界各学会、协会、研究会共召开各种理论研讨会20多次，与会人数达到3000多人次。11月16～17日，广西写作学会在北海市召开以“贯彻十六大精神，发展先进文化”为主题的研讨会，80多人参加，与会者就写作学与先进文化的关系等问题进行了探讨。12月5日，广西科学社会主义学会在南宁召开“十六大精神与新世纪中国共产党执政规律”理论研讨会，70多人与会，自治区党委宣传部副部长邬善康出席并讲话。与会者就如何建设小康社会、如何实现执政党的现代化、如何建立社会主义政治文明、全球化趋势与社会主义等前沿性理论进行探讨。12月6～9日，广西毛泽东哲学思想研究会在贺州市召开“党的十六大与中国特色社会主义理论”研讨会，55人到会，就十六大与马哲史研究等问题进行交流。12月10日，广西党的建设研究会在南宁召开第四次会员代表大会，60人参加。自治区党委副书记刘奇葆，自治区党委常委、组织部部长陈秀榕出席。刘奇葆在会上强调，党的十六大着眼于新世纪新阶段，从历史和时代的高度，对全面推进党的建设新的伟大工程作出新部署，为加强和改进党的建设指明了方向，同时也对党建理论研究提出了新的更高要求。贯彻落实十六大关于党的建设的各项部署，实现党的建设总目标，要求既要以改革的精神推进党的建设实践，又要在思想理论上有新的建树，新的发展。自治区党委原副书记、广西党的建设研究会会长丁廷模指出，“三个代表”重要思想是加强和改进党的建设的强大理论武器，也是搞好党建研究工作的强大理论武器。一定要自觉地用

2002年11月21～23日，自治区学习宣传十六大精神理论骨干培训班在南宁举行。图为自治区党委宣传部副部长邬善康在培训班上作辅导报告

自治区党委宣传部供稿

“三个代表”重要思想来指导党建研究工作，这是党建研究工作的根本方向，是党建研究工作取得成效的关键所在。12月19日，广西行为科学学会召开“创建学习型组织开发创造力”学术研讨会，41人参加，与会者就企业文化与创造学习型组织等问题进行交流，并发出创建学习型城市和学习化校园的倡议。

广西各城市社科联、高校社科联也都联系实际组织开展各种形式的学习研讨活动。

【《广西日报》加大十六大理论宣传力度】 党的十六大召开以后，《广西日报》理论评论宣传紧紧围绕十六大精神，着重解读十六大报告提出的关于“三个代表”重要思想是党“必须长期坚持的指导思想”、“全面建设小康社会”、“尊重和保护一切有益于人民和社会的劳动”、“让一切创造财富的源泉充分涌流”以及把“与时俱进”列入党的思想路线的重要内容等新观点、新论断，分别在头版和理论版开辟专栏进行持久的理论评论宣传。2002年11月8日以后，在头版共刊发系列评论员文章30篇，其中2002年19篇。《广西日报》把阐释十六大的基本观点、主要精神与激励、鼓舞、推动学习贯彻十六大精神结合起来，加大对十六大理论宣传的力度。在理论版开辟的“学习贯彻党的十六大精神有奖征文”专栏，分别从对十六大的总体评价、基本观点和主要精神的阐释以及把学习贯彻十六大精神引向深入等方面进行理论宣传，理论部对此进行了周密的策划，共拟出200多个选题，有针对性地进行约稿

概　　况

社会科学研究历史发展概述

【新中国建立前广西社会科学发展概况】 广西的社会科学研究发轫于西汉。但在漫长的封建社会里，由于地处边陲，同中原交际不便，且受落后的经济、文化的制约，社会科学的发展十分缓慢，研究领域狭窄，涉猎的学科只有经学、语言文字学、文艺学、少数民族史等学科以及地方志编纂。著名的学者不多，有影响的著作也屈指可数。

汉代是广西社会科学研究的起始时期，也是历史上的第一个活跃时期。研究范围是经学和佛学，代表人物是名噪一时的“三陈六士”和牟子。“三陈”即陈钦、陈元和陈坚卿（或作陈坚）一家祖孙三代。陈钦（？～15）是西汉古文经学家，字长孙，苍梧广信人，著有《陈氏春秋》（已佚）。陈钦极力倡导古文经学，对古文经学的传播起了重要作用。陈钦子陈元是东汉古文经学家，少承父业，专心研究和注释《左氏春秋》，著《左氏异同》、《春秋训诂》，并传授《费氏易》。陈元又把《春秋左传》传给儿子陈坚卿。陈坚卿亦通经学，长于作文。东汉经学家赵岐在《三辅决录》中说，“《左氏春秋》，远在苍梧”。陈氏家学以《左氏春秋》、《陈氏春秋》为教材培养地方人才，知名子弟甚多。陈氏经学影响深远。“六士”指的是以士赐为首，连同他的4个儿子士燮、士壹、士䵋、士武及士燮的儿子士廞。士燮著有《士燮集》5卷、《春秋经注》11卷、《公羊注》、《穀梁注》、《尚书注》等书。“三陈六士”中，陈钦、陈元、陈坚卿和士燮、士壹又被称为学术界的“三陈二士”，对经学的发展作出了贡献。牟子名融，字子博，苍梧广信人，汉末佛学家。他两次辞官不就，专心研究佛学和老子，通“老子五千文”，是广西最早研究佛教的学者。著《理惑论》37篇，是中国最早的佛学专著，对后来南北朝佛学的流播和发展很有影响，对中国佛学以孔孟的儒家理论为指导的思想体系的形成也有促进作用。

值得提及的还有经学家、文学家、目录学家刘向《说苑·善说》所载用汉字记音的《越人歌》及其汉译，被认为是最早的壮族口头文学整理。刘向整理记录的这首歌为后来揭示壮族与古越人的语源、族源关系提供了重要材料。但也有人认为刘向的整理，记录还不是自觉的学术活动。

从魏晋南北朝开始，历经隋唐五代以迄两宋元朝，广西的社会科学研究相对岑寂，但学术活动仍不绝如缕。这一时期的成果大多为历史地理著作，记载了较多的广西历史、地理、民族、风俗资料，为后人了解和研究广西的历史地理和建置沿革提供了方便。特别是《桂海虞衡志》、《桂林风土记》、《岭表录异》、《岭外代答》等书，直到现在仍为学术界所重视而经常引用。唐朝思想家、文学家、政治家柳宗元在柳州4年，他讲学宣道，推广儒家思想，为开发柳州、发展柳州乃至广西的文教事业作出了贡献，其思想在广西学术界的影响，直到今天仍然存在。北宋时广西佛学研究也很突出，代表人物是镡津（今藤县）人契嵩。契嵩作《原教孝论》、《辅教编》，阐明佛、儒之道一贯，不能偏倚。还著有《禅宗定祖图》、《传法正宗记》、《教外别传》等。其著作编入大藏。

明代，记载和研究广西少数民族风情的著作增多，如欧大任的《百越先贤志》、邝露的《赤雅》、魏濬的《峤南琐记》和《西事珥》、王尚文的《征蛮记》、谢肇淛的《百粤风土记》、瞿九思的《平府江右江诸壮的始末》、张鸣凤的《桂故·桂胜》、刘稳的《粤中政纪》、田汝成的《炎徼纪闻》和《藤峡纪闻》、唐顺之的《广右战功录》、王济的《君子堂日洵手镜》，等等。这些著作大都保存至今，成为研究明代广西历史地理、少数民族社会和风俗习惯的珍贵资料。这个时期的经学研究也有了新的成果，如苍梧吴廷举的《春秋繁露节解》、郁林陈伯魁的《五经训义》等。方志编纂更为活跃，取得了很大成绩，共修志书150多种，现存最早的两种广西通志就是在明代编纂的。明代还有一项重要的学术活动是地理学家、旅行家、文学家徐霞客考察广西。他于崇祯十年(1637)闰四月进入广西，历经一年，先后游历桂、柳、郁、邕、庆诸府所属30多县，留意各地名胜古迹、险壑陡岩和风土人情。在其所著《徐霞客游记》中的《粤西游记》有20万字，除自然地理方面的文字外，还留下丰富的人文地理和艺术等资料供后来的研究者参考。

清代，广西社会科学研究得到较快发展，进入封建社会的活跃时期。研究领域主要是语言文字、文学艺术和历史、民间文学整理，地方志编纂也有突出成绩。出现在晚清词坛上颇有影响的派别——临桂词派，产生一些在全国有一定影响的学术著作和在广西乃至全国有一定地位的学者。

广西的语言文字研究兴起于清代中期，主要涉及文字学、音韵学、训诂学、校勘学。文字学代表作主要有桂林龙光甸的《字学举隅》、况祥麟的《六书管见》、刘廷玉的《楷体蒙求》、龙伯纯的《文字发凡》等。音韵学的研究成果不多，但成就却很大，代表作是临桂龙启瑞的《古韵通说》。训诂学成果较多，也有创见，但多是就儒家经典的某一种书作疏解，没有完全摆脱经学附庸的地位。代表作有被称为“粤西一代真才子”的著名壮族学者和作家、象州郑献甫的《愚一录》、《四书翼注论文》，龙启瑞的《尔雅经注集证》，况祥麟的《华杠笔记》，灌阳卿彬的《周易贯义》，贵县龚延寿的《周易拟象》，博白祁永膺的《勉勉钼室类稿》，兴安唐贻谷的《中庸述义》，桂林刘名誉的《论语注解辨订》等。在古籍校勘方面，成就最为突出的是藤县苏时学，所著《墨子刊误》“正讹字，改错简，涣然冰释，怡然顺理”，被近代著名学者孙诒让在其专著《墨子闻诂》中大量引用。同类著作还有玉林苏懿谐的《孝经刊误合本》。

文艺学研究的范围主要是古代文学理论，集中在诗(含词、曲)文方面。比较重要的是郑献甫的诗文理论，永福吕璜、桂林朱琦和龙启瑞、马平(今柳州)王拯、平南彭昱尧等“岭西五子”的桐城派文学主张。“临桂词派”(或称“粤西词派”)兴起于同光年间，代表人物为王鹏运和况周颐。“临桂词派”词学核心是“重”、“拙”、“大”，较集中地体现在况周颐的《蕙风词话》一书中。

民间文学研究方面的突出成果首推吴淇的《粤风续九》。所谓“续九”，即续屈原的《九歌》。吴淇在浔州(今桂平)推官任上采集瑶、俍、壮、汉等民族民歌汇成此书。学术和文学整理方面，汪森编辑《粤西文载》、《粤西诗载》、《粤西丛载》(合称《粤西通载》，惯称《粤西三载》)，为人们搜集、汇编并保留了大量的广西地方文献，功不可没。

戏剧研究也肇自清代，开先河者为灌阳唐景崧，他热心戏剧改革，创造了新剧种——桂剧。他在桂林私宅五美堂建“看棋亭”戏台，组建桂剧“春班”剧团，自己编写剧本，邀请康有为、岑春煊等上层人士观看演出，然后评论，促进了桂剧的发展。这时还出现了画论，代表作是明末清初桂林画家石涛(苦瓜和尚)的《画语录》，该书论述中国传统绘画的规律、山水画的特点和表现方法等。

清代广西修志成果丰硕，共有220多种，且绝大部分流传至今。其中谢启昆主持编纂的《(嘉庆)广西通志》结构严谨，体例新颖，固中有革，锐意创新，且篇幅宏大，内容丰富，在清代各省通志中独负盛名，是历代广西通志和清代省志的善本，受到况周颐、梁启超、张之洞等人的称赞。

民国时期，广西社会科学研究得到进一步发展，研究领域有所拓宽，主要包括马克思主义、中国哲学、语言文字学、文艺学、历史学、经济学、教育学，等等。

广西最早研究、传播马克思主义的先进知识分子和共产党人有马君武、黄日葵、谭寿林、陈勉恕、宁培英、罗少林等人。恭城马君武1903年2月在东京留学生主办的《译书汇报》上发表《社会主义与进化论》一文，在介绍社会主义学说时提到马克思及马克思主义，并在文后附列了马克思、恩格斯著作目录，这是迄今为止中国文献记录中见到的最早的马克思主义著作目录。而最早研究和传播马克思主义的是桂平黄日葵。1920年3月，黄日葵和邓中夏等人在李大钊指导下成立研究马克思主义的公开团体——北京大学马克思学说研究会；翌年，他加入中国共产党。

研究中国哲学的广西籍学者主要有梁漱溟、汪鸾翔、苏甲荣等人，他们从不同角度对中国哲学进行研究，成果各具特色。桂林梁漱溟的研究侧重于中国哲学理论，分析中国哲学思维的贡献及其在当代的意义，著有《东西文化及其哲学》、《印度哲学概论》、《中国文化要义》等哲学著作。北流陈柱是一位国学大师，他侧重儒家经典考释，著有《老子与庄子》、《老学略论》、《老学八篇》、《老子集训》、《周易论略》、《尚书论略》、《墨子十论》、《公羊家哲学》、《诸子学说杂论》、《子二十六论》等。汪鸾翔的成就主要在中国哲学史方面，20世纪30年代后期著有《中国哲学》一书，对中国古代哲学的产生和发展历史作了系统论述，并贯彻自己的哲学史观，是民国时期为数不多的中国哲学通史著作。苏甲荣主要研究庄子，于1920年出版的《庄子哲学》是研究庄子的专著，有不少创见。

研究心理学的学者中较有影响的是北流陈一百、柳江石兆棠等人。

语言文字学研究的主要成就在语法和语音方面，训诂、语言理论次之，文字又次之。训诂学、词汇学研究的代表作有桂林张其锽的《墨子通解》，还有陈柱的《尚书论略》和《公羊微言大义》等书。音韵学研究成果以博白王力的《中国音韵学》(20世纪50年代重印时更名为《汉语音韵学》)为代表。此外，还有语言学家、合浦人岑麒祥的专著《语音学概论》和论文《入声非声说》，王力的《谐声说》和《浊音上声变化说》等多种，龙沐勋的《从旧体歌词之声韵组织》推测新体乐歌应取之途经、《今词之声韵组织》以及易熙吾的《汉字读音》等。其中岑麒祥的《语音学概论》是中国最早的语音学著作之一。文字学研究的代表作有陈柱的《文字学评议》、冯振的《说文解字叙讲记》等著作。方言学研究包括描写方言、历史方言学、地理方言学等，王力、岑麒祥、陈柱等都有比较大的成就。语法研究以王力的成就最为突出，其中《中国现代语法》、《中国语法理论》两书同吕叔湘的《中国文法要略》、高名凯的《汉语语法论》为建立独特的汉语语法体系奠定了基础。研究壮、瑶等广西少数民族语言的，既有外国人，也有中国学者，但以中国学者对壮语的研究成果最为显著。其中刘策奇在1924年《歌谣》周刊发表的《壮族的我见》、《广西语言概论》可视为中国正式研究壮语的发端。以后还有钟敬文、丁文江、刘锡蕃(介)等人。而系统研究且成就最大的是李方桂，他深入广西少数民族地区调查多年，从20世纪30年代到40年代，先后发表《武鸣土语音系》、《天保土歌—附音系》等系列文章。他还深入调查瑶、侗、傣、水等语言，正式提出“台侗语族”这一名称，并将其归入汉藏语系。容县徐松石也对壮语及其同其他少数民族语言的渊源关系进行了研究。

文艺学研究集中在古典文学和戏剧方面。古典文学研究的代表人物是陈柱和冯振。陈柱的古典文学研究成果主要有《评选孟东野诗》、《评选李长吉诗》、《文心雕龙增注》、《先秦文学概要 》、《中国散文史》等。另一位国学大师冯振也是北流人，古典文学研究专著有《七言绝句法举隅》、《七言律髓》、《诗词杂话》等。抗日战争期间，桂林成为抗战文化城。当时在桂林的一些刊物也发表不少古典文学研究成果。少数民族民间文学整理方面，有石兆棠采录象县(今象州县)的长篇民歌《壮人结婚仪式歌》、瞿笃仁的《广西的民间文学》、国民党广西省党务理事委员会宣传部编写的《民间歌谣》、谢曼的《广西特种歌曲介绍》和《广西瑶族的传说》等。戏剧研究的突出成就是桂剧改革。抗日战争爆发后，马君武牵头成立“广西戏剧改进会”，对桂剧进行考察和整理。接着一些来到桂林的文化人也参与桂剧改革，其中欧阳予倩是最积极且成就较突出的一位。他著有《关于旧剧改革》、《改革桂剧的步骤》等专文，力主桂剧改革，并指出改革的可能性。

史学研究的范围主要在太平天国史，代表人物是贵县罗尔纲。罗尔纲一生从事太平天国史和晚清兵制史研究，旁及古典小说《水浒传》研究，是著名历史学家。

1932年成立广西的修志局(1943年改称广西通志馆)是广西历史上第一个官办常设修志机构。民国期间，广西各地纂修县志(稿)70多种，完成《广西通志稿》专志18种。

广西的教育学研究始于清代，光绪三十四年(1908)成立的广西教育总会是广西历史上最早的教育团体。后经两次改组，至1935年，全省共有县、镇教育会83个，会员9814人。1933年广西国民基础教育研究院成立。1935年省教育厅设特种教育师资训练所，内设主要从事民族教育问题研究的民族问题研究会。1940年设立广西教育研究所。教育学研究的代表人物是雷沛鸿、梁漱溟。雷沛鸿既是著名教育学家，又是著名教育家，他提出的国民基础教育理论以及集国民基础教育理论研究、实践和指导于一体的广西国民基础教育研究院当时在国内产生很大影响。他的主要著作有《国民基础教育论丛》、《国民中学创制集》等。哲学家梁漱溟在教育学方面主要从事乡村建设理论研究，并身体力行，宣传、实践他的乡村教育主张。抗日战争时期，著名教育家陶行知也在桂林创办过生活教育总社。

【新中国建立后广西社会科学发展概述】 中华人民共和国建立后，广西的社会科学事业进入了一个新的发展时期。自20世纪50年代以来，广西社会科学事业的发展大约可分为3个阶段。

初创阶段(1950～1965年) 这个阶段主要是向广大干部、群众传播和普及马克思列宁主义、毛泽东思想基本原理和基本知识，研究社会主义革命与建设的基本经验。在这一时期，相继成立桂西壮族自治区壮族文字研究指导委员会

研究室、广西科委经济研究所、广西民族研究所、广西哲学社会科学研究所等专门研究机构和广西通志馆，以及广西历史学会、广西民间文学研究会等学术团体；还建立广西省革命干部学校（后改为中共广西壮族自治区委员会党校），出版理论刊物《思想解放》。研究人员主要对马克思主义、列宁主义原著做一些注释性研究，对中国社会主义过渡时期的理论和实践、广西少数民族、太平天国史、中法战争史、辛亥革命史进行初步探讨。在中央关怀、指导下，中国科学院语言研究所、北京大学和中央民族学院的科研人员、苏联专家同广西壮族语文工作者经过大量的语言调查和研究，制定了壮文方案，创办《壮文报》，并掀起群众性的推广壮文、学习壮文的热潮。此外，还进行一些经济、社会和文化调查。这些调查和研究活动产生了一批普及读物、研究报告和学术著作，如《敌我矛盾和人民内部矛盾》、《社会主义经济问题》、《太平军在永安》、《文学概论》、《壮汉词汇》、《壮族构词法概要（初稿）》、《壮语构词法概要》，以及几个少数民族的简史。

停顿阶段（1966～1976年）　由于受“文化大革命”的冲击，刚起步的社会科学研究事业停顿下来，已建立起来的研究机构和群众性学术团体全部被撤销、解散，研究人员被下放到基层从事与学术研究无关的工作，很多资料也散失了。

全面发展的新阶段（1977～）　从1977年起，逐渐恢复和相继建立一批研究机构和群众性学术团体，学术研究活动也逐渐开展起来。特别是1978年中共十一届三中全会以后，广西的社会科学研究逐步走上正常轨道。据《广西统计年鉴·2003》的统计，2002年广西有县以上政府部门所属人文与社会科学研究机构41个，群众性社会科学学术团体120个。新阶段的学术研究一改过去零星、分散状态，转为有组织、有目的、有计划的全面研究，并纳入自治区党委和自治区人民政府的管理范围。这表现在：

（1）自治区党委、自治区人民政府加强对社会科学研究的领导，先后制订“七五”、“八五”和“九五”期间的社会科学研究发展规划，确定重点研究项目130个。至1998年底，这些重点课题大部分已经完成。

（2）有组织、有计划的学术研究和学术交流活动十分活跃。学术研究和学术交流活动列入各研究机构、学术团体的工作计划，一些重大的研究和考察课题、重要的研讨会，以及重要的国际学术交流活动，还直接列入自治区党委、自治区人民政府和有关职能部门的议事日程或工作计划。这些学术研究活动范围广泛，除研究机构内

2002年2月8日，自治区党委副书记马庆生到广西社会科学院看望社会科学工作者

广西社会科学院供稿

部的课题组和个体研究外，还有跨单位、跨地区和跨国的合作研究；学术交流也打破地区和国家的界限，派出去和请进来的研究人员频繁来往。

(3)产生了大量的科学研究成果，其中一些成果达到较高水平，一些研究成果填补了广西或国家的空白。经自治区党委和自治区人民政府同意，广西社会科学界联合会组织社会科学研究优秀成果评奖活动，对优秀成果作为自治区一级的奖项加以奖励。至2001年6月30日，这项评奖活动已进行7次，共评出一等奖26项、二等奖593项、三等奖1313项。此外，在中宣部组织的历次“五个一工程”评奖活动中，广西也有一些社会科学成果获奖。

新中国建立以来，广西社会科学研究工作者的研究范围，大致可以概括为三个方面：

(1)具有广西地方特色的学科(专题)研究，包括广西少数民族史、少数民族语言文字和文学艺术、太平天国史、中法战争史、广西地方史、桂系史、桂林抗战文化、印度支那、中共广西地方组织史、中越边界广西段沿革史、铜鼓、花山崖壁画研究，以及广西地方志的研究和编纂。其中太平天国史、中法战争史、壮学、瑶学、印度支那、桂林抗战文化等领域的研究成绩较为突出，引起国内同行的重视。

太平天国史研究　1954年，广西省文化局首先牵头组织“广西省太平天国文史调查团”进行专门调查，后又进行4次大规模的调查研究，收集、整理大量文献和口碑资料。先后建立广西通志馆太平天国研究组、广西社会科学院太平天国史研究室等专门研究机构和群众性学术团体——太平天国史研究会，团结一批太平天国史研究工作者。举行多次全国性和国际性的太平天国史专题学术讨论会，着重对太平天国革命发生在广西的原因进行探讨，并对太平天国的重要人物李秀成、韦昌辉、石达开等作了评价。撰著、整理出版《忠王李秀成自传真迹》、《太平天国前后的广西反清运动》、《太平天国起义调查报告》、《太平军在永安》、《太平天国革命在广西调查资料汇编》、《太平天国人物》、《忠王李秀成自述校补本》、《太平天国史研究文选》、《洪秀全传》、《太平天国史地图集》及其《续集》、《冯云山传》、《天国兴亡》、《太平天国历史论文集》等书。任职于中国社会科学院的广西学者罗尔纲出版了《太平天国史》、《忠王李秀成传》、《太平天国史论文集》(1—10集)等重要著作。

中法战争史研究　广西的中法战争史研究工作者从1953年开始搜集中法战争史资料，开展社会调查。1959年春，广西博物馆设置“中法战争史陈列室”，这是对中法战争史资料的第一次系统整理。先后建立广西通志馆中法战争调查组(1958年)、广西社会科学院历史研究所中法战争史研究室(1980年)等专门研究机构和群众性学术团体——广西中法战争史研究会。广西社会科学院历史研究所中法战争史研究室在收集中、法、英、日、越等文字的有关资料1200多万字，并从中选译、编辑《中法战争资料续编》(《是中国近代史料丛书》之一)的基础上，开展深入研究，逐步发展成为中国中法战争史研究基地。

广西中法战争史研究主要成果有《中法战争调查资料实录》、《镇南关大捷》、《抗法名将刘永福》、《中法战争热点问题聚焦》、《中法战争诸役考》等书，以及《给刘永福应有的历史地位》、《关于刘永福评价问题》、《试论黑旗军》等一大批论文，这些论文大多被收入广西人民出版社出版的《中法战争史文集》第一集至第三集和广西社会科学院出版的《广西社会科学》1986年增刊《中法战争史》专集中。

壮学研究　新中国建立后的广西壮学研究可分为前后两阶段。1950～1976年为前阶段，主要是调查研究、收集资料：①开展对壮族的普查识别工作；②全国人大民族事务委员会于1956年成立广西少数民族社会历史调查组，对10多个少数民族聚居县进行调查，收集、整理有关壮族的资料300多万字；③制订壮文方案，并正式推行；④1963年建立广西民族研究所，下设壮族历史研究组，专门研究壮族历史，编写《壮族简史》一书，并开展对左江崖壁画等专题研究。1977年起为后阶段。有下列特点：①建立一批专门的研究机构和群众性学术团体。除恢复广西民族研究所外，广西民族学院、广西师范大学、广西大学也先后建立民族研究所，壮学是这些研究所的主要研究内容；广西社会科学院还建立了壮学研究中心。群众性的学术团体有广西壮学学会，其他如广西民族研究学会、广西少数民族语言文字学会、广西少数民族文学学会、广西民俗学会、广西民族经济研究会等组织中，也有很多壮学研究工作者。②学术交流活动十分活跃。各研究机构和学术团体，或单独、或联合召开学术讨论会；与日本、泰国、越南等国家及香港、台湾地区的学者、专家进行多次壮学学术交流活动。广西社会科学院、武鸣县人民政府和广西壮学学会于1999年4月以“壮族文化与社会经济发展”为题，举办壮学首届国际学术研讨会。广西民族研究学会还与泰国艺术大学签订为期4年的壮泰传统文化比较研究协议，进行合作研究。③研究课题广泛，包括壮族社会历史、政治经济、文化教育、语言文字、文学艺术、宗教信仰、风土人情等内容。④取得一批研究成果，其中一些或填补空白，或达到相当高的学术水平，如《壮族通史》、《壮族稻作农业史》、《壮族体质人类学研究》、《壮族历史人物传》、《壮族人口》、《壮族图腾考》、《壮族歌圩研究》、《广西左江流域崖壁画考察与研究》、《太平天国革命时期壮族农民起义》、《广西壮族地名选集》、《古壮字字典》、《壮族哲学思想史》、《壮族历史与文化》、《壮族方言概论》、《壮族教育史》、《关于壮泰民族的起源问题》、《壮族干栏文化》、《壮族传统文化与现代化建设》、《壮族生殖崇拜》，等等。还编辑出版了《壮族百科辞典》。⑤形成了专门的学科——壮学，并开始走向世界，这是广西社会科学工作者在中国少数民族研究领域的重要建树。

1991年2月6～7日，自治区社科联二届三次全委会暨广西第三次社会科学优秀成果颁奖大会在南宁召开。自治区领导人赵富林、李振潜出席。原自治区副主席、自治区社科联主席骆明主持会议　　自治区社科联供稿

瑶学研究　在新中国成立前对瑶族社会历史研究的基础上，新中国建立后广西学者对瑶族的研究大致可分为前后两个阶段。1950～1976年为前阶段，重点是调查研究，收集资料。主要做了4件事：①开展对瑶族的调查识别工作。②开展瑶语调查，收集整理了一批文献资料和调查材料。③1956年成立广西少数民族社会历史调查组瑶族分组，先后深入金秀、都安、巴马、凌云等瑶族聚居山区，进行为时约8年的社会历史调查，收集、整理并印行的调查报告材料达500多万字，为瑶学研究打下了基础；同时编写《瑶族简史》等书。④1963年建立广西民族研究所，瑶族研究是其主要任务之一。1977年起研究工作走上有组织、有领导、有计划研究的后阶段，其特点是：①建立一批研究机构和群众性学术团体。除恢复已被撤销的广西民族研究所外，还相继建立广西民族学院民族研究所和广西师范大学民族研究所，瑶族研究是这些研究机构的主要任务之一。成立的学术团体有广西瑶族学会和广西民族研究会，这两个学会吸收和团结一大批瑶族研究人员和瑶族工作人员。②扩展研究内容，从瑶族族称、族源到社会历史、经济文化、宗教信仰、语言文字、文学艺术、风土人情、婚姻丧葬，都有人研究。③学术交流活动频繁，除国内交流外，还同英国、法国、日本、美国、泰国、越南等国家的专家、学者，就瑶族研究问题进行多次交流活动。④出版一批质量较高的研究成果，如《广西瑶族社会历史调查》，都安、金秀、巴马、富川等瑶族自治县概况，以及《评皇卷牒集编》、《密洛陀经诗译注》、《瑶族》、《瑶族传统文化变迁论》、《中国白裤瑶》、《十万大山山子瑶农村公社探讨》、《瑶族族源探讨》、《唐宋羁縻制度对广西瑶族社会历史发展的影响》、《大瑶山的石牌制度》、《瑶族石牌制》、《瑶族传统文化》等。⑤形成专门的学科——瑶学。

桂林抗战文化研究　桂林抗战文化研究始于20世纪60年代。研究主要集中在文化活动的整体和专题两个方面。其中整体性研究包括桂林文化城的历史地位及其形成的原因、桂林文化城的标志、中国共产党在桂林抗战文化运动中的领导作用、桂林抗战文化运动的分期；专题研究包括文化运动中作家、作品、文化团体及重大事件等。先后发表一批研究成果，其中重要的有《桂林文化城史话》、《桂林文化城大事记》、《桂林抗战文化词典》、《桂林文化城纪事》、《茅盾在香港和桂林的文学成就》、《桂林抗战文艺概观》、《桂林抗战文学史》、《历史的高峰——桂林文化城的鲁迅研究精华探索》等专著。

东南亚研究　广西的东南亚研究起步于20世纪50年代，但直到80年代才成气候。目前有广

西社会科学院东南亚研究所、广西民族学院东南亚研究室、广西师范大学印度支那研究室、广西社科联东南亚经济与政治研究中心等研究机构。先后出版一批研究成果，其中重要的有《中越关系简编》、《中越关系研究辑略》、《柬埔寨》、《越南经济》、《胡志明与中国》、《越南经济的发展》、《越南的社会主义》、《越南的经济改革》、《走向2000年的越南》、《越南经贸手册》、《越南老挝柬埔寨手册》等。

(2)为广西两个文明建设服务的应用研究。新时期以来，广西社会科学工作者注意从体制改革、对外开放、经济发展战略、社会主义精神文明和物质文明等方面选取课题，为地方党委、政府决策提供理论依据；为改革开放和两个文明建设服务。

广西经济社会发展战略研究　20世纪80年代以来，广西的社会科学工作者与实际工作者相结合，对自治区区情和经济发展战略的指导思想、战略目标、战略重点、战略规划、发展模式等问题的讨论和研究，为领导机关制定广西经济发展战略提供理论依据。如对“广西作为大西南出海的最便捷通道”问题的研究成果，为中共中央和国务院制定“八五”西南经济发展战略提供了依据。由自治区科委下达，广西社会科学院、广西科学院等7个单位共同撰写的石山地区少数民族经济开发研究报告中提出的“扶贫企业化”及许多有关发展山区经济的意见，引起国务院和自治区领导机关的重视，有的建议得到采纳。自治区人民政府在制定广西十年规划和“八五”计划时，采纳了广西社会科学院完成的《广西对东南亚开放战略研究》报告中提出的一些对策和建议。《南昆铁路通车后广西经济发展新态势及其对策》、《香港回归与广西发展研究》等成果，也受到自治区党委和政府的重视。

为决策服务研究　这方面的研究课题，除上述广西经济发展战略外，主要的还有产业结构和产业政策、经济管理体制改革、农村商品经济和乡镇企业的发展等。如《广西农村商品经济研究报告》、《关于县乡村三级工业开发问题研究》、《广西经济社会发展状况及决策研究》等成果受到有关部门和领导的重视；北海市涠洲岛发展战略与总体规划的研究和河池、百色地区粮食供需问题的研究，分别于1998年5月和10月通过鉴定，被有关部门采用；向自治区人民政府提供的《借助国际力量，加快广西经济发展》等7个专题报告和贯彻沿海战略、发展外向型经济的有关政策报告，得到有关部门和领导的好评；广西社会科学院研究人员撰写的《论我国扶贫攻坚阶段的宏观决策》一文中提出的决策思想受到有关部门重视，获中宣部组织的“五个一工程”奖。

经济体制改革研究　从探讨农业联产承包责任制开始，广西的理论工作者和实际工作者对经济体制改革的研究倾注了极大热情，发表了大量文章。如《广西日报》1982年5月28日发表的《农民为什么喜欢产量责任制》一组论文，对责任制的性质、作用和做法进行探讨，对加速广西农村联产承包责任制的发展起了积极引导作用。1985年10月，广西中青年社会科学工作者召开与企业家对话会，对深入进行城市经济体制改革和搞活企业提出10项建议；对此，《人民日报》以《广西一批理论工作者走出书斋，从经济改革实践中选课题做贡献》为题作了报道，并配发短评加以赞扬。

对外开放研究　主要研究怎样认识和开发利用广西丰富的自然资源与区位优势，对外开放，以发展广西经济，振兴广西。

(3)基础理论研究。“文化大革命”前，广西的社会科学基础理论研究十分薄弱，只有宣传部门、党校和高等学校的一些干部和教师对马克思主义基础理论作一些注释性的阐述，对社会主义

2000年6月8日，由自治区社科联承办的西南、中南地区社科联协作会议在南宁举行。图为会议主席台　　自治区社科联供稿

革命和建设的经验也做过一些探讨，出版过一些普及读物和少量专著。改革改开放以后，广西社会科学界在加强文、史、哲、经等传统学科理论研究的同时，还开拓了许多新的研究领域，如马列主义、毛泽东思想研究，邓小平理论研究，“三个代表”重要思想研究，山水美学和民族民间美学研究，社会问题研究，领导科学研究，人才学研究，法学研究，政治学研究，人口学研究，图书馆学研究，新闻学研究，教育学研究，旅游研究，等等。并且都已经取得了很多成果，出版了一大批专著，发表了大量论文。其中以山水美学、领导科学、人口学、经济学、语言文字学、文学等学科的研究成果比较突出；尤其是领导科学研究成果在全国名列前茅，被认为是全国领导科学的发源地和十大研究群体之一。

2002年社会科学事业概况

【科研机构和队伍】　2002年，广西有自治区直属社会科学研究机构3个，自治区各部门科研机构12个，院校科研机构26个。

自治区直属3个社会科学研究机构分别是：广西社会科学院、广西通志馆和中共广西壮族自治区委员会党史研究室。广西社会科学院是社会科学综合性专门研究机构，广西通志馆和中共广西壮族自治区委员会党史研究室是地方史志和中共地方党史研究机构。

自治区各部门科研机构和院校科研机构主要是社会科学各专业学科的研究机构，学科涉及政治、经济、历史、教育、文化艺术、语言文学、法学、社会学等大学科，也有以人才、价格、财政、统计、审计、壮学、旅游等学科为主要研究对象的科研机构。

在以上社会科学研究机构中，共有科研人员923人，其中具有高级专业技术职务资格的395人，中级326人，分别占科研人员总数的42％和35％。科研人员中，国家有突出贡献中青年专家15人，享受政府特殊津贴34人，广西优秀专家42人。

此外，各市及一些专科学校中，也建有一批社会科学研究机构，如南宁市社会科学院、桂林市社会科学研究所、柳州市社会科学研究所等。

【学术团体及其分布】　2002年，广西有群众性社会科学学术团体119个，其中自治区社会科学界联合会1个，自治区级学会（协会、研究会）100个，城市社科联8个，高校社科联10个。

自治区社会科学界联合会是广西社会科学学术团体的联合组织，拥有118个团体会员，其中自治区级学会（协会、研究会）100个，城市社科联8个，高校社科联10个。在自治区级学会（协会、研究会）中，经济类学会38个，政治类3个，哲学类4个，历史类13个，文学艺术类5个，民族学类4个，法学类6个，教育学类5个，其他22个；由自治区社科联直接主管的59个，由自治区直属其他部门、单位主管的41个。自治区级学会（协会、研究会）拥有个人会员5万多人（含交叉会员）。

8个城市社科联拥有团体会员243个，其中南宁市社科联27个，柳州市社科联64个，桂林市社科联53个，梧州市社科联21个，北海市社科联26个，钦州市社科联15个；防城港市社科联19个，桂平市社科联18个。城市社科联所属会员单位的个人会员和专、兼职社会科学工作者约数十万人。

【学术活动与成果】　2002年，广西各社会科学研究机构和学术团体的学术活动增多，取得丰硕成果。据不完全统计，各科研机构、学术团体年内开展学术活动372次，参加人数3.07万人次；出版专著312种（部），发表论文4035篇，完成研究课题586项。

年内，社会科学学术活动坚持以邓小平理论、“三个代表”重要思想为指导，围绕自治区党委和政府的中心工作，加强对全局性、前瞻性、战略性重大理论和实践问题的研究，着力解决广西经济社会发展的热点、难点问题。重要学术研讨活动有：自治区党委宣传部牵头组织的学习、宣传、贯彻十六大精神和实践“三个代表”重要思想的系列研讨活动，自治区社科联、广西社科院、自治区人民政府发展研究中心等单位组织的党的十六大与中国特色社会主义理论研讨会、实现富民兴桂新跨越有奖征文活动、加入WTO后广西工业结构调整研讨会、中国（广西）—东南亚经济合作论坛等。

各学术团体和科研机构围绕地方经济社会发展的重大问题，主动开展课题研究，并取得新的成绩。南宁市社科联针对该市经济社会发展中的热点、难点问题建立课题库，呈报市委、市政府审批确定年度重点课题研究项目，《城市生态环境建设的目标取向》、《城市综合执法工作研究》、《南宁市奖励专业技术人员，充分调动专业技术人员积极性研究报告》等课题成果被市委、政府决策采纳。柳州市社科联实行课题招标，一些课题成果被市里有关部门采用。桂林市社科联立足市情，牵头或推动学会完成一批有关桂林市经济社会发展的课题。梧州市社科联先后组织、参与“抢抓机遇，加快梧州经济发展”、“建设东大门”的课题研究。桂平市社科联完成10多项市委领导圈点、市有关部门委托的课题。自治区各学会也致力于重大现实问题的理论研究和地方特色课题研究。据不完全统计，自治区各学会年内完成研究课题230多项，形成调研报告300多篇。

2002年5月31日至6月1日，广西教育学会召开第五次会员代表大会暨学术研讨会，选举产生第五届理事会，成立第四届学术委员会

广西教育学会供稿

【社会科学普及活动】 2002年，广西社会科学界加大社会科学普及工作力度，在坚持举行报告会、讲座等有效形式的基础上，创新开展一系列科普活动：一、大型广场科普活动。南宁市、桂林市社科联各自联合部分高校社科联及所属学会在市中心广场举办“普及社会科学，构筑精神家园”、“走进科学，反对邪教”等大型科普展览和宣传活动，在社会上引起较大反响。二、科普下乡进社区活动。自治区一些学会和部分城市、高校社科联，结合年内开展的选择活动周和科技、文化、卫生下乡活动，把社会科学普及活动深入到乡村和城市社区。三、与宣传媒体联姻，扩大社科普及活动影响力。桂林市社科联与市委宣传部联合主办的“加强公民道德建设，塑造城市文明形象”科普活动，通过电视辩论和报纸开设理论专版等形式进行，使社科科普活动深入千家万户。广西劳动保障学会配合自治区劳动和社会保障厅做好全国劳动保障知识电视大赛广西赛区的组织工作，获得好评。四、组织编写出版科普读物。在自治区社科联的组织和资助下，《江泽民创新理论与“三个代表”》等自治区社科联科普重点读物陆续出版。广西社会科学类期刊，继续坚持正确的舆论导向，安排大量版面，传播科学思想，弘扬科学精神。

【对外学术交流】 2002年，广西社会科学界有260多位人士分别赴法国、美国、德国、澳大利亚、新西兰、俄罗斯、越南等国家以及香港、台湾地区进行学术交流活动。6月24日，以自治区党委宣传部副部长邬善康为团长的广西社科学术代表团一行18人，应邀赴法国与法国对外交流促进会就中国(广西)文化教育、经济建设、科技发展等问题进行为期18天的学术交流活动。9月24日，应澳大利亚社会经济、公共安全及法律研究协会和新西兰新中商会的邀请，广西社科界16位专家学者赴澳大利亚和新西兰就社会学研究、政府政策制定、党派团体建设、社会服务和社会工作等问题进行为期19天的交流活动。广西比较经济学学会、广西瑶学学会等也组织专家学者到欧美及东南亚国家进行学术交流。

走出去的同时，也邀请国(境)外的专家学者到广西进行学术交流。11月22日，由自治区人民政府主办、广西社会科学院承办的“中国(广西)—东南亚经济合作论坛”邀请越南、老挝、柬埔寨、新加坡、泰国等东南亚国家和香港、台湾、澳门地区的知名专家，共同探讨广西与东南亚的经济合作问题。11月28～30日，作为南宁国际民歌艺术节的一项活动内容，由南宁市社科联承办的“节庆文化与城市经济发展”国际主题会，邀请美国、荷兰、新加坡、捷克、南非、瑞典等国家及香港地区的节庆专家，就节庆文化进行交流，构筑国际节庆文化的交流平台。

年内，自治区社科联和法国对外交流促进协会、越南东南亚协会分别签订工作备忘录，为广西社科界进一步扩大对外学术交流奠定基础。

学 术 动 态

学 术 研 讨

【全国老年人生活/生命质量学术研讨会】 2002年1月15～18日在桂林举行，中国老年学学会主办。全国政协委员、中国老年学学会会长张文范，中国社会科学院学术委员会委员田雪原，全国老龄工作委员会办公室副主任白桦，桂林市副市长王大平，自治区民政厅副厅长肖芳佐，广西老年学学会会长范阳以及来自全国各地的专家学者250人出席。收到论文530多篇，其中广西老年学学会选送论文50多篇。会议从老年人生活和生命质量综合研究、老年健康研究、老年医学与心理学研究、老年教育和老年人力资源开发研究、老龄政策实践等5个方面进行专题讨论，着重围绕如何提高老年人的生活/生命质量、促进健康老龄化的问题，探讨提高老年人生活/生命质量的基本理论，分析健康老龄化的重要意义。

【恢复推行壮文工作暨纪念壮文进校20周年座谈会】 2002年2月1日在南宁召开，自治区少数民族语言文字工作委员会、自治区民族事务委员会、自治区教育厅、广西少数民族语文学会联合主办。60人出席。座谈会由自治区民委主任兼民语委主任黄海坤主持。自治区民语委副主任覃耀武介绍壮文推行使用基本情况。自治区教育厅副厅长郑作广介绍壮族地区开展壮汉双语教学情况。自治区壮文指导委员会主任委员韦纯束在会上发言。与会代表就壮文工作的重要性和必要性，多年来壮文工作的成就得失以及面临的困难，今后工作意见等问题，进行讨论和交流。座谈会邀请自治区人大副主任甘幼坪、全国人大民族委员会副主任委员韦继松、自治区壮文指导委员会副主任委员陶爱英等领导和专家学者参加。新华社、光明日报社、广西日报社、广西电视台、广西人民广播电台、广西民族报社等新闻单位派记者采访。

【全国财政重点调研课题协作研讨会】 2002年3月29～31日在北海召开，中国财政学会主办，广西财政学会承办。财政部科研所、经济研究参考杂志社，广西、浙江、甘肃、新疆、云南等地财政部门代表共40人参加。会议主题是讨论全国财政重点调研协作课题“农村税费改革难点问题研究”的研究思路、工作方案和写作大纲。财政部科研所副所长、博士生导师苏明研究员就课题研究的内容和方法、时间安排及分工等作了说明。会议确定课题写作大纲，并强调课题的时效性和对现实工作的指导意义。

【中国入世广西招商对策暨外资、港澳台资企业高级经理研讨会】 2002年5月27～28日在南宁举行，广西比较经济学学会主办。来自泰国、越南等国家和香港、台湾地区以及自治区经济界、企业界人士共30多人出席，提交论文8篇。会议的主题是：研讨中国加入世贸组织后广西的招商对策、产业结构和财税政策、知识产权、劳动仲裁、广西与台湾地区经济互补等问题。自治区劳动和社会保障厅劳动保障争议仲裁处处长陈天生的《外资港澳台企业劳资关系维护及争议解决》，自治区知识产权局法律事务处处长微嘉的《外资港澳台企业知识产权维护问题》，泰国正大易初工业集团副总裁洪钧涛的《外商成功投资内地的经验与体会》，台湾经济学者广西（台湾）商务服务社社长李文彬博士的《广西区位发展与招商》等专题发言，受到与会者的关注。

【中越少数民族政策对比研讨会】 2002年5月28～29日在南宁举行，广西大学东南亚研究中心主办，自治区民委、广西民族学院、广西民族艺术研究院协办。参加会议的有以越南少数民族与山区政策研究所副所长黎玉胜博士为团长的越南学术代表团一行4人，广西大学、广西民族学院等单位的学者14人。会议由广西大学东南亚研究中心袁少芬教授主持，广西民族学院李土玉副教授、广西社科院古小松研究员、越南黎玉胜博士等作专题报告。与会者认为，中越两国少数民族的经济、教育等方面政策相互可以借鉴的地方较多，在中越边境地区可以开展合作竞争发展。

【教育部"十五"规划立项重点课题——"少数民族地区基础教育阶段地方课程的研究与实验"开题会】 2002年6月10～11日在南宁举行。广西教育学院科研处主办，广西教育学院教研部承办。广西教科所所长陈先乐，广西教育学院副院长袁鼎生、梁肇华、李海、黄明瑞及有关研究人员共160多人出席。课题组组长丘贵明在会上作报告，副组长彭运锋就课题计划作说明。参加协作的单位在会议期间申报子课题。

【与时俱进　全面实施人才战略研讨会】 2002年6月在南宁召开。自治区人事厅、广西社会科学院和自治区社科联联合主办。120多名理论工作者与人事工作者参加，提交研讨论文和调研报告131篇。与会者认为，人才战略的实施对推进经济与社会发展具有重要保证作用。提出：面对入世后人才竞争的新特点、新趋势，要紧紧围绕人才战略的全面实施，树立人事人才工作新理念，创造性地开展人事人才工作，大力开发人才资源；要加快人事制度改革步伐，消除人事工作发展的体制性、制度性障碍，推进地区间、产业间人才结构调整，加强专业技术人员队伍建设、公务员队伍建设、人才市场体系建设和人事法制建设等，以适应新形势下人事人才工作的新要求。

【壮族现代化问题学术座谈会】 2002年7月4日在南宁召开。广西《壮学丛书》编委会主办。主题是研讨壮族现代化问题。广西壮学界、经济学界、文化学界的专家学者23人出席。座谈会由广西社会科学院副院长、广西《壮学丛书》副总主编黄铮主持，自治区原副主席、广西《壮学丛书》总主编张声震在会上讲话。与会者围绕壮族现代化概念、壮族现代化的重要性和必要性、壮族现代化进程、壮族现代化的特点和难点、壮族现代化的途径和目标、壮族传统文化与现代化、壮族现代化与中心城市等问题展开讨论，各抒己见，提出不少新颖的见解和主张。

【朱熹思想与以德治国学术研讨会】 2002年8月12～18日在北海举行，广西朱熹思想研究会主办。来自国内10个省、市、自治区和香港地区的代表60多人与会。自治区政协副主席梁超然出席会议开幕式并讲话。会议收到论文52篇。会后结集出版。与会者指出，注重道德修养，熔铸完美人格，是朱熹理学的重要内容和特点，也是朱熹本人孜孜以求的目标。朱熹选定并注释儒家《大学》、《中庸》、《论语》、《孟子》四书为道德修养的必读课本，提倡格物、致知、诚意、正心、修身、齐家、治国、平天下一以贯之的修养方法，影响着一代一代中华儿女，与每一世代、每一地域的炎黄子孙血脉相连。中华民族5000多年的文明史，与孔孟、朱子的优良伦理、哲学、道德密不可分。江泽民提出的"以德治国"思想，是重要的治国方略，是与中华民族优秀传统文化一脉相承的，是在继承中发展，在发展中突破的方略。

【西南六省（七方）律师协作暨业务研讨会】 2002年8月14～16日在北海举行，广西律师协会承办。来自广西、云南、四川、贵州、重庆、成都等省（自治区、市）司法厅（局）、律师协会领导及律师代表80多人参加。提交论文50多篇，16位代表在会上发言交流。与会人员对如何规范律师事务所管理、促进律师事务所发展壮大，提出各自的见解；对中国加入 WTO 和实施西部大开发战略给中国律师业特别是西南地区律师业带来的机遇和挑战，作了深入的分析，共商新形势下西南律师协作与发展大计。会议成立优秀论文评审组，对收到的论文进行评选，评出优秀论文一等奖7篇，二等奖12篇，三等奖9篇。

【中华文化传统与现代社会道德重构学术研讨会】 2002年8月21～24日在桂林举行，桂林市社会科学界联合会、广西儒学学会主办，桂林市儒学学会承办。来自海内外54名专家学者出席，收到论文26篇。与会者就儒学伦理与道德重构、明礼诚信、中华传统美德、当前国民道德等问题展开研讨。

【广西抗战文化史迹史料调查与开发研讨会】 2002年9月12～13日在桂林召开，广西抗战文化研究会主办，桂林抗战文化研究会协办。会议主题是调查和了解广西抗战文化史迹史料基本情况，研究如何保护和开发利用。来自南宁、柳州和桂林市的30多名专家学者出席。会议由广西抗战文化研究会会长李建平主持，桂林图书馆、桂林市文化局、柳州市图书馆和广西师大唐凌教授提交专题报告，并作重点发言。与会者围绕如何进一步发掘广西抗战文化史迹史料，开发利用这一宝贵文化资源进行深入探讨。

【富民兴桂新跨越研讨会】 2002年9月17日在南宁召开，自治区党委宣传部、自治区社科联联合主办。80多人出席，提交论文125篇。到会代表围绕富民兴桂新跨越的中心议题，提出建设性意见。认为，实现富民兴桂新跨越，对广西实现从小康到富裕的历史性跨越，具有重大意义。广西应以西部大开发和将要建立的中国—东盟自由贸易区为契机，千方百计增加农民收入，加快推进工业化、城镇化进程，大力发展非公有制经济，促进经济社会的全面进步。当前的首要任务是让占人口大多数的农民富起来。推进工业化、城镇化进程是实现社会生产力新发展的战略重点，也是实现富民兴桂新跨越的工作重点和战略重点。非公有制经济应当在经济增长中发挥更大的作用，成为新的经济增长点。为此，广西一方面要充分利用区位优势，加大对外开放力度，降低民营资本进入的门槛，扩大进入的领域；另一方面，要强化政府服务职能，帮助解决实际问题，在土地使用、信贷、税收、融资、进出口、信息服务、技术指导等方面给予支持，尤其应帮助解决民营企业存在的融资难问题。

【平地瑶民瑶历史研讨会】 2002年9月18～20日在桂林举行，广西瑶学学会和广西师范大学联合主办。来自全国各地的64名瑶族史专家学者出席。广西师范大学地方民族史研究所是平地瑶民瑶历史研究课题的主要承担者。该所为会议提供20多篇论文和调查报告。会议围绕平地瑶民瑶的形成及其发展、平地瑶民瑶的分布、平地瑶民瑶的社会经济和文化、平地瑶民瑶与其他瑶族支系的关系等问题开展研讨。广西的恭城、富川、钟山、荔浦以及湖南的江永、江华等县(自治县)的民族事务委员会向会议介绍平地瑶民瑶识别过程中的有关问题。自治区原副主席奉恒高作会议总结，并对今后平地瑶民瑶历史研究提出建议和要求。

【供销合作社体制创新与扭亏增盈学术研讨会】 2002年9月在桂林举行，广西供销合作经济学会主办。自治区供销合作联社领导，各地、市供销社主任，各供销(商贸)中专、技工学校校长及广西社科院、自治区社科联的专家学者共50多人参加，提交论文37篇。会议以供销社体制创新与扭亏增盈为主题，展开研讨。与会者对供销社推进理论创新和体制创新提出意见和建议，并从不同角度提出改革思路。

【首届广西社会工作论坛】 2002年10月9～10日在南宁举行，广西社会工作协会和自治区民政厅社会福利和社会事务处联合主办。主题是“社会福利企业改革与残疾人就业”。论文作者、有关部门领导和新闻记者共68人出席，宣读论文16篇。自治区人大常委会副主任、广西社会工作协会名誉会长张慕洁参加论坛活动并讲话。与会者认为，在市场竞争，特别是中国加入 WTO 的新形势下，福利企业改制势在必行。福利企业在改制过程中不可回避的矛盾和问题：一是改制与原来免税形成的净资产处理的矛盾，二是改制后产权性质发生变化与如何继续享受税收优惠政策的矛盾，三是持股人权益享受与残疾职工权益保障的矛盾，四是改制后减免税怎样处理，五是民政部门如何加强管理等。应在充分调查研究的基础上，对症下药，逐步实施。

【广西国企实践“三个代表”加强思想政治工作理论研讨会】 2002年10月15～17日在贺州举行，广西职工思想政治工作研究会和企业天地杂志社联合主办。企业领导、政工人员和专家学者145人出席，提交论文141篇。自治区党委企业工委副书记管炳六、贺州市委宣传部长韦守德到会并讲话；广西社会科学院副院长钟启泉作《加入 WTO 与广西国企改革》专题辅导。会议的主要内容：交流企业党建、思想政治工作、企业文化建设经验，探讨新形势下企业思想政治工作和企业文化建设的新途径、新方法。

【2002年华南片保险学会工作交流会】 2002年10月17日在南宁召开，广西保险学会主办。来自广东、深圳、江苏等6省市、自治区保险学会代表30多人出席，提交论文14篇。会议由广西保险学会常务副会长盛况伦主持，广西保险学会会长、中国人寿广西分公司总经理吴芬出席并讲话。广东省保险学会秘书长赖荣坤、江苏省保险学会名誉会长张蕴明、青岛保险学会会长徐福君、广西保险学会郑垂耀等作大会发言。与会代表围绕华南地区保险业发展对西部地区经济的影响和作

用,中国加入 WTO 对保险业的影响及对策等问题进行研讨。

【国际教育合作高级论坛】 2002年10月19日在桂林举行,广西师范大学主办。国内外代表600人出席(其中国外代表78人)。论坛由广西师范大学副校长刘慕仁教授主持,广西师范大学校长梁宏教授致辞,教育部原副部长周远清应邀作关于高等教育发展的专题报告。尔后,与会代表分别参加两个专题研讨会,听取外国专家学者的交流报告。论坛研讨的主题是21世纪教育的发展走向与教育国际合作的原则与方法等。

2002年10月19日,广西师范大学70周年校庆活动内容之一的国际教育合作高级论坛在桂林举行。图为论坛会场　　广西师大社科联供稿

【2002华迪杯·广角论坛——21世纪领导方法管理方式理论研讨会】 2002年10月21～24日在桂林举行,由《领导广角》杂志与中共中央党校《中国党政干部论坛》杂志、自治区党委机关刊物《广西工作》杂志、广西领导科学研究会联合主办。来自全国各地的代表150多人出席。收到论文近300篇,评出特别奖1篇,一等奖2篇,二等奖4篇,三等奖12篇。会议主题:以"三个代表"重要思想为指导,从理论与实践的结合上探讨如何改进21世纪领导方法、执政方式和管理方式,提高领导者的决策水平和管理水平。著名专家学者李京文、魏杰、刘伟、李兴山、王健刚等,分别作专题演讲,并就如何改进领导方法、管理方式等问题发表看法。与会代表从理论与实践相结合的高度,具体研讨领导方法和管理方式如何实现从计划经济条件下的旧模式向市场经济条件下的新模式转变,特别是在中国加入世界贸易组织后,如何加快政府职能转变,推进政府行为法制化、决策民主化和科学化以及政府信息公开化,正确处理管理与服务的关系,促进企事业单位的管理方式与国际惯例相适应,提高管理效率和水平等。

【广西大力推进农产品流通工程研讨会】 2002年10月24日在南宁召开,广西政策研究学会与自治区农业、水产畜牧、统计等专业协会联合主办。100余人参加。自治区党委副书记陆兵、自治区政协副主席俞曙霞到会并作讲话。会议以广西大力推进农产品流通工程课题研究为主要内容。与会者充分肯定课题组的研究思路及取得的成绩。

【加入 WTO 后广西工业结构调整研讨会】 2002年10月29日在南宁举行,自治区社科联、自治区人民政府发展研究中心联合主办。来自广西各地的社会科学工作者50多人与会,提交论文14篇、调研报告1篇。与会者就加入 WTO 后广西工业结构调整的发展战略、产业布局、政策导向等问题进行研讨。在工业发展战略及布局问题上,与会者认为,要制定发挥产业比较优势的国际化战略,培养竞争优势,同时重视柳州工业基地建设,加快沿海地区经济发展,改造和建设一批工业园区,以此为突破口全面推进工业化,还要加快高新开发区建设,发挥其辐射、示范、带动作用。关于工业产业结构调整,与会者认为,广西要着力培育水电资源开发、铝资源开发、林浆纸及竹纸一体化、沿海石油化工、锰系列产品等优势特色产业,并尽快做大做强;同时要重视培育龙头企业,带动产业化发展;烟草生产、中药产业、竹浆造纸、茧丝加工也具有重大商机。会后整理《加入 WTO 后广西工业结构调整的若干建议》报自治区人民政府。

【广西图书馆学会第20次科学讨论会】 2002年10月29日至11月1日在柳州举行,广西图书馆学会主办。学会理事、各地代表、论文作者等共126人出席。会议主题是:知识经济时代图书馆的发展趋向。收到应征文稿74篇,经广西图书馆学会学术工作委员会评选,确定入选论文48篇,交流论文18篇。3位论文作者代表作大会发言。与会者除围绕会议主题进行研讨外，还就图书情报业务工作进行经验交流。

【广西农村合作金融理论与务实研讨会】 2002年11月7日在南宁举行，广西金融学会和人民银行南宁中心支行信用合作管理办公室联合主办。来自广西部分农村信用社的代表，人民银行各地市中心支行合作科代表以及有关领导和专家学者40余人出席，提交论文58篇。会议聘请专家学者对入选论文进行评审，评出一等奖5篇、二等奖8篇、优秀奖15篇。与会者就农村信用社如何深化改革，改善农村信用社经营管理方法，提高经营管理水平，促进农村信用社全面发展等热点问题展开讨论。会议针对当前农业和农村经济发展形势以及广西农村信用社在支持“三农”方面存在的问题，向合作金融工作者提出两点要求：一是要加强调研并善于发现问题；二是应围绕农业、农村经济热点问题进行研究，并善于总结实践经验。

【广西第六次统计科学讨论会】 2002年11月19日在南宁召开，广西统计学会、广西统计研究所联合主办。来自全自治区各界的统计工作者、专家学者80余人出席。与会者认为，要与时俱进，开拓创新，努力提高广西统计学术理论和统计科研水平。会议收到论文65篇，评出优秀论文43篇，其中一等奖3篇、二等奖6篇、三等奖15篇。

【广西2002～2003年经济形势专家分析会】 2002年11月20日在南宁召开。自治区人民政府发展研究中心和广西社会科学院联合主办。广西大学、自治区党校、广西社科院、自治区社科联等单位的专家学者40余人出席。与会专家、学者从经济结构调整成效、固定资产投资势头、消费品市场货源、外贸进出口状况等方面对2002年广西经济发展形势作出评估，认为广西国民经济继续保持良好的发展态势，由2001年恢复性增长进入适度快速增长阶段，同时指出存在的五个隐忧，并对2003年广西的GDP与产业结构，以及农业、对外贸易、财政金融等进行预测和展望，认为2003年广西经济发展总体看好。最后，与会专家、学者在分析广西经济、社会发展形势的基础上，就2003年经济工作如何实现农业产业化新突破，如何促进工业经济运行质量提高，如何加大启动民间投资力度，如何进一步扩大对外开放，如何推进就业与再就业工作的健康发展，如何加快城镇化进程等提出对策建议。

【中国（广西）—东南亚经济合作论坛】 2002年11月21日在南宁举行，自治区人民政府主办，广西社会科学院承办，广西社会科学院东南亚研究所协办。越南贸易部副部长杜如汀，越南国家人文社会科学中心世界经济研究所所长武大略博士，越南中国研究中心主任杜进森博士，越南经济研究所副所长何辉成博士，老挝外交部经济事务司司长康坎曼博士，柬埔寨王国政府总理洪森顾问笋·拉加那，新加坡东南亚研究所研究员盛力军博士，东盟秘书长特别助理德木沙克博士，泰国朱拉隆功大学亚洲研究所中国研究中心主任马何源博士，澳门科技大学可持续发展研究所所长、香港亚太21世纪学会会长黄枝连等东南亚国家和香港、台湾地区的国际组织官员、经济界人士、知名学者，以及中国柬埔寨问题研究专家刑和平，中国东南亚研究会会长孙福生教授等国内10个省（自治区、市）的政府官员、经济界人士和资深专家学者近400人参加。自治区主席李兆焯致开幕词，自治区副主席高虎城致闭幕词，自治区主席助理、发展计划委员会主任杨道喜发表讲话。论坛收到论文和致词30多篇，有20位代表先后发言。论坛以“中国（广西）与东南亚的经济

2002年11月21日，中国（广西）—东南亚经济合作论坛在南宁举行。自治区主席李兆焯出席开幕式并致词　　广西社会科学院供稿

合作”为主题，对中国与东盟建立自由贸易区的意义、途径和方式，对广西在建立中国—东盟自由贸易区中的地位、作用，以及广西、云南等省(自治区)如何发展与东南亚的合作问题进行深入探讨。

【“节庆文化与城市经济发展”国际主题会】 2002年11月28～30日在南宁举行，南宁国际民歌艺术节活动内容之一。南宁市社科联承办。来自美国、荷兰、新加坡、捷克、南非、瑞典等国家及香港地区国际知名节庆组织的代表10人，来自青岛啤酒节、宁波国际服装节、大连国际服装节、潍坊国际风筝节、吴桥杂技节、洛阳牡丹花会、丹东国际旅游节、平遥国际摄影大展等国内知名节庆组织的代表33人，以及专家学者、政府官员共50人参加，提交论文10篇。与会代表就节庆文化进行交流，构筑国际节庆文化的交流平台。会后，编辑出版论文集。

【第五届中南/华南地区高校英语专业教学协作暨学术研讨会】 2002年12月5～8日在桂林举行，由中南/华南地区英语教学协作会和广西师范大学外国语学院联合主办。教育部外语专业教学指导委员会英语组副组长、广东外语外贸大学副校长陈建平教授，教育部外语专业教学指导委员会委员、湖南师范大学副校长蒋洪新教授，教育部外语专业教学指导委员会委员李庆生教授、宋渭澄教授以及来自中南/华南地区50多所高等院校的80多名外国语学院院长(系主任)和专家学者出席会议。与会者围绕外语院系管理的理念和实践，加快外语专业内部学科调整以及外语专业与其他专业学科的结合，英语专业四、八级统考可持续发展等问题进行探讨。大家认为，社会对外语人才提出更高的要求，外语教育机遇和挑战并存，在这种历史条件下，外语教育要开拓创新，使外语教学与时代同步，学科和专业建设与国际接轨，为社会培养更多高质量的外语人才。

【党的十六大与中国特色社会主义理论讨论会暨广西毛泽东哲学思想研究会第五次会员代表大会】 2002年12月6～9日在贺州召开，广西毛泽东哲学思想研究会主办。55人出席。广西毛泽东哲学思想研究会会长潘宝卿教授作学习十六大报告创新理论的主题发言，副会长曾德盛研究员和张绍森教授分别作全面建设小康社会的专题发言，在大会发言的还有副会长黄启学、范建文等10多位代表，梁贯珍秘书长传达党的十六大代表、中央党校李君如副校长在上海由中国马克思主义哲学史学会召开的学习十六大与马哲史研究学术讨论会上所作的学习党的十六大精神的长篇讲话(记录)要点，加深与会代表对十六大划时代意义、主题和“三个代表”的科学内涵及其历史必然性的理解。大会以无记名投票选举产生新的理事会，并通过对研究会章程的修改。在新理事会中，增加一批学有专长的中青年学者，为研究会增添了新的活力。

【生态工程文化、边境民族文化与现代文明学术研讨会】 2002年12月7～10日，在凭祥、龙州、大新举行，广西中国文学学会主办。72人参加。会议从学术文化的高度对边境地区的生态文化、历史文化、民族文化、旅游文化以及由边境建设大会战促进的现代文明进行深入调研和探讨，提出加快边境地区特色现代文化建设，促进经济发展，加快小康社会进程的建议。会后，《南国早报》、《八桂都市报》、《广西政法报》、《南宁日报》、南宁地区电视台等媒体作了报道，《广西社会科学》在封底刊登会议活动照片一组。

【农村小康文化建设研讨会】 2002年12月10～16日在柳州举行，广西群众文化学会和自治区文化厅联合主办。来自各市(地)的群众文化专业人员50余人出席。会议在学习贯彻中央《关于进一步加强基层文化建设的指导意见》精神和广西加大实施文化进村进户战略的基础上，对农村小康文化建设的战略意义及其实施计划进行深入探讨，并从设施、队伍、业务建设等方面制订小康文化村硬件量化标准(草案)。强调文化主管部门要转变政府职能和管理方式，继续强化宏观调控职能、计划指导职能、监督协调职能和服务职能。

【创建学习型组织开发创造力学术研讨会暨第八次学术年会】 2002年12月19日在南宁召开，广西行为科学学会主办。来自南宁、柳州、梧州、玉林的论文作者，学习型组织创建单位代表，大专院校、科研机构的专家学者共41人与会，提交论文59篇。学会副会长兼秘书长傅希恺教授作“贯彻十六大精神　创建学习型社会”主题报告。副会长何品荣副教授、陈开铭教授等作大会发言。会议就如何贯彻十六大精神创建学习型组织进行研讨，发出以十六大精神为指导，“创建学习型城市”和“学习化校园”两个倡议。

【广西地方志编纂继承与创新理论研讨会暨广西地方志协会第四次会员代表大会】 2002年12月21日在南宁举行，广西通志馆、广西地方志协会联合主办。《广西通志》各专志编辑室、各地市县(史)志办主任和入选论文作者，及广西地方志协会第四届理事会候选人共170人出席。研讨会入选论文40篇，有13篇在大会宣读。自治区党委常委、宣传部部长，广西地方志编委会副主任潘琦出席会议并发言。潘琦宣讲了党的十六大的意义和主要精神，并就地方志工作如何贯彻落实十六大精神，与时俱进、开拓创新等提出意见。与会代表就以下问题进行探讨和交流：一、地方志如何与时俱进，开拓创新；二、地方志如何为现实服务；三、在总结上届修志经验教训基础上对本届(续修)志书内容、编纂方法提出思考和建议；四、加强修志队伍培训，提高修志人员素质；五、提高志书质量问题；六、建立地情资料库问题；七、地方志立法问题等。

2002年12月21日，广西地方志编纂继承与创新理论研讨会在南宁举行。自治区党委常委、宣传部部长、自治区地方志编委会副主任潘琦出席并讲话

广西地方志协会供稿

课题调研

【“广西农村妇女科技素质的状况与对策”课题研究】 广西妇女理论研究会组织开展。是全国妇联西部妇女人才资源开发对策研究总课题的子课题。课题研究采取点面结合、座谈会与个案访谈相结合、定性研究与问卷调查(定量)相结合、历史文献资料与现实状况相结合的方法。选择恭城瑶族自治县和田阳县、东兰县为调查点，并走访贺州、钟山、梧州、岑溪、东兴、兴安、全州、灵山、忻城、凌云等10个县市。2002年5月，形成3万多字的课题报告和调查个案案例。课题报告全面反映广西农村妇女科技素质的状况，分析制约的因素，并就如何提高农村妇女科技素质，开发农村妇女人力资源，提出对策。结题报告于2002年12月31日在《中国妇女报》发表(摘要)。

【西部开发与红水河民族文化艺术考察】 广西民族文化艺术研究院承担的国家文化部课题。2002年9月5～11日，赴河池地区进行少数民族地区文化艺术的田野考察，沿途考察河池、南丹、东兰、天峨、巴马、大化、都安等市、县(自治县)的民族文化艺术资源。主要考察红水河流域的民族民间文化艺术的基本情况，并为开发红水河流域的文化旅游作理论论证。考察的重点是南丹的白裤瑶文化、土司文化，东兰的铜鼓文化，天峨的蚂拐文化，巴马的长寿文化，大化和都安的师公文化等。考察组收集大量有学术价值的原始资料，为进一步对红水河流域的民族文化艺术的开发利用打下基础。考察组认为，河池地区红水河流域的民族民间文化艺术底蕴较深，而且这些民族民间文化艺术多为原生态的文化艺术，具有较高的研究价值和开发利用价值。

【第二期广西妇女社会地位调查】 全国妇联和国家统计局联合组织实施的第二期中国妇女社会地位调查总课题的子课题，自治区妇联和自治区统计局继1990年第一期广西妇女社会地位调查后组织的又一次大型抽样调查。调查以2000年12月1日为调查时点，调查目的在于收集与妇女社会地位相关的资料，客观、准确、系统地描述和反映20世纪90年代以来广西妇女社会地位的状况及其变化，分析研究社会对男女两性资源分配等方面的差异，找出形成男女两性地位差异、影响妇女地位变化的原因和提高广西妇女社会地位的规律；同时通过对广西妇女社会地位与全国和省际之间的历史比较和男女差异比较，找出影响广西妇女社会地位变化的因素，为广西妇女社会地位的定期监测和广西妇女发展纲要的实施与监测评估服务。课题成果《广西妇女社会地位抽样调查主要数据报告》介绍了调查的基本情况和主要数据，分析调查结果，反映广西妇女社会地位获得提高发展的成绩和存在的主要问题，提出解决问题的建议。

【广西历史上民族经济融合现象调查研究】 2002年，广西师范大学地方民族史研究所组织教师、科研人员和研究生、本科生先后两次到桂林市、贺州市、合山市所辖的民族聚居区进行调查研究，调查的重点是历史上民族经济融合的制约性因素、生产工具的改进与民族的经济融合、劳动组织的变迁与民族经济融合、农作物品种的引进与民族经济融合、"特需"商品在民族经济融合过程中的作用、民族经济融合的政府力量与民间力量、民族经济融合的经济效益和社会效益等。共收集到约300万字的文献资料和口碑资料，拍摄照片100多幅。在此基础上，调查者分专题写出一批调查报告，并将部分资料整理，以待发表。

【广西农村金融学会跨地区课题协作组研讨会】 2002年，广西农村金融学会组织3个跨地市课题协作组开展科研活动。由农行贵港分行主办，梧州、玉林分行营业部协办的第二课题组于9月中旬在贵港召开课题研讨会，110人出席，110篇论文和调查报告在会上交流。由农行柳州分行主办，桂林、河池分行协办的第一课题组于10月下旬在柳州举行课题研讨会，90人出席，90篇论文、调查报告参与交流。由农行百色分行主办，钦州、北海、防城港分行协办的第三课题组于11月中旬召开课题研讨会，85人出席，85篇论文和调查报告在会上交流。参与3个课题研讨会交流的部分文章在《广西农村金融研究》发表。

科普培训

【广西首届中小学骨干校长研修班】 2002年上半年在南宁举办。主要内容包括：一、专题学术报告；二、安排科研计划，确定科研课题等。1月5日，自治区副主席吴恒在广西教育学院为研修班讲学，强调学员要学习市场经济知识和成功企业的管理经验，学习马克思主义哲学和辩证法，学习教育、管理理论，做具有现代意识、有创新精神、有较高素质的学校领导者。1月8日，自治区教育厅副厅长潘晔为研修班学员作《关于中小学校人事制度改革若干问题研究》专题报告。

【广西社会性别理论与妇女发展培训班】 2002年5月24～30日在南宁举行。香港乐施会资助经费，广西妇女理论研究会承办。来自南宁的教育、传媒、心理咨询工作者和妇联干部共30人参加培训。培训班邀请京津社会性别小组成员、中央党校教授李慧英，中国公安大学副教授荣维毅对学员进行社会性别理论的培训。培训采取参与式教学方法进行。主要内容有：社会性别概念，社会性别社会化，社会性别运行机制，社会性别分析方法，社会性别引入教育，传媒、心理咨询和妇女儿童发展纲要实施决策等。通过协作者（教师）的积极引导和参与者（学员）的充分参与，学员们对运用国际上社会性别理论的内容和视角分析当前男女不平等的根源和实现男女平等的途径有了新的认识。培训班结束后，参加培训的学员加入广西妇女理论研究会，并成立广西社会性别小组。

2002年5月24～30日，广西妇女理论研究会承办的广西社会性别理论与妇女发展培训班在南宁举行。图为培训班开学典礼

广西妇女理论研究会供稿

【新课程小学英语省级培训者及骨干教师培训班】 2002年7月7～18日在广西教育学院分两期举办。第一期是来自百色、南宁、玉林、贵港、钦州、北海、防城港等地（市）的培训者及骨干教师。第二期是来自柳州、河池、桂林、梧州、贺州地（市）和柳州铁路局的培训者及骨干教师。共培训

134人。培训班以课程改革纲要为指导，重点学习《英语课程标准》及相关理论。5名参加国家级培训的专家分别作了题为《走进新课程，引领学生学习方式的变革》、《解读英语课程标准》、《新课程理念下的英语课堂教学》、《小学英语学习策略及跨文化意识》、《小学英语学习评价》、《小学英语教材分析及课程资源开发》等6个专题讲座。培训班采取参与式、开放式教学方法，组织学员座谈讨论，走进小学英语课堂评析，与授课教师直接对话。培训中，专家授座、课堂示例等均利用多媒体，信息容量大，形式生动活泼。

【民事诉讼证据适用培训班】 2002年7月20日、27日在南宁分两期举行，广西律师协会主办。邀请最高人民法院民事审判厅宋春雨法官授课。参加培训的律师共2100名。律师们反映，这次培训，对广西律师准确理解和运用《最高人民法院关于民事诉讼语气的若干规定》具有重要意义。

【现代家庭教育骨干培训研讨班】 2002年9月14～18日在北京举办。《中华家教》杂志社和广西家庭教育研究会共同主办。来自广西部分市、县妇联分管儿童工作的领导、儿童部长和中小学校领导、德育老师、幼儿园园长、社区家长学校领导等共65人参加培训。中国教育国际交流协会会长、国家总督学顾问柳斌出席开班典礼并授课，全国妇联儿童工作部部长、中国家庭教育学会秘书长蒋月娥出席总结会并讲课。中国家庭教育学会常务理事、北京市教育科学研究院研究员王宝祥，北京幸福泉儿童发展研究中心主任程准，中国家庭教育学会常务理事刘天柱、张春熙，中华家教杂志社常务副社长兼总编王灵书等，就家庭教育的主要特点、面临的问题及对策、社区家庭教育的模式与机制、婴幼儿潜能开发新理念、新技术等进行专题辅导。学员们通过学习研讨，接受新的家庭教育理念，更新家教知识，学习先进地区的工作经验，开阔了眼界，拓宽了思路。

【扶心工程】 广西社会心理学会2002年度实施项目。旨在以社会心理学技术服务于企业，通过提高企业管理人员的心理素质，提高广西企业经营活动的效益。先后在广西宏华生物发展公司等5家企业进行咨询服务活动。咨询服务以企业经济效益最大化为导向，以企业管理人员的能力与实际操作技能养成训练为主要内容，通过讲座、安全分析、模拟训练、操作练习等方式，联系企业产供销实际，在解决实际问题中提高受训者的水平。有228名企业管理人员接受培训，其中80％的受训者认为自己的决策能力、销售能力、人际沟通能力、团队建设能力、工作分析能力等都有了提高。

2002年5月26日，自治区劳动和社会保障厅、中国太平洋人寿保险南宁分公司、广西电视台联合主办广西"太平洋保险杯"劳动保障知识电视大赛。图为比赛现场

广西劳动和社会保障学会供稿

科研成果

新著选介

【市场营销管理】 梁修庆主编。科学出版社2002年2月出版，499千字。该书吸收国内外现代市场营销的最新理论和最新技术，密切联系中国企业营销管理的实际，系统地分析和阐明现代企业营销中有关市场细分与目标市场选择、营销产品、营销定价、营销渠道、营销促进、整合营销、关系营销、绿色营销、网络营销、服务营销、国际营销管理等方面的营销策略以及营销战略和营销的组织、执行、控制等内容，尽可能提供比较全面的营销知识和具有实际指导意义的营销管理策略。

【论转轨时期的广西经济发展】 杨道喜著。中国经济出版社2002年3月出版，1200千字。该书以走具有广西特色的发展路子为主线，由发展战略、结构调整、区域经济、宏观管理和附录五大部分组成，对广西的发展战略与规划、区域经济发展与西部大开发、经济结构调整与产业发展、发展计划与国民经济管理、市场经济条件下广西投资增长和项目建设的规律、机制等重大问题进行深入的思考和研究，系统论述由传统计划经济向市场经济转轨过程中广西经济社会发展道路的选择及对策。

【南宁市工业发展研究】 郭学群主编。广西人民出版社2002年6月出版，141千字。南宁市重点研究课题。研究成果为总报告1份、分报告7份。研究报告运用定性和定量分析相结合的方法，对南宁市工业发展现状与问题进行深入分析，提出“十五”时期南宁市工业发展的总体构想。结合总量变化趋势，对南宁市工业发展战略、发展阶段确定、产业结构调整优化、支柱产业选择、技术创新、投融资体制改革、竞争力提高、可持续发展等重大问题进行探讨，并提出对策和建议。

【WTO与广西农业】 谢荣贵主编。广西人民出版社2002年7月出版，47.4千字。该书由综合篇、专题篇、应对篇和实践篇四大部分组成。综合篇系统介绍世界贸易组织发展历程、组织机构、法律体系、基本原则、主要贸易规则和争端解决机制，着重探讨在WTO农业框架下世界农产品贸易发展趋势和中国加入世贸组织后广西农业面临的机遇和挑战，提出广西农业如何发展的主要对策措施。专题篇重点就广西粮食、蔗糖、水果、蔬菜、畜牧、水产、林业、桑蚕、茶叶、花卉等行业的发展趋势进行研究。应对篇围绕增强农业综合生产能力、提高市场化水平和建立健全支持保护体系，就推进农业结构战略性调整、实施农业产业化、培育龙头企业、发展农村专业合作经济组织、创建品牌农业、发展订单农业、加大农村基础设施建设、建立新型农技推广体系和拓宽农村劳动力就业空间等事关广西农业发展的问题，提出相应的应对措施。实践篇反映广西各地为应对挑战所采取的措施、已取得的成功经验与典型做法。

【宏观经济运行分析概论】 阎革编著。华南理工大学出版社2002年7月出版，130千字。该书以中国改革以来宏观经济运行态势为研究对象，就总供给与总需求、通货膨胀与通货紧缩、就业与失业、经济增长与经济波动、经济结构战略性调整、工业化与城市化、财政政策与货币政策等问题进行实证分析。收集了1978～2000年宏观经济主要统计数据，介绍国内专家学者的不同观点，并就若干经济热点问题和有争议问题阐述作者的观点。

【中国—东盟国际区域性金融问题研究】 唐文琳等著。中国时代经济出版社2002年8月出版，

362千字。该书运用国际区域金融领域的最新理论并密切联系其实践，站在中国—东盟自由贸易区未来发展趋势的高度上，立足于中国及东盟金融发展的实际，剖析20世纪70年代以来东盟诸国的金融实践，总结东盟国家在货币金融发展中的经验和教训，并借鉴美国、欧盟的相关经验，对中国—东盟金融发展及区域金融合作等一系列理论和实践的前沿性问题，进行了深入的研究、探讨和大胆的创新，在诸如以渐进方式构建东亚货币合作、发展中国家金融深化的条件和顺序、亚洲区域性统一证券市场的构建、中国股指期货市场的建立以及中国银行清算系统的改进等方面，提出新颖、独到的见解和可操作性的建议。

【中国—东盟双边贸易、次区域经济合作问题研究】 郭晓合等著。中国时代经济出版社2002年8月出版，480千字。该书立足于区域(对外)贸易与区域开放经济，围绕中国—东盟自由贸易区构建的理论与实践问题，探讨五大问题：中国华南—越南贸易与次区域经济一体化问题；中国华南、西南与周边国家贸易与次区域经济一体化问题；中国与东盟各国贸易关系问题；中国与东盟各国电子商务问题和中国—东盟自由贸易区研究。从区域经济和国际经济的视角来分析中国与东盟各国的贸易关系、落后地区开放型经济问题，力图归纳出一个“次经济区域一体化”、落后地区开放型经济的规范理论模式。

【会计道德规范与法律责任】 蒙丽珍主编。中国财政经济出版社2002年8月出版，200千字。该书从会计职业特点、会计行为分析入手，对会计行为两种规范形式进行有深度、有新意的理论升华和应用分析。一是研究的着眼点新。从新的视角分析会计道德与会计法规的密切关系、会计职业道德与执业环境的密切关系，强调对会计行为的德治与法治同等重要。二是理论联系实际的模式新。作者收集大量素材，跳出一般常规职业道德简单说理的模式，在每一个论点和每一个会计责任的研究中穿插现实经济生活与社会生活中的典型案例。

【自开商埠与中国近代经济变迁】 唐凌等著。广西人民出版社2002年8月出版，27.4千字。该书把自开商埠置于中国和世界近代的历史背景之下，根据它与约开商埠的不同之处，按照“民族危难刺激——自开商埠——推动本国经济发展”思路进行研究。研究重点是如何正确认识中国自开商埠所面临的挑战和机遇，如何看待自开商埠与中国近代经济结构变化之间的关系，如何评价自开商埠的交往形式及层次，如何理解自开商埠所体现的民族精神，如何认识自开商埠所建立的有关制度，如何分析评价自开商埠的作用等。该书把自开商埠作为透视中国近代经济变迁的一个窗口，对中国近代自开商埠进行综述，对自开商埠的经济行业及其功能进行分析，并将自开商埠与约开商埠进行比较，将中国的自开商埠与国外的自开商埠进行比较，力求多维度多层面认识中国近代自开商埠与社会变迁的关系。

【滇桂区域经济合作研究】 云南社会科学院、广西社会科学院和云南省政府驻广西办事处14位

2002年自治区社科联出版的著作 刘倚 摄

专家学者合著，王林忠、钟启泉、陈家信主编。广西人民出版社2002年8月出版，320千字。该书上篇论述滇桂合作的意义和前景，中篇对滇桂在制糖业、旅游业及其他产业方面的合作进行分析，下篇就加强滇桂区域合作进行深入的论述并提出有针对性的建议。

【产业发展风险与管理】 李欣广等著，中国时代经济出版社2002年9月出版，390千字。国家自然科学基金管理学科课题成果。该书以国际竞争产业为背景，分析中国产业扩大开放后的发展风险，以深入探讨关键性生产要素和关键性资产的成长、积累、发挥作用与否为发展风险核心，论述产业发展风险发生场合、基础条件、发生机制、变化状态，提出中国对付发展风险的调控管理原则，在扩大对外开放条件下这些管理原则所应体现的正确性、有效性、灵活性、策略性，以及依据风险管理方案所形成的对策体系。

【中国—东盟自由贸易区与广西】 古小松主编。广西人民出版社2002年11月出版，200千字。该书以第一手资料，分析中国与东盟国家的经贸关系现状及前景，重点研究中国—东盟特别是中国广西与东盟国家的发展关系。内容分6个部分：广西在自由贸易区中的地位和作用、广西与东南亚产业比较以及应当采取的对策措施；东盟自由贸易区的架构和步骤，中国—东盟自由贸易区的内容、时间和前景；东南亚经济在金融危机和"九一一"事件前后的发展及其前景；金融危机和"九一一"事件对东南亚社会的冲击；中国与东盟包括广西与东盟的经贸往来和经济技术合作情况；越南的基础设施、经济发展等投资环境及如何进入越南市场。

【2003年广西蓝皮书：广西经济社会形势分析与预测】 刘咸岳主编。广西人民出版社2002年12月出版，分上、下两卷，上卷280千字，下卷237千字。自治区各有关厅、局、高校、科研单位和各地市32个单位共88人参与撰稿。该书对广西2003年经济社会发展作出分析和预测，为各级党政部门结合区域经济社会发展现状，采取相应措施，加快改革与发展步伐提供决策依据。上卷为经济卷，分综合篇、专题篇、地区篇，另附广西社会基本情况统计资料；下卷为社会卷，分综合篇、专题篇、开放篇。

【中国农地价格探析】 朱仁友著。四川大学出版社2002年12月出版，250千字。该书从中国特定的农地产权制度和农地使用制度出发，研究农业地租和农地价格的形成机理，分析国内农地使用权价格低廉甚至为负值的原因及相应的对策，对农地征用补偿费的合理形成进行探讨。此外，还对农地价格评估方法进行了新探索，提出农地价格管理的基本框架。

【中越经济改革比较研究】 广西社会科学院与越南国家人文社会科学中心合作编著。广西人民出版社2002年12月出版中文版，430千字。该书正文分3篇。第一篇由中方课题组撰写，论述中国的经济改革。包括中国经济改革的背景、理论、实践以及发展方向；第二篇由越方课题组撰写，论述越南的经济革新。包括越南经济革新的背景、理论革新、成就和存在的问题以及继续革新的政策；第三篇根据中越两国经济改革的背景、改革的理论指导、改革的实践以及改革的发展方向进行比较。书后附中越两国经济改革和经济方面的大事记。

【绿色珠江建设方略——珠江中上游地区生态环境和生态农业建设研究】 叶裕惠等著。中国农业出版社2002年12月出版，263千字。该书从生态学、经济学、管理学、系统科学等方面进行良性生态经济系统的一般性概念、特征和评价体系的研究，进而对建设珠江中上游地区良性生态经济系统的必要性和可行性进行论证。认为建设珠江中上游地区良性生态经济系统的基本方针是实行"四个结合"：生态保护和经济开发相结合，生态保护和农民致富相结合，教育宣传手段与应用高科技手段相结合，市场机制和行政法制管理相结合。提出建设珠江中上游地区良性生态经济系统的主要对策与措施，即按照系统有序性要求制定保护开发规划，按照系统功能性要求建设特色经济，按照系统效率性要求提高科技水平，按照系统可靠性要求加强监管机制，按照系统环境适应性要求加强对外开放。

【电视剧艺术论】 秦忠著。中国文联出版社2002年1月出版，280千字。该书以翔实、精到的文字分析电视剧本体艺术及其姊妹艺术的特征，以及它们相互渗透的发展趋势；触及并研究了电视剧艺术的内部规律和外部规律。

【文学的感悟与自觉】 容本镇著。中国文联出版社2002年2月出版，330千字。该书在运用作家型学者批评模式的背景下，在感悟与对话策略方面进行大胆尝试与创新，真切而生动地验证了感悟性、对话性、文本再创造等基本命题。第一辑“高原探胜”在解读著名作家张承志的过程中，使理性与感悟、学术与激情有机地融合在一起。这种对话精神同样灌注于第二辑“岸边观潮”的各篇章之中，对处于成长期的中国少数民族作家批评如何走出边缘位置作了有益的实践与探索。而第三辑“海角回声”中围绕长篇小说《古海角血祭》所引发的各种议论，则是一种远远超出书斋雅舍的、范围更广泛的对话形式。

【写作思维学】 覃可霖著。广西人民出版社2002年3月出版，254千字。该书从写作学、思维学、心理学、生理学、美学、逻辑学的角度，系统地研究写作思维的生成，写作思维学的学科特征及与其他相关学科的关系，写作活动中语言与思维的关系，写作与思维的关系；分析写作活动中的主要思维现象，并据此提出可操作性强的培养、训练写作思维以提高写作水平的方法。书中提出“写作活动从始至终都离不开思维活动”的论断，并从4个方面加以辩证：(一)思维存在于整个写作活动之中；(二)思维先于写作；(三)思维统领着写作；(四)写作也是思维。

【中国育俗的文化叠合】 徐桂兰著。广西民族出版社2002年4月出版，278千字。该书从人类学的角度出发，研究以汉族为主体的中国育俗文化叠合问题。文化叠合，又称文化累积，指文化成长的一种过程，新的文化元素或物质因发明、发现及采借而增加到原有文化之中，导致文化元素或物质总和的增加。文化叠合是中国生育风俗的一个重要特征。该书的结论是：求子风俗是生殖崇拜文化叠合沉淀的整合；从孕子到产子风俗是创造生命过程文化叠合的积淀；贺生风俗是对创造生命人文关怀文化叠合的心理表现；教子风俗是“望子成龙”心理文化叠合的实践；成年礼风俗是孩子长大成人文化叠合的标志。

【多维文化视阈中的批评转型】 张利群著。中国社会科学出版社2002年4月出版，288千字。2000年度国家社会科学基金项目“社会主义市场经济与文学批评发展”的结题成果。该书以艺术生产与艺术消费理论和实践为切入口，运用文化学、人类学、生态学等理论的思路和方法，对社会主义市场经济下文学批评的发展和转化进行研究，着重探讨批评体制、机制、观念、方法、评估体系、评价标准等方面的改革和转型问题，提出审美人类学批评和文化批评的发展趋向，并对全球化背景下中国文学批评的现代性、民族性、世界性、本土性、多元化等热点问题进行了讨论和学理透析，寻求中国文学批评发展和创新的有效途径。

【广西通志·土地志】 秦智杰主编。自治区地方志编纂委员会组织编纂、自治区国土资源厅承修的省一级志书。广西人民出版社2002年5月出版，1100千字。该志记述的多数事项起自事物发端，最早溯至春秋战国，下限至1996年，个别内容记述到1999年。正文设置7篇：土地资源，土地制度，土地使用改革与土地市场、地价，土地规划使用，土地调查与地籍管理，立法执法，综合业务机构队伍。志首设有全书概述，后设大事记略和附录。获1999～2002年度广西地方志优秀成果一等奖。

【艺术与审美的当代形态】 王杰等著。广西师范大学出版社2002年6月出版，171千字。这是广西“九五”社科重点课题“社会主义市场经济与文艺发展”的最终成果，由课题组集体完成。该书将社会主义市场经济条件下的中国文学艺术放在经济全球化的背景下进行系统研究，提出“社会主义初级阶段文学生产方式论”等有影响的观点。

【“红楼梦”百慕大】 雷耀发著。广西民族出版社2002年6月出版，250千字。该书借助易学、玄学、佛学、精神分析学、美学等学科知识条分缕析探寻《红楼梦》谜一般的“本旨”。重新审视贾宝玉这一艺术形象——一个半神半人的忤逆成性的“多余人”。通过梦幻与意识流小说、情性与性文学比较，揭示《红楼梦》超时空的艺术造诣。与传统论断相反，认为《红楼梦》不是自叙(传)、体验写实的现实主义作品，而是曹雪芹高超的艺术创造的结果。

【人文社科论文写作指津】 黄绍清主编。香港天马图书有限公司2002年7月出版，284千字。该书由绪论、构成要素、论题选择、资料准备、结构模式、写作程序、论证方法、语言运用、创新见解、文学评论的写作、小说诗歌散文评论的写作等11章组成，附有《关于论文答辩问题》的专题和《实践是检验真理的唯一标准》等优秀论文8篇。编著按照学术论文写作步骤和规律安排章节，阐明人文、社科论文写作的基本规律，为硕士研究生和本科生进行学位论文写作提供了一个可作指导的文本。

【广西戏剧史论稿】 顾乐真著。中国戏剧出版社2002年7月出版，4000千字。该书以论文集的形式，阐述广西地方戏剧的形成发展和主要特点。梳理广西戏剧发展史，主要研究民族地区少数民族对地方戏剧的影响和作用，如桂剧、彩调、民间艺术师公戏的艺术表演。广西戏剧受多方面影响，形成独特的南疆风格。该书以史为主，更正了一些在地方剧种上不正确的理论。

【中国现代小说知识分子形象发展简史】 刘江著。中国文联出版社2002年7月出版，133千字。该书从中国现代小说作家的视角出发，寻找中国现代小说知识分子形象发展的规律。认为中国现代小说知识分子形象变化的历史，就是中国现代小说作家视角转换的历史。在30余年的文学历程中，小说作家主要选用了社会人生视角、阶级视角和民族视角，以这三种视角为线，串起几十种不同的视点，这就是中国现代小说知识分子形象发展的轨迹。书中分析30多位作家塑造的上百种知识分子形象。各个篇章分别从视点的产生、知识分子形象的性格特征以及性格形成的文化原因，人物形象的意义等方面进行阐述。

【中国少数民族大辞典·纳西族卷】 辞典主编费孝通，执行主编巫文强、唐毓飞等，纳西族卷主编郭大烈。广西民族出版社2002年8月出版，1300千字。该书全面反映纳西族的历史、地理、风土人情，是关于纳西族的百科全书。

【当代广西人民武装】 《当代广西》丛书第25卷，当代广西丛书编委会、《当代广西人民武装》编委会编写。中央文献出版社2002年8月出版，267千字。该书是一部全面系统地反映广西军区部队和民兵预备役建设发展历程的军事史书。记载了广西人民武装50年来的发展变化，分别记述部队和民兵在追歼国民党残军、剿匪反霸、肃特、反空降以及在边境自卫还击作战、排雷中的英雄业绩等。

【审美生态学】 袁鼎生著。中国大百科全书出版社2002年9月出版，340千字。该书不仅仅以生态美为对象，而且通过人类美学的整体结构——审美场的逻辑生态与历史生态的逐一展开，生发活态的内容、体系、框架，造就系统生成的美学原理。

【还盘王愿】 张声震主编。广西民族古籍整理出版规划办公室2002年10月编印，1000千字。“还盘王愿”是瑶族祭祀始祖盘王的古老宗教仪式，有两层意思：一是祭祀盘王，二是庆祝丰收。不管是祭祀形式还是庆祝形式都有严格的仪规和程序。《还盘王愿》一书分“许盘王愿”、“还盘王愿”、“宗支薄”三大部分。“许盘王愿”详细地记载其程序和内容。“还盘王愿”为全书重点，包括起事、请神、接圣开坛、上大众光、诏禾开仓、还元盆愿、请翁敬祖、游乐、盘王宴席、结愿散筵等10个方面的内容。“宗支薄”是还盘王愿的一种类似备物单和节目单，包含请师方法、师人待遇、需备物件、还愿仪规、禁忌等。该书是一部瑶族民间经书、经文、史诗，融歌、舞、喃词、喃语、法事用语等瑶族民间文化艺术和风俗习惯、伦理、道德、礼仪等于一体，是瑶族民间通书。

【马克思主义利益观研究】 谭培文著。人民出版社2002年11月出版，39.5千字。该书认为，利益理

《中国少数民族大辞典·纳西族卷》，广西民族出版社2002年8月出版
刘 俊 摄

论是蕴藏在马克思主义理论宝库中的一个巨大宝藏。马克思主义的利益范畴是随着马克思主义萌芽、成熟和发展而逐步展开的。它不是功利主义心理联想的效用,不是施蒂纳市民社会利己主义的个人私利,也不是费尔巴哈的生物性的自然欲望和感觉。它的一般内涵实质上是指物质生活条件,是历史唯物主义的基础性范畴。它是马克思解剖市民社会利益奥秘的钥匙。马克思主义通过利益范畴的辩证法,展开了对人类社会一般规律和市民社会特殊规律的历史唯物主义的认识,从而具有历史感、现实感和时代感。马克思主义利益理论同当代的对话,体现了马克思主义利益理论在现时代的意义和价值,尤其是“三个代表”重要思想,为马克思主义利益理论的发展增添了新的内容。这种意义和价值以及“三个代表”,使马克思主义利益理论在21世纪闪耀出灿烂的光辉。

【当代广西海关】 《当代广西》丛书第26卷,当代广西丛书编委会、《当代广西海关》编委会编。中央文献出版社2002年11月出版,620千字。该书反映自中华人民共和国成立至2001年广西海关建立、稳定、改制、壮大和发展的历程,全面、客观、系统地记述海关工作半个世纪以来的巨大变化,着重记述广西海关在履行职能、强化国门意识、注重自身建设、打击走私违法活动、保障经济文化交流等方面所取得的成就。

【金秀大瑶山瑶族史】 金秀瑶族自治县人民政府组织编写。广西民族出版社2002年11月出版,350千字。第一篇为综述,介绍金秀大瑶山的生态环境与历史沿革、民族构成和族称、各历史时期的瑶族人口状况、各支系来源与迁徙、民族关系、社会风情、民间信仰、语言文字等。第二篇和第三篇介绍明清时期以及民国时期的金秀大瑶山瑶族社会,内容包括社会经济、社会组织与政治、瑶族人民的反抗斗争、文教卫生事业等。第四篇为中华人民共和国成立至改革开放前的金秀大瑶山瑶族社会,叙述大瑶山解放及剿匪,建党建政及民族区域自治的实施,民主改革和社会主义改造,以及这一时期经济与社会事业的发展。第五篇介绍新时期的金秀大瑶山瑶族社会,着重记述“文化大革命”后至20世纪末金秀瑶族自治县的经济、文教卫生事业发展情况。

【壮族自然崇拜文化】 廖明君著。广西人民出版社2002年9月出版,500千字。该书以马克思主义“两种生产”理论为指导,运用人类学、神话学、民族学、考古学、民俗学等学科的理论和相关材料,把握自然环境、生产方式、生存方式与文明结构相互推动和相互制约的互动循环关系,考察研究壮族自然崇拜文化,通过壮族自然崇拜文化群、壮族自然崇拜文化丛、壮族自然崇拜文化圈等概念的提出,以及对壮族自然崇拜文化主体各文化圈的内在关系、壮族自然崇拜文化母文化圈与子文化圈及几个子文化圈之间所存在的互动循环关系、壮族自然崇拜文化与壮侗语民族、汉族及中华其他民族、东南亚相关民族自然崇拜文化关系的研究,揭示壮族自然崇拜文化的特点类型以及所蕴藏着的生殖崇拜文化和那文化的文化内蕴。

【理性世界的困顿与氤氲】 李海荣著。广西人民出版社2002年11月出版,250千字。该书共分5章:第一章,现实沉思——对当前若干重大现实问题如理论武装、“四个认识”、道德建设、解决邪教问题等进行有深度的理论思考;第二章,心理探幽——从心理学角度对当前的思想政治工作、管理工作、干部成长规律等问题进行独到的探析;第三章,哲海玄思——从哲学高度对当前一系列重大理论问题和实践问题如发展观问题、思维方式和价值观念转变问题、领导干部的角色思维问题、理论向方法转化等问题作具有极强针对性的思索;第四章,文明升华——对精神文明领域的重大问题如文化建设、干部道德、制度文明、西方官吏道德思想、廉政建设等作出有价值的透析;第五章,与时俱进——对马列主义、毛泽东思想、邓小平理论和“三个代表”重要思想中的热点问题作出阐述。

【物权二元结构论——中国物权制度的理论重构】 孟勤国著。人民法院出版社2002年1月出版,240千字。该书在分析中国法系物权理论及其体系缺陷的基础上,针对传统物权一元结构理论,提出以所有权表述财产归属、以占有权表述财产利用的物权二元结构理论。围绕重构中国物权制度这一中心,对物权的基本问题一一进行探析,从而在根本上扬弃传统的物权理论基础,重新构建中国物权制度。进而以二元结构论为指导,根据中国国情,既对国家所有权和集体所有权作了明确规定,又使国有企业法定经营权和土地承包经营权两大现实问题在财产利用制度中得到充分的重视。

【中越中老跨国民族及其族群关系研究】 周建新著。民族出版社2002年2月出版，270千字。该书全面介绍越南、老挝两国的民族概貌，对中越中老跨国民族进行对应识别和划分，对国家关系影响下的跨国民族族群关系进行全面论述，并在相关理论问题上进行新的探索。

【网络思想政治教育概论】 曾令辉、邓军等编著。广西民族出版社2002年2月出版，280千字。该书从理论上探索了网络思想政治教育的主体、客体的基本特征，理论基础及相关学科知识，原则与方法以及内容构建等，在应用上重点介绍如何在互联网上开展政治教育、法制教育、心理教育及伦理教育等内容。

【地方公务员依法行政知识读本】 滕盛勒主编。广西民族出版社2002年3月出版，301千字。该书主要内容包括：行政主体概述、行政行为、依法行政抽象行政行为、依法行政具体行政行为、行政处罚、行政裁决和行政强制、行政程序法、行政法律责任和行政赔偿、政府法制监督等。

【2001年越南国情报告】 广西社会科学院东南亚研究所与有关方面合作编写。广西人民出版社2002年4月出版，289千字。该书有3部分内容：上篇简介越南基本知识；中篇为越南2001年发展报告；下篇为2001年越南及中越关系大事记，有关重要文献及越南经济社会统计资料。

2002年度广西社会科学院东南亚研究所出版的新著与部分期刊

刘俊 摄

【2001～2002年东南亚发展报告】 北京、广西、广东等地东南亚问题研究专家学者合作编写。广西人民出版社2002年5月出版，262千字。该书由3个部分组成：上篇主要介绍有关东南亚的基本情况、综合和专题报告，中篇为东南亚各国年度发展报告，下篇主要是2001年及中国—东南亚关系大事记、东南亚各国政治经济社会统计资料。

【大学课程管理的理论与方法研究】 唐德海著。中国科学技术出版社2002年5月出版，230千字。该书集中研究课程生成系统的管理问题，包括理论基础和具体的操作途径、方法。在高等教育管理领域，课程生成系统的管理是非常重要的问题，这种重要性随着大学管理自主权的逐步落实以及高等教育国际化趋势的加强而越来越凸现。课程生成系统管理的核心是培养人的问题，即培养什么样的人和用什么样的课程来培养人。在高等教育实践中，培养什么样的人是由院系确定的，而课程则分为国家课程、学校课程和院系课程三大块。这样的课程生成体制，一方面难以保证人才培养的质量，另一方面又束缚了学校特别是院系的手脚，不仅荒于课程研究，更重要的是不能对社会需要作出及时而灵敏的反应。

【孙子的智慧与妙用】 吴荣政著。湖南大学出版社2002年5月出版，210千字。该书主要内容：孙子军事思想内涵及孙子军事思想在中外军事思想史上的地位；孙子智慧产生的广阔背景与军事家、政治家孙子的风采；孙子的国防观、战争观；孙子军事哲学的思想渊源与充满卓越的唯物观点，丰富的辩证智慧的孙子军事哲学；孙子军事情报理论产生的背景，孙子对军事情报理论的贡献及孙子军事情报理论的历史地位；孙子建军思想产生的背景，并从培养将帅、锻炼士卒两方面论述孙子建军思想；从“权”、“庙算”、决策主体、威慑战略、全胜战略、战略层次6方面论述孙子的战略思想；从积形布势、攻守进退、先发制人、示形动敌、避实击虚、奇正相生6方面论述孙子战术思想；孙子军事后勤思想的渊源，孙子对军事后勤思想的贡献及孙子军事经济思想的历史地位;从军事地形、战略地理两方面论述孙子军事地理思想,并分析孙子军事地理思想的历史地位;从不同角度总结孙子智慧在各领域的妙用。

【社会科学研究与管理】 詹宏松著。广西人民出版社2002年5月出版,140千字。该书是广西"九五"社科规划项目。作者结合自己长期从事社会科学研究和管理工作实践,对社会科学研究中出现的问题和社会科学发展趋势进行探索。全书分9个专题:社会科学是推动社会发展的重要力量,社会科学研究的方向问题,社会科学研究需要良好的环境,社会科学研究方法及发展趋势,加强管理是社会科学研究有序进行的保证,社会科学研究成果的评估与奖励,社会科学研究队伍的建设,地方社科院改革与发展,社会科学发展的展望。

【教育新视野——教育与经济关系的多维研究】 马佳宏著。广西师范大学出版社2002年6月出版,234千字。该书运用最新的事实和数据材料,以及定性分析和定量实证相结合的方法,多维度、多视角地对教育与经济的关系进行新的研究和探索。如教育与经济增长、教育与可持续发展、教育与市场经济、教育与知识经济、教育与西部大开发、教育与 WTO,以及教育的成本与效率、教育投资的经济效益、教师劳动的经济分析等。回答了教育在经济增长中有何重要作用,教育如何促进经济增长方式的转变,如何为实施可持续发展战略服务并实现其自身的可持续发展,怎样适应市场经济的发展趋势,怎样满足知识经济发展的要求,以及教育在中国加入 WTO之后面临哪些机遇和挑战,应采取哪些相应的对策等。

【东山瑶社会】 盘福东著。广西民族出版社2002年8月出版,350千字。东山瑶,操勉语"标敏"方言,属勉瑶(俗称盘瑶)的一个支系。该书从文化人类学、神话学、宗教学、哲学、伦理学等多种角度展开论述,集中探讨东山瑶原始的宇宙观念、信仰文化、巫术精神、德性意识、生死观念等领域的精神内涵。第一次公布了东山瑶社会鲜为人知的有关该支系来源、人口分布、姓氏构成、迁徙、经济生活、文学艺术、习俗信仰等方面的资料,特别是对民间神话传说、歌谣故事、习俗信仰作了较详细的描述和介绍,补充前人调查研究的不足,并对东山瑶的起源、历史发展、文学艺术及习俗信仰的意义和功能提出了作者的看法。

【领导学新探】 陶建平著。中国档案出版社2002年8月出版,250千字。该书分为学科建设、方略艺术、领导创新、领导能力、问题剖析和历史借鉴6篇,从不同角度(正面和反面,历史和现实,理论和实践)对领导学领域的20多个课题进行了探讨。如:提高领导水平的主要着力点,领导方法科学化的目标取向和基本内涵,上下级关系的协调方略,领导形象的效应、设计及塑造途径,领导创新的"蜕化"与优化,领导创新的制约因素,领导创新的面与点,领导者的决策能力、用人能力、驾驭全局能力和调查研究能力,领导活动中的"贸然履新"现象,领导活动中的事务主义痼疾,领导班子的内耗及其抑制,中国历代从政忠告中的领导哲理等。

【教育科学研究方法】 钟海青著。广西师范大学出版社2002年8月出版,300千字。在传统观念中,教师只要具有相应的教学技能就可以了,现代师范教育的目标是培养具有教学和科研能力的"双师"型教师,因此,加强师范生的教育科研理论教学,提高他们的科研能力成为当务之急。该书在介绍一般教育科研理论知识方法的基础上,着重突出教育科研方法的可操作性。还指出应特别注重方法的时代性,采用现代技术手段辅助教育科研,运用网络资源指导开展教育科研。

【中国旅游心理学】 任冠文著。广东旅游出版社2002年10月出版。280千字。该书分旅游心理学、旅游服务心理学和旅游企业心理学3部分,共23章。是一部内容体系较全面、新颖的学术专著。

【广西民族关系的历史与现状】 黄成授等著。民族出版社2002年10月出版,332千字。该书运用大量的历史资料,证明各个历史时期民族间经济交流、文化交流是各民族相互了解,建立友谊,发展进步的基础。各民族为生存为自由而展开的政治斗争和封建统治阶级施行的民族政策,也深刻地影响着民族关系,但各族人民是社会的主体,是民族团结大家庭的缔造者。书中展现广西古今民族关系的特色,这个民族团结的大家庭在不断地巩固和发展,特别是近现代,民族团结,边疆巩固,社会稳定,经济发展,文化繁荣,堪称全国的模范。

【领导实践与领导科学】 奉恒高、李光炎著。经济科学出版社2002年10月出版，240千字。该书分4个部分：领导一般研究、党的领导研究、基层领导研究、领导人才研究。主要理论观点有：领导实践离不开领导科学；当好一把手必须当好轴心，协调好各方面的关系；领导力与生产力息息相关但不应等同于生产力；建立和完善公务员权力、责任、实绩和利益的配比机制；领导者应根据自己的“位置”侧重地、交替地采用“身影”指挥和“声音”指挥的方式；第三代领导集体是解放思想实事求是的光辉典范；领导干部要按照“三个代表”重要思想当好“代表”；以直面现实的勇气和科学的精神加强党的建设；共产党执政的理论导向律、孚众顺民律、务实创新律、总揽协调律、从严治吏律、梯队储备律；廉政建设必须“多管齐下”；以特困村为扶贫攻坚的主战场，增强其“造血”功能；搞好国有企业需要各方面配合；企业当家人职业化市场化是国有企业走出困境的一帖“偏方”；善于协调者才是善于竞争者；非公有制企业党委书记与企业主是一种实施政治导向与接受政治导向的关系；人才的引进应是不求属我所有，但求为我所用；领导者的重要素质是他的广泛知识、决策能力，提倡不惟学历论，重在真才实学，重在解决实际问题的能力。

2002年10月19日，广西领导科学研究会召开会员代表会暨新世纪领导问题研讨会，探讨新的历史时期领导问题　　广西领导科学研究会供稿

【三姐传歌在鱼峰】 陈争鸣、吕琦主编。广西民族出版社2002年11月出版，85千字。该书提出利用刘三姐文化现象，并对刘三姐文化品牌进行定位，通过把学术研究成果转化为经济效益，形成具有广西风格、文化特色的民族优秀文化，进一步推动广西特色文化建设。

【科教兴国是实现中国现代化的必由之路】 潘宁著。广西民族出版社2002年11月出版，300千字。该书从哲学角度，对科教兴国进行全面深入的探讨。主要特点：一是阐述马克思主义关于科学和技术对社会发展的巨大作用，即科学技术是推动历史发展的动力。二是阐明马克思主义关于科学技术是生产力的思想，论述邓小平关于科学技术是第一生产力和江泽民关于科教兴国战略方针的深刻思想。三是对党的教育方针作全面深入研究，总结经验教训，阐明优先发展教育的战略意义。四是研究当代中国知识分子问题，论述知识分子在推进中国社会主义现代化建设中的重大作用和历史地位及党关于知识分子是工人阶级一部分的科学分析和英明决策。

【美丽教师——教师职业美的研究】 王枬著。广西师范大学出版社2002年11月出版，262千字。该书将目前中国教师职业的存在状态分为：养家糊口的“生存型”教师；品味幸福的“享受型”教师；完善自我的“发展型”教师。在此基础上，分析教师职业美的表现及形态。就表现来看，主要有“对象的美”、“学科的美”、“过程的美”。就形态来看，主要有“平凡”的美与“伟大”的美。作者还探讨了教师职业美的条件。就主观条件而言，教师首先必须具备“过有意义的教师职业生活”的审美观念，具有“能欣赏教育美的感官和心灵”的审美能力。就媒介而言，教师既要借助于“自由创造的游戏精神”促进师生的和谐发展，又要借助于“对话人生的语言工具”引起师生同往。就路径而言，教师通过“情境交融”创造悦耳悦目的美，通过“心意贯通”创造悦心悦意的美，通过“品悟浑然”创造悦志悦神的美。

【研究性学习的理论与实践】 文可义著。长春出版社2002年12月出版，378千字。该书从课程理念高度介绍研究性学习的形成和发展，研究性学习的内涵、根本特性、课程价值、理论基础，研究性学习的目标、内容、实施、评价、管理、教师培训、教师指导策略。研究性学习既作为一门必修课程，又作为一种学习方式，以培养学生的创新精神和实践能力为核心目标，具有整体性、实践性、开放性、生成性、自主性的特点。设置研究性学习课程，说明中国基础教育课程结构有了重大突破，标志着基础教育课程价值及相应学习方式开始发生根本性的转变。研究性学习将成为课程与教学运行的重要理念与策略。这对教育工作者和学生都是一种新的挑战。

论文选介

【“十五”期间广西投资结构调整研究】 黄志勇、李美才撰。发表于《计划与市场探索》2002年第1～3期，15千字。该文定性与定量相结合，论述“十五”期间广西投资结构调整的基本思路，分析预测“十五”广西投资规模、投资结构及资金来源，提出“十五”广西投资结构调整的若干对策建议。

【大枢纽——广西经济原动力】 黄荣胜等撰。发表于《计划与市场探索》2002年1～12期，120千字。该文运用大量的史料与数据，论证广西的特殊区位在中国历史上的地位和变迁，阐述广西区位在经济全球化时代对广西以及中国经济发展将作出的重要贡献。作者在全球背景下对广西进行全新定位——以“南宁＋北部湾”为中心的广西将成为全球最大的水陆交通枢纽，从而带动广西乃至中国的经济社会发展。

【电子商务认识误区的澄清与中国电子商务发展问题】 阮思阳撰。发表于《改革与战略》2002年第1、2期合刊，9千字；中国人民大学报刊复印资料中心《商贸经济》2002年第5期全文转载。该文从多个角度对电子商务认识上出现的误区加以澄清，对中国电子商务发展的阻碍进行分析，从宏观与微观两个方面对中国电子商务发展的疑难问题和对策提出看法。

【加强合作，实现东西部经济协调发展】 陈洛撰。发表于《改革与战略》2002年第1、2期合刊，6千字。该文分析中国西部地区改革开放以后的经济发展状况，并在理论上探讨东西部经济合作的途径，认为西部地域广袤，资源丰富，人口密度不大等客观因素，构成了能与东部进行经济合作、互惠互利、共同发展的条件。只有实现东西部经济的协调发展，才能很好地推动全国经济水平的提高。

【关于我国产业衰退的实证分析】 陆国庆撰。发表于《广西经济管理干部学院学报》2002年第1期，7千字。该文认为传统产业如煤炭、纺织、冶炼等行业的困境应从产业生命周期进行认识。文章首先就如何判定衰退产业作出规范。然后对中国36个工业产业部门的衰退性进行实证分析，得出煤炭、纺织产业已属衰退产业的结论。最后就中国产业衰退的原因进行探讨。

【我国部门预算制度与审签制度问题研究】 邓文勇撰。发表于《广西审计》2002年第1期，13千字；中国人民大学报刊复印资料中心《审计文摘》2002年第4、5期转载，获国家审计署2002年度优秀科研成果三等奖。该文对中国审签制度的具体内容进行设计，并提出建立审签制度的基本思路。

【我国农业现代化深层次的问题及对策选择】 彭珂珊撰。发表于《广西经济管理干部学院学报》2002年第1期，8.3千字。该文认为中国农业现代化建设要合理利用自然资源，保护生态环境，同时还要利用具有中国特色的传统技术和国外高新技术，建设符合中国国情的非传统农业现代化，并实施可持续发展战略。文章对中国50余年农业现代化实践进行了总结，分析农业现代化过程中面临的深层次问题，并根据“十五”计划和2010远景规划，提出发展对策。

【纵向一体化战略联盟研究】 陈宏军、江若尘撰。发表于《广西经济管理干部学院学报》2002年第1期，10千字。该文在界定纵向一体化战略联盟概念基础上，指出产业链条中上、下游垄断企业实现纵向一体化战略联盟的重要意义，论证实施纵向一体化战略联盟可操作性。同时，在对纵向一体化战略联盟绩效进行量化分析基础上，提出要防止国外跨国大公司主宰中国产业链条。

【试论我国经济责任审计的产生和发展及其特征】 黄旭烈、林之撰。发表于《广西审计》2002年第1期，3.7千字。该文通过对经济责任审计产生和发展的总结及对其基本特征的阐述，揭示经济责任审计的基本原则和基本方法。

【入世后旅行社人才竞争对策分析】 韦夏婵撰。发表于《桂林旅游高等专科学校学报》2002年第2期,7千字。该文在分析国内旅行社面对人才竞争态势的基础上,从企业机制变革、转变人才观念、培育激励制度、职业经理人的培养、强化企业品牌等方面分析旅行社应对人才竞争应采取的对策。

【广西工业化主要难点问题研究】 周英虎、周华楣撰。发表于《广西审计》2002年第2期,22千字。该文是在大量调查研究的基础上完成的调研性论文。文中提出国有企业的重负债问题及对策、隐性重复建设及其危害、地缘优势观错位和革命老区观等,反映广西工业化发展中的现实问题并提出可行解决办法。

【中越旅游合作的现状及前景】 赵和曼撰。发表于《东南亚》2002年第2期,8千字。该文论述自1991年11月中越两国关系正常化以来,两国旅游合作发展情况,指出中越旅游合作有利条件众多,合作形式多样,发展前景美好。随着中国与东盟自由贸易区10年内建成,中越两国旅游合作更具潜力。

【各国信息产业综合水平的比较】 王中昭、李欣广撰。发表于《数理统计与管理》2002年第2期,9千字。该文根据世界银行提供的数据资料,运用因子分析方法对世界41个主要国家目前的信息产业发展状况作出横向关联比较和时间纵向的综合水平比较,在构造信息产业综合水平评价模型的基础上,定量分析各国信息产业水平的差异和特点,特别是中国信息产业的水平、竞争实力等因素。

【利用APS技术建构旅游市场信息网站】 龙斌、连云凯撰。发表于《桂林旅游高等专科学校学报》2002年第2期,8千字。该文认为随着网络的迅速发展,旅游业的兴旺发达,越来越多的旅游者选择在网上搜索旅游信息。文章以建立一个提供市场信息的网站为例,介绍如何使用APS技术建立一个信息系统,供用户通过WWW动态访问Web数据中的数据。

【基于社会资本积累的企业竞争优势分析】 郑胜利撰。发表于《广西经济管理干部学院学报》2002年第2期,7.5千字。该文认为从企业资本的角度看,企业竞争优势除了必须依靠企业物质资本、金融资本、人力资本和知识资本外,还与企业社会资本息息相关。企业内部社会资本积累有利于提高企业的经济效率,促进企业的知识转移和知识共享,挖掘和开发企业员工的“冗余信息”;企业外部社会资本积累有利于企业获得机会利益,取得参与竞争所需的各种资源,增强企业技术创新优势,进行跨省(区)跨国投资。

【“新经济”与经济周期】 刘小怡撰。发表于《广西经济管理干部学院学报》2002年第2期,6.6千字。该文认为20世纪90年代,美国等西方发达国家进入以知识经济为基础的“新经济”时代。“新经济”的发展的确使经济周期出现与以往不同的新特点,但它没有也不可能从根本上消除经济周期本身。

【乡村旅游的市场需求初探】 黄进撰。发表于《桂林旅游高等专科学校学报》2002年第3期,8千字。该文从乡村旅游需求角度对乡村旅游的市场开发进行研究。指出乡村旅游主体是城市居民,对乡村“意象”的追求是旅游者对乡村最重要的需求,发现和营造乡村之美是乡村旅游产品产生的源泉。

【公平与效率的准则——福利经济学公平、效率和分配观的比较】 李松龄撰。发表于《广西经济管理干部学院学报》2002年第3期,10千字。该文认为福利经济学不是就某个公平的实现规则作出公平和效率的评价,而是提出对公平和效率的评价准则,即资源配置和收入分配,只要在使一部分人境况变好时,不使其他人的境况变坏,就是公平而有效率的。福利经济学的公平效率观对确立社会主义市场经济的公平效率观有重要的现实意义和参考价值。

【外商直接投资中的产业发展风险及对策】 李欣广撰。发表于《国际经贸探索》2002年第3期,9千字。该文分析外商直接投资造成产业发展风险的内在运行机制与风险因素,论述了主导性、支柱性产业的产业安全判断内容:产业竞争力、开放过程中的条件状态与产业发展的最终结果。据此设置系列产业发展风险指标,根据风险监测可采取措施对应产业发展风险。并提出产业发展风险相关因素及其对策。

【经理股票期权同职工持股的比较分析】 叶祥松撰。发表于《广西经济管理干部学院学报》2002年第3期，5.8千字。该文认为经理股票期权同职工持股作为两种激励方式各有利弊。前者激励力度和效果要大于后者，但存在着认识上的障碍、法规冲突和操作困难；后者虽不存在上述问题，但并不适用于所有企业，缺乏普遍推广的现实基础。因此，两种激励方式都有一定局限性，实施时要有选择地使用。

【试论加快我国农业现代化发展进程的战略措施】 窦祥胜撰。发表于《广西经济管理干部学院学报》2002年第3期，7.7千字。该文认为在社会主义市场经济建设新时期，必须充分发挥农业在国民经济发展中的保障、支持和推动作用。应通过建立健全农业创新体系、农业支持和保障体系，努力改善农业生产条件，调整农业经济结构，建立现代农业市场交易体系，实行农业产业化经营，加快农业机械化发展，开展农业对外合作等措施，加速中国农业现代化。

【推进我国企业年金发展的必要性及对策研究】 蒋志强撰。发表于《广西经济管理干部学院学报》2002年第3期，8.6千字。该文论述了企业年金作为中国养老保险体系第二支柱的发展现状、必要性、发展不足的原因及发展对策。

【假日旅游消费心理及对策分析】 林增学撰。发表于《桂林旅游高等专科学校学报》2002年第3期，6千字。该文认为假日旅游成为新的经济亮点，研究旅游者的心理需求并加以满足具有重要作用。文章从旅游消费心理入手，分析了假日消费的特点，提出适应假日旅游发展的对策。

【GATS条款与中国服务贸易市场准入的法律问题】 程琮璋撰。发表于《广西经济管理干部学院学报》2002年第4期，11.8千字。该文认为市场准入是GATS的核心条款之一，同时也是国际服务贸易双边或多边谈判中为各国所关注的焦点。中国作为GATS的创始签署国，开放本国服务贸易市场既是承担GATS义务的一个重要方面，也是服务贸易市场准入应遵循的原则立场。文章针对市场准入存在的现实法律问题提出解决方案。

【中国"入世"对优惠政策命运的影响——兼论西部大开发及东西部联动协同发展中优惠政策的实行】 古惠冬撰。发表于《经济问题探索》2002年第4期，8千字。该文认为中国入世并不意味着国民待遇原则在中国的同步执行，西部大开发与东西部联动协同发展中仍需要优惠政策的支持，关键是优惠政策的实行要注意避免其负效应，突出其正效应。

【加入WTO后广西支柱产业、优势产业发展对策】 翁乾麟撰。发表于《广西经济管理干部学院学报》2002年第4期，7千字。该文从中国加入世界贸易组织切入，分析广西支柱产业及优势产业的发展现状、存在问题，从行业结构、组织结构、技术改造、经济体制改革等方面提出发展对策。

【经济伦理与经济发展】 罗能生撰。发表于《广西经济管理干部学院学报》2002年第4期，7千字。该文认为经济发展不仅是一个要素投入与资源配置的过程，同时也蕴含着深刻的伦理规定，是一个价值选择和道德协调的过程。经济伦理对经济发展起着重要的影响作用：微观上是一种人力资本；中观上是一种无形资产；宏观上是一种社会资本。经济伦理通过降低交易成本，创造合作效益，促进资源的优化配置和社会经济的健康发展。同时，经济伦理作为一种特殊的经济资源，对经济发展的作用性质和方式具有特殊性，需要具体认识和把握。

【资本全球化与环境保护】 梁日杰撰。发表于《广西经济管理干部学院学报》2002年第4期，11.1千字。该文分几个部分探讨资本全球化与环境保护的相互关系：资本全球化的内容；资本全球化与环境保护的互动关系；国外直接投资、国际银行资本流动、证券资本、保险资本流动等对环境保护的正反面影响。

【中国均田制传统与当前农村土地破碎问题】 王磊荣撰。发表于《农业现代化研究》2002年5月第23卷，5千字。该文提出中国均田制有深刻历史渊源。国内现行的土地分配制度及土地流转机制不健全，使得土地经营规模普遍过小，阻碍生产要素的合理流动和土地规模经营，既不利于劳动生产率的提高也制约着农业结构的调整，造成社会经济的巨大浪费，也使人际磨擦加剧。

【入世后广西农民增收研究报告】 杨志、李平、莫荣旭、林彦卿、韦彬等撰。发表于《中国加入WTO与广西农业发展研究》(中国农业出版社2002年6月出版),15千字。该文对入世后影响广西农民人均纯收入诸因素及其影响程度作了详细分析,对入世后广西农民人均纯收入变化情况进行预测,并提出增收的建议。

【入世后广西农村劳动力就业形势研究报告】 廖东声、周中云、李平、邓卫彦等撰。发表于《中国加入WTO与广西农业发展研究》(中国农业出版社2002年6月出版),13千字。该文分析广西农村劳动力素质较低等6个方面制约因素及加入WTO对农村劳动力就业形势产生的负面影响,提出解决农村剩余劳动力问题的若干意见。

【入世后广西农村经营管理体制改革创新研究报告】 徐金霞撰。发表于《中国加入WTO与广西农业发展研究》(中国农业出版社2002年6月出版),16千字。该文就发展合作经济组织以及农业产业化经营等主要运作模式进行比较;对广西经营管理体制的演变过程,以及各地的运作进行探讨;对现行农村经营管理体制的挑战作了分析,提出入世后广西农业经营体制创新意见。

【广西投资环境及投融资状况问题研究】 李美才、莫可扬、李继彪等撰。发表于《广西工作》2002年第6期,5千字(压缩稿)。该研究报告分成就、问题和对策三大部分。一是分别从硬环境和软环境方面展开分析研究,客观评价广西的投资环境现状。二是对广西在生产要素、政策环境、政府对投资活动的管理和人才的使用及培养等方面存在的主要问题分别提出新的看法。三是针对广西的现状,从降低重要投资要素成本、总结推广行政审批制度改革经验、规范政府行政管理、创建广西"金融安全区"、培养人才和规范市场经济秩序等方面,分别提出改善投资环境的建议。

【迎接WTO挑战　改进国家审计】 任红、蒋晓清、黄静冰撰。发表于《广西审计》2002年第6期,5.7千字。该文围绕中国加入WTO后如何面对新形势、新问题,搞好审计监督,服务地方经济建设、服务政府决策,适时研究审计工作的发展目标及应对措施等一系列相关问题,从加入WTO对国家审计的影响入手,分析入世后国家审计将发生的变化,提出审计机关应采取的对策。

【反价格卡特尔的方法和程序】 陈孟、时越红撰。发表于《广西市场与价格》2002年第7期,8千字。价格卡特尔是商用结盟手段,把价格抬高构成对其他厂商和消费者的侵害行为,严重破坏市场价格导向机制及公平竞争原则。该文从论述价格卡特尔的危害性入手,提出制定反价格卡特尔的法律和组建权威机构的必要性,阐明进行反价格卡特尔的结构方法、行为方法和程序。

【加快农业产业化经营步伐,努力实现富民兴桂新跨越】 彭志光撰,发表于《富民兴桂新跨越理论与实践》(广西人民出版社2002年8月出版),5千字。该文论述了发展农业产业化经营对实现广西富民兴桂新跨越的重要意义;阐述广西农业产业化经营的成就和问题,加快农业产业化经营的指导思想、目标、重点和主要政策措施。

【实施富民兴桂新跨越战略与北回归线桂平区间的资源保护和开发】 许小红撰。发表于《富民兴桂新跨越理论与实践》(广西人民出版社2002年8月出版),5.5千字。该文根据桂平的资源与产业概况,提出桂平资源综合治理开发的着眼点:一是着眼于新的时代背景,制定和实施科学的高起步跨越式发展战略;二是从流域经济可持续发展着眼,实施以小流域为单元的整体治理和综合开发;三是着眼于优化产业结构,提升产业质量;四是着眼于优化投资环境和投资结构,完善多元投资体制,走全方位开放和合作的路子。政府要推进市场化改革,简化审批程序,提高办事效率,完善法治,消除一切暗箱操作和非正规约束,协调和配置好社会资源,改善投资人文环境。

【适应加入世贸组织新形势　不断提高计划工作水平】 杨道喜撰。发表于《计划与市场探索》2002年第8期,10千字。该文以中国加入世界贸易组织为背景,论述正确认识和把握入世后计划工作面临的形势和任务;提出计划工作如何适应入世要求,抓住机遇,加快改革,提高计划工作水平。

【"富民兴桂"与桂平市工业化和城镇化的着眼点】 黄志光撰。发表于《富民兴桂新跨越理论与实践》(广西人民出版社2002年8月出版),5千字。该文根据桂平市自然环境、经济特色和人文环境,提出实现富民兴桂,必须加快桂平市工业化和城镇化步伐:根据桂平市区位优势和资源特点，以信息和高新技术渗透提升产业，着眼于工业化与城镇化的互动关系以及政府的角色定位，优化投资环境，两者一体化规划，综合推进。

【社有企业产权制度改革的几个关键问题】 黄德强、黄飞撰。发表于《中国供销合作经济》2002年第9期，3千字。该文论述：一、关于出资人到位问题。二、关于实行产权多元化的形式问题。三、关于社有资产的投资选择问题。四、关于理顺劳动关系问题。

【餐饮连锁经营的成功探秘】 施卫撰。发表于《餐饮世界》2002年9月第9期，5.7千字。该文从餐饮的一般原则、餐饮商圈的特殊性、餐饮竞争店的调查方案、商圈内树立优势的竞争战略等，从宏观、中观及微观层面对餐饮连锁成功经营作了系统阐述。

【因地制宜拓宽越南货币研究的思路】 邵广华、祁兵撰。2002年10月25日在北京国际钱币与银行博物馆委员会第九届年会上的发言，并被收入年会论文集，5千字。该文阐述广西发挥区域优势，开展越南货币研究的成果及新思路。

【城市社区组织创新的经济学思考】 陈喜强撰。发表于《改革与战略》2002年第11期，9千字。该文从中国经济体制市场化进程加快导致城市管理体制发生深刻变化这一前提出发，分析社区组织与企业(单位)制组织及政府组织之间的互动关系对社区组织产生的巨大影响，探讨社区组织创新的必要性以及社区组织创新理论研究的基本目标、主要内容、研究方法和理论意义。

【广西石漠化综合研究】 蒋升湧、农乐政撰。发表于《计划与市场探索》2002年第12期，15千字。该文运用翔实的数据材料，以国内与国外纵横联系的方法，论述广西石漠化产生原因、分布特征以及国内外石漠化治理实践与经验教训，系统地提出石漠化综合治理的原则和治理措施。

【关于农地租赁与转租几个问题探析】 朱仁友撰。发表于《农村经济》2002年第12期，5.1千字。该文提出成员租赁和非成员租赁概念，对农村集体土地承包经营制下成员租赁与非成员租赁的性质、价格分别进行比较分析，阐明各自不同的形成机理，并对农户转租收益及其归属的合理性进行分析说明。

【搞好合作社政策与立法工作，确保21世纪中国合作经济事业持续健康发展】 黄德强、刘为民撰。2002年12月在国际劳工组织与全国供销合作总社联合举办的“合作社政策与立法研讨会”上宣读，6千字。该文主要内容：一、澄清对发展合作经济事业的误解与偏见。二、通过立法程序确立“合作社法人”的应有地位。三、制定实施扶持合作社发展的各项政策。四、探索建立区域性合作社联合组织的有效途径。

【促进西部地区经济跨越式发展的财政思考】 刘铭达撰。发表于财政部科研所《研究报告》2002年第39期(总第333期)，10.6千字。该文认为广西实现地方经济跨越式发展的着力点应放在发展大市场、促进大开放、打通出海大通道、推进工业化和城镇化建设、加强农业基础地位；财政工作要树立和强化新观念，如开放观念、市场经济观念、投资多元化观念、公共财政观念、新的人才观念；财政政策要适应加入 WTO 的要求；财政资金分配要正确处理集中与分散的关系；财政改革和管理要注意研究新问题；财政运行要积极防范财政风险。

【地方志与地方经济】 晏源源撰。发表于《广西日报》2002年12月22日，2千字。该文认为，地方志与地方经济发展休戚相关，对地方经济发展产生巨大的推动作用。文中以富有说服力的实例论证地方志为发展地方经济和制定地方经济发展规划提供科学依据、提供直接借鉴等论点。

【地方年鉴创新的几个问题】 许家康撰。发表于《陕西史志》2002年第1期，10千字；《中国地方志》2002年第3期全文转载。该文认为，信息社会的临近，对年鉴编辑出版工作提出更高的要求，而中国的地方年鉴从总体上看明显跟不上时代，从框架设计到内容安排都需要创新。创新年鉴的框架，实现框架个性化，是地方年鉴创新的当务之急；充实年鉴的内容，增加其有效信息容量，是地方年鉴内容创新的主攻方向。在创新过程中，要贯彻“双百”方针，提倡不同的风格和流派，造就一批过得硬的年鉴品牌。这就要允许冒尖，保护个性，鼓励超凡脱俗，自成一家，不落俗套。

【续志设思想道德建设志的设想】 陈曼平撰。发表于《中国地方志》2002年第1期，8.4千字。该文认为,关于精神文明建设入志问题,单设思想道德更具科学性,更能体现邓小平理论关于精神文明建设的特定内涵,更能体现中央和江泽民"以德治国"的重要战略理论与实践,更有利于克服新中国建立后首轮修志"重经济、轻人文"的缺陷。文章提出思想道德建设志篇目的设计思路,并就编纂这一类志书提出组织分工和资料搜寻的意见。

【心理咨询中的构念系统调整】 吴中任撰。发表于《社会心理科学》2002年第2期,10.5千字。该文研究了243例妇女婚姻问题案例,发现绝大多数妇女并不以离婚为目标,她们的主要问题是不知道如何摆脱当前的困境。认为,在解决像妇女婚姻问题这类复杂的情感障碍时,咨询师可以通过改变来访者封闭无效的构念系统(解释个人经验的思想、观点、看法),来帮助来访者用积极的眼光看待周围事物,从而使其摆脱情感困境。

【审美人类学与马克思主义美学的当代发展】 王杰、海力波撰。发表于《文艺研究》2002年第2期,12千字。该文从审美人类学与马克思主义美学的历史渊源、人类学与马克思主义美学理论的深层整合和对马克思主义美学基本问题的当代回答3个方面,分析论述审美人类学学科建设和发展与马克思主义美学的关系。文章以马克思主义审美意识形态理论为基础,结合格尔兹的解释人类学方法,对审美人类学的重要概念审美制度作了较全面的论述,并结合中国西南地区少数民族审美文化中的例证来分析和论证。

【试谈加强人文内容记述问题】 罗解三撰。发表于《中国地方志》2002年第2期,8.4千字。该文认为,第一轮新编志书突出经济部类,人文内容比重偏低,要正确把握两者内容的比重,防止纠正旧志重人文轻经济的偏向之后又走到重经济轻人文的另一种偏向。第二轮修志应从三方面加强人文内容的记述,增设精神文明志,在人物入志上下功夫,写好以事系人,充实人物简介,改进人物传记的文字写法。

【语言:师生心灵之约】 王枬撰。发表于《教育研究》2002年第2期,9千字。该文着重讨论语言对于师生心灵交往的作用,指出:通过语言,师生确认存在,从而使教育成为可能;通过语言,师生共享世界,从而使生命敞亮起来;通过语言,师生对话人生,从而引起师生同往。

【美国当代文章学研究】 温科学、彭璇撰。发表于《外语学刊》2002年第3期,9千字。该文分析美国当代文章学的发展历程,认为文章学是继承19世纪西方古典修辞学传统作文模式发展而成的美国当代新兴学科,是从20世纪60年代开始,随着西文修辞学的复兴,作文和修辞研究领域的扩展,逐步发展成为一种相对独立的交叉学科。

【东乡族宗法文化论】 廖杨撰。发表于《民族研究》2002年第4期,15千字。该文分析东乡族宗法文化的表现形式、主要特点及其成因,并在此基础上提出复合型宗教性宗法文化的概念。认为,东乡族的宗法文化既受伊斯兰教的深刻影响,又具有中国传统宗法伦理思想的一些基本特征,实际上是二者交互作用形成的复合型宗教性宗法文化。虽然这种文化也存在于西北其他信仰伊斯兰宗教的民族中,但它在东乡族中表现得尤为明显,并与汉族的宗法文化形成对照。

【民族艺术变迁的痕迹】 韩德明撰。发表于《民族艺术》2002年第4期,6千字。该文从田野考察入手,对黑衣壮的民间舞蹈变迁作了探析,认为其变迁的痕迹主要是在心理层面上,是在"其心理与情感的依托处悄然发生了变化。"艺术形态的演变是微小的。民间艺术的演变与消亡实质上是文化传承、演变、消亡的变化轨迹,它离不开权威、经济、道德三要素的制约,因此民间艺术的变迁本质上是一种文化选择,也是人的行为选择。

【同性恋的社会伦理评价】 何兆雄撰。发表于《医学与哲学》2002年第4期,6.6千字。同性恋是一个长期争论不休的问题,近年越来越多的人赞成同性恋合法化。该文观点是:不仅在中国不可接受,在世界范围也不可接受其道德性与合法性。按照 WHO 的健康定义与 Engel 疾病模式,同性恋仍然是一种疾病,也仍然是一种性偏离或性变异。同性恋如同其他性行为或性变异一样,必须受到社会控制或道德控制。而男同性恋对艾滋病传播的负面影响绝不能忽视。

【论当代英美修辞学的演变】 温科学撰。发表于《外语教学》2002年第4期,9.6千字。英美修辞学在衰落将近百年之后,终于突破传统的演讲、劝说研究，发展成为一门跨学科综合性语言理论。该文回顾当代英美修辞学的发展历程及特点，认为言语交际是人类相互行为的一种极为重要的手段，是当代英美修辞学从复兴走向繁荣的动力。随着人类交往的日益频繁，修辞学将在21世纪发挥更大的作用。

【审美人类学的学理基础与实践精神】 王杰、覃德清、海力波撰。发表于《文学评论》2002年第4期，9千字。该文认为，审美人类学应着重借鉴文化人类学学科理念和田野作业方法，针对区域族群的审美实践开展实地调查，探寻现实中特定族群审美文化的真实传承形态与审美旨趣的形成及其提升路径，在美学与人类学的科际整合中，寻求中国美学研究新的学理依据和学术范式，同时致力于充溢审美价值现代区域文化的理论阐释，努力实现理论阐释与文化建设事业的深层契合。

【21世纪写作研究预测与我们的方向】 赵大军撰。发表于《应用写作》2002年第5期，8.5千字。该文对过去十几年里写作学与写作教学研究进行述评，正视写作学与写作教学研究的艰难处境，预测未来一段时间写作学研究走向，分析写作学研究亟待解决的几个问题，提出发展写作学的思路和方法。

【辛亥革命时期中国妇女运动探索】 乌尼日撰。发表于《广西民族学院学报》2002年第5期，8千字。该文述说辛亥革命时期的妇女运动，中国妇女第一次结成团体，第一次把妇女运动和革命运动合流，产生了中国早期的杰出女性。

【英汉“通感”辞格对比研究】 黄晓萍撰。发表于《河南财经学院学报》2002年第7期，4.4千字。该文根据英语和汉语在修辞方面的各自特点，就英汉通感辞格的定义、运用以及修辞功用、词汇构成等进行对比分析，探索其异同并有效提高英汉互译质量。

【对偶：矛盾的和谐】 沈祥和撰。发表于《广西语言研究》第二辑（广西师范大学出版社2002年11月出版），6.5千字。对偶与汉语特点、汉民族文化、汉民族心理高度和谐，但中国人决不满足于对偶的对称，一直追求着对偶的各种变化与突破，使对偶成为天衣无缝的矛盾和谐体。

【互联网时代与我们的编辑工作】 龚维玲撰。发表于《社会科学家》2002年第1期，4千字。该文认为在互联网时代，作为编辑，应首先迈进以网络为中心的计算机信息系统新时代，将计算机网络用于编辑业务管理，实现办公现代化。

【不断深化对共产党执政规律的认识和研究】 李光炎撰。发表于《桂海论丛》2002年第2期，10千字。该文从深化执政规律研究的意义入手，归纳总结共产党执政规律的主要内容：“三个代表”重要思想是共产党执政的基本规律；积共产党执政50余年的经验教训，其执政规律重要的有：理论导向律、孚众顺民律、务实创新律、总揽协调律、从严治吏律、“梯队”储备律。

【加强乡镇党委政府的作风建设】 赵天宝撰。发表于2002年2月27日《广西日报》理论版，2千字。该文强调乡镇党委政府必须做到《中共中央关于加强和改进党的作风建设的决定》所要求的“八个坚持、八个反对”。坚持从乡镇实际出发，开拓创新，深入村屯，密切联系群众，书记、镇长要当好执行民主集中制的表率，坚持清政廉洁，做到“不拿群众一针一线”，注意任用政治过硬、能吃苦耐劳、说服力强、知识面广的干部。坚决反对和打击各种不正派的作风。

【论土地政策效果评价的几个问题】 姜爱林撰。发表于《广西经济管理干部学院学报》2002年第2期，10.3千字。该文认为土地政策效果评价是土地政策制订活动的新课题，多年来政策专家和实际工作者忽视了它的重要作用。文章论述了土地政策效果评价的内涵、特征、作用、类型、标准。

【优化学科专业，服务地方经济建设和社会发展】 席鸿建、潘柳燕撰。发表于《广西高教研究》2002第2期，8.4千字。该文从中国学科专业调整背景出发，总结广西大学如何紧紧围绕服务地方经济建设和社会发展来进行学科专业结构调整与优化的成功做法，分析学科专业结构调整与优化中存在的问题，提出进一步改进的措施和对策。

【广西民办教育问题研究】 沈小春撰。发表于《广西经济》2002年3月，3千字。该文分析广西民办教育取得的成绩、特点及存在的问题，提出为尽快形成公办与民办学校共同发展的格局，必须解放思想，转变观念，积极引导，依法管理，进一步加大对民办教育发展的政策扶持力度，制定、出台扶持民办教育发展的优惠政策。

【与市场相结合，培养合格旅游艺术人才】 帅立功撰。发表于《桂林旅游高等专科学校学报》2002年第3期，6千字。该文通过分析旅游市场及毕业生就业信息反馈，提出改革传统教育内容，紧密与市场相结合，培养合格旅游艺术人才，以适应市场需要。

【论瑶族传统舞蹈的民俗意蕴】 覃洁贞撰。发表于《南宁职业技术学院学报》2002年第3期，7千字。该文认为瑶族传统舞蹈诞生、发展和演变的整个过程均与瑶族社会生产民俗、节日民俗和信仰民俗等有着互相依存、互相促进的密切关系，瑶族传统舞蹈是瑶族传统民俗文化的一个重要组成部分。瑶族传统舞蹈无论在内容上，还是在形式上均有原始性、粗犷性和基层性等民俗文化特点。

【党风廉政建设和反腐败斗争存在的主要问题及其对策】 李嵩撰。发表于《调查与研究》2002年第3期，30千字。该文运用真实的材料阐述目前反腐败同级监督体制中，领导体制和工作机制、责任制没有完全到位，源头治理、法律制度建设和执纪执法、监督机构整体协调配合、纪检监察队伍建设等方面存在的问题。提出改革现行监督体制、领导体制、法律制度及纪检监察机关建设的对策意见和建议。

【新时期思想政治教育价值初探】 冯达成撰。发表于《学术论坛》2002年第3期，8.5千字；中国人民大学报刊复印资料中心《思想政治教育》2002年第9期全文转载。该文把研究视角投向灌输与接受，提出思想政治教育价值实现活动的灌输和接受两个轴心，既坚持思想政治教育的党性原则，又体现现代教育以人为本的理念，真正把受教育者放到主体的位置，扩展了新形势下开展思想政治教育的新思路。

【可获得性论中的图书馆哲学】 梁灿兴撰。发表于《图书馆》2002年第4期，15千字；中国人民大学报刊复印资料中心《图书馆学、信息科学、资料工作》2002年第5期全文转载。该文认为图书馆职业信念是图书馆哲学的核心，是图书馆员技能的主宰。考察图书馆职业信念的演变史，根据可获得性论的逻辑，提出新一代图书馆职业信念是所有知识为所有人服务。

【关于"三个代表"思想进"思想道德修养"课教材的思考】 唐鹏撰。载于《教育科学研究论文集》，广西民族出版社2002年4月出版，9千字。2002年2月获国家民委教育司全国民族院校思想政治工作优秀论文二等奖。主要观点：一、在"绪论"中，要阐明"三个代表"思想在大学生健康成长中的重要指导意义；二、找准各章渗透的契合点；三、要避免渗透内容的交叉重复。

【"刘三姐"品牌与壮族、广西形象】 韦明波撰。发表于《刘三姐文化品牌研究》(广西人民出版社2002年4月出版)，20千字。该文论述4个问题：一、什么是壮族形象？二、为什么说壮族形象就是广西形象？三、能不能说刘三姐是壮族的？四、电影《刘三姐》的"歌"是壮族的吗？结论是：壮族形象的本质特征——求自在，尚玩乐，重感情，善歌唱，四者是递进关系；广西从古至今是以壮族为主体的民族共同体的整体存在；刘三姐的本质属性是壮族本质特征的形象展示，鲜明的"壮族特色"歌词决定了《刘三姐》的壮族属性。因此，骆越＝广西＝歌海＝壮乡＝刘三姐。

【论社会主义信用道德建设】 任浩明撰。发表于《桂海论丛》2002年第4期，7.8千字。该文从理论与实践的结合上论述加强信用道德建设的重要性和必要性，分析现阶段中国信用道德失范的突出表现、危害及其社会根源，提出加强和改进社会主义信用道德建设的具体措施和对策。

【论综合实践活动课程及其实施】 陈时见、李晓勇撰。发表于《教育理论与实践》2002年第4期，7.5千字。该文认为，在中国21世纪基础教育课程改革中，综合实践活动课程以必修课的形式纳入创新的学校课程体系，这既符合世界课程改革的发展趋势，又满足了国内实施素质教育的内在需求。综合实践活动课程具有统整性、开放性和实践性，其目标具有特殊性。综合实践活动课程强调培养学生提出问题和解决问题的综合能力，重视丰富和发展学生的精神世界；在知识方面，注重经验性、综合性和方法性知识。探究性学习是实施综合实践活动课程的基本方式。

【依托民族文化 创建世界品牌——刘三姐品牌的内涵与扩张】 黄燕熙撰。发表于《刘三姐文化品牌研究》(广西人民出版社2002年4月出版),20.4千字。该文认为,品牌竞争的背后是文化竞争,每一个品牌都具有厚重的文化基因,刘三姐品牌的内涵代表着民歌,代表壮族文化。刘三姐作为文化品牌,已经是世界级的品牌,而作为产业品牌尚是地区品牌。著名的文化形象给刘三姐产业品牌锻造培育国内市场,也培育国际市场。刘三姐产业品牌应该顺着文化品牌进行锻造和扩张;通过导入CI战略、公共策划进行刘三姐品牌形象策划;通过统筹规划,立体经营进行刘三姐品牌扩张。

【国际化、本土化——高等教育面向21世纪的应用】 钟海青撰。发表于《广西师范学院学报》第23卷第4期(2002年10月),6千字。该文认为,国际化和本土化是高等教育在经济全球化和后殖民文化的背景下作出既相互矛盾又相互统一的回应;国际化有利于高等教育在全世界范围传播和发展,本土化则保障高等教育保持民族特色。国际化和本土化在具体教育实践中需要从大力开发校本课程、大力推进双语教学、加大教师和学生对外交流力度、大力推进国际化进程4个方面落实。

【人类学视野中的库区移民土地问题】 黄浩邦撰。发表于罗树杰主编《走进民族学田野》一书,广西民族出版社2002年5月出版,20千字。该文以准东兰移民的土地关系、搬迁后东兰移民内部土地关系的延续与变迁、东兰移民与农场的土地关系、东兰移民与老职工的土地关系、东兰移民与安置区农村居民的土地关系、东兰移民与安置区政府部门的土地关系等六大关系来厘清三合口农场东兰移民的土地关系,围绕三合口农场土地问题中涉及移民土地权属和土地负担过重两大问题展开讨论,提出一些有针对性、比较可行的建议和见解。

【对建立我国刑事诉讼管辖异议制度的构想】 申君贵撰。发表于《贵州民族学院学报》2002年第5期,9千字。该文对建立中国刑事诉讼管辖异议制度的可行性和必要性进行论证,研究中国刑事诉讼管辖异议的概念和特征,分析中国刑事诉讼中管辖错误的具体表现,提出建立中国刑事诉讼管辖异议制度的具体立法建议,并就刑事诉讼管辖异议制度的法律条文进行设计。

【论知识经济时代的青年文化】 陈洛、李克撰。发表于《社会科学家》2002年第5期,7.5千字。该文提出随着知识经济时代的到来,以创新为主要特征的青年文化得到迅速发展,一方面是对高新技术的吸收,一方面是对传统文化的承袭,如何把两者紧密结合,使青年文化在发展变迁中拥有更广阔的空间,值得关注。文章通过具体的分析,揭示出青年文化从前喻文化向并喻文化,继而向后喻文化发展的清晰线索。

【更新理念　与"狼"共舞——对提升中国期刊市场竞争力的思考】 李晔撰。发表于《学术论坛》2002年第5期,7.6千字;中国人民大学报刊复印资料中心《出版工作》2002年第12期全文转载。该文运用翔实的数据资料和对比分析方法,论述提升中国期刊市场竞争力的必要性和紧迫性。加入WTO后,中国期刊面临一场挑战,而中国期刊与西方期刊集团力量对比还有很大差距;要提升中国期刊市场竞争力,必须更新营销理念,实现规模化经营,谋求多元化发展,重视人才培养,争创名牌刊物,实现期刊编辑网络化。

【教师心理素质状况调查与研究】 张旭撰。发表于《西南师范大学学报》(人文社会科学版)2002年第5期,6千字。该文通过对学校教师和校长进行调查,从创新精神、自信心、人际关系、情绪调适等方面,研究教师和校长们的心理素质状况。结果显示,创新精神方面与学历程度有关,并存在显著性差异。男性与女性比较,在创新精神、自信心、情绪调适方面存在显著性差异。人际关系方面,班主任与非班主任的差异呈显著性。校长或教导主任与普通教师相比,在情绪调适与创新精神方面具有差异显著性,并在各因子及总积分上普遍高于普通教师。

【继承、整合与超越:建构新道德教育模式】 潘柳燕撰。发表于《黑龙江高教研究》2002第5期,7.5千字。该文从回顾灌输式道德教育与主体性道德教育的历史发展入手,分析它们各自的内涵特点、意义作用及优缺点,提出并探讨适应时代要求和中国国情的主体性道德教育与灌输式道德教育有机整合的新型道德教育模式。

【"二元空间"时代与中小学教师的素质要求】 温铁群撰。发表于《广西社会科学》2002年第6期,4.5千字。该文认为,网络空间生活的到来,要求人们能适应网络化时代生活，进而要求担当基础教育重任的中小学教师也必须进行相应的伦理道德观念和知识技能更新，不断提高自身素质，适应培育新一代“四有”公民的要求。还探讨了优化中小学教师再学习环境和条件以及相应制度。

【西部高校德育课建设情况调研及启示】 陈洪涛、刘希岩、班秀瑶、蒙劢等撰。发表于《社科与经济信息》2002年第6期，5.2千字。该文阐述对西部部分高校德育课建设情况的调研及获得的几点启示：建设好德育课的前提是科学的管理、制度的保障；核心是改革教学内容、教学方式；难点为促使德育课理论教学与学生思想政治教育工作的渗透与融合；新任务是建立和完善大学生心理咨询机构，帮助大学生解决心理问题；关键是提高德育课教师素质。

【听课位置变化以后】 林湘撰。发表于《广西教育》2002年第6期，3千字。该文认为听课者从与教师面对面改变成与学生面对面，可更好、全方位地观察学生的学习过程，把议课的重点从关注教师转移到关注学生。这种方式听课带来的变化是：听课者的角色从旁观者变成了参与者；获取的信息更丰富，有利于研究性教学；课堂教学回归自然。

【城镇化与农村教育改革】 余益中撰。发表于《教育研究》2002年第6期，8千字。该文针对城镇化的农村教育改革问题进行探讨，指出城镇化应包括“物的城镇化”和“人的城镇化”两个层面。“人的城镇化”对农村教育提出新要求：把农村人口资源转化为人力智力资源，对教育资源进行优化配置。农村教育改革要与城镇化建设协调发展，要求遵循科学性原则，城镇、校点合理布局；遵循公平性原则，依法普及九年义务教育；遵循协调性原则，做到各级各类教育协调发展；遵循超前性原则，积极推进教育现代化。

【建立一个多层次的道德准则和人生观价值观衡量标准体系】 韦家朝撰。发表于《广西大学学报》（哲学社会科学版）2002年第6期，4千字。该文论述当前多种经济成分和多种分配方式并存的条件下，不存在也不应当只存在一种完全超越物质基础条件的、唯一的道德准则和人生观价值观标准。对处在不同社会经济地位和政治角色的人群，有不同的道德要求和人生观、价值观期望值。相应地，在要求、评判、宣传、引导中对各不同人群就应有不同层次的评价标准。

【心理差异与认知距离在调查中的影响及克服】 玉丕民撰。发表于《政策天地》2002年第7期，9.5千字。该文从调查者与调查对象之间的心理差异与认知距离分析入手，研究它们在调查过程中产生的影响及克服，从新的角度阐述调查方法和艺术。

【关于进一步规范我区政府采购工作的意见和建议】 吕玉波、曾家华、唐文红撰。发表于《调查与研究》2002年第7期，6千字。该文运用翔实的数据材料，对广西政府采购工作进行对比分析，肯定政府采购工作取得的成效，分析政府采购中存在的主要问题，提出规范政府采购工作的意见和建议。

【网络图书馆用户满意度指数的构建与应用】 陆伟华撰。发表于《情报杂志》2002年第7期，4千字。该文运用系统工程理论、心理学、数量经济学等学科的理论和技术方法，把最新的质量评判方法——用户满意度指数应用于网络图书馆，提出构建该指数的方法、步骤、模型及指标体系，论述该指数的建立为图书馆界了解用户需求，改进信息产品与服务质量，促进服务创新提供理论依据；满足管理机构和社会公众及时了解图书馆界信息质量和服务质量变动趋势的需要。

【师范读写课程重构论】 吴言明撰。发表于《教学与管理》2002年第7期，5千字。该文认为，面对终身学习社会，应当确立一个基本理念：“教育应该较少地致力于传递和储存知识，而应该更努力寻求获得知识的方法。”以此反观新世纪的师范教育，必须客观科学地评价新中国建立以来的师范读写课程，构建全新的课程体系：素质化的课程目标、网络化的课程结构、主体化的教材体系、个性化的教学策略、现代化的教学手段、科学化的检测模式。

【“连续统”观念下的中国古代科学】 黄瑞雄撰。发表于《自然辩证法研究》第18卷第7期（2002年7月），10千字。该文认为，科学是一个演变和进化的过程，应当注意到科学定义的间断性，在不同历史时期有不同的内涵。还应看到它的连续性，在不同历史时期它又有某些相同特征，或某些主要特征只存在程度上的不同，而不是“有”和“无”的区别。对于“中国古代有无科学”的问题不可简单断言，也不应以西方近现代科学的定义及特征作为评判标准。即使以西方近现代科学作为评判标准，在“连续统”观念下仍可得出中国古代有科学的结论。

【我国艾滋病流行的特点、原因及对策】 蔡建章撰。发表于《医学与哲学》2002年第7期，7.4千字。艾滋病已在全球180多个国家和地区报告发现或流行，中国累计艾滋病病毒感染人数约达100万人。该文主要论述了国内艾滋病流行的4个特点，快速流行的6个原因，并结合实际，提出应采取的宽容、预防、治疗和管理四大对策。

【新加坡公民道德建设经验及启示】 陈洪涛撰。发表于《思想·理论·教育》2002年第7期，5千字。该文分析新加坡公民道德建设的成功经验：“德治”与“法治”并举。法治方面，有完备的法律体系，执法严明，实施严厉监督；德治方面，改造利用儒家“德政”合理成分，强调执政者必须有德，着力抓好公务员廉政建设，向全民灌输道德意识，重视家庭美德教育，注重学校德育等。启示：认真贯彻实施“以德治国”方略，加强党风建设，用“三个代表”重要思想武装全党，为全社会树立道德榜样，加强公民道德教育，提高中华民族道德素质水平。

【实施“富民兴桂”新跨越与人力资源的整体性开发】 罗奕军撰。发表于《富民兴桂新跨越理论与实践》（广西人民出版社2002年8月出版），5千字。该文提出在科学技术突飞猛进的时代，人力资源整体性开发的必要性和紧迫性，人力资源开发的根本着眼点是以教育提高人的素质和为人才使用提供良好体制环境。主要解决几项战略措施：一要解决教育需求支付能力不足问题；二要解决教育投资补偿渠道不畅问题；三要调整和优化教育服务供给结构；四要建立和完善人力资本激励和约束机制。

【朝着先进文化的前进方向，铸造西部沿海高校品牌】 罗勇歧撰。发表于《党政干部学习与实践“三个代表”经验成果文集》（红旗杂志出版社2002年8月出版），5千字。该文认为，西部沿海高校要发挥政策优势，加快发展，努力体现地方先进生产力的发展要求；发挥区位优势，增设特色专业，积极为地方经济社会发展提供智力支持；发挥文化摇篮作用，针对新的实际，壮大办学实力，不断满足人民群众日益增长的接受高等教育的需求。

【老年人养生保健】 黄克林撰。发表于《中国医学月刊》2002年第11期，5千字。该文论述20世纪人类社会取得的巨大成就是促使人类寿命普遍延长的主要原因，并提出实现21世纪“健康老龄化”的一系列措施。如加强老年人健康教育，纠正不良生活方式，合理饮食、预防肥胖，适量运动、全民健身，戒烟限酒、自我保健，文明生活、平衡心理，预防疾病等。

【运用系统工程　搞好科学养生】 罗中撰。2002年11月召开的首届世界养生科学大会交流论文，9千字。该文认为养生科学是研究人类健康长寿主观能动精神与客观生态环境相融合实现寿命延长的系统工程。指出要健康长寿，必须继承和发扬古今中外养生科学的精华，搞好物质养生和精神养生的自我调适，使主观能动精神与客观生态环境相融合，做到自我免疫防病与药物理疗保健有机结合。

【英、日弱势群体福利政策与服务模式】 江书中撰。发表于《福利与弱势群体》（中国社会科学出版社2002年11月出版），5千字。该文对英、日两国福利政策与服务模式进行比较研究，得出弱势群体福利政策带世界性的问题有：独居老年人数量迅速增长，传统家庭养老模式发生深刻变化，各国财政养老负担加重。认为发展公共福利服务要以普及为主，在普及中提高。提出如下建议：要建设有中国特色社会主义福利事业，改革当前中国社会福利管理体制，依靠社区多层次、多形式的社会福利服务机构，鼓励和积极支持民间创办社会福利团体，多渠道、多形式筹集社会福利发展基金。

【科学养生健康之路】 张永铨撰。2002年11月召开的首届世界养生科学大会交流论文，4千字。该文提出人要健康长寿，就要科学地保养生命，实行科学、健康、文明的生活方式，自觉做好保健工作。要经常保持良好的精神状态，坚持长期不懈的运动锻炼，自觉养成良好的生活方式和习惯，还要做好疾病预防工作，有病早治。

【健康的心理是健康长寿之本】 莫培滔撰。2002年11月召开的首届世界养生科学大会交流论文，

5千字。该文运用真实事例及翔实的科学数据，诠释联合国卫生组织颁布的修德者健康长寿这一新概念，并揭示一个准则："健康不只是一个人躯体上没有疾病表观，还包括心理和社会适应等方面的良好状态。"

【实施素质教育，实现三个转变】 王熙芳撰。发表于《基础教育研究》2002年第12期，3.6千字。该文认为，学校实施素质教育在观念上要表现三个转变：学校的功能由选拔到发展转变；教师职责由传授到指引转变；学生的发展由掌握知识到发展素质转变。

【广西妇女社会地位调查分析与对策探讨】 蒋培兰、刘旭金、赵凌雪等撰。发表于《2003年广西蓝皮书：广西经济社会形势分析与预测》（广西人民出版社2002年12月出版），9千字。该文将第二期《广西妇女社会地位调查主要数据报告》的数据材料，与全国、省际之间同一调查的数据进行比较分析，论述2000年12月1日调查时点的广西妇女社会地位状况，分析影响广西妇女社会地位的因素，提出促进广西妇女在参与经济（就业）、政治、教育、生育保健、婚姻家庭、生活方式、权益保障、社会性别观念等8个方面的对策。

【入系学历生汉语预备教育总体设计】 林可撰。发表于《广西大学学报》（哲学社会科学版）2002年增刊，7千字。该文针对外国留学生入系进行专业学习前汉语预备教育效果不尽如人意的现状，提出对入系学历生的汉语预备教育重新进行总体设计，包括教学对象、教学目标、教学内容、教学途径、教学原则、教师分工和对教师的要求等要素，并提出一套新的内容全面、要求具体的入系学历生汉语预备教育总体设计方案。

【研究借鉴国际先进经验，建立中国特色社工体系】 陆汉超、江书中撰。2002年7月召开的首届"全国社会工作论坛"上宣读，7千字。该文对外国社工及中国社工基本情况进行比较研究，认为国际上的社会工作有3条基本经验值得借鉴：一是推行社会工作的社会化；二是充分发挥社团在社会福利服务中的作用；三是重视社会工作研究。根据中国社工的实际情况，提出建立中国特色社工体系构建的设想：严格的领导和管理系统，民间社会和福利服务的社团群体，理论研究、专业教育及实践"三结合"的研究教育实验基地，训练有素的社会工作者和志愿服务者队伍。

研究报告选介

【困境中的国有企业造假会计报表的客观分析】 周英虎、周华楣撰。发表于《广西审计》2002年第3期，5千字。中国审计学会2002年重点课题《虚假会计报表审计和舞弊审计研究》的子课题结题成果。该文主要观点：一、滥用会计科目是编制虚假会计报表的主要手段；二、困境中国有企业编制虚假会计报表的主要原因是历史性重负债问题困扰，"政绩"腐败问题的后果，不公平竞争的一种表现，对不合理税费负担的无奈对抗等；三、治理的基本对策是加强审计监督，加快社会保障体系的建设，创造良好的企业外部环境，提高会计人员的综合素质等。

【正视金融风险，加强金融监管】 广西经济管理干部学院《金融对外开放与监管研究》课题组撰。发表于《广西经济管理干部学院学报》2002年第4期，10千字。该文认为加入 WTO 的中国金融环境，呼唤加强金融监管。提出加强中国金融监管的八大思路：提高对金融监管的认识；健全完善金融法规，严格监管制度；加强中央银行独立性，充分发挥中央银行的监管优势；改进监管方式，实施金融创新业务科学监管；金融各业明确自身监管任务，把好自控关；强化监管技术装备水平，完善先进可靠的监控、监察手段；努力造就和充实现代金融监管人才队伍；防范道德风险，建立良好的信用环境。

【加入 WTO 对我国农业的影响与国家审计应对】 刘国栋、周雪春、周华楣撰。国家审计署2002年重点课题成果，发表于《广西审计》2002年第4期，16千字。该文分析中国加入 WTO 后，对中国农业的影响和挑战，借鉴澳大利亚、韩国等农业审计的经验，提出应对措施：提高农业自身竞争力；规模经营和农业产业化；优化产业结构；国家保护和政策支持；国家审计工作要以"三个代表"为指导思想，加强对农业专项资金、国外贷援款、水利、林业、农网等重点项目审计。

【审计在财政监督体系中的地位和作用】 张明仁、沈豪撰。国家审计署2002年重点课题成果，发表于《广西审计》2002年第4期，23千字。财政监督体系是国家为了监督财政资金活动的真实性、合法性和效益性而形成的监督机制。审计监督是财政监督体系的一个重要组成部分。该文就中国财政监督体系的组成，审计监督在其中的地位和作用，如何充分发挥审计监督在财政监督体系中的作用等问题进行了论述。

广西地方志协会部分成果　　广西地方志协会供稿

【财政体制改革对审计工作的影响及应对思路】 邓文勇、周华楣等撰。国家审计署2002年重点课题成果，发表于《广西审计》2002年第6期，15千字。该文论述财政体制创新对审计的影响，提出适应财政改革拓宽审计思路，为深化财政改革奠定基础的若干思考。并提出适应财政体制改革，必须转变审计观念，树立“大审计”思想，促进财政体制改革的健康发展。

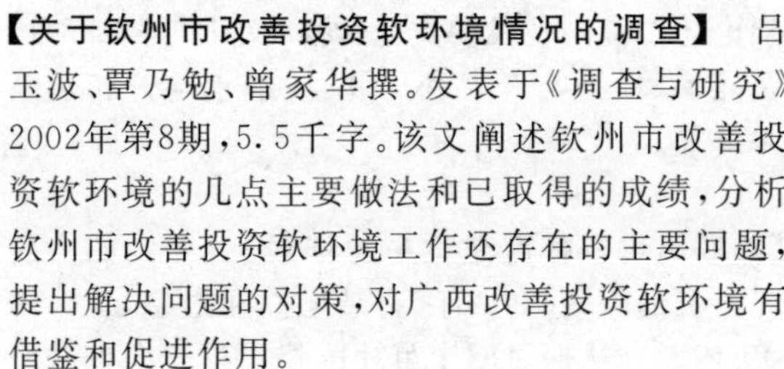

【关于钦州市改善投资软环境情况的调查】 吕玉波、覃乃勉、曾家华撰。发表于《调查与研究》2002年第8期，5.5千字。该文阐述钦州市改善投资软环境的几点主要做法和已取得的成绩，分析钦州市改善投资软环境工作还存在的主要问题，提出解决问题的对策，对广西改善投资软环境有借鉴和促进作用。

【新税收征管模式下审计的工作思路及方式方法】 刘宁杰、刘镇等撰。国家审计署2002年重点课题成果，发表于《广西审计》2003年第1期，12千字。该文认为：审计的模式应适应新税收征管模式的特点，从账项基础法转向制度基础法和风险基础法；手工审计转向计算机和网络审计；单向的事后审计转向事前的预防性审计和过程的控制性审计。文章还论及在税收征管信息化和电子商务环境下审计工作的应对措施及面对加入WTO如何做好涉外审计工作。

【社会保障与社会福利基金的审计研究】 李永梅、刘国栋、周华楣撰。国家审计署2002年重点课题成果，发表于《广西审计》2003年第3期，13千字。该文从审计角度对社会保障与社会福利资金的概念、审计的内容、特点等进行论述，对这两项资金管理存在的问题进行分析研究，提出建立、完善两项资金监督机制的意见和建议。

【广西农村税费改革难点问题研究】 陈秋华等撰。全国财政重点调研课题。2002年12月通过专家组鉴定，35.7千字。该课题通过对广西农村税费改革试点地区北流市和德保县的实地调查，总结广西农村税费改革试点工作的经验，分析试点工作中存在的难点问题，提出相应的对策措施。文章认为，广西农村税费改革的难点问题主要是农业税计税土地面积难以核实，常年产量难以评定，计税依据不充分，税负不均，农业税收任务难以落实；农业税管理条例陈旧，农业税制不完善；财力缺口较大，影响农村基层政权正常运转和社会事业建设；乡镇财政管理体制不完善；农民负担监督机制不健全。课题提出的对策是：坚持以第二轮承包土地面积为依据核定农业税计税土地面积，参照统计数据，以1998年前5年农作物的平均产量为依据确定农作物常年产量；加快农业税收法制化建设，调整农业税和农业特产税政策，统一农业税收执法主体；合理划分事权和财权，明确县乡财政收支范围，规范县、乡的财政分配关系，建立对乡镇财政转移支付制度，进一步完善乡镇财政管理体制；精简机构；建立民主议事机制，实行“一事一议”制度；建立健全农民负担监督体系，强化法制意识，保障农民的合法权益。

【广西居民收入分配差距问题研究】 李代信等撰。自治区财政厅重点课题，2002年12月通过专家组鉴定，15.2千字。该课题主要对改革开放以来广西城乡居民的收入分配差距问题进行分析研究。通过观察城乡居民的基尼系数、城市居民的可支配收入、农民人均纯收入、职工工资收入等统计指标的差异变化，以及对全自治区城镇居民金融资产的抽样调查，描述了广西居民分配差异的变动轨迹。结合当今国际上的相关指标和国内专家的研究成果，运用定性分析和定量分析相结合的手段，对当前广西居民收入分配的现状进行分析、比较和判断。研究结论是：广西目前的居民收入分配差距处于合理的范围，差距扩大的原因主要在于城乡差别的扩大。因而，改善收入分配的宏观调控措施应该以“缩小城乡差距”为基本思路。

【加入 WTO 后广西财政的制度创新与政策调整】 王捷等撰。自治区财政厅重点课题。由财政厅科研所牵头并撰稿，综合处、农业处和企业处参与。2002年12月通过专家组鉴定，26.6千字。该课题分析了加入 WTO 后广西财政遇到的主要问题：财政运行机制与 WTO 要求不符；财政宏观调控与 WTO 规则不适应；财政管理行为不规范；财政监督力不强，财经秩序还比较混乱。明确理财工作中需正确处理的几个关系：WTO 规则与市场规则、财政运行机制、财政宏观调控、财源建设等的关系。提出加入 WTO 后广西财政的制度创新与政策调整的对策：适应 WTO 要求，转变理财观念，建立科学管理理念；积极推进财政管理制度改革，构建适应 WTO 规则要求的财政运行机制；完善财政政策体系，进一步发挥财政宏观调控职能作用；建立国有资产管理、监督和营运机制；适应“入世”要求，推进依法行政、依法理财。

【文化转型与广西少数民族地区文化建设研究（系列论文）】 黄筱娜、于[illegible]、赵静、王志珍等撰。广西哲学社会科学“十五”规划立项课题的结题报告，2002年12月通过鉴定，40千字。广西少数民族地区具有独特的文化环境和发展特征，这些地区正处于社会转型与文化转型时期。构建具有民族性、地域性和时代性并能够适应社会主义市场经济和社会主义现代化要求的新型文化模式，是少数民族地区经济社会发展的客观要求。课题组从广西少数民族地区的文化特征和发展状况入手，经过对5个少数民族地区、10多个少数民族自治县、20多个民族乡的调查，研究转型期广西少数民族地区文化发展的特有规律，分别从大文化（文化转型）、中文化（精神文明）和小文明（文化事业）的角度提出繁荣和发展广西少数民族地区文化建设的具体建议。文章分为文化转型篇、精神文明篇、资源保护篇、文化建设篇4个部分，分别论述传统向现代的文化转型、文化与经济的协调发展、保护与开发利用并重、继承与开拓创新并举等。

【妇联组织在社区建设中的作用】 中国妇女研究会资助课题，2002年5月结题并通过鉴定，10千字。该课题从探讨南宁市社区建设过程中妇联组织建设的现状、经验和问题入手，通过对南宁市社区妇联组织建设的状况、存在问题和原因进行分析，提出理顺4个关系、形成合力的对策。即理顺妇联与同级社区党组织的关系，理顺与社区妇女儿童工作委员会的关系，理顺与驻区单位妇女组织的关系，理顺专职与兼职的关系。结题成果派生的论文《理顺关系，建立城市基层妇女组织网络》发表于2002年第4期《妇女研究论丛》。

2002年12月7～10日，广西中国文学学会在凭祥市等地召开研讨会并实地调研。年内，该学会会员出版专著8种，发表论文68篇，完成研究课题5项　　广西中国文学学会供稿

【对广西大中专毕业生自主创业的调查与思考】 洪玮等撰。自治区人事厅课题组2002年6月结

题成果,20千字。该文通过调查数据和个案分析,对目前广西大中专毕业生自主创业基本状况和与此相关的政策环境、经济社会环境、教育培训乃至思想观念等主客观因素,以及创业成效、政策完善与创新等问题作了描述,论述大中专毕业生自主创业活动中存在的主要问题及其产生原因,提出建立政策、制度、组织三大平台,制定自主创业专指政策,开展创业教育,创造“四尊重”社会环境等促进毕业生自主创业全面发展的对策。

【关于我区国有土地使用权出让招标拍卖情况的调查】 李嵩撰。发表于《调查与研究》2002年第6期,10.3千字。该文运用翔实的数据材料阐述广西以招标拍卖方式出让国有土地使用权的基本情况和招标拍卖工作中存在的主要问题,提出相应的措施和建议,防止在招标拍卖国有土地工作中滋生腐败。

【关于桂林市在城市改造建设中全面推行公开招投标情况的调查】 李嵩、吕武平撰。发表于《调查与研究》2002年第7期,5.5千字。该文运用数据比较,阐述桂林市在城市改造项目公开招投标后产生的良好社会效益和经济效益。这些效益的取得主要是由于:提高认识,加强领导;建章立制,规范招投标;发挥部门监督作用。

【少数民族地区和贫困地区教育发展战略研究报告】 曹方等撰。中国教育事业“十五”计划重点课题“少数民族地区和贫困地区教育发展战略研究”的研究报告,发表于《全国教育事业“十五”计划重点课题研究报告选编》(人民教育出版社2002年8月出版),51千字。由主报告和4个子报告构成,从云南、贵州、四川、广西四省(自治区)的教育现状出发,分析四省(自治区)社会、经济发展概况,重点分析教育发展中存在的主要问题和主、客观制约因素,努力寻找民族与贫困地区教育发展造血机制,并提出发展目标及各阶段战略重点。

【广西妇女发展规划(1996～2000年)终期监测评估报告】 陆明珠等撰。自治区妇联、自治区妇女儿童工作委员会办公室、自治区统计局联合课题,广西接力出版社2002年9月出版,20千字。该报告以丰富翔实的资料,展示了1996～2000年在自治区党委和政府的领导下,广西贯彻实施中国妇女发展纲要和广西妇女发展规划所取得的成绩,描述广西妇女事业的发展进程。对广西妇女发展各项目标监测数据进行具体分析,评价广西实施妇女规划主要目标和支持性目标的达标情况,分析了实现目标的困难和障碍,并提出对策建议。报告全面反映广西妇女发展的基本态势和存在的问题。

【中国—东盟自由贸易区与广西的机遇和挑战及我们的对策建议】 课题组撰。2002年广西社会科学院重点课题,同年12月通过专家组鉴定,160千字。中国与东盟将在10年内建成自由贸易区。广西位于中国和东盟两大板块的结合部,将会得到什么机遇?面临什么挑战?广西将在自由贸易区中有什么地位和作用?与东南亚的产业比较如何?应采取什么对策措施,以抓住机遇,扩大开放,促进发展?该研究报告对这一系列问题作了分析。

广西第七次社会科学优秀成果评奖部分获奖成果　　自治区社科联供稿

社会科学新著书目

（2002年）

著作名称/作者
新世纪初的宏观蓝图/杨道喜主编
论转轨时期的广西经济发展/杨道喜
广西投资五十年/杨道喜主编
中国—东盟双边贸易、次区域经济合作问题研究/郭晓合等
入世背景下的保险理论探讨/盛况伦主编
华南保险论谈/盛况伦主编
广西保险年鉴/盛况伦主编
WTO概论/唐德海等
企业竞争论——企业谋求和提升竞争优势的战略/陆奇岸等
中国—东盟国际区域性金融问题研究/唐文琳等
宏观经济运行分析概论/阎革
国际金融实务与理论/岳桂宁等
商业银行经营管理教程/李星华
成本费用核算技能与案例示范/蒋晓凤
现金流量表编制技能与案例示范/李家瑗
财务会计/何劲军
初级会计学/李伯兴等
市场营销管理/梁修庆等
资产负债表利润表编制技能与案例/李家瑗
货币资金结算业务核算技能与案例示范/陆建英
财务管理/廖玉
60天突破中级会计实务(一、二)/李家瑗等
会计师考试60天突破/廖玉
会计报表分析技能与案例/廖玉等
国际金融/马慧琼
SCO UXIX(OpenServer)系统管理与解决方案/卢守东
统计学/韦建英
政府与非营利单位会计/蒙丽珍等
会计道德规范与法律责任/蒙丽珍等
财经职业道德/杨丽萍
区域经济教程/梁植松
政治经济学/赵志敏等
旅游美学/谢国荣主编
旅游实用礼宾礼仪/王唏主编
财经拾零/刘铭达
预算管理创新与财政支出改革/陈秋华
广西旅游学/李肇荣主编
《新编社会经济统计学原理》学习指导、教学计划、思考练习题/陈华
国际金融一实务与理论/张家寿
国际金融热点问题研究/张家寿等
加入WTO后广西工业结构调整/梁卓平等
采撷——金融研究及经验交流文集/广西城市金融学会
可持续区域经济发展论/李欣广
中国—东盟经济双向开放与国际经济合作/李欣广等
产业发展风险与管理/李欣广等
财务会计/韦善宁
2003年广西蓝皮书：广西社会经济形势分析与预测/刘咸岳主编
中国—东盟自由贸易区与广西/古小松主编
中越经济改革比较研究/广西东南亚研究会
2001—2002东南亚发展报告/广西东南亚研究会
加强交流，合作双赢——中国入世与东南亚/古小松
中国加入WTO及对东南亚的影响/古小松等
广西经济社会发展研究报告/刘咸岳主编
广西经济社会发展对策研究报告/刘咸岳主编
“三个代表”重要思想在广西/潘琦等
WTO与广西农业/谢荣贵主编
中国农地价格探析/朱仁友
广西的改革开放农业卷/编委会
滇桂区域经济合作研究/钟启泉等
广西少数民族教育与贫困山区劳动就业问题之研究/赵明龙
西部大开发与富民兴桂/邬善康主编
加快推进广西工业化/黄方方主编
永远的朝阳——民族民俗旅游研究/周作明
自开商埠与中国近代经济变迁/唐凌等
隋及初唐赋研究/韩晖
玄思风流——清谈名流与魏晋兴亡/周满江等
广西师范大学史/张昌武等
野营趣事/廖桂荣等译
神秘之地/刘玉红译
海岛奇遇记/刘玉红等译
广西当代作家丛书贺祥麟卷/贺祥麟
陌生的笔友——心灵的笔录/刘迎
农村人民公社史/罗平汉等
十六大以前——中国共产党全国代表大会图史/罗平汉等
春天的故事——邓小平南方谈话图文读本/罗平汉等
中日邦交正常化谈判/罗平汉
美学的现实性与现代性/莫其逊
多维文化视阈中的批评转型/张利群
红楼梦研究/杜奋嘉
艺术与审美的文化阐释/瘳国伟
天籁与心灵的回声——音乐艺术审美论/王朝元
唐代文学研究(第九辑)/张明非等
中国文学/张明非等
跨进现代——中国小说现代化之研究/雷锐
古代汉语/孙建元主编

基础逻辑学/滕定明
文学领域的思想游牧:文学理论与批评实践/麦永雄
比较文学概论/犹家仲(第二作者)
审美人类学的理论与实践/覃德清
中国文化概论/覃德清主编
中国戏曲小说初论/王汉民
醉白堂诗文集(注释)/熊柱
书法史概论/闭理由等
马克思主义利益观研究/谭培文
思维创新艺术导记——我们看世界的方式/尹鑫
科学社会主义的理论与实践/冯干文等
中国文学批评史略/滕福海
梅庄杂著/黄南津等
相思湖文龙/龚永辉(第二主编)
中国历史与文化/谌世龙主编
近代广西圩镇研究/钟文典等
新概念近代史研究/唐凌等
沉沙中的失乐园——追踪上古印度文明/谢崇安
《中国近代史资料丛刊续编·中法战争》第4册/黄振南
中国革命根据地大辞典/蓝常周等
当代广西海关/李德武等
当代广西人民武装/谭开先等
隆林县志/隆林县志办
那坡县志/那坡县志办
乐业县志/乐业县志办
武鸣土地志/杨启秋等
钦州年鉴(1999—2001)/钦州市方志办
兴安县志/兴安县志办
陆川县方志/北流市志办
南宁年鉴(2002年卷)/南宁市志办
武鸣年鉴(1999—2000年卷)/武鸣志办
柳州图志(2001卷)/柳州市志办
柳州20世纪大事纪/柳州市志办
王拯诗词集/柳州市志办
现代汉语词库/梁扬
初中语文古诗文对照注译(初一、初二共2分册)/杨东甫
怎样欣赏文学作品/刘江
中国现代小说知识分子形象发展简史/刘江
文艺学方法论选讲/巫育民等
写作思维学/覃可霖
"红楼梦"百慕大/雷耀发
文学的感悟与自觉/容本镇
悄然崛起的相思湖作家群/容本镇
电视剧艺术论/秦忠
广西博物馆古陶瓷精粹/广西博物馆
艺术与审美的当代形态/王杰等
审美幻象与审美人类学/王杰等
审美生态学/袁鼎生
美丽教师——教师职业美的研究/王枬
佛家逻辑比较研究/黄志强
壮族史/覃彩銮
广西戏剧史论稿/顾乐真
建设新世纪的先进文化/马驰等
素质教育的探索与实践——城西小学教育科研文集/温轶群等
《大学基础英语》系列教程/蔡昌卓主编
美国英语史——美国英语融合与创新的历史研究/蔡昌卓
高中英语词汇大全/邓建民等
高中英语听力训练/邓建民等
初中英语词汇大全/蔡昌卓等
英语教学研究与论文写作/刘振聪等
中学英语典型课解析/陆巧玲等
大学英语进阶强化训练(第4册)/徐长林等
中考英语快速阅读/陆煜泰
初一英语快速阅读/陆煜泰
初二英语快速阅读/陆煜泰

2002年广西社会科学院部分新著
刘 俟 摄

初三英语快速阅读/陆煜泰
英语形似词语辩析词典/徐继旺
地方实力派与中国区域现代化进程——透视20世纪30年代的广西/陈勤
中国旅游心理学/任冠文
让生命之光闪耀(中学生人文知识读本)/唐凌等
大学课程管理的理论与方法研究/唐德海
现代教育技术/罗刚等
自由的规则——透视中国教育法制/高金岭等
俄罗斯教育发展趋势/高金岭
信息技术与课程整合/孙杰远
重视道德价值观教育/蒋士会等
探究教学的学习与辅导/徐学福等
公民道德建设读本/黄介山等
公民道德建设简明读本/黄介山等
风尘逸士——吴稚晖别传(修订本)/罗平汉
弘扬长征精神,实现党的伟业/黄月细等
让高贵与高贵相遇/欧阳林
新世纪素质教育丛书/刘正铭
桂林市农村职业技术教育/邓欢爱等
大学英语快速阅读教程(2)/张志福
高中英语阅读技巧十法/刘上扶等
预约成功/吴学东等
赵柏岩集(上、下)/黄南津等
学得快——初中英语一年级/胡春洞等
学得快——初中英语二年级/刘上扶等
学得快——初中英语三年级/刘上扶等
邓小平理论的新发展/余瑾
思想政治工作方略/周胜洲
中国企业电子商务累教转型及其法律问题研究/齐爱民等
大学英语快速阅读教程(1)/赵伟飞等
大学英语四级应考进阶强化训练第2级/农其海等
大学英语四级应考进阶强化训练第1级/廖世玉等
现代物权法专论/孟勤国等
大学生就业指导/傅真放等
人类学与瑶族/张有隽
人类学与当代中国社会/徐杰舜主编
中越中老跨国民族及其族群关系研究/周建新
民族政策调整的出发点和最终目的讨论/周建新
广西民族风俗艺术——五彩衣裳·广西少数民族服饰概论/玉时阶
民族理论政策基础/郭寿祖等
走进民族学田野/罗树杰主编
中国少数民族法制史/罗树杰等
广西民族关系的历史与现状/罗树杰等
中国的族群与族群关系/徐杰舜主编
人类学文库·中国育俗的文化叠合/徐杰舜(文库主编之一)
教育原理/王枬主编
计算机现代管理/于雪芳主编
《公民道德建设实施纲要》学习读本/周可达
青少年道德教育读本/周可达
2002年广西公众社会心态及未来预期/周可达
网络思想政治教育概论/邓军等
邓小平理论概论/张绍森主编
兴国之道研究/潘宝卿主编
党的十六大民族复兴新曙光/宋启愿
科教兴国是实现中国现代化的必由之路/潘宁
邓小平理论的新发展——学习“三个代表”重要思想/韦日平
形势与政策/李继兵等
以德治国——历史的超越和现实的选择/黄义英等
我的野生动物朋友/黄天源译
简论英语议论文体式/邹世诚
教育科学研究方法/钟海青
基础教育课程改革通览·历史学科/李启明
学校体育与健康知识——体育心理篇/黎君
边际解读——广西基础教育课程现状与变革研究/陈时见等
课堂管理论/陈时见
教育新视野——教育与经济关系的多维研究/马佳宏
当代国际教育发展/陈时见等
语文教育心理/陈玉秋
2001年越南国情报告/广西东南亚研究会
金秀大瑶山瑶族史/苏胜兴等
干部受教育,农民得实惠/广西党的建设研究会
东山瑶社会/盘福东
茶山瑶文化/刘保允等
物权二元结构论——中国物权制度的理论重构/孟勤国
电子商务法学丛书——电子商务法原理与实务/孟勤国(总主编)
哈特的法律的概念/魏敦友
百姓用法丛书《民告官100例》/文琦主编
刑事被害人司法救助案例100个说法/覃祖文主编
行政法原理与实务/韦军(合著)
消费纠纷100个说法/邓路遥主编
刑事诉讼国际准则研究/申君贵(合著)
领导实践与领导科学/奉恒高等
领导学新探/陶建平
青少年性教育(初中教材)/吴伟强
体育心理学/黎君
广西妇女儿童发展规划终期监测评估报告汇编/陆明珠等
创新社区/邓敏杰
社区建设操作实务/农生文等
社区互动式培训教材/邓敏杰

广西民族自治地方立法研究/覃乃昌
壮族生殖崇拜/廖明君
百家姓书库·覃/覃乃昌等
依法行政工作指南/劳建铭等
地方公务员依法行政知识读本/滕盛勒主编
中国西部报道·广西政府法制卷/滕盛勒等
云卷云舒/彭匈
富民兴桂新跨越理论与实践/庞隆昌主编
现代以德治国理论与实践/韦胜主编
广西以德治国研讨会优秀论文集/韦胜主编
刘三姐文化品牌研究/潘琦主编
广西环北部湾文化研究/潘琦主编
壮族自然崇拜文化/廖明君
南宁市工业发展研究/郭学群主编
绿色珠江建设方略——珠江中上游地区生态环境和生态农业建设研究/叶裕惠等
中国育俗的文化叠合/徐桂兰
广西通志·土地志/秦智杰主编
人文社科论文写作指津/黄绍清主编
中国少数民族大辞典·纳西族卷/郭大烈主编
还盘王愿/张声震主编
理性世界的困顿与氤氲/李海荣
孙子的智慧与妙用/吴荣政
社会科学研究与管理/詹宏松
三姐传歌在鱼峰/陈争鸣等
研究性学习的理论与实践/文可义
磨砺集/周仪
语言的习得与文化的观照/周仪等
中国—东盟自由贸易区的建立对广西的机遇和挑战及我们的对策研究/广西东南亚研究所
社会主义法制论/周世中
理论·文化与实践/马驰

中国人民大学《复印报刊资料》转载广西作者论文

(2002年)

题目	作者	作者单位	原载
列宁的社会主义经济建设思想与实践研究	陈晓娟	中共南宁市委党校马列教研室	《学术论坛》(南宁)2002年第2期
《关于费尔巴哈的提纲》第十条的传统解说评析	周敦耀	广西大学社会科学与管理学院	《广西大学学报》(哲社版)(南宁)2002年第2期
从毛泽东思想到邓小平理论	何成学	中共广西区委党史研究室	《桂海论丛》(南宁)2002年第1期
“毛泽东思想”概念的形成与发展	杨建党	广西大学社会科学与管理学院	《广西大学学报》(哲社版)(南宁)2002年第3期
从理论到实践的飞跃:十四大以来邓小平理论的丰富和发展	张月泉 王国红	自治区党校	《桂海论丛》(南宁)2001年第5期
试论邓小平对毛泽东哲学思想的继承和发展	李继兵	广西大学	《广西大学学报》(哲社版)(南宁)2001年第6期
邓小平民族发展论	罗树杰	广西民族学院民族学人类学研究所	《广西右江民族师专学报》(百色)2002年第2期
利益、效率、公平、政治	张成兴	广西社会科学院	《海南师范学院学报》(人文社科版)(海口)2002年第2期
市场经济秩序中伦理效力的实现	刘琼豪	广西师范大学经济政法学院	《广西社会科学》(南宁)2002年第2期
德治的制度基础	凌云志	广西社会科学院	《学术论坛》(南宁)2002年第2期
论社会主义信用道德建设	任浩明	自治区党校	《桂海论丛》(南宁)2002年第4期
中国社会主义实践的基本经验及其世界意义	娄永清 陈太福	广西大学社会科学与管理学院	《学术论坛》(南宁)2002年第1期
从文化认同到实践契合:马克思主义中国化的现实过程	李海荣	中共广西壮族自治区委员会宣传部理论处	《学术论坛》(南宁)2002年第3期
全球化时代我国意识形态面临的挑战与对策	冯达成	广西财政高等专科学校社科部	《广西社会科学》(南宁)2002年第3期

题　　目	作　者	作者单位	原　　载
资本主义兴亡与科学技术革命	娄永清	广西大学社会科学与管理学院	《广西社会科学》(南宁)2002年第3期
关于"社会主义初级阶段文化"概念的理解	陈立林	玉林师范学院政史系	《玉林师范学院学报》(哲社版)(玉林)2002年第2期
价值内涵与发展方式:社会主义的双重定义	许进品	自治区党校	《桂海论丛》(南宁)2002年第3期
继往开来的老挝人民革命党"七大"	潘　岳	广西民族学院	《当代世界社会主义问题》(济南)2001年第3期
私营企业劳动关系的特点对工会工作的思考	黄耀革	广西工会干部学校	《天津市工会管理干部学院学报》2001年第3期
全球化进程中经济民族主义的嬗变	陆灵华	广西民族学院政法系	《广西民族学院学报》(哲社版)(南宁)2002年第2期
民族生活方式现代化与消除贫困研究	周　鸿	广西师范学院政治经济系	《广西师院学报》(哲社版)(南宁)2002年第1期
关于民族乡的几个问题	覃乃昌	广西民族研究所	《民族研究》(北京)2002年第3期
关于民族文化展示	吴伟峰	自治区博物馆	《广西民族研究》(南宁)2002年第2期
跨国民族类型与和平跨居模式讨论	周建新	广西民族学院民族学人类学研究所	《广西民族学院学报》(哲社版)(南宁)2002年第4期
中共第三代领导集体对发展民族地区经济理论的新贡献	谭本基 杨　静	中共南宁市委党校	《学术论坛》(南宁)2002年第5期
论壮族的宽容文化心理之表现	韦顺莉	广西民族学院中国语言文学学院	《广西民族研究》(南宁)2002年第3期
论团组织对企业改制进程所遇困境的超越	蒙建华	柳州钢铁(集团)公司	《广西青年干部学院学报》(南宁)2001年第6期
共青团作风建设新论:从一句团内流行语谈起	甘　霖	共青团广西区委	《中国青年研究》(北京)2002年第3期
安乐死的合法化初探	莫　怩	广西财经学校	《广西社会科学》(南宁)2001年第4期
东南亚农业发展与环境问题	陈　文	广西社会科学院	《东南亚纵横》(南宁)2002年第6期
合作稳定推进一体化——东盟积极应对新世纪	陈　文	广西社会科学院	《东南亚纵横》(南宁)2002年第3、4期
论我国扩大内需政策中的"逆调节"现象及其对策	蒋团标	广西师范大学	《广西师范大学学报》(哲社版)(桂林)2002年第1期
市场、政府"失灵"与中国宏观经济调控新机制的构建	韦正球	广西大学社会科学与管理学院	《社科与经济信息》(南宁)2002年第7期
工业支柱产业的综合评估及判定:以桂林工业为案例	吴玉鸣 李建霞	广西师范大学经济政法学院	《广西师范大学学报》(哲社版)(桂林)2002年第1期
广西工业化主要难点问题研究	广西财政高等专科学校、自治区审计厅科研所联合课题组		《广西审计》(南宁)2002年第2期
广西工业化建设与资源配置全球化	梁燕海	广西社会科学院经济研究所	《学术论坛》(南宁)2002年第4期
应用"销售百分比法"的几点建议	李永梅	广西大学商学院	《四川会计》(成都)2002年第7期

题　目	作　者	作者单位	原　载
我国现阶段电子商务发展的问题与对策	王喜成等	桂林电子工业学院	《生产力研究》(太原)2002年第2期
我国消费现状及发展问题	刘　玲	广西体育高等专科学校	《河南商业高等专科学校学报》(郑州)2002年第4期
借鉴日韩经验　发展加工贸易	何国煜	广西大学商学院	《国际经济合作》(北京)2001年第9期
民俗文化:一宗亟待合理开发和利用的人文旅游资源	杨　梅 杨树喆	1.玉林师范学院 2.广西师范大学	《玉林师范学院学报》(哲社版)(玉林)2001年第4期
20世纪上半期中国教育方法之演进	李庚靖	广西师范大学	《广西师范大学学报》(哲社版)(桂林)2001年第4期
人的素质构成与教育机理论析	朱　金	广西民族学院	《学术交流》(哈尔滨)2001年第3期
对课堂制度改革的思考	何季灵 梁汝英	广西商业高等专科学校	《广西商业高等专科学校学报》(南宁)2001年第4期
当代中西方学校课堂道德教育利弊评析	张华华	广西师范学院社科部	《学术论坛》(南宁)2002年第3期
入世后中国教育服务的比较优势分析	覃壮才	广西师范学院教育系、教育部比较教育研究中心	《比较教育研究》(北京)2002年第7期
世纪之交世界课程改革的价值取向	谢登斌	广西师范大学	《广西师范大学学报》(哲社版)(桂林)2002年第3期
人类学视野中的教育交往	徐书业	广西教育学院教管系	《江西社会科学》(南昌)2002年第8期
我国区域教育竞争力的实证研究	吴玉鸣 李建霞	广西师范大学	《教育与经济》(武汉)2002年第3期
网络时代学生思想政治工作探析	梁丕桓	广西政法管理干部学院学生工作处	《广西社会科学》(南宁)2001年第6期
美国学校德育模式的特征及思考	蓝　蔚	玉林师范学院社科部	《玉林师范学院学报》(哲社版)(玉林)2001年第4期
论入世与高校思想政治工作的创新	梁　斐	广西大学学生工作部	《广西大学学报》(哲社版)(南宁)2002年第1期
新时期思想政治教育价值初探	冯达成	广西财政高等专科学校社科部	《学术论坛》(南宁)2002年第3期
加入WTO后我国思想政治工作面临的挑战和对策	黎晓岚 黄祖强	广西大学社会科学与管理学院	《广西大学学报》(哲社版)(南宁)2002年第3期
企业思想政治工作现代化初探	李昌荣	广西柳钢学校	《桂海论丛》(南宁)2002年第4期
谈谈字理识字	危玉然	南宁市	《小学语文教学》(太原)2001年第8期
浅谈小学生创造性数学思维训练的几点做法	吴国宾	广西钦州市第四小学	《基础教育研究》(南宁)2001年第6期
引导自主实践、培养探究能力	谭　玲	广西大学第一附属小学	《小学教学参考》(南宁)2002年第4期
创设美术课"学"的空间	谭凯元	广西柳州市银山小学	《基础教育研究》(南宁)2002年第6期

题　　目	作　者	作者单位	原　　载
互联网对青少年的影响及其对策	韦庆华	广西师范大学教育科学学院	《山东教育科研》(济南)2001年第2～3期
浅谈文学教育对中学生思维方式的影响	覃善萍	广西师范大学中文系	《教育评论》(福州)2001年第4期
英语教师的说课与行为研究——英语"说课"大赛所想到的	苏剑芳	广西教育学院	《广西教育学院学报》(南宁)2001年第2期
高中英语教学的反思和前瞻——英语教学走向口语化	莫兴云	南宁二中	《广西教育学院学报》(南宁)2001年第1期
广西海岸"绿色长城"——红树林	刘　林 张　清	广西南宁市一中	《中学地理教学参考》(西安)2002年第1—2期
如何帮助中学生摆脱"第三状态"	吴群星	广西三江侗族自治县教师进修学校	《中学政治教学参考》(西安)2002年第4期
我国中小学校长权力扩张的制度分析	覃壮才	广西师范学院教育系	《教育理论与实践》(太原)2002年第7期
走出高等教育大众化的就业瓶颈	唐德海	广西师范大学	《广西师范大学学报》(哲社版)(桂林)2002年第2期
终身教育视野下中国农民教育的反思与构建	夏少萍	广西师范大学教育科学学院	《成人教育》(哈尔滨)2002年第1期
略论西部大开发中的成人教育	黄德凯	广西师范大学成人教育学院	《广西师范大学学报》(哲社版)(桂林)2002年第1期
网络信息资源的开发和组织管理	唐家玉	广西桂林图书馆	《人大复印资料:图书馆学、信息科学、资料工作》2002年第2期
可获得性论的文献及相关概念	梁灿兴	广西财政高等专科学校	《图书馆》(长沙)2002年第1期
奇怪的"信息资源论"	卢儒珍	广西建筑工程学校图书馆	《图书馆界》(南宁)2002年第1期
数字图书馆信息资料源保存的分析	石德万	广西工学院	《高校图书馆工作》(长沙)2002年第2期
俄罗斯联邦国家图书馆政策	尤小明	广西图书馆	《图书馆建设》(哈尔滨)2002年第4期
也谈图书馆学研究对象的专指性	卢儒珍 梁灿兴	1.广西建筑工程学校,2.广西财政高等专科学校	《图书馆界》(南宁)2002年第2期
可获得性论中的图书馆哲学	梁灿兴	广西财政高等专科学校图书馆	《图书馆》(长沙)2002年第4期
浮出水面的可获得性论	卢儒珍	广西建筑工程学校图书馆	《图书馆》(长沙)2002年第4期
XML与网络半结构化信息资源	唐家玉	广西桂林图书馆	《人大复印资料:图书馆学、信息科学、资料工作》2002年第11期
论电子文件信息与载体的可分离性	黄世喆 刘　勇	广西民族学院管理学院	《广西民族学院学报》(哲社版)(南宁)2001年第5期
绿色奥运与自然资源的合理利用	陈杰波 曾凡芝	柳州师范高等专科学校	《柳州师专学报》(柳州)2002年第1期
汉英 $S+V+O_1+O_2$ 句式对比及汉语教学	全裕慧	广西师范大学国际文化教育学院	《汉语学习》(延吉)2002年第3期

题目	作者	作者单位	原载
论文化传播中的文学误读及意义	张利群	广西师范大学中文系	《惠州大学学报》(惠州)(社科版)2001年第3期
论西方现代艺术和美学发展的三个阶段	莫其逊	广西师范大学	《广西师范大学学报》(哲社版)(桂林)2001年第4期
论辨味批评中的言意关系	张利群	广西师范大学中文系	《江汉论坛》(武汉)2001年第1期
关于精神分析美学的评价问题	王杰	广西师范大学中文系	《西藏大学学报》(拉萨)2001年第4期
表现情感:艺术的根本特性:科林伍德对艺术本质的探求	王朝元	广西师范大学	《甘肃教育学院学报》(兰州)2001年第1期
《大招》为战国时期楚地民间招魂词之原始记录说	莫道才	广西师范大学	《云梦学刊》(岳阳)2001年第5期
论先秦时期的语言批评	胡大雷	广西师范大学	《柳州师专学报》(柳州)2002年第1期
“六诗”本义初探	滕福海	广西大学	《广西大学学报》(哲社版)(南宁)2002年第1期
“思无邪”文学观念辨析	刘立志 李秋林	1.南京师范大学文学院, 2.广西梧州师范高等专科学校中文系	《学术论坛》(南宁)2002年第3期
鲁迅笔下阿Q之死的“仪式感”	江业国	广西师范学院	《广西师范学院学报》(哲社版)(南宁)2002年第1期
中法战争史研究百年回眸	黄振南	广西社会科学院文史研究所	《近代史研究》(北京)2002年第3期
“薛定鄂的猫”与科学认识中的意识	黄瑞雄	广西师范大学社会科学研究部	《科学技术与辩证法》(太原)2002年第2期
科学、科学评判标准和科学精神	黄瑞雄	广西师范大学社会科学研究部	《广西师范大学学报》(哲社版)(桂林)2002年第2期
科学中的宽容精神	黄炳线	广西大学社会科学与管理学院	《东岳论丛》(济南)2002年第4期
改善转制科研院所内部条件与外部环境的对策	王晓航	自治区财政厅教科文处	《社科与经济信息》(南宁)2002年第2期
论网络社会科普方式的转变	黄牡丽	广西大学社会科学与管理学院	《广西大学学报》(哲社版)(南宁)2002年第4期
提高责任感　有为有位　抓源泉疏渠道　促转化工作重心前移服务到位:对新时期地方科技工作的探讨	张正铀	自治区科技厅	《科技进步与对策》(武汉)2002年第8期
加大生态移民力度　切实保护西部生态环境	方岳	广西经济管理干部学院	《广西经济管理干部学院学报》(南宁)2001年第4期

《新华文摘》转载广西作者论文

(2002年)

题目	作者	作者单位	原载
出版创新:发展先进文化的必然要求	黎松峭	广西出版杂志社	《学术论坛》(南宁)2001年第6期
编辑也是一种“再创作”	林志杰	广西社会科学院	《广西大学学报》(南宁)2002年第3期

第四次广西地方志优秀成果评选获奖项目(2000～2002年)

一等奖(7项)

成果名称/作者

广西通志·广播电视志/《广西通志·广播电视志》编辑室

广西通志·林业志/《广西通志·林业志》编辑室

广西通志·生物志/《广西通志·生物志》编辑室

广西通志·土地志/《广西通志·土地志》编辑室

梧州市志/梧州市地方志编纂委员会

柳州地区志/柳州地区志编纂委员会

柳州市志(第三、四、五卷)/柳州市地方志编纂委员会

二等奖(9项)

广西通志·少数民族语言志/《广西通志·少数民族语言志》编辑室

广西通志·文化志/《广西通志·文化志》编辑室

广西通志·医疗卫生志/《广西通志·医疗卫生志》编辑室

兴安县志/兴安县志编纂委员会

隆林各族自治县志/隆林各族自治县地方志编纂委员会

北海市志/北海市地方志编纂委员会

柳州20世纪图录(地情书)/柳州市地方志编纂委员会

彩调剧词典(地情书)/《彩调剧词典》编委会

瑶族历史与文化(专著)/广西民族学院　张有隽

三等奖(14项)

广西通志·公安志/《广西通志·公安志》编辑室

广西通志·行政区划志/《广西通志·行政区划志》编辑室

广西通志·岩溶志/《广西通志·岩溶志》编辑室

广西通志·妇联志/《广西通志·妇联志》编辑室

环江毛南族自治县志/环江毛南族自治县志编纂委员会

贺州市志/贺州市地方志编纂委员会

灵山县志/灵山县志编纂委员会

靖西县志/靖西县志编纂委员会

柳州市土地志/柳州市国土资源局

桂林市年鉴(2001年卷)/桂林市地方志编纂委员会

林朵林场志/天峨县林朵林场

象州年鉴/象州县志办公室

试谈比较方法在志书编写中的运用(论文)/桂林市志办公室　徐李宁

试谈加强人文内容记述问题(论文)/自治区通志馆　罗解三

历次广西社会科学优秀成果评选获奖项目

第一次(1978～1984年)

二等奖(72项)

成果名称/作者

汉壮词汇/广西语委研究室

壮族历史人物传/广西民族学院民族研究室

艺术美/王弋丁等

巫术文化的遗迹——广西左江岩画剖析/王克荣等

七个被绞死的人/王庚年等

列宁关于知识分子问题的理论和实践/韦秉超

中法战争调查资料实录/自治区通志馆等

关于县党政领导班子建立合理人才结构的探讨/尹福伦

集中必要资金,保证国家重点建设/叶学明

自然资源的合理利用应当是经济效益的主要内容/叶裕惠

农产品价格补贴问题浅析——从广西情况谈起/叶锦堂等

边际成本计算在汽车运输企业中的应用/白介中

三国演义纵横谈/丘振声

科学社会主义常识问答/冯东晓等

天国史事释论(一组)/邢凤麟

粮食统购统销与讲究价值规律/刘兴周

生产力发展规律/刘贵访

社会主义生态经济学的主要特点/刘思华

壮族简史/《壮族简史》编写组

技术改造资金的使用及其管理的探讨/陈辰等

在小学三年级数学教学中如何加强学生的基本训练/邹莉

要努力开创山区农贷工作新局面/肖田生等

马克思恩格斯论精神文明/苏余年等

农民为什么喜欢产量责任制(一组)/李必训

略谈开展农产量抽样调查的原则性和灵活性/李坚材

改革政治课课堂教学程序的一些尝试/李国秀

《学习马克思关于再生产的理论》原著部分提要和注释/张江垠等

社会新闻的地位、特点和作用/张国琛

诗话和词话/张葆全

浅谈提高物资流通经济效益问题/张玲玉

辩证逻辑规律(《辩证逻辑基础》一书第二章)/何邦泰

关于加快我区经济建设的几个问题/何异煌

关于加强图书馆研究的几点意见/何善祥

百色起义的特点和意义/吴忠才

适应经济与社会需要改革中等教育结构,发展中等职业教育/吴钊雄
论纳西语的音位系统/杨焕典
会计含义对象属性浅议/杨秋风
试论青少年犯罪的内在因素和外部条件/林莹
论王船山历史观的新因素和主要范畴脉络/范阳
日益严重的越南民族问题/范宏贵
广西近百年货币史/郑家度
从广西的实际情况谈农产品价格整顿与改革/经晓道等
财产保险/周世诚
关于基本建设投资效果指标体系的研究/周前海
我怎样教小学语文/周锡芳
办好民族教育与振兴民族经济/周裘绒
我国农民战争的深化进程剖析/恽奇
莎士比亚研究文集(一组)/贺祥麟
两间居诗词丛话/秦似
康熙/钱宗范
银行体制改革应走集中统一专业分工之路/袁绪程
从方法论看生产方式、生产力、生产关系的含义及区别/唐崇贤等
简明哲学读本/黄鸣
论马援征交趾/黄铮
中学古诗文疑难词句汇析/黄辉等
物理教学要培养学生科学思维的能力/黄奇超
从控制论的观点看美的功利性/黄海澄
根据学生解数学题的思维特点发展学生智力的探讨/章保罗
桂南粤语说略/梁振仕
铜鼓史话/蒋廷瑜
在历史教学中我们为什么要坚持精讲多练/蒋炳光
洪秀全传/彭大雍等
泊松分布在居民意外死亡统计中的应用/游金生
货币信用与银行/喻瑞祥
广西来宾县壮族少年身体形态机能与素质现状和特点的调查报告/董文猷等
透过隐山饭店探讨旅游体制改革问题/蔡雄等
对当前工农业产品比价的探讨/詹宏松
理不可直指——论新闻的含蓄/虞达文
中共党史历史常识问答/谭纪
法治和人治没有绝对界线/廖竞叶
瑶族简史/《瑶族简史》编写组
资本和剩余价值/潘静致等

三等奖(132项)

马克思主义哲学与社会主义精神文明/广西社会科学院哲学研究所
初中语文《读写训练》实验教材/广西教育学院教研室教材改革组
澄清“四人帮”在六条标准问题上所造成的混乱/马兴煜
发展造纸工业是我区一项长远的战略措施——广西造纸工业调查/广西建设银行综合处
论柳宗元、刘禹锡的天人观/王应常
梁启超关于历史因果律的改进/韦景春
马克思《资本论》的基本原理是我们提高经济效益的思想武器/王文
从学生的心理特点出发提高初中物理概念教学的质量/邓立东
经济建设与计划生育/田工等
关于纸币流通规律的含义和作用问题/龙一飞
广西地理沿革简编/龙兆佛等
要重视家庭教育/龙卧湘
关于个人交纳社会保险基金的理论依据和实际意义/叶世雄
马克思一八四四年初转变性质初探/叶润青
经济落后地区发展生产力的几个方针政策问题/冯柳江
对《试论财政信用制度》一文的商榷/冯锦江等
关于开发学生智力的原则和方法/甘石林
论人才特征——关于人才概念的探讨/甘自恒
浅谈中学地理在两个文明建设中的地位和作用/宁业祺
试论处理人民内部矛盾的正确方针/石舜瑾
浅析当代青年问题的经济因素/邝海春
广西瑶族社会历史调查(第一册)/广西民族研究所编写组
生产价格势在必行——对当前经济改革中几个具体问题的探讨/孙可庸
论图书馆职业道德/麦群忠
打开智慧之门的钥匙——和中学生谈逻辑/刘世英
重读《论共产党员修养》/刘定祥
导演、性格演员、钢琴家——我心中的学校领导/刘益阳
论鲁迅思想发展的一贯性/刘泰隆
试论《资本论》中的农业经济思想及其对发展我国农业的指导意义/刘道良
坚持社会主义道路教育的做法与体会/刘赛玉
论自然科学学会造就人才的功能/刘德胜
马克思主义法学在中国的实践和发展/何新
对反映工业综合经济效益的几个指标的评价/何永德
在《鲫鱼》教学中培养学生智能的肤浅体会/何兴元
贸易货栈问题探讨/何桂丛
大力发展山区商品经济/肖永孜
正确处理奖金与利润挂钩出现的问题/佘国信
关于总结中国哲学遗产的几个问题/汪国栋
论孙中山、黄兴领导广西边境武装起义/沈奕巨
观察中主体与客体的相互关系/宋立军

试论经济杠杆在经济调整中的运用/宋锡辉
柳宗元与佛教的关系/岑贤安
完整准确地理解马克思主义关于暴力革命的理论/吴先逵
努力提高物资企业的经济效益/吴黄军
国际共运史/苏永贻等
关于如何合理制订和调整中药材收购价格问题的商榷/苏以深
社会主义基本经济规律与税制改革/李涛
运用地方史进行爱国主义教育的一些尝试/李欢著
小学语文复习指导/李人凡等
论风景区资源的投资性与效益率/李长杰
改进低年级教学,防止大面积掉队/李正南
发挥县委调研室的智囊作用/李光炎
试论我国少数民族地区的社会主义现代化建设/李甫春
谈谈社队企业定额流动资金核定方法的应用/李焯文
要重视内涵扩大再生产在广西经济发展中的作用/李念其等
广西两千年来人口演变概述/李炳东
从引起轰动的两则消息谈新闻敏感/李春邦
谈谈比较哲学史的研究目的和方法/李美南
农业落后于工业不是资本主义整个历史时期的现象/李振英
试论中央银行超脱宏观的调节作用/李儒权
最高意义上的革命力量——学习马克思关于知识和知识分子的论述/李继馨等
现代汉语常用虚词浅释/李谱英
开创具有中国特色的社会主义林业新局面/张华等
试论太平天国的知识分子政策/张胤
外国文学作品选讲/张江来
把逻辑规律引进历史教学/张家连
桂林史话/张益桂等
张居正改革/陈仁华
贵县十二户农户发展商品生产勤劳致富有关情况的调查研究/陈正诗等
法律面前人人平等实现不了吗?/陈伯章
贵族复仇者的悲歌/陈星鹤
读词常识/陈振寰
工业品一县一价的办法必须改革/林耀
雨果小说中爱情描写的道德美/林学锦
何其芳解放前的诗作/林焕标
对综合程序教学法初步实践的体会/林肇智
广西经济社会发展战略的几个问题/金一飞
浅论计划利率与市场利率相结合的双重利率/杭乃安等
试探广西农村控制人口增长出现的新情况和新问题/底书贵等
建立和发展中国式马克思主义民族学的几个问题/周光大
家庭日用工业品手册/周长军
试论秦汉时期岭南越族与汉族的关系/周宗贤
农业技术承包对银行提出的要求/周贻桂等
有限的计划指导与较宽的市场调节相结合,促进农业的更快繁荣/周复昌
论农业管理体制变动后的农贷工作/杨仲元
试论物资流通的经营决策和经济效益问题/杨江流
克拉拉·蔡特金的故事/杨慧娟等
柬埔寨华侨的历史功绩/赵和曼
判断(上)(《普通逻辑学》第三章)/胡英旗
我国旅游经济改革初探/骆昌慈等
试谈教学效益/夏炎
越南八十年代经济发展战略及其前景/郭明
论实践中的两重关系/莫旭麟
灵渠/莫济杰
预算外资金的分类管理与综合平衡/莫望云
试论国营批发商业的主导作用/原商业局市场问题研究小组
韦昌辉研究(一组四篇)/饶任坤
专业化协作、联合与生产力的内在联系/徐森忠
带有电讯号的核糖体模拟教具的创作/高国辟
和平改造资本主义工商业的伟大胜利/桂林陆军学校
马克思主义法学与我国法制建设/徐选炳
试论人才的控制能力/唐毓飞
发展速度与经济效果/覃平
试论社会主义经济中的计划调节/阎革
世界语基础/梁梓明
论晚唐诗人曹邺/梁超然
瑶语数词初探/舒化龙等
秦代象郡考/覃圣敏
山区少数民族小学教育问题初探/覃盛裕
学校目标管理的探讨/黄焯
医院会计/黄龙生等
试论奴隶社会并非阶级社会首先必经的历史阶段——兼论商朝不是奴隶社会/黄伟城
试论李宗仁、黄绍雄所以能统一广西的原因/黄宗炎
马克思主义人才概念浅探/黄觉雏
试论毛泽东新闻理论与民族报导中的应用/黄敏忠
蔗渣代煤与综合利用问题初探/黄筱传
秦置象郡前越南红河流域社会之探讨/程方
“赋”的艺术美/鲁源
合作商业是集体所有制经济/谢双林
金秀瑶族自治县概况/编写组
马克思主义与建设有中国特色的社会主义/曾玉书等
关于成本立法若干问题的探讨/董世谆
关于存款工作的探讨/鲁宗海
被压迫民族解放运动仍是无产阶级革命的一部分/曾道安

华夏族原始婚姻形态研究/韩肇明
在价值规律这所伟大学校中学习发展商品生产的重要本领/廖慧
中国图书馆图书分类法/廖子良
注意在初中培养学生学习物理的一些良好习惯/廖安生
马克思主义法学与我国新宪法/褚世勋
生产力概论/雷喜平
掌握旅游业的特点,提高旅游业的经济效果/颜邦英
高中历史疑难解释/潘香华

第二次(1984~1987年)

一等奖(3项)

成果名称/作者
太平天国人物/钟文典
当代中国金融问题研究/喻瑞祥
壮族文学史/欧阳若修等

二等奖(83项)

农村领导科学与艺术/李光炎等
系统论控制论信息论美学原理/黄海澄
广西左江流域崖壁画考察与研究/覃圣敏等
信息革命的技术源流/宋德生
新时期文学/周鉴铭
新闻写作/唐力等
广西金融史稿(上、下)/郑家度
谈钱/刘光策等
中越关系史简编/黄国安等
广西农业经济史稿/李炳东等
乾隆/钱宗范
医学社会学/蔡建章等
荀况天人系统哲学探索/汪国栋
汉民族历史和文化新探/徐杰舜
暗夜行路/孙日明
关于爱的思考/张金长等
逻辑和真理/刘世英
柳宗元哲学著作注译/范阳等
文学概论新编/林焕平等
历史诗话选注/张葆全等
中国市场学/马世俊等
广西区情/自治区计委等
汽车运输企业经济活动分析/白介中
中国革命史/徐方治等
越南经济/郭明等
社会主义名词词典(部分)/冯深等
红军长征过广西/桂林地委编写组
初中语文三段教学法实验系列资料/刘亚伦等
《行政管理学基础知识》第6、10章/邹伟
科学社会主义简明读本/冯深
商业物价学/詹宏松等
中国现代政治思想史简编(第四章)/刘定祥等
借鉴西方文官制度改革我国干部制度/朱荣
经济发展必须转到以提高效益为中心的轨道/何异煌
加快广西经济发展必须处理好的几个关系/杨道喜等
论国家财产经营管理权主体/孟勤国
从生产关系的多层次性发展中的交叉性看有计划商品经济产生的必然性/张江垠
对建国后广西经济建设的反思/覃平
关于上古汉语的鼻音韵尾问题/杨焕典
壮文在社会主义新时期的重要作用/覃耀庭
探索在读者内心活动的奥秘/虞达文
切韵系统与南宁音系/梁振仕
发展农业应当成为广西“七五”时期的突出重点/金一飞
广西人口发展战略的几个问题/肖永孜
也论精神生产力/刘贵访
广西农村商品经济应有一个更大的发展/自治区经济研究中心课题组
广西农业产业结构调整初探/戴树人等
育龄妇女生育模式与人口预报/游金生
我国审计模式几个问题的研讨/崔楚生
从《资本论》研究对象的提法看生产方式的含义/袁绪程
论广西经济社会发展模式的选择/马飙等
发挥西江优势　建立西江工业走廊/钟海英等
试论货币供给的超前趋向及其数量界限/周策群
怎样看待当前农村诸种非银行信用/蒋世绩
关于民族地区用活财政资金问题的探讨/叶学明
少数民族地区经济政策偏紧原因及放宽搞活的基本思路/玉丕民等
发挥锑矿资源优势　配套建设锑业基地/杨俊义
我国生态经济学几个基本理论问题的探讨/刘思华
古代中国与柬埔寨海上交通/赵和曼
广西先秦青铜文化初论/蒋廷瑜等
论清朝道光以前广西人口增加与太平天国革命的爆发/彭大雍
认清时代特点,提高中学教育工作的科学性和实效性/秦诚旭
把政治经济学的资本主义部分和社会主义部分合并起来教学/苏毅之
我校进行整体改革的初步探索/博白县博白镇中学
关于创造规律的探讨——系列综合创新规律/甘自恒
利益规律探要/张成兴
论民族心理学的研究对象/胡礼遇
全面系统专门化心理训练的理论和实验研究/肖开宁
石涛论山水美与艺术美/丘振声

论"一国两制"/汪洋泉
论减刑/康润森
新时期市长"角色"模型设计/胡文雄
改造教育的规律/李青
试论当代青少年社会化的艰巨性/蓝日基
认真贯彻《自治法》 加快广西经济发展/自治区党委政策研究室课题组
广西经济特点及近期发展战略对策研究报告/自治区党委政策研究室课题组
南宁市发展与改革调查报告/广西青协赴邕调查组
广西农业环境质量调查分析/陶显亮等
保护伏龙洲/李维新
广西社会经济情势考察研究报告集/孙可庸等
广西智力开发对策研究/蓝日基等
百色地区卫生部门2000年专门人才需求的初步预测/雷一鸣等
加强农业经济立法工作 促进农业商品生产发展/张乃忠

三等奖(182项)

同青年谈写作/杨炳忠
桂林文化城史话/魏华龄
茅盾短篇小说欣赏/刘焕林等
粤风考释/莫非等
古文论的民族特色/赵盛德
明代广西农民起义史/高言弘等
广西人民反洋教斗争/庾裕良
广西少数民族高级科技人物传略/黄觉雏等
和青少年谈怎样成才/唐毓飞等
教师家长之友/张宗英
创造发明的奥秘/陈梦林等
社会主义礼赞/林卓才等
中国社会主义建设基本问题/苏余年等
党的基层建设/金宝生等
企业经济效益保证系统/潘静致等
水库水温与水稻丰产灌溉/刘仲桂
商品销售决窍/陈志光
芝麻与百合/刘坤尊
孤儿/林树彫
企业活力/李克平
简明科技世汉词典/梁梓明等
外国文学200题问答/广西师范大学中文系外国文学教研室编著
广西市县概况/自治区通志馆
中国图书馆界人名辞典/麦群忠等
新诗歌卷/黄绍清
马克思主义原理/吴元庆等
新时期职工思想政治工作讲话/陈开铭等
常用哲学名词词典/黄鸣等
现代管理会计基础知识讲座/席玉聚等
政治学常识问答/霍培正等
政治经济学/徐严冰等
政治经济学简明读本/张江垠等
广西壮族自治区概况/广西壮族自治区概况编写组
广西社会科学要览/张撒等
建筑工程技术定额原理/欧阳光
广西瑶族社会历史调查(第三册)/广西瑶族社会历史调查第三册广西编辑组
发展柳州地区水果生产的设想/曾令山
对我区发展商品经济的思考/王文
广西农业生态危机及其建议/杨柳等
桂西山区的开发/秦权人等
广西农业发展战略问题初步探讨/罗汉军
矿山复林好/谈治恺
发展商品经济开拓完善我区技术市场/杨颖瑜
税利工资率是解决国家和企业之间工资分配关系的好模式/范绍沛
对广西煤炭行业发展战略指导思想的几点看法/王同良
广西乡镇企业存在的问题与改革的建议/阎革
医院药品加成率及差价率的计算和换算/陈甸文
我国劳动力市场初探/梁天明
关于职工退休费社会统筹的几个问题/杨题敏
落后面貌的改变与观念的变革/唐建设
浅论社会主义条件下的经济竞争/方承
社会主义的中心任务是发展生产力/周复昌
社会主义市场经济论/章远新
综合投入有效产出率的最大增加是生产力经济的基本规律/雷熹平
"三小"农业系统工程及其模式的探讨/朱汪洋等
只有社会主义商品经济才能富中国/李必训
要特别注意在经济管理人才中选拔经济建设的各级领导者/刘道良等
关于民族自治地方财政的若干理论问题/覃立勋
《资本论》(第三卷)与社会主义生产价格制/孙可庸
社会主义商业要从促进和引导生产中求提高效益/何桂丛
总结历史经验采取有力措施发展职业技术教育/韦善美
关于办学特色的探讨/孙云鹏
边远民族地区应根据自身的特点开展人才资源开发工作/许绍杨
技术创新初探/黄觉雏
论党校要大力开展科学研究/陈子亮
广西教育投资与利用效率浅析/梁全进
谈小学汉语拼音音节表的编写及其应用/宋家东
少数民族地区教育投资经济效益初探/罗知颂
关于林业科技人才的问题/黄竭忠

广西经济翻身与人才开发的几个问题/尹福伦
试论中学图书馆知识课程的开设/李家全
适应农村经济发展 办好农村职业技术教育/蔡高先等
科学理性发现的活力/张兴强
红七军抛弃立三“左”倾冒险主义的时间及其原因初探/蒋千里
图书馆观念的更新和转变/周世辟
关于柬埔寨问题的斗争及其发展趋势/杜敦信
爱国华侨在祖国抗战中的贡献/赖海泉
论社会主义商品经济/陈忆忠
究竟是正确的纲领还是错误的纲领?/莫世波
恩格斯晚年论党风/荣仕星
瑶族母权制遗俗研究/韩肇明
壮族与泰国的泰族是孪生兄弟/范宏贵
如何评议《天朝田亩制度》中的平均主义/饶任坤
文献计量在分类法研究中的应用/黄明
华侨旅居柬埔寨的过程及其历史原因/周中坚
论边际成本的两个关系/杨秋风
试论我国银行之间的关系/唐崇贤
必须把信用社办成真正的合作金融组织/钟兴武
对流动资金假性周转的初步认识/赵翰
我国银行信用的两种职能/卢世荣
关于广西资金投入问题的浅见/雷华生
加强宏观控制实行外汇适度逆差方针/强雅言
发展横向经济联系 搞活物资企业/刘伏龙
关于保险基金性质的探讨/叶诚信
国营企业要建立流动资金积累制度/王镜芝
理顺财政与保险的关系 提高保险企业自我发展能力/周志诚
开发山区要走商品经济之路/汪振民
广西消费需求函数和消费预测研究/徐远征
提高发展资金使用效益的有效形式/唐有璋
略论流动资金管理体制的改革/叶锦棠
适应有计划商品经济要求 理顺财政、银行关系/黎基钦
社会主义流通理论问题的若干思考/雷品坚
搞活集镇市场的探讨/周长军
立足自力更生着眼放宽政策筹集民族地区建设资金/黄代伟
谈谈物价趋势与广西的物价水平/林仁寿
对服务价格形成基础问题的探讨/周忆光
关于中药材商品价格放开后一些问题的探讨/苏以深
农产品价格改革的成就、问题和设想/经晓道
试论当前粮食合同定购的性质/曾发
建立以指导性计划为主的多元化管理体系/刘兴周
关于实现粮食稳定增长的十点建议/罗中
广西调整种植业结构必须立足于全区粮食基本自给/杜良才
发展广西旅游业的意义和设想/陆怀琛
桂林旅游业的发展前景和亟待解决的问题/蔡雄
广西水库旅游事业初探/张猷
发挥旅游优势与振兴桂林市经济/黄念先
我国山地的旅游资源/赫革宗
如何把供销社改革引向深入/廖凤一
少数民族贫困山区发展商品经济与观念变革/姚善策
用协同理论指导民族地区经济建设初探/黄启学
要加速广西民族经济发展必须解决的几个关键问题/覃卓凡等
少数民族山区的新型合作经济/黄祥谋等
广西少数民族山区发展问题/韦志坚
关于改革民族地区税收管理体制问题的浅见/杨庆文
平靖胜宝是太平天国铸造的吗/高庆民
“知”与“良心”的关系新探/岳军
形象思维的道路/何邦泰
形式逻辑教学中若干问题/刘新华
柳宗元“势”的社会历史观/李塞夫
“无极”辩与属性范畴实体化/张军夫
关于旅游美学的几个问题/黄贯群
关于技术欣赏的立体思考/江业国
略论哲学世界观与阶级世界观/曾德盛
亚里士多德哲学思想述评/李美南
论桂林山水中田园环境的审美意义/张文祥
从乐神到乐民/覃承勤等
万古云霄一羽毛/丘振声等
论五四时期的新诗革命/江建文
南朝诗歌发展初探/张明非
姹紫嫣红争芳斗艳/冯艺等
广西蒙山语言图说/刘村汉
《马克逛歌节》解说词创作谈/苏新生
人生的觉醒与觉醒的文学/周仪
壮文的实用问题/唐国富
“大文化”小议/黄家瑛
“一国两制”的决策是实事求是的光辉范例/吴元庆等
抗日战争时期我党在广西的统战工作/马伟鹗
谈谈我党处理宗教问题的反左和防右/蒋文宣
谈宏观民主与微观民主/王子杰
关于孤寡老人的生活供养/吕旭尧
法的属性与法制建设/程岗
人生重要的六年/罗国安等
发展青年个性/梁宗常
实事求是思想路线的确立和三中全会以来对它的恢复和发展/林洪
德才兼备新论/梁积汉
浅谈对消费者利益的法律保护/诸世勋等
浅谈村民委员会改为村公所的必要性/曹息余
坚持疏导方针/崔韵琛
当前高等学校教学中的几个问题/李德韩

试论1929年的蒋桂战争/徐方治等
柳江壮语调查/覃国生
江浙沪三省市发展乡镇企业情况的考察/自治区税务局江浙沪考察组
广西农村社会经济调查综合报告/广西农经调查领导小组
在实行厂长负责制中改善和加强党的领导——柳州市第二空压机厂党委的经验/尹福伦等
柳州市国民经济需要探索新发展路子/陈景和
林业经济宏观控制与微观放活雏议/张广智
实施企业破产法有关问题的调查报告/阳国亮等
落后地区农村工业化的探索——广西乡镇企业调研报告/杨柳
广西老年人口的现状及发展趋势初探——兼论经济体制改革中的老年人口问题/莫龙等
论广西生产力布局的现状及调整趋向/潘义勇
资源优势·加工工业·人才开发——对广西生产力合理布局的一点浅见/冯柳江等
关于发展广西第三产业的探讨/韦宗辉
关于广西成人教育情况的调查/卢启宁
关于发展西南交通运输业若干问题/西南战略研究协作中心交通发展战略课题组
振兴广西经济若干战略问题的探讨/石廷藩
如何利用部分商品综合平均价格编制职工生活费用价格指数/刘维芳
广西阳朔县居民死因分析/梁秋萍等
旅游环境污染的经济损失分析及对策建议/黄仕青
广西百岁老人分布的调查分析/黄克林
中学德育的难点与对策思路/林小静等
越南的价格·工资·货币改革/李白茵
长寿乡之谜——广西巴马瑶族自治县长寿乡调查/姚舜安

特别奖(1项)

广西经济年鉴(1985年卷)/广西经济年鉴编辑部

第三次(1987～1990年)

一等奖(6项)

成果名称/作者
壮族通史/黄现璠等
论社会生产力/刘贵访
广西改革与发展十年回顾和2000年展望/黎守法等
《古今图书集成》索引/林仲湘等
论“双轨制”向“单轨制”过渡及其步骤/章远新等
经济体制改革时期的民事立法/孟勤国

二等奖(112项)

梧州地区外向型经济发展战略研究/梧州地委政研室
北海市开放城市经济发展战略研究/何桂丛等
2000年的广西/金一飞等
民族地区财政概论/刘鸣山等
理论生态经济若干问题研究/刘思华
摆脱贫困的新思路/李甫春等
开放的广西/韦钦等
中国通向世界强国之路/李灼荣等
中国人口·广西分册/黄贤林等
中国民族史新编/徐杰舜
关键的决策/蓝日基等
年鉴学浅说/王斌
壮族人口/肖永孜
胡志明与中国/黄铮
中共广西党史大事记/自治区党史资料征集委员会
左右江革命根据地(上、下册)/自治区党史资料征集委员会
广西通志·体育志/自治区体委
天国兴亡/饶任坤等
宾阳县志/宾阳县志办
周代宗法制度研究/钱宗范
广西贵县罗泊湾汉墓/蒋廷瑜等
西方现实主义文学/贺祥麟
新东方文学史/梁潮等
岭南十二枝花/过伟
桂海文谭/杨炳忠
三曹诗论集/陈飞之
谢灵运集校注/顾绍柏
辩证认识论/曾德盛等
医学伦理学/蔡建章等
生活与美学/周志诚
中小学校管理26讲/广西校长工作研究中心组
教育泛论/韦善美
新时期党的建设概论/周静芳等
广西右江革命根据地党的建设/黄雄鹰等
西南交通运输发展战略问题研究/孙可庸等
民族兴旺第一策——广西人才资源开发的战略研究报告/课题组
民主论/王子杰
利益规律研究/张成兴等
反贪污贿赂法概论/蒙永山
实用行政管理学/荣仕星
社会主义价格问题研究/詹宏松
学会学概论/张江垠等
中国社会主义初级阶段理论学习与研究/朱荣等
广西社会主义经济简史/覃平
广西农业经济史/左国金等
桂林山水诗美学漫话/丘振声
奋进中的南宁/李振武等
广西经济地理/谢之雄等

现代市场营销与管理/马世俊
旅游基础教程/蔡雄等
民族发展经济学/高言弘等
科学社会主义新编/冯东晓等
中国医德史/何兆雄等
组织人事工作实用手册/潘家义等
广西贫困地区经济开发指南/杨道喜等
广西年鉴(1987)/广西年鉴编辑部
简明现代政治辞典/冯深等
古壮字字典/苏永勤等
桂林文化大事记/刘寿保等
外向型经济法律参谋/程岗等
广西产业经济研究/孙可庸
广西汉语方言地图/杨焕典等
八桂诗人论及其他/梁超然
保卫马克思列宁主义反对资产阶级自由化/区济文等
为开创广西经济法制而奋斗/黄季权
广西前十年经济发展反思和后十年发展初步研究/自治区经济研究中心课题组
广西"七五"经济社会发展的基本估价和"八五"发展的基本思路/杨道喜等
民族贫困地区粮食供需问题与对策研究/袁绪程等
2000年的河池地区农村发展战略研究报告/罗云璋等
广西亚热带丘陵地区农村经济发展战略研究/方天等
红水河流域经济综合考察/翁乾麟等
农村经济体制改革探索研究报告/钟积厚等
当前广西消费基金的现状、问题及对策建议/郑博然等
当前利用国外直接投资的若干问题/彭志坚
关于柳州地区农村商品生产与流通问题的调查/陈志光
全民所有制与商品经济的兼容性/苏毅之等
政治经济学研究对象的重新思考/袁绪程
对社会主义所有制理论几个传统观点的反思/方承
对农村改革的回顾与进一步深化的探讨(摘要)/叶裕惠等
农民经济行为的二重性与土地制度建设/湛永杰等
经济增长中的"虚幻货币"/甘耘
广西财政四十年/汪振民
未来十年的广西财政/叶学明
专业银行企业化改革的反思/周策群
广西90年代税后收入态势的预测/洪训昌等
关于稳定货币的一些设想/卢世荣
略论决策科学在投资领域的运用/黄筱传
铁道营运财务会计信息管理系统铁路财会通用软件系统开发应用/柳州铁路局财务处电算组
西方会计准则及其对我国会计制度的启示/王镜芝
我国保险工作若干问题的回顾与思考/周志诚
论社会保障基金/阎革
谈谈供销社企业集团/廖凤一
有效地发展广西滨海旅游业/黄念先
广西国营商业在市场骤变中的对策/雷品坚
试论农村流通体制改革的目标/周长军
瑶族迁徙之路调查/姚舜安
略论壮族地区的土司制度/李干芬
大力开发业余爱好者的创造力/刘德胜
历史上中柬交往的港口/周中坚
"倒爷"文化初探/罗立斌
文艺学与价值论/黄海澄
论古代"忠道"的源流及其批判继承问题/岳军
《道》(一至八章)/岑贤安
先秦儒家义利观的本质和历史作用/王应常
六法论与中国绘法/刘益之
《墨辩》中"侔"式中推论之管见/郭安平
捧金饭碗讨饭的反思——论民族地区的职业教育与商品经济/周裘绒
试论社会主义初级阶段文化产品的商品形式/冼光位
当前爱国统一战线中需要统一认识的几个问题/黄语扬
试论社会主义初级阶段政法工作的根本原则/张英忠
发挥办公厅在领导决策中的参谋作用/覃卓凡
对农业区划10年理论进展的认识/朱鹤龄

三等奖(211项)

企业发展战略/李灼荣等
走向2000年的百色/孙则智等
广西奋进的四十年/自治区统计局
技术改造可行性研究/王允光等
乡镇企业:改革与发展/方承等
自学会计方法指导/刘铭达
广西商业史料/庞智声
北海港史/顾裕瑞等
失败的科学/梁国钊
广西忻城土司史话/覃桂清
广西老年人口研究/莫龙
太平天国时期壮族农民起义/覃高积
白裤瑶社会/玉时阶
古南越国史/覃圣敏等
马克思主义民族理论/罗庶长等
广西解放纪实/自治区通志馆
苏元春评传/肖德浩
广西公路运输史/自治区公路运输局
张云逸大将/罗永平
广西对外开放港口/黄铮等
北流型铜鼓探秘/姚舜安等
清末广西天地会风云录/徐舸
解放战争时期党领导的广西城市工作/自治区党史办
当代广西新闻事业/周中仁等

鲁迅研究概要/刘泰隆等
电视笔谈/刘远修
世界百科问题丛书/柏敬泽等
落叶(长诗翻译)/王庚年
广播电视学研究/邓生才等
历代讽刺诗选析/赵建莉等
小说写作系统工程论/雷耀发
广西壮族地名选集/张声震
冯至戴望舒诗歌欣赏/卢斯飞等
悲剧心理学/韦小坚等
郑献甫诗选注/刘映华
新中国文学四十年/胡树琨等
聊斋志异纵横谈/徐君慧
欧阳予倩研究资料/苏关鑫
当代散文佳篇赏析/黄伯谋
侗族民间文艺美论/朱慧珍
形象思维学概念/何邦泰
体育哲学纵横谈/周志武等
社会科学方法论/曾玉书等
新编思想政治工作学/陈开铭等
政策学概论/李少民等
儿童心理与教育/王生竹等
桂林名城保护建设/黄吉锡等
克鲁普斯卡娅图书馆学文选/尤小明
图书分类法史略/何善祥等
风波后论党的建设/彭贵康等
坚持党的领导加强党的建设/陆柱等
党的群众路线教育读本/区向明等
新时期基层政权建设/冯干文等
思想政治工作论/班忠柏
中国法律文书实用大全/吉正明
新时期爱国统一战线/黄语扬等
思考过去思考未来/广西师范大学宣传部编写组
当代社会热门话题集/梁天明
外向型经济概论/王文等
宏观经济管理统计学/陈俊贤
现代企业管理常见方法及微机运用/周兆祥等
投入产出表的编制与应用/张敦颢等
工业企业经济活动分析/席玉聚
财政与金融概论/钟散林等
当代世界政治经济与国际关系/叶润青等
中国共产党广西地方史教程/黄茂田
行政管理学/霍培正等
基本国情基本路线简明读本/罗国信
英语900句简明教程/孙嗣雍等
乡镇财政教程/周立基等
对外经济实务手册/广西软科学咨询公司
中国革命史常用词典/徐方治
城乡个体工业户税收政策问题/宋锡辉等
领导活动的哲学思考/李光炎等
大学生与人际关系/卢斯飞
马克思主义哲学原著学习辅导/自治区党委宣传部
广西工业结构与发展战略研究/金一飞等
广西产业结构能源问题研讨文集/韩瑞茭等
组织工作探索/谢增泽等
广西理想建设研讨文集/张江垠等
强国之路/广西社会科学院
逻辑纵横论丛/刘新华等
广西工业四十年/自治区统计局工交物资处
梁漱溟著述年谱/刘定祥
关于发展广西城乡工业经济的研究/课题组
广西经济发展和产业政策/连友农等
区域突破后的回顾与展望/龚维平等
转折与抉择——我区乡镇企业发展问题研究报告/何友嘉等
广西桂中南农业区域开发规划报告/谢英美等
广西“八五”期间脱贫工程战略方针及其操作办法的研究报告/玉丕民等
桂平县粮食产需研究/方权辉等
关于解决我区农村资金供求矛盾的基本思路和对策的研究报告/课题组
一九八九年我区市场物价综述/许自伦
深化改革 搞活物资流通/刘振泰
稳定和完善粮食流通双轨制/广西粮食经济学会课题组
略论国际旅游市场战略问题/廖日裕
南宁地市旅游资源开发初议/秦权人等
粮食问题的症结与对策/谢学平
加强物价管理控制物价上涨/林仁寿
谈谈供销社内部合作与联合的几个问题/左凤财
关于发展我区民族贸易的几个问题/刘翠芳
治理整顿与深化粮食购销改革/刘兴周
生产资料价格“双轨制”的反思/刘伏龙
关于我区外贸发展与改革的思考/李曼影
转变结构扩大出口/宋伟良
国际收支的货币理论分析评介/尹建国
国营商品体制改革中几个现实问题的探论/孙德明
整顿商品流通秩序充分发挥国营商业主渠道作用/李德康
广西近中期人口发展战略对策研究/自治区党委政策研究室、自治区计生委、自治区土地管理局联合课题组
南宁市企业分配机制的改革与完善/林明等
广西企业改革十年的回顾与思考/黄世武
工资机制与企业发展问题初探/曾献国
浅论劳动制度改革的协同发展决策/冯振年
深化企业分配体制改革 进一步理顺国家与企业的分配关系/叶锦棠

关于卫生投资的几个问题/元文玮等
广西医院病床适度发展模型/黄龙生等
关于整顿广西商品流通秩序问题的探讨/许国祥
试论国土工业资源开发的战略规划问题/汪宇明
定量分析方法在发展战略研究中的应用/徐远征
我国西部与中东部地区协调发展的几个问题/寿思华等
黎湛线面临的问题与出路/田志歧
柳州市经济周期运行特点分析与政府行为构思/韦亮
落后地区乡镇企业发展若干问题研究/李欣广等
广西环境战略研究/陶显亮
我国农村十年改革的历史动因主要成果和发展前景/周复昌
广西"八五"粮食生产发展对策研究/谢为民等
少数民族贫困山区农民脱贫致富的一条有效途径/黄启学等
关于调整制定煤炭发展战略的几点思考/鲁令杰
新时期国营林场经营方针的探讨/张广智
对农林牧合理用地总体规划设想/周启仁
高技术环球大转移和产业移植/宋德生
广西经济振兴的关键是搞好农业开发/冯廷皆
增加信贷投入,提高使用效益,增强农业发展后劲/杨仲元等
增加农业信贷投入的深层思考/张爱中
缓解企业资金紧缺的意见/谢博渊
广西卷烟工业当前资金困境深层分析及对策/黄深泉
我国的通货膨胀与治理构想/黄晓虹等
论国债适度及其客观数量界限/龚跃彩
个人收入分配不公问题整体思考/方杰
试论民族自治地方审计工作的特点/陈建飞
试论广西经济总量平衡问题/覃立勋
试论广西汉代货币经济的发展/黄启善
试论农业保险的性质地位与作用/叶诚信
整顿税收秩序推进以法治税/郭连科
整顿税收秩序　建立以法治税的新规范/李树龙等
广西资金紧张的原因及对策/陈伯发
广西实施沿海地区经济发展战略及其金融对策的思考/黄永孝
强化会计在经济管理的作用/欧阳三
适应深化改革要求加强会计队伍职业道德建设/金铎
初议建立西南旅游协作区/郑家度
广西田东县发现古人类化石及其文化遗存/曾祥旺
在深化改革中完善民族区域自治制度/覃卓凡等
从少数民族女大学生选择的困惑看现代妇女价值确认之艰难/李文彦等
无文字民族古籍异本处理设想/梁富林
十万大山瑶族道教信仰浅释/张有隽
对妇女生育价值及其社会补偿方式的几点思考/荀建忠
广西人口寿命及影响因素分析/梁秋萍等
中国近代工业化新论/朱坚真
谈谈中学生心理健康与保健问题/张宗英
女性解放的相对性及其方法论意义/杨丽娜
现代妇女解放与女性自我意识/黄筱娜
批判思维导论/雷德鹏
广西老年人口婚姻、生育状况的城乡比较/陈洁莲
广西社会治安综合治理对策研究/课题组
广西籍华侨及华人历史的若干特点/赵和曼
县情与县志/廖江
帝国主义推行和平演变的战略及其手法/陈亿忠
太平天国战略问题初探/刘君达
全宗理论与实践/俎鹤林
广西海外社团的历史与现状/黄镛琨
风波后的反思——党报必须坚持正确的舆论导向/杨志庆等
论邓小平丰富和发展毛泽东文艺思想的伟大贡献/艾平
对"文化反思"的反思/江建文
自然科学需要马克思主义哲学指导/佟向民
美学研究新天地/杨昌雄
论家庭美育与学校美育/莫旭麟
审美创造中的审美变形/江业国
洪秀全哲学思想两重性剖析/王青山
严复的天演哲学与老庄思想/杨达荣
试论柳宗元的"统合儒释"/王一民
青年领导干部"角色贬损"因素剖析/莫小兵
论戏曲舞台情感的特点/王兆椿
浅谈解决山区人才奇缺的办法/韦胜
广西公共图书馆事业发展战略构想/麦群忠
试论农村电影市场的开拓/黄家瑛
XCY 地理电化教学初探/苏振刚
试论高校教师教学质量评估及 Fuzzy 综合评判标准化的应用/贺祖斌等
小学语文教育要重视美育/陈辉恒
为什么和怎么办?——关于中小学德育工作的反思/夏炎
发展农村职业技术教育的研究/梁全进等
提高少数民族文化素质浅谈/刘开
党校要特别加强马克思主义的研究/陈子亮等
试论教学中的师生人际关系/卢宁
指导成人教育的理论基础/彭广荣
中外职业教育比较研究/蒋森华
论承包经营责任制在经济体制改革中的地位和作用/廖怀宽
探索干部宏观管理工作的新途径/自治区党委组织部课题组
努力建设坚强的农村基层党支部/韦志虹等
社会主义社会的犯罪与改造/李青

加强行政法制是克服官僚主义的根本措施/徐选炳
论法制现代化/程岗
关于民主问题的几点思考/覃泽儒
收容审查的问题与出路/高宪瑞
邓小平同志的创造哲学初探/甘自恒
马克思的国家思想的起点及其必然趋势/周敦耀
评"马克思主义过时论"/曹秀刚等
浅谈建立我国企业法律顾问制度问题/黄焕光
关于治理整顿中发挥财政杠杆作用问题/唐有璋
对"八五"期间广西产业结构调整的几点看法和建议/林哨等
中越关系的回顾与展望/郭明
进一步加强马克思主义理论教育/王文

佳作奖(248项)

瑶族/黄钰等
怎样当好现代父母/杜元实
三江侗族自治县民族志/石若屏等
广西苗族社会历史调查/周光大等
转业退伍军人成功的秘密/刘道良
广西历史知识/谢永雄
柳宗元·柳州/戴义开
施工企业生产管理/欧阳光
银行业务英语会话/蒋材旺
金融知识大全/喻瑞祥等
建设有中国特色的社会主义理论/自治区党委讲师团
瑰丽的壮歌/黄革
涉外活动速成英语口语/黄建华等
红军名将李明瑞/覃尚文
常用公文写作与处理/崔忠仁
文心雕龙美学思想论稿/赵盛德
武鸣壮语法/自治区语委研究室
汉赋赏析/仇仲谦
清代散文赏析/黄珍珠
桂林诗词/刘英等
辩证思维与写作训练/李新平等
小学作文教学心理研究/李人凡
簪山带水美相依/袁鼎生
蓝色的冬神/周仪等
新兴的第三产业/李克平
现代文选详析/苏长仙
中学中师古诗文语法详解/韦天奎
英语双解启蒙词典/谢志国
小学数学创造教学/卢庆权等
小学语文创造教学/黄晓等
可爱的百色/百色地区教育局
新时期党员教育工作概论/彭晓春
行政管理案例分析/郑凤林等
《中国特色社会主义概论》第八、九章/王兴富
做一个名符其实的共产党员/梁冠文
毛泽东认识论思想研究/潘宝卿
现代领导心理学/宿富连等
论廉政建设/梁宗常等
毛泽东邓小平著作哲学思想学习辅导/李忠旭等
职工思想政治教育简明教材/桂林市职教办
坚持四项基本原则问题解答/李丹林等
中华人民共和国民族区域自治法知识问答/覃乃昌等
简明公共关系学/黄树森等
行政诉讼应诉指南/陈肇国
心理学原理与应用/宋书文等
干部写作教程/陈学璞
阅读与写作词典/林士良
社会主义初级阶段劳动经济学/欧阳广等
广西经济教程/自治区党校政治经济教研室
广西国土经济地图集/杨仲华等
统计学原理与商业统计/韦国瑜
广西经济社会纵览/刘军等
工业企业财务管理/陈国歧等
技术出口实务入门/高歌
外贸制单基础知识/顾民
广西手册/自治区通志馆
岭南旧石器时代向新石器时代的过渡及有关的几个问题/何乃汉
中国古代史料要籍概述/何应忠
广西会党资料汇编/庾裕良等
阳朔县志/阳朔县志办
钦州地区旅美华侨华人的现状/杨恒烈
党在广西学生军/自治区党史办
太平天国在广西调查资料全编/陈仁华等
柳城县农村经济完善双层经营情况的调查/刘运生等
关于贫困地区农村青年致富环境的调查与思考/黄小宁
民矿发展中的环境问题/黄好珍
广西农村能源开发和利用问题研究报告/李俊民
对车田苗族乡脚古冲等四村长期未解决温饱问题的调查/康天保
税收征收制度规范化科学化的方向重建及完善上门缴税的制度/霍军
《教育辞典》部分辞目/胡礼遇
计划生育工作谈/吴世南
民政理论文选/广西民政学会
边境贸易:广西民族经济起飞的新机遇/边境贸易课题组
广西工业化与产业政策研究报告/朱坚真等
龙州县经济开发和生态考察研究报告集/广西社会科学院经济所
语言与电视收视率/莫年新
社会主义初级阶段城市文化消费趋向的几个问题/张

文祥等
差额选举推进广西的民主建设/邹伟
香港的考察与思考/陈海清
新时期党务工作实用手册/包鸣刚等
南宁市县以上领导班子四化建设进程的调查报告/南宁市委组织部调查组
科学研究艺术——科学方法导论(第六章)/王瑞芬等
产业结构调整的"空穴诱导跃迁"的战略/黄觉雏
试论就业领域中效率与平等关系/梁赞安
生产资料公有制是社会主义的基本经济特征和基础/田工
社会主义社会劳动力的性质/颜邦英
广西玉林地区1978～1987年住院病人前十位疾病构成分析/莫立钊
试论社会主义的公有制和按劳分配原则与产权关系/唐路桥
关于工业发展速度计算方法的探讨/崔业德
广西农民收入现状评价趋势预测/唐爱斌等
广西宏观经济效益研究/潘土生等
试谈西南地区对外开放中的印度支那市场/赖富强
1978～1987年南宁柳州工业经济增长和发展轨迹比较/陈景和
从欧洲共同体看世界区域经济集团的发展/杨亚非
充分发挥我区大中型企业骨干作用的若干政策意见/梁卓平等
私营企业的发展与管理的几个问题/黄愈奇
两权分离与搞活企业/李俊康
住房制度改革的调查与思考/严佳宜
劳务输出是我区应该大力发展对外经济的合作形式/伍朝民等
企业两权分离后的资金管理问题/冯任佳
关于继续扶持我区贫困地区经济发展的思考/刘海安
信贷资产管理的现状与对策/江仕复
试析农村农贷向农业倾斜的几个问题/石维松
坚持一个中心两个基本点　不断深化银行改革/黄炳钧
按中国特定的历史条件去认识合作金融/蒋世绩
关于企业承包经营责任审计的思考/石奎
试论广西出土的宋代钱币/于凤芝
我国农村保险发展面临的问题及对策/韩世安
发展保险事业必须注重防灾/张中睦
缓解企业流动资金紧张的途径/李品科
论建筑产品竣工核算成本利润/汪庭林
加快金融体制改革,为桂东南经济开放区服务/黄代伟
我国主要储蓄形式的分析比较与选择/黄斌等
核算实现利润与创造盈利并列的探索/王传沐
关于财务管理与会计的关系问题的一些认识/杨秋风
我国社会主义初级阶段的税收特点及其对策/阚尧华
广西纸币探索/张世铨
我国社会主义审计组织体系和领导体制/崔楚生
对发达地区农村所有制结构和经营制度化的探讨/王克
关于城镇居民口粮双轨制的初步设想/覃坚毅
浅谈广西粮食流通现状与应采取的对策/魏银光
台商在大陆投资的趋势及广西应采取的对策/罗万浩
关于我国利用外资战略的思考/王昌雄
广西外贸出口创汇目标预测与数学模型的选择/张业才
总结三年经验继续开拓革新/何报光
从广西看我国西部地区发展外向型经济需要解决的几个问题/陈子亮
浅析生产资料价格的双轨制/李柏雄
建国以来广西木材价格演变及今后发展趋势/李忠荣
卷烟新产品定价目标及策略/胡柏州
园林票价改革的几个问题/王永凤等
合资宾馆引进管理需要解决的问题/张来生
商业企业开放市场的辩证思考/关国培
谈国营零售商业企业参与市场竞争问题/李达怀
物资企业要更好地为生产企业服务/宁加芳
论联购分销分购联销/张法修
从优化出口商品结构的战略来认识和发展出口包装事业/陈蓬烈
工业基础薄弱地区出口商品结构模式与调整步骤/姚擎寰
钦州湾发展外向型经济的构想/黄信
论贵县港的战略地位及合理开发/李渭泉等
文化在旅游事业中的地位及其对旅游整体效益的影响/曾有云等
企业内部不宜层层承包"以包代管"/黎奇
论农村商品经济的经营组织/薛家凯
对广西煤炭工业发展的浅见/陈永福
论广西蔗源潜力与糖业发展战略/石廷藩等
提倡大饲料观点　缓解人畜争粮的矛盾/戴树人
关于发展民族地区经济的几个问题/韦剑峰
关于我区当前社区性合作经济组织情况调查及对策研究/杜易等
广西基础产业粮食研究/王伟璋
南宁地区承包经营的实证分析及思考/苏道严
适度规模经营的实践/苏汉文
实行分级计划摆脱粮食困境/胡占元
依靠科学规划促进钟山县经济发展/李树书
对都安县扶贫工作的一点思考/莫富
医药工业企业规模结构合理化探讨/赖家范
《中国现代科技管理》第二、十五章/陈国清
桂林地区柑桔生产考察/陶运改等
关于梧州市工业批量问题的研究报告/梧州市委政研室

论民族地区发展“三资企业”的重要性及存在问题与对策/陈坚
正确处理四个关系　加速发展商品经济/赖国荣
柳宗元的科学思想/柯远斌
青年科学的社会功能与实现途径/邝海春
文字改革新思路——全面兼顾，简化笔划，接近原型/龙圣明
略论当代壮族特点/袁少芬
加强普通初中职业技术教育　提高劳动者素质/陈秀堂
人口生命素质指数与经济发展/苏全水
论校长/吴宏泰
“墟”考/白耀天
广西瑶族民间舞蹈简述/潘家伟
柳州市经济发展与人才对策/黄志华
平南县企业党务工作队伍素质的调查分析/黄礼春
广西农村人畜饮水困难状况原因及对策/赵明龙
角色游戏在促进幼儿社会化发展中的作用/王玉英
广西青年人口的特征/黄东日
社会科学情报研究人员的素养及其测定/曾予今
论少数民族婚姻习俗对青年成才的影响/姜英文等
六十年代初期广西龙胜包产到户述评/胡隆镁
不应遗忘的桂西红军游击队和游击根据地/张雨夏
两广事变与中国共产党“逼蒋抗日”方针的形成/王锦侠等
我区档案收集与馆藏结构的现状与对策/温强
关于少数民族档案工作几个问题的思考/谢岳山
乾隆与清代中越战争/李延凌
论越南“八月革命”的道路/杨立冰
马克思主义人权观/叶润青
“刘永福历史”的史料价值/廖宗麟
韦拔群传/黎国轴等
孙中山的五权宪法思想渊源之探讨/卢仲维
略谈广西落实华侨私房遗留问题/陈河清
论王绩的田园诗/张明非
论苏联“全景性”战争文学代表作《围困》的特点/黄仕荣
密洛陀与瑶族文化/农学冠
惠特曼散论/韦德三
“观念更新”宣传之我见/孙殿伟
略论强化社会生活参与意识/饶韬
壮族诗歌思想内容表现艺术探微/吴龙章
阮籍诗风与玄学思想方法/胡大雷
盘瑶语言构词法/舒化龙
对定义不相应相称的错误必须全面分析/胡世英
从“真趣”到“音韵”的执着追寻——陆时雍《诗境总论》肤说/彭庆山
侦察思维的几种特殊推理形式/黄章文
浅谈生产力标准与四项基本原则的关系/聂观石
不能把近代唯物主义物质观简单地归结为原子论/郑世冰
模式思维的构想及其认识的价值/毛殊凡
评对马克思主义的几种错误观点/黎影材
意象美与具象美的统一/张国凡
试论民族社会心理与发展民族地区的商品经济/韦日标
“一国两制”与矛盾学说/廖剑鸣
柳宗元山水诗的和谐美/孙代文
社会主义社会基本矛盾的创立与发展/刘家纪
论职业道德教育与职业道德管理/卫荣凡
领导科学分支学科群发展趋势展望/廖雄军
简论德国早期马克思主义者的艺术审美观/林宝全
行为心理与法律调控/廖竟叶
关于提高我国教育投资效益的思考/刘淦源
从医学系毕业生信息反馈谈预防医学教育改革/磨传真等
试析高等教育与广西经济发展关系/黄克祥等
从隆林民族教育现状看如何在少数民族地区实施义务教育/杨文志
简论加强教师思想政治教育/冯宗异
谈谈对自由的认识/黄仁谷
侗族琵琶歌改革之管见/郑光松
论“说理”/饶永恒
世界公共图书馆事业的状况及其动向/何善祥
我国公共图书馆的困境及其出路/周世辟等
建设序列化语文教材体系的实践/耿法禹
努力提高党员领导干部的马克思主义理论素质/彭宏富
发展完善党校教育体系/覃际宽等
小学语文整体性教学的六个突破/宋家东
民族心理与少数民族地区的群众文化/莫社光等
初级阶段与发挥民族地区农村党员的作用/自治区党校党建教研室
略论执政党的党内监督/涂世驿等
论政策的起源和本质/莫旭麟等
振兴铁路必须内改外争/李蕴
浅析从方法论上确定思想政治工作的有效性条件/陈湘怀
坚持民族素质的优化组合和社会文明的协调发展/冯东晓
“文明与人类社会俱来”说不妥/梁延
当前贪污犯罪现象之探究/雷震
略谈我国检察机关在刑事诉讼中的法律监督作用/吴象全
被害人学在罪刑质量研究中的意义/覃宏锐
从澳门的宗教现状看我国开展宗教方面海外统战工作应注意的几个问题/唐熙渊
谈行政效率的分类/柳群

增强社会主义政治活力的思考/曾德盛
论编辑作品的版权保护/王骅
重视思想政治工作中的情感沟通/杨树森
进一步深化改革　加快林业建设步伐/谭国政
观察与写作/廖祥林
公务文书写作大全/刘军等
百色龙州起义中的工人阶级/周民霖
评论预审员在审评中对被告人的心理影响/蒋汉伦
人口与计划生育/阳国亮
社会主义道德基本原理/张可尧等

第四次(1990～1993年)

一等奖(7项)

成果名称/作者
占有概念的历史发展与中国占有制度/孟勤国
论价格指数的部门联动性兼论增加值指数与价格指数的关系/宋佰谦
毛泽东经济哲学思想研究/曾德盛
广西“八五”期间“两烟”发展对策研究/玉丕民等
中国不发达地区经济新论/何异煌等
校长成长的探索/广西教育学院课题组
传统社会主义经济理论述评/李宜楠等

二等奖(116项)

跨世纪的蓝图/洪普洲等
广西经济政策研究/张礼正等
走向市场:联邦德国经济与宏观调控政策/陈武
中国企业集团组织与管理原理研究/左昌鸿等
2000年的广西农村/方天
双向开放的区域经济——桂东南开放与开发研究/李炳东等
越南经济的改革/古小松
民族自治权论/覃乃昌等
资源开发与民族发展/李甫春等
壮族歌圩研究/潘其旭
青年人生论/夏永翔等
广西老年人口/肖永孜
社会变迁与社会协调发展理论研究/王祥俊
中越关系演变四十年/郭明
中国革命和建设问题/徐方治
汉民族发展史/徐杰舜
广西当代经济史/李炳东
粤西文化与中华文化研究/胡大雷等
毛泽东诗词大典/李人凡
水浒传纵横谈/丘振声
古诗类编/胡光丹等
深度报道初探/陈健民
徐志摩:人和诗/林焕标等
传统文化沉思录/梁超然
桂林文化城大全(文学卷)/雷锐等
仫佬族文学史/龙殿宝等
中国民族宗教与神话大辞典/蓝鸿恩
德育环境学/罗国安
左江崖壁画艺术寻踪/覃彩銮等
现代教学艺术/崔含鼎等
讲授学/秦朝泰等
邓小平科学技术思想研究/中共南宁地委
中国社会主义政党制度/区济文
毛泽东与社会主义中国/广西社会科学院
基层党组织活动100例/广西支部生活杂志社
刑法运用实务/张英忠等
新时期民主党派自身建设/唐松球等
广西经济发展战略总体构想/何异煌等
20世纪30年代的广西/钟文典等
邓小平文选(壮译本)/中国民族语文翻译中心壮文室
符号学原理/黄天源
中国经济地理概论/叶裕惠等
社会主义市场经济学/侯德彭等
中国史学史简明教程/张家璠等
历史年代学/唐凌
国防教育简明教程/严纯佑
人生哲理/王宁湘等
继续发展个体私营经济　推进所有制结构的改革/尹福伦
高产优质高效农业发展的新思路/黄著诚
我区国营工业企业亏损状况及其治理对策研究报告/叶锦棠等
全区人均产粮承包责任制研究与实施/洪普洲等
对中越边境贸易货币结算问题的思考/刘为霖
广西边贫地区投资现状和“八五”期间投资政策研究报告/自治区建行课题组
形势·问题·思路——农村货币流通研究报告/周策群
左右江革命根据地有无发行货币的调查研究/邬前淳等
泰国瑶族考察/玉时阶等
广西城市社区服务研究/阎革等
横县教育改革实验研究报告/梁全进等
广西民族教育发展战略初步研究/课题组
广西固定资产投资规模问题研究报告/自治区建行课题组
社会科学古文献情报指南/广西社会科学院情报所
中国古代诗话辞典/张葆全等
改革理论与实践研究/袁绪程
市场经济与广西财政改革/佘国信
丹竹供销社发展之路/许治家等
民族地区人口论丛/丸吉

少数民族教育探索/郭道明等
伟大的时代　光辉的理论/杨炳忠
全区党建理论讨论会论文集(上、下)/自治区党委组织部
关于中介过渡地带经济发展的战略思考/李新明
马克思"重新建立个人所有制"的设想与社会主义公有制的现实/邓崇清
中国大西南:国家战略区域和产业政策/连友农等
防洪与减灾——运用价值工程原理分析防洪减灾的经济效益/刘仲桂
广西红水河流域以水电为主的综合经济开发战略的研究——库区经济开发与移民研究/邓国明等
广西乡镇企业发展战略规划及实施研究/谢为民等
我国产业政策同货币政策的磨擦及协调对等/卢世荣等
把广西作为民族区域自治地方财政经济体制改革试验区的设想/叶学明
回忆民族地区市场经济改革进程的几点思考/吴炳贵
对建立完善社会主义市场经济体制下审计制度的一些设想/覃立勋
关于专业银行向商业银行转变的思考/杨仲元等
浅析保险企业损益和保费增长速度间的关系/孙汉明等
对我国保险市场发展趋势的探讨/魏景春
社会主义市场经济条件下价格调控问题研究/黄世勇
广西粮食产需趋势与供求对策研究/桂良才等
论发展农村市场/廖凤一
少数民族山区经济发展路子的探索与认识/姚善策
广西旅游业产业政策研究/郑家度
推行股份制不容置疑:浅议当前股票市场的一些问题和对策/雷品坚
广西汉壮瑶农民生育态度的比较研究/李秋洪
改革开放与少数民族地区青年观念的变革/蓝日基
民族地区精神文明建设要上一个新台阶/潘琦
从历史走向未来:北部湾经济的构想及其依据/周中坚
广西与辛亥革命/黄宗炎
试论广西的有肩石器/彭书琳
试论档案效益观/温强
冯云山与拜上帝会/唐增烈
"大框架下多模式"的走向——兼论海外华人的国家认同与民族同化/向大有
艺术形象和典型新论/黄海澄
从五言乐府看李白革新实绩/张明非
论解放和发展文艺生产力/陈学璞
生态技术美学的对象和任务/江业国
医务界牟利动机史的分析/何兆雄
孔子之人道观/岑贤安
超导研究突破的方法论启示/梁国钊
漫谈"气韵生动"诸学/韩昌力
卢瑟福与现代炼金术/马忠桂
民族审美主体概念辩析/杨昌雄
贯彻教育方针的一个关键问题/夏炎
论民主专政自由/朱荣等
中国要警惕右,但主要是防止"左"/周静芳
关于加速发展广西经济的若干意见/韦志中
广西地方立法中存在的主要问题及应采取的对策/曹平
论建立中国行政管理学学科体系的多元结构/柳群
社会主义市场经济问题研究(7篇)/张江根
广西涉外经济活动(3篇)/尹建国
试论经济效益与基本规律的关系/刘贵访

三等奖(195项)

经济决策/薛家凯等
广西产业结构与经济发展战略/马飚等
关贸总协定与中国企业发展/周前海等
财政与股份企业/蒙丽珍
商品流通企业会计核算实务/刘铭达
中小学财务管理与核算/杨伦
商业银行实务/吴文元
市场经济与税收改革/莫耀辉等
中国国情丛书——百县市经济社会调查·南丹卷/朱荣等
民族学概论/周光大
桂东瑶舞探秘/丁战等
瑶族民俗/姚舜安
安全行车心理学应用/卢凌
越南华侨与华人/李白茵
中共桂林市党史资料专题研究集/韦文华等
新闻美学论/蒙南生
艺术学/杨长勋
苗族歌谣文化/过竹
图文声像新闻采访学/黄永喜等
毛南族文学史/蒙国荣等
从汉语看英语/张祥麟
秋爽集/柴立扬
洛夫·余光中诗歌欣赏/卢斯飞
唐诗新选/杨东甫
领导科学通论/奉恒高
孔子哲学新论/汪国栋
逻辑学/刘世英等
邓小平与中国特色社会主义/广西社会科学院
行政复议指南/唐安邦等
新时期共产党员党性锻炼概论/黄雄鹰等
新经济合同法概论/曹平等
继往开来——20世纪社会主义历史命运纵横谈/吴天波等

人民政协的历史与未来/林经华等
民主问题思考/荣仕星
中国现代人事管理/王江存等
社会主义廉政管理/何五星
企业发展研究/刘培合等
族际识俫/龚永辉
《史记》传记赏析/梁扬等
凡·高书信选/柏敬泽等
米佳的爱/王庚年等
企业生产现场管理/李瑞云等
可行性研究实用指南/徐远征
投资项目可行性分析方法与技巧/刘炽云等
铁路劳动报酬/靳成环等
南方集体林区经济论/张广智等
精神文明系统论/梁宗常
公安领导科学概要/方成武等
解放思想加快广西改革开放步伐/黎守法等
西南人口新篇/曾敏等
桂林抗战文化研究文集/魏华龄等
时代与艺术的报告/莫恒全等
毛泽东哲学思想与建设有中国特色的社会主义/潘宝卿等
桂西南、桂西北、桂东南经济发展战略/区济文
论立体农业/蒋升湧
广西公路史/广西公路局
中国状元谱/莫雁诗
抗法名将刘永福/廖宗麟
国民党桂系简史/袁竞雄等
广西利用外资实务手册/陶昌等
史记人物辞典/黄康白等
英汉倒排词典/李学金等
民族理论与法制/金宝生等
妇女学基础理论/刘旭金
民族民间文学原理/周作秋
美学理论基础/朱慧珍
中学语文教育学/黄汉清等
中小学革命传统教育读本/钟新龙等
政法干警职业道德/鲁锋等
简明法学/程岗等
农业税收知识/自治区财政厅农税处编写组
农业经济管理概论/叶裕惠
新时期农村领导工作难题解/黄汉棠
为人处世与“菜根谭”/黄家章等
中小学班主任工作方法/黄敏
育儿妙法100例/陈振桂
社会主义市场经济读本/程贞生等
学习十四大报告/杜晶一等
学广东经验　兴八桂经济/刘广寅等
广西城乡医疗服务研究/蓝芳馨等

广西重点煤矿煤炭成本价格的调查报告/韦炳才等
深度开发人才资源加快广西现代化建设步伐/许绍扬等
大力加强以党支部为核心的村级组织建设/梁明春等
广西深化农村改革有关法律问题/谢英美等
全心全意依靠工人阶级推进两个文明建设/周民霖等
学习广东基本经验加快农业开发事业/韦钦等
金山秀水令人醉/欧阳三等
广西财政补贴改革调研报告/联合课题组
会计电算软件(1、水运财会微机应用系统益友软件，2、公路养护财务辅助管理系统，3、金帆电脑会计软件)/自治区交通厅集体创作
把握机遇，迎接挑战，挺进国际市场，开拓广西水泥出口创汇的新局面/王铭洛
桂林漓江环境保护综合治理与开发研究/郑深江等
广西“八五”改革思路刍议/刘清平
社会主义市场经济体制建立的关键在于企业必须成为资源配置和扩大再生产的主体/丁焰辉
建立社会主义市场经济体系的若干思考/金一飞
关于加快大西南开发开放的探讨/朱坚真
九十年代广西增加出口创汇的根本出路/何桂丛
按照社会主义市场经济要求认识和处理铁路效益和社会效益的两个关系/黄凤雕
引入市场机制加速西江走廊经济发展/于超成
两广对外开放重点区位的选择/李小舰
加快防城港县发展的战略思考/汪宇明
发挥北海地缘优势　加速广西经济发展/伍玉岭
建立发展泛珠江经济区的战略思考/李灼荣
提高农业综合生产能力的途径/何友嘉等
最佳经济效果(总盈利最大)的露天开采境界的圈定方法/龚宝格
略论恩格尔定律及其正确计量/李德敏
广西农业“七五”的反思及“八五”对策/张振东
广西松脂产业开发研究/玉丕民等
90年代广西农业的发展与思考/莫林
广西生态资源政策研究/阮乐纯等
“层次分析法”在技改项目群择优排序应用探讨/王允光
2000年广西农村实现“小康”的目标及对策研究/黄承等
运用“双因素”进行职工管理/林秀文
医院必须走内涵式发展道路/元文玮等
略论民族地区安定团结的财经对策/佘国信
社会主义市场经济条件下的税收工作若干问题/杨庆文
建立科学严密的税收征管体系的思考/谢景开等
会计与经济效益/吴盛光
运用哲学观点正确认识审计/温国良
人民币汇率调整十年回顾与反思/罗华

发挥金融在加速广西南宁边境中的能动作用/曾宁等
从强化信贷资产质量管理促进企业经营机制转换/李昌文等
北海开发引出的思考——关于筹集广西建设资金的探讨/曾国坚
加快右江河谷经济开发建设的金融思考/冯廷皆
广西边境收集的越南古钱研究/张世铨等
漫谈广西边贸保险现状及其前景/梁耀明
对产品责任保险的一些法律思考/唐广助
论毛泽东孚众统御的艺术/李光炎
试论珠江流域经济区商品流通的发展/陈子亮
中越边贸营销探析/马世俊
关贸总协定与广西经济/陈武等
对依靠科学技术振兴民族经济的若干看法/廖日裕
严峻的现实·问题的结症·未来的政策/周健
对改进我国技术引进合同管理的思考/高歌
南宁市发展对越边贸与开拓东南亚市场/莫富等
试论广西文化旅游的开发/秦权人
“八五”期间广西菜蓝子工程建设值得研究和解决的几个问题/罗广烈等
古代中越边境贸易历史及其启示/赵明龙
农村粮管所搞活经营初探/曾发等
国内旅游市场化/颜邦英
刍议物资流通社会化/刘伏龙
关于广西经济社会发展之浅见/覃卓凡
民族地区小城镇发展的经济特征/李欣广
论民族地区沿边开放战略及其实施对策/梁赞安
我国农产品价格波动的原因及对策/陈俊平
华夏族进入文明社会的年代与道路问题的再探讨/莫金山
关于丹霞地貌与丹霞旅游地貌定义的研究/杨颖瑜
略论中国特色的劳动教养制度的现状与完善/高宪瑞
壮族的文化传递/李富强
略谈广西少数民族地区农村的优生问题/刘绍友
为女性人才脱颖而出创造公平竞争的社会环境/韦胜
贫困与环境/白先经等
人口老龄化的经济学思考/杨伟嘉
太平天国兵器制造探略/朱哲芳
中国共产党的领导是社会主义事业胜利的根本保证/胡隆镁
关于岭南中石器早期新石器与越南和平文化北山文化的关系的初步探讨/何乃汉
广西汉代玻璃制品的初步研究/黄启善
壮族族称缘起新论/覃成号
明代藩王经商刍议/覃延欢
关于马克思主义文学理论的中国特色问题/王杰
正确理解和坚持文艺党性原则/林宝全
西方文学与科学/吴锡民
论当代企业家文化建构/江建文
论艺术的雅化——“月色能移世界”/吕嘉健
虚概念与模糊思维的互补性研究/莫尔高
论毛泽东群众思想的认识论意义/夏永翔
经验与科学/张汉纲等
“系统规律”比辩论法规律更高层次吧?/费必标
十届三中全会以来的邓小平对毛泽东哲学思想的贡献/潘宝卿
管理医德与医德管理/蔡建章等
孔子不是封建专制主义思想家/王应常
壮族古代美学思想浅论/阳晓儒
关于改造社会文化深层结构的思考/刘开
关于广西农科教结合的现状和对策探讨/甘绳武等
从职业选择看中学生人生价值取向/自治区党委宣传部学工处等
论优化教学信息系统与提高教学质量的关系/陈秀堂等
关于构建广西文化长廊的思考/邓达平
关于《中华大典》框架与索引的探讨/陈大广
试论图书馆人才的作用及其成长的规律/何善祥等
马恩对未来社会的所有制设想与我国现阶段的所有制结构/冯干文
论毛泽东对马列主义死刑理论创造性地发展/康润森
执政党的建设与官僚主义的克服/何龙群
解决涉越边境贸易纠纷的思考/林日华
毛泽东独立自主思想与建设有中国特色社会主义的理论/冯东晓
试析德国政治中的右冀激进主义势力/申华林
试论马克思、恩格斯有关人权问题的思想及特点/陈洪江
浅议企业承包经营中民法保护的几个问题/钟新强
关于经济犯罪疑难案件定罪之探讨/张英忠
列宁关于社会主义经济建设的理论和实践/陆增杰
谈行政管理学的基本范畴/邹伟
按照社会主义市场经济要求做好干部工作/马庆生
关贸总协定与国内商业/詹宏松
论“社会化”/孙可庸
对“复关”后几个投资问题的探讨/黄筱传
论毛泽东少数民族经济思想的科学内涵/翁乾麟
运用税收杠杆促进我区产业结构调整的思考/郭连科等

佳作奖(219项)

劳动工资改革新论/曾献国
货币发行量与2010年的中国/罗运贵
京族文学史/苏维光等
彝族歌谣探微/王光荣
文学与审美/王小刚
历史与美学的选择——毛泽东文艺思想新论/课题组
《红楼梦》与为人处世/彭洋等

基层银行领导艺术/王熙富
精神生产与精神文明/周世中
青年思想工作学/廖雄军等
认识论新探/宋立军
人权、强权、主权/钟瑞添等
统一战线理论政策与实践/陈海清等
中国经济法通论/文家畲等
党的制度建设学/黄飚等
版权理论与实务/王骅
周易·太极思维与现代管理/何成正
一个中心百年不变/刘世英等
全国解放战争时期的广西武装斗争/江虹等
广西战役/陈新建等
桂海论列/黄伟林
报纸版面美学/吴昌敬
中国古代文学名著争鸣大观/甘安顺
水族故事研究/黄桂秋
改革开放的玉林市/梁积汉等
玉林市十大商品专业市场/梁宗杰等
广西南宁地区石山区贫困原因与脱贫致富对策研究/王鹤龄
从计划走向市场/甘祥梦等
桂林奇观/邓祝仁
教育心理学教程/白先同
护理行为指导/徐惠娟
乡镇企业领导学/廖剑鸣
乡村干部工作解难/韦志虹等
社会治安综合治理概要/岑德森
中国古代诗歌概况/潘明兴
现代小说中的意识流/刘坤尊
魂系天国/孟英等
现代西方哲学导论/杨祯钦
中国传统蒙学大典/毛水清等
供销合作社统计/雷癸清
财政职业道德/刘铭达等
党的基本政策教程/党的基本政策教程编写组
自然科学文献检索与利用/苏凡等
课堂教学艺术/凌云志等
中国股票债券买卖与法律实务/潘理
中国刑法教程/杨凡等
当代中国文学/姚代亮等
写作教程/梁成林
全区干部培训统编教材/自治区党委干教办
审计学基础(部分)/刘国栋
纳税业务会计核算/李国维
实用婚姻家庭社会学/董友涛
独生少儿的心理与教育咨询/张宗英
现代谣语研究/舒化龙
逻辑与才华/王宁湘
明人诗词赏析/洪珏
改革的哲学思考/黎守法等
广西电子工业发展战略研究/贺雨生等
中越边境贸易中人民币流通的特点和对策建议/程泽群等
连续七年无经济案件发生的决窍在哪里/吴伟成
社会主义市场经济与金融体制改革的若干思考/黄斌等
大有希望的广西国际旅游业/张峻
对日本流通问题的考察报告/孙德明
美国市场考察随记/周志雄
民族区域自治法实施研究报告/王溶岩等
支持综合开发搞活农村经济/南宁地区农行调研组
奋起的广西/韦宗辉等
关税与贸易总协定基本文件/周训光等
广西社会科学研究获奖优秀成果评介/刘翠芳
广西出口商品大全/罗万浩等
广西航运史/广西航务局
当代广西年表/谢岳山
广西历代名人名胜录/党丁文
中共柳州市组织史资料/许亦清等
广西民族大全/姚舜安等
梧州之最/李培燊等
苍梧学督军门志/何林夏
秘书工作通书/韦克义等
大学基础英语常用词词典/梁义华等
《申报》广西资料索引/广西图书馆编写组
机构编制工作实用手册/王武兴等
当代中国的广西/编写组
壮族百科辞典/《壮族百科辞典》编纂委员会
管理会计实务/罗永文等
中国改革开放辉煌成就十四年广西卷/王蓉贞等
桂林经济研究文选/杨清莲等
供销社企业风貌/周长军等
广西对外经贸论文集(第一集)/罗万浩等
艺林撷英/吴龙章
瑶学研究/张有隽
广西边境地区经济开发思路/罗宽忠等
建立社会主义市场价格体制的几个问题/李朔东等
关于广西市场体系建设的初步构想/江彦丹等
社会科学在现代生产力的作用及测算指标体系/张伦书
铁路运输企业转换经营机制的思考/刘志慧等
中国的发展模式是高速还是有效/钟日新
困境、成因、对策——桂林地区国营工业企业效益分析/李亚平
非公有制经济的存在与发展是建立社会主义市场经济体制的客观要求/李元熙
广西贫困地区发展个体私营经济的困扰和思考/汪长征
关于建立社会主义市场经济的理论飞跃/俞芳林
加快发展具有山区特色的工业经济/罗殿龙

桂粤涉外经济发展比较研究/夏桂初
略论南宁市沿海开放战略/钟柳红
以大规模区域经济协作为推动的开放与开发/王庆录
试论结构性相对过剩/樊加献
百色地区经济发展之我见/潘领合
广西经济适度增长探索/韦宗辉等
关于解决广西缺煤问题的思考/陈信孚
股份制是经济较发达地区农村信用社体改的突破口/黎以高
广西城市客运交通发展对策研究报告/石仲天等
浅谈进一步发展横向经济联合的政策问题/黄念先
培育和发展广西信息市场的建议/许祖荣
桂林地区稻谷产量分析/王成名等
我区国民生产总值九十年代发展目标和供需测算及目标选择/郑健琳
广西83个县(市)农村经济综合实力排序分析/唐爱斌
喜看粮丰十业旺——玉林地区农业大鹏鸟腾飞的启示/罗中
市场经济与乡镇企业的发展/杨柳
广西村级集体经济发展对策研究报告/杜易等
广西劳动就业政策研究/冯振年等
加强农业基础地位的认识,稳定发展农业生产,努力实现小康目标/陈利丹
正确处理经济发展与保护耕地的关系/周启仁
广西农村专业市场发展对策研究/何友嘉等
1991年至2000年广西农业发展纲要/王伟漳等
中国经济欠发达地区面临政策导向的战略调整/唐有璋等
关于加快事业单位实现"两个过渡"的对策思考/潘启焕
论财政信用在国民经济运行中的作用/陈秋华
九十年代规范国家与国有企业分配关系的主题:分配制度创新/霍军
会计学研究方法简论/周华榈
对新财务会计制度的认识/李伯兴
关于财经法纪概念与违反财经法纪概念的探讨/钟传家
对现行流动资金管理体制内在矛盾的分析/张路进
也谈超额货币究竟是怎样发出来的/林志强
论增强大中型企业活力的金融政策/易行
对专业银行转换经营机制的思考/陈萍华等
关于基础产业投资问题的思考/仇守先等
最大面值的广西钞票——念五元券/郑声逸
试论发展广西人身保险的战略/南宁保险学会课题组
市场经济要求人保转换经营机制/何金煊
市场经济与商业改革/计智谋
物价控制指数与实际存有较大差距的原因分析/王惠宁
略谈粮食企业必须加强资金的价值观念/韦跃
正确认识和处理好"四个关系" 确保全年出口任务的完成/李曼影
加速转变 走向市场/张法修
我国价格信息工作的现状及前景展望/庞铁坚
粮食放开经营后边远山区粮食部门如何走向市场的思考/魏银光
大中型企业实施责任会计的探讨/覃京候
浅谈国有企业股份制改造/宁金明
论民族文化传统与企业现代管理/梁廷福
深化人才管理体制改革进一步解放和发展生产力/卢玉娟
继续深化职称改革不断完善聘任制度/黄业恩
城市社区服务范畴新论/陈喜强
高校人才断层问题对策研究初探/卢志钊等
壮族巫教的传承及其组织和流派/凌树东
女性领导的困境和出路/赵凌雪等
从瑶族图腾看瑶族的审美意识/唐桂军
对人口意识和人均观念的探析/王春林
东方神秘文化对青少年的影响及对策/周可达
广西侗族的社会民俗/陈衣等
广西医学院科技成果的管理和对策/朱为民等
试论重婚犯罪的社会危害、原因及对策/苏全雍
正确解决领导权与自治权的关系/覃立新
关于社会科学团体开展科普工作的设想/张中睦
论我国社会在稳定中求发展的协同调控机制/黄启学
从联邦制、民族自决权到民族区域自治/谭庆
法制新闻正面宣传刍议十题/张天择
论建国以来的杂文创作/吴隐林
新闻的审美价值与受众的审美心理/罗繁明
民族曲艺探源/罗安鹄
"先锋"与"红楼"可贵的参照系——从两个文学现象谈起/黄兴林
论中国古代文学的游戏娱乐功能/梁德林
新加坡华人的国家意识和宗乡会所/苏成耀
二战后东南亚华人经济特点/黄镛琨
李济深与中国共产党/杜士勇
红三十四师全军覆没原因/刘继元
广西农业科技档案四级网络建设与展望/麻健武
抗战时期广西的妇女运动/詹永媛等
广西恭城古建筑园林的造型风格/王国政
东盟与广西旅游业的比较研究/李延凌
冷战后的越南与东盟关系/张雪
曲折的道路,艰辛的历程——党对社会主义建设指导方针的探索/罗学工
谈谈档案定义问题/俎鹤林
论交流激励创新规律/甘自恒
社会主义辩证法探索/娄永清
开放优先战略论/秦文彦等
社会运动的动力体系和加快社会主义建设的动力机制/颜昌廉
论社会主义社会分工与人民内部矛盾/陈太福
毛泽东思想的主体学说与发展/黎影材等

市场经济与领导者思想观念和领导方法的转变/张瑞枝
近年语文教学中的误区/张国荣
必须重视青春时期孩子超前的性教育——谈家庭教育中一个亟待解决的课题/荀建忠
联想规律在语文教学中的运用/凌玉壁
陶行知与雷沛鸿教育实践的相互关系/吴桂就
专业村群众文化的特点及发展初探/曾宪相
文化市场的社会控制问题管窥/龚小峰
往事与思考——思想方法怎样才能正确一些/章崇义
系统原则与高师课程改革/梁启谈
提高思想政治工作有效性探讨/吴日恩等
从教育在经济增长中的作用看我们的选择/李声明
试论列宁的对外开放思想/关冬梅
民政法制建设的若干思考/吕旭尧
论邓小平的政策思想/李有芬
进一步解放思想是监察机关为改革开放发展经济服务中迫切需要解决的课题/汪锦白等
行政监察必须坚持群众路线/汪锦白
对毒品犯罪案件证据的若干思考/周腾
企业承包经营中贪污犯罪的认定之管见/刘志强
社会主义与人权/张月泉
对拐卖人口罪新情况的探索/朱欣荣等
论在发展社会主义市场经济中的劳动工作法律调控问题/雷震
论国有企业的财产责任和经营形式/潘运根
刑满释放人员应负经济赔偿责任/陈家新
两种“法律监督”之间的界定和衔接——关于地方各级人大对检察机关办案实施监督的思考/许诗明等
试论国际贸易中货物风险转移条件/于志宏
当前刑事犯罪上升的原因及其法律对策/廖竟叶
健全行政复议法律制度的构想/陆武师
实践论对实用主义的超越——《实践论》与《实用主义》之比较/宁健
1842～1845年恩格斯与“哲学共产主义”的关系探析/周敦耀
人类经济发展模型/黄觉雏
广西80年代经济发展比较分析/陆日东

第五次(1993～1996年)

一等奖(1项)

成果名称/作者
社会主义商品流通问题研究/詹宏松

二等奖(106项)

经济非均衡与宏观调控/刘朝明
开放先导的跨越发展——广西1996～2010年经济发展最佳途径研究/何异煌等
广西第三产业发展战略/梁卓平等
广西中小城市发展问题研究/朱坚真等
综合财政与市场经济/王保利等
中国式比较经济学简论/林卓群
广西区域经济政策与地区发展方略/朱坚真等
广西乡镇企业发展战略/谢为民等
中国民族地区市场经济的理论与实践/马飚
财政与农业/佘国信等
破产会计/钟传家等
会计学基础/刘铭达
广西糖业史/黄福添等
广西渔业史/佘汉桂等
贸易经济学/王德民等
农村经济体制改革与完善/韦仕鹏
艺术的哲学/黄海澄
新桂系史/莫济杰等
现代市场营销学/曾坤生
桂林抗战文学史/蔡定国等
沟通的探索——西方文学与文化论稿/吴锡民
中国散曲史/梁扬等
中国幽默文学史话/卢斯飞等
骈文通论/莫道才
艺术意象论/苏志伟
广西壮族革命史/黄成授
(嘉庆)《广西通志》研究/何林夏
中法战争史热点问题聚焦/黄振南等
低地国家文学史/李路
英汉双解英语习语辞典/周忠
新编今注今译照明文选/张葆全等
山水美论/范阳等
巨人的智慧/潘宝卿
市场经济与经营道德/梁宗常等
邓小平社会主义精神文明建设论/曾德盛
中国国情与社会主义/冯深
西方古代美学主潮/袁鼎生
审美幻象研究——现代美学导论/王杰
跨世纪的特色理论/钟启泉
侗族民间文化审美论/张泽中等
历史上的炼丹术/蒙绍荣等
壮族生殖崇拜文化/廖明君
壮族体质人类学研究/李富强等
中国少数民族青年发展研究/蓝日基
壮族土司制度/谈琪
人类生育心理与行为/李秋洪
经济领导学/廖雄军
越南的社会主义/古小松
冤狱赔偿立法论/蒙永山等

市场经济法理/卢上需
金融行政复议研究/曹平
法庭辩论逻辑/熊文轩等
社会主义市场经济体制建立中的地方法制建设研究/韦志中等
高校思想政治教育工作心理探索/宋书文等
《跨世纪的中国人口》广西卷/曾敏等
广西妇女社会地位调查/刘旭金等
胡志明主席与中国/黄铮等
用现代企业制度理顺广西电力投资和管理体制/娄必元等
社会保障制度的重新定位/阎革
中国农村城市化进程中的结构转换/陈利丹
坚持唯物辩证法　理顺现代化建设的基本关系/张桓
谈谈社会主义市场经济条件下劳动力市场配置的理论前提/孙可庸
南昆铁路通车后广西经济发展的新态势及其对策研究/课题组
开发世界一流旅游资源实现右江革命老区各民族共同繁荣——关于开辟盘阳河长寿旅游区的可行性研究/李甫春
广西设市预测与规划研究/汪宇明
大西南出海口——环钦州湾区域经济发展研究/课题组
沿边地区需要边贸倾斜政策——广西边贸问题与对策研究/课题组
"九五"广西经济发展速度分析与对策/覃卓凡
我区部分行政事业单位工资拖欠问题的调研报告/玉丕民
中国农村城市化进程监测体系的构造及战略选择/梁开光
我国通货膨胀的货币因素和非货币因素/周策群
"农业滞后型"通胀及其相关连的农业投入问题研究/张爱中
略论储蓄转化为投资的几个问题/黄斌
货币理论新探与我国金融体制改革/孙可庸等
国有资产管理责任制:产权制度改革的关键/叶裕惠
国民经济核算体系的中西比较/宋佰谦
减轻农民负担迫在眉睫/侯世华等
广西国有工业企业亏损问题研究/连友农
广西粮食供需平衡问题研究/何际宁
关于建设广西"旅游大省"的对策研究/黄念先
积极推进乡镇企业增长方式的转变/谢为民
遏制"返贫"现象　确保"八七扶贫攻坚计划"完成/韦胜等
略论对反倾销诉讼的应诉对策/雷刚
广西开拓东南亚市场若干思考/高歌
毛泽东思想探源——毛泽东与中国传统文化/陈学璞
岭南出土石戈探微/蒋廷瑜
要全面把握邓小平的思想理论观点/刘新华
试论毛泽东的对外开放思想/江虹
农村女党员现状的警示/谭英姿
全球意识——一种主导未来社会的新价值观/邱耕田
简论反腐败/徐方治
论毛泽东外交战略的基本特点/钟瑞添
略论坚持党对企业的政治领导权的重要性及实现方式和途径/赖绍沧
学习苏南,发展北海——赴苏南学习考察的报告与建议/廖德全
在企业转机建制中全心全意依靠工人阶级的对策建议/过慧勤
正确处理电站库区移民问题,促进社会稳定民族发展繁荣——广西岩滩西津电站库区调查报告/罗庶长
中日尺八考/傅湘仙
论中国广西巴马长寿带及其生存环境/央吉
试论壮族民居文化中的"风水"观/覃彩銮
图书馆在科技进步中的作用/何善祥
论建立企业当家人职业化、市场化制度/李光炎
也论电视节目预告表的法律保护与利益衡量/孟勤国
越南与中国的西沙和南沙群岛/郭明
办理科技人员经济犯罪案件的探讨/张英忠
论公平司法观的重塑/韦以明
论民族自治地方立法/覃乃昌

三等奖(238项)

毛泽东经济思想新论/寿思华
右江流域经济开发研究/李疆等
中国红水河库区移民研究/贾晔等
市场机制和竞争方略/韦裕明
广西跨世纪基础产业发展研究/石廷藩等
现代企业制度和产权制度改革/平雷等
社会主义市场经济概论/龙观水等
邓小平市场经济思想论/陈志光等
实行具有全局意义的根本性转变/阳国亮等
企业新财务制度与信贷分析技巧/谭运财
地方税率报与检查实用手册/唐松庆等
新编会计、纳税检查知识与技能/施羽明
现代企业管理统计学原理/周学谦
凌云之路——一个特困县发展的回顾与前瞻/杨柳等
广告国际惯例/陈鉴林
绿满八桂/梁积汉等
广西工业发展沿革与思考/何称球
价值工程原理与应用实例/刘仲桂等
广告创意艺术/周保明
现代企业文化/王祥俊等
柳州市旅游发展总体规划/杨颖瑜等
卫生经济学基础/安金波
中古文学集团/胡大雷

大草原——玛拉沁夫论/张燕玲
古苑文心——中国古代文学理论及审美/张业敏
新闻导向论/陈健民
文字新闻采访写作必备/靖鸣
汉语词汇语义学论稿/黎良军
中西文学比较研究/林建华
散文诗美学论/徐治平
鸿沟与超越鸿沟的历程——中国古代文言短篇小说史/黄理彪等
毛泽东写作理论与实践/何以刚
中国诗歌写作史/黄绍清
瑶族农民起义史/盘福东等
广西抗日战争史稿/沈奕巨
中国新闻评论发展史(近代部分)/曾建雄
右江流域壮族经济史稿/黄雄鹰等
壮族文化重组与再生/邵志忠
南方民族文化探幽/过竹
新编秘书学/黄桐华等
会议学概论/靖鸣
经济应用写作/陈学璞等
档案管理学教程/韦界儒等
回评三国演义/丘振声
邓小平治国思想研究/朱荣等
科学思维的推理艺术/宋立军等
中国当代礼仪/蔡定国等
中国特色社会主义概论/冯东晓等
企业领导行为学/傅希恺等
新时期农村党员教育读本/李俊康等
医学职业道德/蔡建章等
公共关系心理学/于璎等
毛泽东唯物史观与现代中国/李善辉等
外国医德史/何兆雄等
实事求是新论/潘宝卿等
广西农村老年保障/汤建明等
中国国情丛书——百县市经济社会调查·玉林卷/邓壬富等
现代家庭疑难解答/黄敏等
小学比较教育学/陈时见等
小学作文与思维训练/石建光
中学语文教学法/王世堪
交通警察实用心理学/卢凌
中国公司法原理与实务/曹平等
政府职能研究/邹伟等
中国仲裁法/尹福伦等
政策学简明教程/胡隆镁
东南亚妇女/孙小迎等
广西百科全书/廖子良等
关于建设百色民族工业城的构想/农彩文
二000年广西实现小康研究报告/黄鼎

治理建设市场迫在眉睫——关于我区建筑市场情况的调查报告/李元熙
柳州市的路子走得对/王尤平
广西建立社会主义市场经济体制的总体构想/刘清平
桂林市产业结构调整研究/杨清莲
广西技术市场发展研究/任兆璋
梧州市区位优势及其在广西发展社会主义市场经济的作用/课题组
关于加快广西个体私营经济发展的研究报告/席亮文
推进两个转变,提高对外开放水平研究报告/课题组
突破与创新:宁明县反贫困实践的理论概括与思考/玉丕民
北部湾经济圈的发展态势与合作前景/翁乾麟
论南丹模式/崔放玲
民族山区特贫人口的特征及扶贫攻坚的对策/姚善策
发展个体私营经济:调整民族地区所有制结构的重点/周仕强
中国西南周边跨国区域市场研究/李立民
广西工业科技进步经济效益的宏观测度与分析/李德敏
区域经济模糊动态投入产出系统结构优化仿真模型及其应用研究/吕永成
广西农村小康生活水平标准的设想与评价/陈利丹
开放型经济中产业结构演进模式与我国的对策/李欣广
社会主义市场经济理论的坚实基石——学习邓小平关于计划与市场关系的论述/左昌鸿
对社会主义社会发展基本规律认识的质的飞跃——毛泽东关于社会主义社会基本矛盾的理论及邓小平的发展/张桓
论中国发展的外部环境/李灼荣
钦州湾经济地域系统人地耦合机制及其调控初探/邝福光
“需求陷阱”及其产业问题初探/黄丹
中国国有企业股份制改造权个案及难题研究/蒋升湧
新实证主义与当代西方主流经济学/丁焰辉
加快发展,再创辉煌——关于广西“九五”经济发展的若干思考/袁绪程
共有产权收益普遍分享问题研究/巫文强
广西糖业发展的几个战略性问题/刘俊
谨防权力对市场的侵入/杨红
广西计划管理改革研究/苏西华
分税制条件下民族自治地区税收管理体制的构想/谢景开
南宁市国有资产管理体制现状及改革模式的研究/蔡亦南
广西宋代梧州、贺州钱监考察报告/张世铨
新税制运行面临的难题与选择/谢景开
零基预算刍议/莫望云

从总量角度实现中央对民族自治区的财政援助政策/潘志金
关于暴利的界限/雷喜平
拓宽特困地区异地安置的新路子/龙永国
解放思想,实事求是,深化农业税制改革/李崇玉
两个根本性转变与工商行政管理/陈章进
广西电力开发建设资金问题研究/黄筱传
关于财务状况变动表的若干问题/杨秋风
试析国税系统和地方税系统的规范性及其协调机理/霍军
国有资产授权管理中值得注意的几个问题/蒋素荣
多元逐步回归模型在粮食产量影响因素分析和预测中的应用/邹伟忠
广西1937～1990年人口平均寿命的变动趋势/梁秋萍
地方政府价格调控研究/林俊峰
宏观经济审计学基本理论与方法问题研究/周华楣
也谈金卡工程/连友竹
论发展保险中介业的必要性/何金恒
企业家的成长环境亟待改善——关于南宁市国有企业厂长(经理)成长环境的调查/黄涛
贫困石山区实行开发式扶贫的成功之举/姚善策等
广西农村股份合作制研究/熊水连
广西农村剩余劳动力转移研究/邓国明
发展边境贸易　振兴地方经济/陶大源
以改革开路,打好烤烟生产攻坚战——关于百色烤烟生产基地存在问题及对策的研究/黄万普
论国有商业企业的产权界定/银峰等
南宁市国有、集体、私营企业管理现状比较分析及政策性建议/吴守宏
中国百家大中型企业调查《广西柳工机械股份有限公司》/李蜜蜜
努力造就一支高素质的跨世纪产业大军/陆武雄
论农业劳动力转移与农村城市建设/唐万峰
中越边贸在呼唤/李鹏程
扶贫:需要解决的几个问题/李美才
论农业保护问题/黄世勇
我国企业在职失业的成因及对策/王继宁
开拓桂林旅游客源的基本思路/颜邦英
广西国际旅游市场分析及开发战略研究/程道品
重振桂林旅游雄风/蔡雄
广西百色地区农村改革与发展方略/陆春雨
能源工业的发展规律与广西能源发展滞后的原因分析/薛家凯
广西农业科研跨世纪发展的思考/陈成斌
广西发展粮食的战略目标和对策/王伟漳
民族贫困地区农村土地制度改革取向——股份化/黄嶙
仓式商场——新的商业营销模式/张亚南
从经济效益滑坡谈加快商业企业改革/刘翠芳
广西旅游业连年滑坡的原因及对策/苏长高
试论广西民俗旅游的发展/邓祝仁
陈宏谋经济思想与实践研究/张俊杰
社会主义市场经济的建立与文艺的转型和发展/江建文
论壮族民间歌曲的风格与特征/范西姆
论毛泽东思想对马克思主义民族关系理论的发展和贡献/徐方治
王先谦的治学风貌/吴荣政
鄂尔泰与西南地区的改土归流/王缨
论抗战时期国民政府的矿业政策/唐凌
广西先秦越族青铜兵器研究/蓝日勇
广西桂州窑遗址/曾少立
论批评接受/张利群
居安思危勿忘困难——纪念抗日战争和世界反法西斯战争胜利50周年/黄宗炎
论六言诗的格律/林亦
东方文化语境与文学的物质及断代/梁潮
浅析特色理论对毛泽东辩证法思想的丰富和发展/宿富连
论毛泽东的科学技术辩证法思想(上下)/周业昌
人类文艺思想史上的伟大变革/林宝全
人类婚恋的哲学文化学研究/黄海澄
邓小平特区建设思想与沿边开放战略/马飚
陈云的党建思想的理论特色/黄文朝
浅谈党风廉政建设的若干理论问题/张中睦
论马克思主义的生产力观及其新发展/余继坤
从毛泽东的一次谈话看辩证逻辑/刘世英
论辩证思维方法/瞿北平
试论自然科学发现中的三脚架模型/成伟光
美学方法略论/黄理彪等
柳宋元与宋明理学/杨达荣
康德与基督教神学/谢舜
关于加强和改进党的基层组织建设的几个问题/卢尚纯
历史决定论和主体选择论三题/吴先逵
毛泽东现代化建设思想与实践考察/刘鹏
论壮族哲学思想特点及其研究意义/黄庆印
中国建筑空间意识的形成与发展/罗汉军
试析邓小平理论对唯物史观的新贡献/吕余生
邓小平社会主义与爱国主义相统一思想与民族精神支柱/吕余生
关于必然性和偶然性及其关系问题/黄瑞雄
因明·佛教逻辑学析疑/阮民恕
邓小平的发展观/黎之焕
论毛泽东同志的反面教员理论/佟向民
日本政要否认侵略的原因何在/黄建权
中唐天人关系论争的再思考/廖剑鸣
论林灵素创立神霄派/唐代剑

决定论:从因果决定论到一般决定论/廖廷弼
中小学实施素质教育要研究解决的几个问题/梁全进
科技兴国与图书馆发展对策/麦群忠
民族山区职业教育如何面向21世纪/周裘绒
语文教师的语音基本功/洪珏
教育产业·产业教育化·产学合作/马佳宏
邓小平关于教育与生产劳动相结合的思想初探/王栴
历史上珠江流域人口移动的主流变迁初探/黄滨
南海诸岛史系列论文四篇/林琳
社会工作的中心环节——建立和完善新型的社会保障制度/白先经等
婚姻与妇女——少数民族传统婚俗改革与妇女问题/袁少芬
壮族妇女生育文化/刘旭金
历史的经验值得注意——对广西妇女参政的调查与思考/王蓉贞
民族意识及其调控研究/龚永辉
邓小平民族观初探/韦剑峰
广西大学全日制普通班学生教育成本分析/曹方
山区瑶族小学"一文三语"教学浅谈/莫纪德
百色蓝靛瑶还盘王愿研究/邓文通
瑶族民间传统节日文化和现代化/玉时阶
高校教师综合质量评价及量化的教学模型/贺祖斌
边远省区跨世纪学科带头人的培养和选拔的探讨/梁宏
关于"图书馆市场"理论问题的思考/石维彩
教学控制的系统特征与方式/梁锐
明代外国官生在华留学及科考/黄明光
民族传统文化对教育的影响/袁少芬
论社会主义民主意识/张军
论加快法院体制改革的步伐/周蹈
论国家公务员制度实施后某些干部的消极心理及对策/荣仕星
论在市场经济条件下如何加强大学生思想政治工作的美学观念/苏义
市场经济条件下如何加强高校学生思想政治工作/吕伟斌
用新时期的求是作风培育四化英才/邓维亮
试论农民股份合作企业的几个法律问题/黄昭能
刑讼法应确立检察法律监督的基本原则/罗绍华
运用法律手段促进图书质量的提高/梁伟
论市场经济初期法制心理的逆反/黄莹
行政诉讼受案范围规定的若干缺陷问题的思考/陆武师
论犯罪侦查中的逻辑证明/戴红兵
民族自治县政府转变职能的研究/苏文豪
越南经济发展对广西的机遇与挑战/古小松
战后五十年柬埔寨华人的曲折历程/周中坚
坚持反腐败才能保证市场经济的社会主义性质/朱家枢
受贿罪利用职务之便再探/林少平
当前我国贿赂犯罪特点与对策/李跃军
新时期邓小平领导思想初探/张瑞枝
校长之道贵在自知之明/陈光旨
政府法制的中心问题是依法行政/蔡联仑
社会主义市场经济与地方立法/廖伦生
公安工作必须适应两个根本改变/高宪瑞
中国民族地区行政管理体制改革刍议/柳群
论"理、情、法"三位一体是科学的自导化管理/白光强

佳作奖(158项)

银行企业形象与领导艺术/韦文英
《商海党辉》玉林市个体私营经济要览/尹福伦
世界钱币闻趣谈/彭强华
医院收费记帐工作指南/黄龙生
跻入技术市场的谋略/罗志保
中国国情丛书——广西南珠集团公司/潘大荣
论端木蕻良的小说艺术/李建平
壮族古俗初探/刘映华
通天人之际的彝巫"腊摩"/王光荣
剑花探微——读杂文半稿断想/黎洪溢
俄罗斯象征主义/韦建国
公务文书写作/黄征旺
嘹歌/张声震
柳州方言词典/刘村汉
论党员干部的道德修养/张可尧
中国特色社会主义的理论与实践/李海荣
广西少数民族妇女/董婉春
图示快速作文法/袁刚
越南经济的发展/赵和曼
中国武器大观　中国武器库/杨晓安
战胜毒魔吸毒危害防治康复/邹和阳
行政处罚概论/陈肇国
经济合同官司胜诉技巧/安秀连等
新编经济法学教程/周世中
论公路交通建设体制改革/余昌文
关于给予北海经济协作开发区实行特区政策的建议/何桂丛
国有商业企业产权制度改革的思路/周长军
试论市场经济运行中的政府权力/杨克斯
关于分税制体制下广西经济发展的思考/梁赞安
少数民族农业科技史研究与民族地区的现代化建设/李炳东
广西蔗糖发展目标及战略对策/李增强
建立红水河经济带的构想/罗庆山
国有企业股份制改造模式比较与选择/王宝荣
西江走廊企业合作研究/李小舰
浅议建立县级土地市场/杨树增

东兴城市建设和发展问题研究/汪宇明
中国西南地区城市发展水平的模糊综合评判/范旭
通货膨胀压力的形成机理初探/阎革
北海——未来的现代国际港口城市/黄念先
市场·效率·目标/李俊康
论当代国际直接投资的基本特征/杨亚非
佩鲁增长极理论及其发展研究/曾坤生
加强专项基金财政管理的思考/王保利
现阶段引进外资的研究/李彬
找准金融改革的突破口——论发展国有商业银行与金融创新/陈益林
试论我国保险市场结构的目标模式/蒋永辉
公司法与企业登记管理制度改革/陈章进
我国外汇管理模式在运行中对货币的影响及调控/莫本雄
浅述新税制之特点/李国淮
广西基础建设投资短缺问题研究/黄世勇
农作物实割调查的问题/赵文怀
广西利用外资近期发展趋势及政策选择/张峻
企业集约型经营与财务管理/席玉聚
加强会计的社会监督,遏止假帐滋生与蔓延/王镜芝
对专业银行向商业银行转制的一些认识/黄永孝
税收环境必须综合治理/唐松庆
发展现代农业的财政思考/章克
广西古钱币的来源与研究/黄启善
期货投机功能的经济学分析/庄晋财
做好农业综合开发这篇大文章——关于加快发展南宁市农业的调查报告/邱桂吉
玉林地区粮食连续五年增产的奥秘/罗中
农业产业化新模式/黎忠兴
市场经济建设中的农业资源配置/谢英美
国有批发商业走向的探讨/黄光云
供销合作社的生命力:与农民结成利益共同体/廖凤一
挖掘广西糖业生产发展潜力对策探析/黄选高
加快广西农业发展的探讨/苏西华
对农业和农村经济的再认识/宋佰谦
恭城模式——生态农业与农村经济社会的双重循环/韦志虹
南昆铁路广西段沿线工业发展与布局问题初探/黎启林等
加快我国中西部贫困地区经济发展的途径/韦现飞
发展区域规模经济是欠发达地区脱贫致富的战略选择/高雄
继续开发桂林风景资源的构想/兰育生
桂林旅游产品开发和线路设计/陈青光
“救灾经济”初探/胡朝汛
以调整产品结构为突破口,实现山区林业综合开发/林云
围绕“农”字搞改革 农兴社旺显奇功/罗中
深化山区农村改革的一条新路子——河池地区拍卖“五荒”使用权的调查/黄祥谋
在社会主义市场经济条件下深化供销合作社改革之我见/卢兆豪
复活世纪沼泽地的一代宗师/彭洋
邓小平对毛泽东文艺思想的发展/吴毅
关于办好地方党报的几点思考/罗繁明
花山崖壁画——图腾入社仪式的艺术再现和演化/潘其旭
侗族民歌分类探讨/杨秀昭
就吴/汉音的对立论全浊声母的性质/杨信川
以马克思主义原理研究新闻是获得新闻真理的根本/李春邦
太平天国起义若干问题新论/陆干斌
广西古代玻璃器皿的发现与研究/黄启善
桂平铜鼓初论/陈小波
马建忠与朝鲜问题/谭群玉
美国革命与重商主义的衰落/陈雄章
试论广西土官官族内的封建宗法形态/李全伟
“中国古代社会分期问题讨论”的当今思考/莫金山
《请缨日记》辨误/廖宗麟
历史科学的逆向研究方法论初探/黄滨
青年应激反应探析/宫立波
毛泽东是马列主义中国化的伟大实践者/吴毅
论邓小平的稳定观/张月泉
论陈云的群众观点和群众路线的思想及现实意义/欧新民等
论科学直觉思维的自组织机制条件/周业昌
什么是马克思主义——对邓小平马克思主义观的探讨/冯干文
关于建构思维辩证法哲学体系的几点认识/尹鑫
农村发展党员“断层”问题的探讨/熊庆成
桂林市社会文化及文化消费若干问题探讨/苏明伦
用辩证法指导物资流通实现两个转变/陈福兴
漫画同义词辩析/王培堃
英汉隐喻对比研究/温科学
邓小平的发展理论与中国的现代化/胡隆镁
试析“民主集中制”的由来和发展/何成学
卢卡奇的主观辩证法思想/苏平富
建设和发展社会主义新文化/夏永翔
坚持马克思主义实事求是,建设有中国特色社会主义/区济文
中国古代小说的审美标准/阳晓儒
科学规律在本质上应是决定论的——兼评对科学规律认识的因果性倾向/廖廷弼
职业道德行为后奖惩/卫荣凡
政治体制改革协同论/黄启学
关于“劳动创造人”的讨论三题/张培炎

农村党建工作的难点及对策/陈蕙
建立健全广西农村社会保障体系研究报告/陈大东
论陈云经济决策的方法论原则/黄为民
从戏曲的地方性纵观粤剧的形成与发展/王兆椿
论科技帅才/梁烨
新时期高校思想政治工作规律初探/胡彩芬
幼儿科学教育实例/李瑞英
调控·参与·服务——论社会福利发展与政府的职能/邓敏杰
古代壮族的朴素自然观及其与宗教的关系/韦玖灵
养成教育浅析/韦胜
瑶语与汉语底层关系/赵春金
谈谈机关、事业单位养老保险制度改革/黄成泰
德育的困境与出路——转型期学校德育教育新问题/傅波
论语文诵读教学/覃可霖
壮族宗教信仰辩析/凌树东
试析毛泽东民族消亡的论断/李土玉
来自现实的理性思考:农村宗法制残余及其对农村改革的影响/李彦明
民族地区完善与改革社会保障制度的难点和模式选择/张文山
略论雷沛鸿教育、社会"双改造"的现代化模式/曹天忠
壮族歌圩与其它民族歌场之比较/潘春见
略论名誉权的法律保护/陶国群
在审判未成年人犯罪案件中必须做好受害人的疏导工作/黄建明

发挥统一战线优势为实现两个转变服务/王庆录
培养和选拔高素质的跨世纪领导干部/叶裕惠
必须重视社会主义市场经济体制的法制建设/蔡江生
坚决反对拜金主义/陈佩瑜
县级党政一把手素质的特殊要求及提高途径/龙观水
试论依法强化农田土地管理的几个问题/周承业
广西与东南亚国家进出口贸易比较与启示/罗桂友
东南亚国家对我台湾的外交策略/肖仲承
社会发展中的犯罪的趋势与对策/莫伟
版权贸易市场行为探讨/潘运根
社会主义市场经济呼唤现代行政精神/熊水龙
期货市场管理的比较研究/张培胜
关于用好边贸政策加快广西经济发展的建议/梁华腾
简论铁路运输公司规范化/郭占福
中共广西壮族自治区组织史料/史料组
试述地方党委精神文明建设管理的动作机制/伍先华
加大国有企业改革力度,推动中间过度性经济发展/黄子华
全面实施新税制,促进经济发展/廖汝浩
发展县城农业要处理好几个关系和矛盾/覃钰生

第六次(1996～1999年)

一等奖(4项)

成果名称/作者
壮族通史/张声震等

广西第六次社会科学优秀成果评奖组图:①评奖会场 ②评委投票 ③一等奖获奖成果 ④二等奖部分获奖成果

评奖办供稿

广西近代圩镇研究/钟文典等
自杀病学/何兆雄
来宾模式——BOT 投资方式在中国的实践/冯柳江等

二等奖(55)项

文艺美的拓展与超越/江建文
图书出版美学/黄理彪
中国早期国家形成的道路与形态研究/梁颖等
李贽史学思想研究/任冠文
历史的高峰——桂林文化城的鲁迅研究精华探索/刘泰隆
中法战争诸役考/黄振南
商周艺术/谢崇安
中国少数民族科学技术史丛书·农业卷/李炳东等
中国小说现代化五十年/雷锐
抗战时期的中国煤矿市场/唐凌
壮族稻作农业史/覃乃昌
论相对性范畴/娄永清
冲突中的嬗变——市场经济道德心理研究/于瑮等
实用谋略理论与艺术/徐方治等
理性与狂迷——20世纪德国文化/卞谦
壮族哲学思想史/黄庆印
邓小平大辞典/潘琦等
广西各民族宗法制度研究/钱宗范等
人类学视野中的壮族传统文化/李富强
师论——多维视角的教师透视/钟海青等
广西民族交往心理/李秋洪
壮族历史与文化/范宏贵等
现代中小学教育评估的理论与实践/闾金童等
现代教育学/宋书文等
高等学校师资管理/周欣
明代民事判牍研究/童光政
法的价值及其实现/周世中等
政坛永恒的话题——民主监督/荣仕星等
关于我国反倾销对策的法律分析/李炼
中华文化与祖国和平统一/娄杰
领导干部协调艺术研究/荣仕星
嬗变与发展——从广西看党外知识分子问题/李秋洪等
东盟在亚太经济政治中的作用及其对中国的影响/梁源灵等
国有企业领导论/李光炎
国家公务员考核量化方法的理论与实践/潘涛等
广西经济与社会可持续发展研究/宋佰谦等
广西人口与经济、资源、环境/肖永孜
高新技术产业开发研究/何成德
我国农业生产应重视质量目标定位/余定诚
差距与对策——广西区域协调发展研究/朱坚真
广西植物资源开发利用战略研究/邹荣林等
中国贫困地区实施农业产业化的理论思考与决策分析/杨亚非
柳州市国有企业改革新思维/苏毅之等
发展经济学新论:市场经济与工业化文明/丁焰辉
试论经济学的发展趋势与经济学的教学改革/卢小珠
论西南地区人口素质的提高与贫困的缓解/庄晋财
广西"八七"扶贫攻坚实施方案研究/罗建奇等
转移支付分析比较及选择/蒙丽珍
中国地区差距与财税对策/孟春等
现代税收论/李国淮
毛泽东兵法与商战谋略/杨立峰
企业领导理财/刘铭达等
大审计战略/罗昭祥
亚洲金融风暴与中国经济/黄永孝等
加快广西国有企业资产重组的对策研究/刘大芷等

三等奖(151)项

壮——汉语比较简论/张增业
壮族方言概论/覃国生
宁远平话研究/张晓勤
漫谈新闻批评/晏文谦
广西回族历史与文化/马明龙等
壮族教育史/何龙群等
词学渊粹——况周颐《蕙风词语》研究/张利群
元剧探究/阙真
艺术欣赏/丘振声等
理论广播概论/陈能振
现代小说艺术时空论/王志明
字义源流详释/朱峻之
鲲鹏之路——毛泽东诗词美学发展论纲/李人凡
战后东南亚崛起探因/陈雄章等
宋词文体特征的文化阐释/沈家庄
试论罗尔纲的历史考据思想和方法/彭健
面向21世纪的图书馆学研究/何善祥
考古人类学/郭立新等
写作艺术学/袁明光
明王朝民族政策研究/许立坤
党的文艺政策论/王弋丁等
玄言诗的魅力及魅力的失落/胡大雷
西化翻译与归化翻译的对立统一/陆云
趣诗妙对奇观/蒙智扉等
广西汉墓形制初探/陈文
新闻评论探趣/李一军
环北部湾沿岸经济文化变迁研究/廖国一
秘书工作实例评析/黄桐华等
聂鲁达——大海的儿子/罗海燕
社科学术期刊发展新思路/梁培林
加强高校学报编辑队伍建设/彭洁
改革开放若干重大理论问题回顾/钟启泉等

中国神话与儒道思维渊源研究/秦红增
论民族审美意识/杨昌雄
逻辑与科学合理性——R·卡尔纳普科学逻辑初评/马亮
市场机制与高校科技开发/蒋冬清
神学的人学化:康德的宗教哲学及其现代影响/谢舜
邓小平治国谋略思想研究/宁健
一种生态技术美学观:怎样对待我们居住的太空船/江业国
邓小平哲学思想体系研究/潘宝卿等
凝视经典——关于正确看待马克思主义经典作家和经典著作的思考/刘小兵
再论说谎者悖论的消解/熊明辉
邓小平理论教程/冯深等
论孔子的自然审美观/覃寿芳
立足民族特点　走向现代文明/韦胜
刘少奇的群众观探析/卢尚纯
论毛泽东建党思想对传统文化的历史继承性/韦绍福
主动·原则·艺术——邓小平对外宣传思想初探/马爱玲
论作为文化行为的生产与消费/梁金荣
党的基本路线与广西的脱贫/何龙群
精神文明建设目标考核初探/覃益功等
脱贫致富关键在党/赖绍沧等
学校公共关系新论/欧阳林
民族学概论/周建新等
比较教学论/陈时见等
中学教师心理素质研究与养成训练/吴中任
红水河开发与民族问题/陆群和等
壮族传统文化与现代化建设/周光大等
社会保障工作研究/阎革等
关于壮泰民族的起源问题/覃圣敏
壮族干栏文化/覃彩銮
民族传统文化和民族地区现代文明的构建/吕余生
中国人类学的现状及未来走向/徐杰舜
高师院校教学方法手段的改革趋势及其对策/彭宁
情趣教学艺术——王敏课堂教学艺术的研究/陈健兴
走出心灵的阴影——人的异常心理及其矫治/潘志清等
认同与互动:防城港的族群关系/李远龙
略论中国教育管理观的历史演变/唐晓萍
小学语文课堂教学论/李福灼等
八桂文化/盘福东
中小学教育科研方法与论文写作/卢明德
在写作教学中如何提高学生的创造性思维能力/覃可霖
中国国情丛书——百县市经济社会调查·兴安卷/邓壬富等
法律的社会分析/黄竹胜等
担保法理与适用/林辉等
新旧合同法对照与释义/童光政等
战后东南亚政治与经济研究/李延凌等
论对商品化权的保护/孔丁英
中国转型时期的社会犯罪与社会控制/朱俊强
自治权理论与完善《民族区域自治法》问题研究/张文山等
邓小平人才人事理论初探/陈伟波
泰国对外关系/梁源灵
也论用系统论改造犯罪构成/莫志强
合同法通论/曹平等
邓小平法制思想研究/曹平
关于审判委员会制度的思考/吴小英
明中后期边远地区官员管理的失误及其对策/陶建平
现代领导科学概论/赵如锋等
从政明镜——与干部谈修养/钟瑞添等
刘少奇民主法制思想永放光辉/张英忠
反腐败要依靠法制建设的思考/马伟胜
论罚金刑的适用/林辉
现代领导与魅力/戴珍和
迈向新世纪——三大战略、六大突破的理论与实践/庞隆昌等
着眼政治看“官德”——兼谈干部必须加强职业道德修养/陈利丹
加快广西高新技术产业发展的对策研究/雷志强
趋利避害:广西面对WTO的抉择/玉丕民
论我国工业面临的国际竞争及对策/莫仲宁
广西工业发展战略问题的探讨/何称球
广西石山地区利用的传统模式及其意义/翁乾麟
关于按生产要素分配的几点思考/龙裕伟
宏观价值调控论/罗运贵
比较利益原则在当代世界经济中的命运/李欣广
论贫困分解/李甫春
广西高新技术产业的现状及发展思路/韦乃煌
经济增长与充分就业的若干思考/蒙荫莉
论国有企业改革攻坚战/江彦舟
广西农村合作医疗制度建设问题/刘崇宁等
我国城市化建设与耕地保护问题的构想/周启仁
广西农业人口与耕地资源的“剪刀差”/陈洁莲
测定科技进步对经济增长的影响/周建胜
广西经济增长方式的转换与对策研究总报告/梁赞安等
实现科技与经济结合新突破需要解决好几个突出问题/戴珍和等
经济学走向系统范式过程中的误区/陆善勇
民族地区推进经济增长方式转变的制约因素及对策思考/韦剑锋
实施科教兴农战略目标、途径和对策/朱炎等
广西改革开放20年/肖永孜等

"广西壮族自治区民营科技企业管理条例"研究/唐拥军等
广西新经济增长点的选择及其培育/梁赞安
一条农业建强县农民奔小康的好路子/黄嶙
现行股份合作制还不是一种现代企业制度/李敦祥
广西以工代赈/张振东等
关于中国渐进式改革的思考/古惠冬
国有企业职工下岗成因及再就业对策探析/央吉等
在驰骋市场中崛起——广西玉柴改革发展的调查研究报告/陈志光等
建立桂港澳大区域港口经济体系构想/叶时湘等
抢占历史的制高点/李海荣
再创行业排头兵的新辉煌/自治区党委宣传部等
旅游扶贫老少边穷地区乘数效应大/蔡雄等
简析国有企业改革的三大失误/孟勤国
广西财政支持农业产业化理论与实践研究/李崇玉等
社会保险管理信息系统/王虎峰等
现代企业概论/陈志光
国有资产管理与财源建设/王刁龙等
广西拓展国际市场的战略与策略/李立民等
民族地区财政政策研究/苏道俨等
东盟与欧盟一体化进程比较研究及其对现代国际法之影响/杨丽艳
广西环北部湾三角区外向型经济发展战略初探/韦小鸿
税收收入占国民生产总值比重的理性分析与现实思考/黎祥安
金融运行实时监管研究/连友竹等
论社会主义市场经济体制下新型审计监督机制的构建/周华楣
西南民族区域:反贫困战略与效益/刘朝明等
广西壮族自治区宾阳县土地利用总体规划研究/廖赤眉等
县域土地利用的可持续性评价/严志强
现行增值税:制度优化设计与可行性分析/自治区国税局课题组
系统工程:中国对外贸易战略/刘朝明等
现代营销学/马世俊等
论我国古代钱币形态演变之客观规律/海鹏
中国农民收入增长点中长期预测/韦世良等
国际服务贸易竞争优势研究/刘华等
广西普通高校教育成本与投资效益/曹方等

第七次(1999～2001年)

一等奖(5项)

成果名称/作者
广西通史/钟文典等
马克思主义利益观研究/谭培文
广西历代词评/韦湘秋
大接轨:21世纪民族区域经济开发模式新论——在中国加入WTO和西部开发条件下的壮族区域经济转型与发展战略实证研究/郭晓合
广西教育史/蒙荫昭等

广西第七次社会科学优秀成果评奖组图:①文学组评委在评议本组申报成果 ②应用经济组组长庞隆昌向全体评委介绍该组推荐成果 ③评委投票 ④宣布计票结果 评奖办供稿

二等奖(49)项

中国古代诗歌句法理论的发展/王德明
《周礼》名物词研究/刘兴均
平话音韵研究/李连进
辨味批评论/张利群
余秋雨的背影/杨长勋
八仙与中国文化/王汉民
雪球——汉民族的人类学分析/徐杰舜等
同根生的民族/范宏贵
交往与世界历史变迁:18世纪世界历史横向发展透视/陈雄章
开发与掠夺——抗战时期的中国矿业/唐凌
太平天国诏书衔考辨/朱从兵
两种文化的冲突与融合——科学人文主义思潮研究/黄瑞雄
生态技术美学/江业国
海峡两岸统一之路/娄杰
创造性思维的科学逻辑和社会精神/刘小兵
时代精神之光——哲学理论与当代现实问题探究/吴先逵等
中国对日政策与中日邦交正常化——1949－1972年中国对日政策研究/罗平汉
论马克思主义哲学中国化的三个转换——当代中国的马克思主义哲学引论/张培炎
中国市场经济法新论/曹平等
现代教学艺术理论与实践/崔含鼎等
生力军·民族地区青年科技人力资源开发研究/甘霖等
东盟的法律和政策与现代国际法/杨丽艳
私人密码在电子商务中的法律地位和作用/孟勤国等
社会流动:现状、趋势、定位与规划——武汉市千户居民调查/陆汉文
比较教育管理/钟海青等
广西社会保障与就业失业问题研究/陈洁莲等
依法治桂论/陈家新等
论信用卡诈骗罪与防范构想/潘玉臣
千年等一回——广西实施西部大开发战略理论构想/李甫春等
变迁与繁荣——广西经济社会结构的变迁与现代化/陈武等
扶贫攻坚与效益衡定分析方法/刘朝明等
市场经济中的政府行为/唐拥军
试论所有制结构与生产力结构的非对应性——兼谈社会主义初级阶段多种经营成份并存的根据/张敦
中国现代经济增长与大国封闭模型/李德伟
广西区域经济发展研究/杨道喜等
广西蓝皮书:2001年广西经济社会形势分析与预测/刘咸岳等
“十五”广西培育与发展新支柱(优势)产业的初步设想/自治区计委等
体制转换·结构变迁与就业/陈秋华等
证券市场运行与风险管理/尹建国等
农业和农村可持续发展理论与实践/邹荣林
世纪攻坚——世界银行中国西南扶贫项目模式实践与探索/黄承伟等
广西洪涝灾害与减灾对策/曾令锋
21世纪金融大趋势——货币的未来/徐诺金
西南地区石漠化的生态治理及对策/张振东
公共财政管理/杨真祝等
面对加入WTO我国现行增值税制的改革/自治区国税局课题组
广西实施西部大开发战略的税收对策研究/自治区政府发展研究中心、自治区地税局联合课题组
依靠科技进步,促进桂东南地区外向型农业发展研究/邓国明等
广西发展特色旅游业与区域经济的全方位思考/潘建民等

三等奖(106)项

文选诗研究/胡大雷
唐贤三昧集译注/张明非
英语史话/蔡昌卓等
张承志小说论/容本镇
汉语语法教学论纲/朱文雄
刘向《说苑》研究/谢明仁
中国现代小说喜剧策略论研究/苗军
报纸理论文章写作导论/蒙应
魔女还是新女性?——评70年来勃莱特·阿施利在美国的接受/张叔宁
广西钟山方言音系/邓玉荣
逸本《鬻子》考辨/陈自力
瑶族石牌制/莫金山
王嚞丘处机评传/唐代剑
秘密结社与社会控制:广西天地会研究(1794－1921)/朱俊强
瑶族传统文化/玉时阶等
壮泰传统文化基本特征的比较——壮泰传统文化比较研究总论之二/覃圣敏
佛教义理与因明逻辑/黄志强
论北宋漕运/周建明
论太平天国钱币的开铸发行及其历史作用/马冠武
论列宁对中国共产党创建的重要历史贡献/何成学
1854年广东洪兵围攻广州之役考辩/林志杰
一个壮族师公班子的度戒仪式/杨树喆等
易经释诂/朱方桐
元美学引论:关于美学的反思/莫其逊
利益论/张成兴
德育新观念/白先同等

审美现代性:马克思主义的提问方式与当代文学实践/王杰
试论台湾政党制度的演变/钟瑞添
美是主客体潜能的对应性自由实现/袁鼎生
社会发展:涵义、结构和功能/邱耕田
少数民族优秀干部成长规律研究/何龙群等
中国共产党关于农村现代化建设的理论与实践/卢尚纯
毛泽东对中国社会主义现代化道路的探索及其基本思想/曾德盛
新时期权力监督与制约/钟启泉
人事综合素质考核的量化指标/柳州市社科联课题组
论在多党合作制度中坚持共产党的领导的法律依据、历史依据、理论依据/蒙子良
论新时期领导干部世界观人生观价值观建设/覃宏裕等
试论需要与合理性问题——探寻深化价值哲学研究的理论生长点/苏彩和等
以直面现实的勇气和科学的精神加强党的建设/李光炎
现代领导决策学/赵如锋等
广西无毒区建设问题研究/刘建昌等
明代科举制度研究/黄明光
自治权法论/张文山
边界跨越:广西民族贫困地区女童教育研究/陈时见等
世界高教改革系列研究/黄骏
论法的实践合理性/周世中
论审判程序公正/申君贵
高等学校办学目标定位与专业结构调整研究/曹方等
反倾销:法律与实务/李炼
初中学习困难学生教育对策研究/庞荣飞等
民事官司胜败说/林辉
论股票交易违规行为及其立法规制/徐志珍等
素质教育研究/金丽等
论依法治国与以德治国/张军
新经济进程中的文化竞争力/李建平
平话人的形成发展及其文化特征/袁少芬
中国大学素质教育回顾与展望/黎琳
壮族蛊毒文化中的科学技术/黄世杰
广西失业问题对策研究/刘纪元等
广西视障儿童随班就读的实践与探讨/梁全进等
南宁市城市社区建设研究/黄汉明等
从就业教育走向创业教育的历程/唐德海等
市场经济的道德反思/苏彩和
论教师职业的内在价值/王枬
实力·活力·魅力——关于南宁市建设先进文化的探索与思考/李俊康等
南宁市城市管理综合执法工作研究/郭学群等
面向21世纪理工科大学生素质培养的研究/王春明等
21世纪大学教学的新使命/尹建国等
应对 WTO—中国九大行业的危机与对策/唐文琳
跨世纪西南出海大通道/吴国华等
产业扩大开放的发展风险与调控管理/课题组
对我国优惠政策的再思考/古惠冬
中国式比较经济学基础研究/林卓群等
现代企业管理概论/左昌鸿等
“十五”广西国民经济和社会信息化专题研究/章远新等
经济增长的需求分析与政策选择/阎革等
广西科技投融资问题研究/韦宇红等
试用哈罗德－多玛理论解释经济增长的非平衡性/宋佰谦
广西高新技术产业发展研究/蓝天立等
中国现代化:决战西部/张敦等
人才流动与人才效益/杨辉等
中国经济运行的结构性障碍与出路选择——市场化障碍与进一步深化我国国有企业改革的思考/丁焰辉
简论广西在西部大开发中的战略定位/吕余生
区域经济开发原理与方法/董友涛
交通经纬线上的现代化——美国西部开发中的交通问题研究 /黄家城等
网络营销/李小红等
百色地区财政困难县财源建设研究报告/自治区党委政研室、百色地区行署联合课题组
西部开发:项目选择与融资/张爱中
广西水利工程水价改革研究/陈孟等
旅游扶贫——功能·条件·模式·经验/蔡雄等
广西少数民族农村地区经济研究/张学宁等
加入世贸组织对广西市场价格的影响及对策思路/李朔冬等
税基结构与所有制结构的相关分析/广西税务学会课题组
世界贸易组织导论——WTO 的过去、现在与未来/李炼等
论广西的生态问题/翁乾麟
体制转轨时期的中国证券市场问题/周毅
知识经济的兴起与广西产业结构的调整/谢清
北流市生态家园建设的经验总结与理性思考/冯汉发等
广西“十五”实施城市化战略的初步研究/黄志勇
提高汽车工业产业政策的产业组织结构效应途径分析/杨克斯等
广西国有资产管理与营运体制改革的若干思考/黄选高
世界长寿之乡——广西巴马盘阳河长寿旅游度假区旅游资源开发与生态环境保护规划/唐代剑等
广西消费市场现状研究/袁珈玲等
论“开放式农业”/苏全水
广西农业发展战略研究/韦本辉等
利率互换的应用/周建胜

科　研　机　构

自治区直属科研机构

【广西社会科学院】　自治区党委、自治区人民政府直接领导的综合性社会科学研究机构。前身为1977年成立的广西社会科学研究所，1979年2月改用现名。有研究机构8个（邓小平理论研究中心、经济所、数量经济所、农村发展所、东南亚所、壮学研究中心、社会学所、文史所），科研辅助机构2个（信息中心、院刊编辑部），行政管理机构5个（办公室、物业管理中心、人事处、科研处、党群处），二层机构2个（当代广西研究所、广西年鉴社）。2002年末在职人员145人，其中科研人员106人（具有高级专业技术职务资格的52人，中级40人）。科研人员中，国家级有突出贡献中青年专家4人，享受政府特殊津贴专家15人，广西优秀专家7人、广西有突出贡献科技人员7人。院长刘咸岳。

建院20多年来，累计出版学术专著352种，发表学术论文4314篇，研究报告841篇，译著318种（篇），编辑学术资料701种（篇），出版学术工具书87种（部）。获国家和省部级以上奖励的优秀成果263项，其中包括全国“五个一工程”奖3项，广西社会科学优秀成果一等奖7项，全国青年社会科学优秀成果奖3项。院刊《学术论坛》被评为中国期刊方阵“双效期刊”和广西十佳期刊，《广西年鉴》获中国地方年鉴特等奖。

2002年，出台《广西社科院课题管理办法》、《广西社科院科研成果奖励办法》等规范性文件。全年承担各类课题50多项，其中国家社科基金课题1项，自治区社科规划课题8项，自治区软科学课题1项，院管课题21项，其他委托类课题20多项；出版专著8种，出版工具书、资料书2种（部），发表论文170多篇、研究报告60多篇。有8批14人（次）赴新加坡、泰国、越南、德国、奥地利等国家和香港、台湾地区进行学术交流，接待越南、台湾等国家和地区多批次人员来访。与越南国家人文与社科中心合作进行的中越经济改革比较研究，于2002年11月前分别在越南和中国出版越文、中文版。单独举办或与有关单位联合举办多次学术研讨会，其中影响较大的有：中国（广西）—东南亚经济合作论坛，2002～2003年广西经济形势分析会，中国—东盟建立自由贸易区研讨会等。

《学术论坛》年内有33篇文章被《新华文摘》、中国人民大学《复印报刊资料》、《中国社会科学文摘》等转载。《广西年鉴·2002》卷条目编写质量和印制质量保持较高水平，继续出版电子版。当代广西丛书有《当代广西人民武装》、《当代广西

2002年12月9日，由广西社会科学院承办的中南地区社科院院长联席会议在南宁举行。自治区领导人马庆生、潘琦、徐文彦出席

广西社会科学院供稿

海关》等2卷脱稿付印,《当代广西百色地区》卷完成编审。

【中共广西壮族自治区委员会党史研究室】 1981年3月成立。原称中共广西壮族自治区委员会党史研究委员会办公室暨中共广西壮族自治区委员会党史资料征集委员会办公室。1992年改现名。隶属中共广西壮族自治区委员会。内设秘书处、征编一处、征编二处和科研处。2002年有工作人员35人,其中具有高级专业技术职务资格的9人,中级4人。主任覃文成。

自研究室成立以来,累计征集地方党史资料7690份,约2900万字,征集地方党史资料照片6300幅,编写、出版党史资料丛书、专题资料集共60多种,约2000万字,撰写发表有关党史专题、研究文章1200多篇,约600万字。有5项成果分别获得1981～1991年和1991～2001年全国党史系统优秀论文一、二等奖(其中一等奖2项)。有21项成果获广西1～7次社会科学优秀成果奖,其中一等奖1项,二等奖7项。

2002年,继续抓好《中共广西地方史稿》(新民主主义时期)的修改和统稿工作。6月,与广西党史学会、广西新四军历史研究会在南宁联合召开纪念张云逸诞辰110周年座谈会。年内,与影视部门联合摄制《邕城丰碑》等电视片。科研人员出版专著4种,发表论文25篇。

【广西通志馆】 前身是1932年成立的广西省修志局,1943年改称广西通志馆,1949年广西解放后解散。1959年重新成立,1969年撤销,1981年9月恢复设立。自治区人民政府直属事业单位,广西地方志编纂委员会的办事机构。其主要职责是协助自治区人民政府制定全自治区三级志书编纂计划、方案,负责修志工作的具体组织领导、业务指导和审查验收。还从事新旧志书的整理、研究、开发、利用,编写有关广西的地情书以及指导乡镇村街、厂矿院校志、部门年鉴等书的编纂工作。内设广西通志编辑室、市县志研究室、旧志整理室、资料室(广西地方志文献中心)、办公室等处室和《广西地方志》编辑部、地方志干部培训中心。有科研人员40人(含离退休仍从事史志研究活动者),其中具有高级专业技术职务资格的21人,中级9人;享受政府特殊津贴专家1人。馆长蓝日基。

从1959年到“文化大革命”前夕,广西通志馆收集和摘录了1000多万字的文字资料,编成《太平天国在广西调查资料汇编》、《中法战争调查资料实录》、《忠王李秀成自述校补本》等资料书;1981～2002年底,累计发表论文3300多篇,整理出版地方史料文献近50种,出版自治区、地市、县(市)三级地方志书159种(其中获全国地方志一等奖5项,广西社会科学研究优秀成果二等奖2项,广西地方志优秀成果一等奖26项),出版《广西手册》、《广西概况》、《广西市县概况》等地情书、方志理论和地方史料研究专著20多种。其中2002年出版志书3种,其他地情书3种。

2002年初,召开全自治区地方志工作会议,总结2001年修志工作,部署2002年工作任务。会后,确定广西军区、南宁地区等18个续志试点联系单位,并指导这些单位总结阶段性续修地方志(即第二届修志)工作的做法和经验。科研工作结合修志工作有序开展。在《广西通志》方面,评审续修专志篇目7个,评议志稿1种(即《广西通志·人物志》),审查验收和编辑加工志稿4种、校对4种,并着手《广西通志·附录》组稿工作。在地市县志方面,评审续修志书篇目5个,审查验收和编辑加工县级年鉴和乡镇志各1种,并启动《广西重点镇志》编纂组稿工作。在旧志整理方面,完成大部分《秦至清代旅桂名人表》,对《广西历史上的今天》一书进一步修改补充,重新整理装订《北洋政

2002年6月11～14日,全国地方志志鉴关系与年鉴编修研讨会在北海举行。图为广西通志馆馆长蓝日基在会上讲话 广西地方志协会供稿

府公报广西资料》，草拟《广西简志》、《广西史话》篇目。《广西地方志》期刊全年编辑出版6期，发表文章150多篇。9月，举行有自治区党委宣传部、自治区新闻出版局等单位代表参加的《广西地方志》创刊20周年座谈会，并启动《广西之最》编纂组稿工作。12月，举办全自治区地方志编纂继承与创新理论研讨会，170人出席，收到论文40多篇。与会者围绕地方志如何与时俱进等问题展开研讨。年末，举办三年一度的广西地方志优秀成果评选活动，评出第四届广西地方志优秀成果一等奖7项，二等奖9项，三等奖14项，佳作奖24项。年内，还举办培训班5期，培训修志人员430人。

自治区各部门科研机构

【广西民族文化艺术研究院】 2001年7月由广西艺术研究所改组而成。隶属自治区文化厅。机构沿革可以追溯到1951年3月建立的广西省戏曲改进委员会和1958年12月成立的广西壮族自治区文化局戏曲工作室。主要从事广西地方的、民族的各门类艺术尤其是戏剧、音乐、舞蹈的史、论研究及评论工作，以编纂列入国家科研项目的各类艺术志书为中心任务。内设民族艺术研究中心、民族文化研究中心、史志办公室、资料信息中心、艺术教育中心、文化产业中心、《民族艺术》杂志社、《歌海》杂志社等10个单位。在职人员27人。院长廖明君。

2002年出版《广西戏剧论稿》、《壮族自然崇拜文化》两种专著。完成《中国曲艺志·广西卷》、《中国曲艺音乐集成·广西卷》、《中国民族民间器乐集成·广西卷》、《中华舞蹈志·广西卷》、《广西话剧志》和《壮族艺术的人类学研究》、《壮族自然崇拜文化与生态保护》、《广西民族艺术概论》等国家、省部级课题。负责编撰的《广西通志·文化志》、《彩调剧词典》获广西地方志优秀成果二等奖。发表论文10多篇。艺术教育中心下属的创艺艺术学校在自治区第四届“红铜鼓”中等艺术教育专业比赛中获得奖项14个。

【广西壮族自治区少数民族语言文字工作委员会研究室】 前身为成立于1957年的广西省壮文工作委员会研究室。1958年改用现名，隶属自治区少数民族语言文字工作委员会。工作重点是壮文的规范使用、壮文词典编纂以及少数民族语言和方言的田野调查研究。有工作人员9人，其中具有中级专业技术职务资格的6人。主任杜宰经。

历年主要科研成果有：与中国科学院语言研究所专家联手创制的《壮文方案》(草案)和《壮汉词汇》、《壮语武鸣话语法》、《壮语基本知识》、《壮语语法概述》等著作20多种。其中，获广西少数民族语文学会优秀成果一等奖1项，广西社会科学优秀成果二等奖1项；著作《VAHCUENGH SWZDENJ》获全国优秀民族图书二等奖、桂版优秀图书一等奖，《壮语新词术语汇编》获全国优秀民族图书二等奖、桂版优秀图书二等奖。

2002年举办民语系统语言学基础知识培训班1期，17人参加培训；与世界少数民族语文研究院(SIL)合作编写书稿1部，完成对融水和隆林的两个苗语方言点5000个词汇的记音工作；对京族“字喃”进行有关其现状、使用、保存等方面的情况调查，并将调查结果上报国家民委。

【广西民族研究所】 1963年7月成立，隶属自治区民族事务委员会。民族学、民族理论和民族史研究机构。前身是1956年成立的全国人民代表大会民族事务委员会少数民族社会历史调查组。1969年11月撤销，1977年3月恢复设立。内设民族理论与民族经济、民族学、民族文化、民族考古研究室和《广西民族研究》编辑部等业务机构。重点研究广西壮、瑶、苗、侗、仫佬、毛南、回、京、彝、水、仡佬等11个少数民族的社会、历史、政治、经济、文化方面的理论和实际问题。先后与泰国、日本、法国、老挝等国家的专家学者合作开展壮族历史文化的研究。有研究人员19人，其中具有高级专业技术职务资格的7人，中级4人。有享受政府特殊津贴专家2人，自治区有突出贡献的中青年专家1人，广西优秀专家1人。所长覃乃昌。

2002年12月2日，在桂林举办全国民族理论问题研讨会，120多名国内专家学者参加会议。与会人员就民族地区如何应对加入WTO、民族地区如何建设小康社会等问题进行交流和探讨。年内，完成科研成果105.5万字，其中有著作3种，论文和调查报告34篇。累计出版著作85种，发表论文700多篇，共4000余万字。科研成果获国家社科优秀成果奖2项，广西社会科学优秀成果二等奖12项，三等奖10多项。

【广西人才资源研究所】 1974年7月成立。隶属自治区人事厅。人才学、人事管理研究机构。重点研究方向是人才资源开发、人事管理和人事制度改革等。办有《人事天地》杂志。有研究人员3人，其中具有高级专业技术职务资格的1人，中级1人。所长黄民权。

2002年，抽调科研骨干参加由自治区党委组织部、自治区人事厅组织的建设广西人才小高地、加快人才队伍建设等人事人才政策调研工作。3～4月，联合人事厅法规处组成课题组，深入南宁、钦州、北海、玉林、柳州、河池等7个地市及其所属部分县、乡、镇、村，对大中专毕业生自主创业情况进行专题调研，撰写出2万余字的调研报告。年内，发表学术论文2篇。

【广西计划经济研究所】 1979年成立。隶属自治区发展计划委员会。前身是广西经济科学研究所。在编人员10人，其中具有高级专业技术职务资格的4人，中级3人；有享受政府特殊津贴专家1人。所长蒋升湧。

建所20多年来，科研人员发表学术成果逾千万字。其中代表性论著有《广西工业结构与发展战略研究》、《社会主义初级阶段与广西经济》、《广西跨世纪基础产业发展研究》等。部分成果进入自治区党委、自治区人民政府决策。

2002年，参与并作为主要力量完成西南六省(市、自治区)七方经济协作会议文件《关于联合推进南贵昆经济区和长江上游经济带建设的意见》起草工作，牵头组织完成《广西海岸线开发利用管理办法》起草工作，对广西五大经济区规划纲要实施情况进行跟踪调查，参与修改《广西应对建立中国—东盟自由贸易区的若干建议》等。年内，完成或基本完成课题12项，发表论文、述评、调研报告10多篇。

【广西壮族自治区教育科学研究所】 1983年12月成立。隶属自治区教育厅。是指导全自治区教育科学研究工作的职能部门，与广西教育科学规划领导小组办公室合署办公。内设基础教育研究室、职业和成人教育研究室、高等教育研究室、办公室、图书资料室、教育史志研究室(广西教育志编辑室)。2002年末在职研究人员23人，其中具有高级专业技术职务资格的8人，中级4人。所长陈先乐。

“八五”时期以来，承担及主要参与的课题研究，获广西社会科学研究优秀成果一等奖1项、二等奖1项、三等奖4项，获自治区教育厅教育科学研究优秀成果一等奖4项、二等奖4项。2001年以来，组织2001、2002、2003三个年度的广西教育科学规划课题申报和评审，通过立项的课题958项(其中A类资助经费重点课题85项，B类自筹经费重点课题222项，C类自筹经费一般课题651项)。组织申报全国教育科学“十五”规划课题，推荐申报2001年度课题75项，其中16项获准立项。

2002年出版及获奖的主要科研成果有：教育部“十五”计划和2001～2015年规划重点课题《少数民族地区和贫困地区教育发展战略研究》，收入教育部发展规划司编辑的《全国教育事业“十五”计划重点课题研究报告选编》；教育部重点课题《小学学科活动导学研究与实验》，《广西壮族自治区“两基”工作研究报告》收进国家教科所编辑的《2001年中国基础教育发展研究报告》；《广西人口文化素质教育发展研究》2002年获广西第五次人口普查资料研究成果二等奖。7月，全国哲学社会科学“九五”规划重点课题《中国地方教育史研究》的子课题《广西教育史》通过国家鉴定。

【广西价格研究所】 1984年11月成立。隶属自治区物价局。价格理论、价格政策、价格工作研究机构。有科研人员15人，其中具有高级专业技术职务资格的5人，中级10人。所长陈孟。

2002年，根据自治区物价局工作部署和市场价格变化情况，对政府如何提高价格管理工作水平，完善定价机制、加强定价和收费管理，调整价格结构、疏导价格矛盾、深化价格改革、推动经济健康发展等方面进行调查研究，发表论文321篇。累计完成国家计委和自治区课题21项，发表论文1520多篇。

【广西财政科学研究所】 1985年成立。隶属自治区财政厅。前身是1980年1月成立的广西财政研究所。内设综合室、课题室、《广西财政》编辑部和广西财政学会秘书处。主要职责是开展财政、财务与会计、税收、国有资产管理政策理论调研及相关经济问题研究，组织开展民族地区财政研究和专题调研。在编人员12人，其中具有高级专业技术职务资格的4人，中级3人。副所长刘家凯。

2002年，完成调查报告和研究课题17项，其中财政部主持的全国协作课题1项，自治区级重点课题1项；改版《广西财政》，提高刊物质量；编印《广西财政文告》、《财政政策反馈》；完成《广西财政年鉴》(1995～2000)的编辑工作等。6月，在桂林承办由财政部科研所召开的全国财政宣传会议；8月，在桂平市召开全自治区财政宣传工作会议。

【广西统计研究所】 1986年6月成立，隶属自治区统计局。内设研究室、编辑室和办公室。有科研人员5人，其中具有高级专业技术职务资格的3人，中级1人。所长李美才。

1996年以来，有29项研究成果获奖，其中获广西社会科学研究优秀成果二等奖4项，三等奖5项；全国统计科学研究项目一等奖1项，二等奖2项，三等奖12项，优秀奖3项。1997年完成的《中国推行以抽样调查为主体的统计调查体系的必要性与可行性》和《中国县级统计的功能与作用》被国际统计学会筹委会确定为会议提交论文，作者作为中国统计代表团成员出席在土耳其召开的第51届国际统计大会。

2002年11月19日，与广西统计学会在南宁联合召开第六次广西统计科学讨论会，评出优秀论文43篇，其中一等奖3篇、二等奖6篇、三等奖15篇。会上，专家评委对论文作了点评。与会者就如何加强提高统计分析水平，为决策部门服务进行交流与探讨。年内，发表论文3篇。

【广西东南亚经济与政治研究中心】 1989年9月成立。隶属自治区社科联。重点研究方向是东南亚经济与政治问题。有研究人员18人，其中具有高级专业技术职务资格的11人，中级7人；有享受政府特殊津贴专家1人。主任韦树鲜。

至2002年，累计出版专著26种，发表论文100多篇，完成调研报告10多项。其中年内出版专著1部，发表论文6篇。

【广西壮族自治区审计厅科学研究所】 1991年8月成立。前身是1984年成立的自治区审计局科研培训中心。1988年改名为自治区审计署科研培训中心，1994年改用现名。负责审计理论、实务的研究与咨询，组织开展审计科研活动以及与审计科研有关的调查研究。有研究人员5人，其中具有高级专业技术职务资格的3人，中级2人。所长兰保珍。

2002年3月，组织调研小组深入河池、百色、柳州、贵港等市的77家工业企业开展专题调研活动，撰写11万字的系列论文《广西工业化的难点问题研究》。4月，派员参加在北京召开的全国审计科研协作会议。会上，自治区审计厅科研所与广西财专联合课题组承担的《部门决算审签课题研究报告》获全国审计科研课题三等奖。至2002年底，累计承担国家级和自治区级重点课题87项，完成82项。研究成果获广西社会科学研究优秀成果二等奖4项，三等奖4项，优秀奖5项。

【广西壮族自治区法制研究所】 1996年6月成立。隶属自治区人民政府政策法规室(原自治区法制局)。前身是1985年3月成立的与自治区法制局合署办公的自治区人民政府经济法规研究中心。1996年改设广西壮族自治区法制研究所，为全额拨款事业单位。有研究人员8人，其中具有中级专业技术职务资格的5人，所长劳建铭。主要开展行政立法、行政执法、行政司法、政府法制监督、行政复议等政府法制领域的理论研究。创办《法制与经济》杂志，公开发行。

至2002年，累计完成自治区级重点研究课题2项，出版专著8种，发表论文36篇，调查研究报告3篇。其中年内出版专著3种，发表论文5篇。

院校科研机构

【广西民族学院民族学人类学研究所】 1956年3月成立。民族文化与人类文化研究、教学机构。前身是20世纪50年代学院组建的民族学教研室和民族问题研究室。1984年8月，经自治区党委统战部批准升格为民族研究所。1997年改用现名。内设民族学基础理论、民族历史文化、东南亚和民族经济与科技等4个研究室及办公室等机构。有研究兼教学人员19人，其中具有高级专业技术职务资格的13人，中级4人；有享受政府特殊津贴专家2人。在校硕士研究生18人，研究生班学员23人，本科生49人，专科生32人，外国访问学者1人。所长周建新。

该所1988年秋开始招收专科生，1995年秋开始招收本科生。1995年12月，民族学学科被自治区人民政府批准为自治区“211工程”重点建设学科，民族理论与民族政策课同时被自治区教育厅定为自治区级重点课程。1998年6月，民族学专业获准成为学院第一批硕士学位点。2001年5月，民族理论与民族政策课程建设获自治区教学成果一等奖；12月，民族学学科被自治区人民政府批准为“十五”期间自治区重点建设学科，其主要研究方向为华南与东南亚相关民族。累计完成国家社会科学研究课题4项，教育部社会科学研究课题3项，中央统战部研究课题2项，自治区社会科学研究课题3项，自治区教育厅社会科学研究课题5项；出版学术著作100余种(含译著2种)、教材

10种、光盘3张，发表论文660篇(含译文32篇)、调查研究报告40篇。研究成果获广西社会科学研究优秀成果一等奖1项、二等奖6项、三等奖10项，广西科技进步三等奖1项。先后培养硕士研究生、本科生、专科生564人。

2002年5月13～15日，联合学院学报编辑部在南宁举办首届人类学高级论坛，来自北京、香港、台湾、广东、上海、湖南、湖北、四川、云南、贵州、黑龙江、内蒙古、宁夏、广西的专家学者70多人参加会议，收到论文50多篇。与会者就人类学在中国的发展与应用及其如何走向世界进行交流。10月，由黑龙江人民出版社出版会议论文集《人类学与当代中国社会》。

【广西民族学院民族语言文学研究所】 1986年成立。隶属广西民族学院中国语言文学学院。内设民族语言研究室和民族民间文学研究室。有科研人员9人，其中教授3人，副教授2人。副所长农学冠。至2002年，先后承担省部级研究课题4项，地厅级课题6项，校内课题18项。出版专著15种，发表论文110篇。其中年内出版专著2种，发表论文8篇。

【广西民族学院汉民族研究中心】 1996年11月成立，有科研人员10人。主任徐杰舜。2002年出版专著1种，发表论文31篇。先后完成汉民族的人类学分析、汉族风俗文化史纲两项课题，专著《汉族风俗史》即将出版。

【广西民族学院法学研究所】 2002年11月成立。主要研究法学理论与法学实践问题。对外接受企业事业单位和机关团体的委托，承接相关法学研究课题，承办有关法学会议。有科研人员16人，其中具有高级专业技术职务资格的6人。所长申君贵。年内，出版专著1种(参与编写)。

【广西人口研究所】 1978年成立。挂靠自治区党校。重点研究方向是民族人口理论、老年人口研究、劳动就业人口研究。有研究人员6人，其中具有高级专业技术职务资格的4人，中级2人；有享受政府特殊津贴专家1人。所长央吉。

2002年，科研人员出版专著1种，发表论文5篇。历年累计，完成国家级社会科学研究重点课题1项，自治区级重点课题多项，出版专著50种，发表论文127篇。研究成果获广西社会科学研究优秀成果一等奖2项，二等奖5项，三等奖10项。

【广西社会科学院经济研究所】 前身为广西社会科学研究所经济研究室，成立于1978年。1984年8月改用现名。内设数量经济、财政与金融、企业经济、对外经济贸易、区域与城市经济发展、人口经济等研究室。有科研人员22人，其中具有高级专业技术职务资格的10人，中级6人。科研人员中，国家有突出贡献的中青年专家1人，自治区优秀专家3人。所长肖永孜。

2002年，完成自治区“十五”规划课题和自治区战略评审课题4项，广西社会科学院院管课题10项，均通过评审。历年累计，承担全国哲学社会科学规划重点课题(分课题)11项，中加国际合作研究课题5项，自治区规划重点项目及软科学课题32项。出版学术专著36种，发表论文、研究报告1000余篇，计1700余万字。科研成果中获全国“五个一工程”奖1项，省(部)级奖67项。

【广西社会科学院社会学研究所】 1989年2月成立。前身是1986年成立的青少年研究所。内设社会发展研究室、城乡社会学研究室、妇女婚姻研究室、青少年研究室和广西社会调查中心。主要研究方向为青年社会学、青少年犯罪学、城乡社会学、婚姻家庭社会学、社会心理学、民族社会学和发展社会学。有科研人员5人，其中副研究员4人、助理研究员1人。副所长周可达。

至2002年，先后承担“中国百县市经济社会调查”的南丹县、玉林市、柳州市和兴安县调查，国家哲学社会科学“九五”规划青年课题和美国福特基金会资助课题“广西各民族心理特征的比较研究”等研究课题，独立或合作完成10多项省级、地市级和县级经济社会发展战略研究、婚姻家庭研究和青少年犯罪对策研究等课题，还完成一批地方或企业委托的社会调查项目。至2001年，累计发表学术论文400多篇、调查研究报告45篇、译文10篇，出版个人专著6种、合著29种、译著2种、工具书5种、论文集9种。代表性著作有《中国国情丛书——百县市经济社会调查》的南丹卷、玉林卷、柳州卷、兴安卷和《中国农民的心理世界》、《人类生育心理与行为》、《广西民族交往心理》、《公共关系心理学》、《德育环境学》、《中国少数民族青年发展研究》、《嬗变与发展——从广西看党外知识分子问题研究课题》、《走出心灵的阴影——人的异常心理及其矫治》、《远离犯罪》等。研究成果获全国青年社会科学优秀成果奖2项。

2002年，科研人员出版专著1种，发表论文19篇。

【广西社会科学院东南亚研究所】 1989年5月成立。前身为1979年2月成立的印度支那研究所。1989年5月改用现名，研究范围扩大至整个东南亚地区。内设越南研究室、东盟研究室、国际关系研究室、华侨华人研究室、综合研究室、编辑室、资料室。有科研人员21人，其中具有高级专业技术职务资格的10人，中级8人。所长古小松。

2002年，承担国内外社会课题4项，广西社会科学院重点课题2项，成果共约50万字。其中16万字的《中国—东盟自由贸易区与广西的机遇和挑战及我们的对策建议》研究报告为发展广西与东南亚各国关系提出建设性意见。年内出版《中国—东盟自由贸易区与广西》等专著4种，共约118万字；发表论文31篇，译文17篇，研究报告14篇，科普读物2种，总字数146万字。

【广西壮族自治区当代广西研究所】 1991年7月成立。业务受自治区党史资料征集委员会指导，行政挂靠广西社会科学院，2001年以后由广西社会科学院直接管理。是继当代中国研究所建立后成立的省一级常设从事当代地方史研究的科研机构。主要任务是开展当代广西地方史研究和编撰工作，包括基础性研究及专题研究，组织编撰《当代广西》丛书等。内设办公室和《当代广西》丛书编辑部。在职工作人员11人，其中具有高级专业技术职务资格的2人，中级6人。常务副所长吴满玉。

该所成立以来，在开展当代史基础性研究的基础上，组织编写《当代广西大事年表》和《中华人民共和国地方简史》当代广西卷，组织各地市、各行业开展《当代广西》大型系列丛书的编写。先后编写出版《当代广西金融》、《当代广西电力工业》、《当代广西南宁市》等近30卷，共1000多万字。2002年，出版丛书2卷。

【广西壮族自治区壮学研究中心】 1991年8月成立。隶属广西社会科学院。内设民族旅游研究所和民族经济研究所。重点研究方向是壮学研究和少数民族经济与文化研究。现有科研和行政人员8人，其中研究员2人，副研究员3人；国家有突出贡献专家1人，享受政府特殊津贴专家2人。主任赵明龙。

先后承担国家级哲学社会科学基金课题5项，自治区级课题10项，院级课题4项，国际合作课题6项，为地方经济社会发展服务的课题20多项；出版专著18种（含合作），发表论文（包括研究报告、规划、评估报告等）200多篇。研究成果获全国“五个一工程”奖1项，广西社会科学研究优秀成果二等奖8项、三等奖7项。从2000年4月起，组织编写壮学丛书，计划编纂50多种。

2002年7月4日，与《壮学丛书》编委会在南宁联合举办壮族现代化问题学术座谈会，20多人参加。与会者就壮族现代化概念、道路、途径等问题进行交流与探讨。年内，科研人员出版专著1种，发表论文26篇。

【广西社会科学院邓小平理论研究中心】 1994年5月成立。以邓小平理论为主要研究方向。成立初期为全院性的综合研究机构，1996年1月调整为所一级建制。2000年8月，与哲学所合并。2002年7月，在邓小平理论研究中心的基础上，成立广西社科院“三个代表”重要思想研究中心。有科研人员5人，其中研究员2人，副研究员2人；有享受政府特殊津贴专家、自治区优秀专家1人。主任曾德盛。

2002年，发表《市场机制下的文化价值与文化建设》、《关于道义论的思考》、《江泽民“三个代表”思想及创新思想对我国改革实践的指导意义》等论文28篇，调研报告《关于广西国有企业改革的典型调查》、《广西中介组织发展对策研究》

2002年8月13日，广西社会科学院“三个代表”重要思想研究中心成立。自治区党委常委、宣传部部长潘琦（左三）出席挂牌仪式并讲话

广西社会科学院供稿

等5篇。历年出版的专著有《邓小平论社会主义精神文明建设》、《邓小平治国思想研究》、《跨世纪的特色理论——邓小平科学社会主义思想研究》、《邓小平经济哲学思想研究》、《利益论》等。曾德盛执笔的论文《论李向群精神的时代意义》获中宣部"五个一工程"奖。

【广西社会科学院农村发展研究所】 2000年7月成立。前身是1996年5月成立的广西社会科学院农业与农村经济研究所。1998年7月并入经济研究所。2000年7月恢复独立建置并改用现名。内设农村经济发展研究室、农业产业化研究室、WTO研究室和农村发展信息资料室，主办《农业·农村·农民信息》简报。有科研人员6人，其中研究员2人，副研究员2人。所长梁积汉。至2002年底，先后承担自治区研究课题3项，自治区各部门和地市研究课题8项，县市研究课题3项，发表文章49篇。

【广西社会科学院文史研究所】 2000年7月，由广西社会科学院文学研究所和历史研究所合并成立。内设文学研究所、历史研究所、企业文化研究中心和《沿海企业与科技》杂志社。重点研究方向是中国现当代文学、民族民间文化、桂林抗战文化、企业文化、太平天国史、中法战争史、民国史等。有研究员1人，副研究员2人，助理研究员4人。所长李建平。

至2001年，累计出版学术著作100余种，发表论文800多篇。其中代表性著作有：《桂林抗战文学史》、《苗族神话研究》、《谢灵运集校注》、《天国史事释论》、《冯云山评传》、《中法战争史论文集》等。

该所企业文化研究中心主办的《沿海企业与科技》杂志，1996年创刊，累计出版42期。

2002年，科研人员出版专著1种（合著），发表论文22篇。

【广西师范大学历史系历史文献研究室】 1979年4月成立。中国历史文献学教学及研究机构。是中国历史文献研究会发起创立单位之一。重点研究方向是中国历史文选课程的教学和研究。有研究人员5人，其中具有高级专业技术职务资格的2人，中级3人；有享受政府特殊津贴专家1人。研究室主任韦勇强。至2002年，共完成自治区重点课题1项，出版专著15种，发表论文100余篇，其中年内出版专著1种，发表论文3篇。科研成果获广西社会科学研究优秀成果一等奖1项，二等奖3项，广西高校优秀教材一等奖1项，自治区级优秀教学成果一等奖1项。

【广西师范大学中国语言文学研究所】 1980年成立。主要研究方向是中国语言文学的基础研究。内设中国古代文学、文艺学美学、汉语言文字学、中国现当代文学、比较文学与世界文学、中国少数民族语言文学等二级学科研究室和《东方丛刊》、《唐代文学研究年鉴》、《马克思主义美学研究》等编辑部。在编人员99人，其中具有高级专业技术职务资格的57人，中级26人。所长麦永雄。

2002年，承担各级课题50余项，其中国家社会科学项目9项，省部级课题16项。出书20种，发表论文181篇。

【广西师范大学外国语言文学研究所】 1985年成立。内设英语语言、英美文学、俄罗斯文学、翻译、英语教学、海明威、大学英语教学、日本语言文学等8个研究室。2001年11月与师大外语系共同组建外国语学院。有科研人员83人，其中教授10人，副教授16人，讲师31人。研究人员中，博士和在读博士7人，硕士37人。所长徐继旺。

至2001年，累计出版著作、译著240余种，发表论文、译文800多篇。研究成果获省部级奖励20项，获校、市级奖励50多项。

2002年12月5～8日，举办第五届中南/华南地区高等学校英语教学协作会议，与会代表80余人。年内出版编著、译著14种，发表论文92篇，其中有16篇论文发表在中国外语类核心期刊。

【广西师范大学马克思主义研究所】 1985年成立。有科研人员68人，其中教授13人，副教授20人，副研究员3人。所长王祥俊。"九五"期间，承担并完成广西哲学社会科学重点项目《广西乡镇企业持续发展研究》、《社会科学成果向生产力转化研究》、《桂林高新技术产业开发区研究》、《中国革命与中国社会现代化关系研究》、《广西企业文化建设问题研究》、《逻辑与哲学关系研究》等。1999年获准主持国家社科基金项目《马克思主义利益范畴在当代的发展》（谭培文教授主持），该课题的阶段性成果《马克思主义的利益理论》，2002年由人民出版社出版。先后承担省部级以上科研课题11项，发表论文450多篇，出版学术著作70多种。研究成果获国家级奖励4项，省部级社科优秀成果奖励37项，其中一等奖2项，二等奖9项。

2002年，科研人员出版专著7种，发表论文48篇。

【广西师范大学教育科学研究所】 1985年10月成立。原挂靠在广西师范大学教育系，1999年秋开始挂靠新成立的广西师范大学教育科学学院。设有民族教育、中学教育、课程与教学、心理咨询与教育、现代教育技术与远程教育、高等教育、幼儿教育与发展等7个研究中心。有研究人员48人，其中具有高级专业技术职务资格的23人，中级15人；有享受政府特殊津贴专家4人。所长陈时见。

1995年以来完成的主要科研课题有：联合国教科文组织项目“民族贫困地区女童教育研究”，教育部重点资助课题课程理论与课程改革网络课程开发研究，广西教育科学“九五”规划重点课题“壮、毛南、仫佬、京族教育改革与其社会现代化关系研究”等5项。

2002年，出版专著11种，发表论文74篇。自1998年以来，累计出版专著、教材30种，发表论文450多篇，其中发表在全国核心期刊200多篇。先后获得广西社会科学研究优秀成果奖、广西高校人文社会科学优秀成果奖、广西高等教育研究优秀成果奖、中国教育学会优秀科研成果奖、广西教育学会优秀科研成果奖等各种奖励49项。

【广西师范大学旅游研究所】 1999年成立。集旅游理论研究和实践参与的开放性研究机构，由旅游学、经济学、生态学、民俗学、文化学、艺术学等多学科专家、学者组成。研究重点及研究特色是策划高层次研讨活动、学术会议和为政府提供决策咨询，承担地方政府或景区旅游发展规划，撰写旅游学科学术论文和理论专著，进行旅游宣传策划等。所长阳国亮。

与地方政府合作策划、组织2002年度“龙胜旅游发展论坛”等服务于地方，为政府决策提供理论依据的高层次学术研讨活动，应邀参加2002年度“嘉兴：中国红色旅游论坛”，并作主题发言。

2002年，承担桂林兴安猫儿山——华江生态旅游规划项目和广西大化旅游发展规划项目。与《广西党史》杂志合作，主持《广西党史》的“广西旅游战略发展论坛”专栏，发表近10篇对广西旅游发展战略进行宏观理论研究的学术论文。此外，还在《广西民族研究》、《旅游研究与实践》等刊物上发表一批旅游学术论文。

年内，为大型旅游杂志《阳光之旅》策划组织《千年一叹新桂林》专辑，作为2002年度中国桂林博鳌旅游论坛桂林旅游的宣传资料。参与广西旅游局广西旅游大型画册及手册的编撰工作，为桂林漓江编写新一代旅游解说词，为桂林愚自乐园编写讲解词。

【广西师范大学中国诗学研究中心】 1999年7月成立。以古典诗歌为研究对象，从不同角度、不同文化或文学层面，对中国诗歌的特质和特殊表达机制作深入研究。有研究人员14人，其中教授8人、副教授5人。研究人员中，8人具有博士学位；1人享受政府特殊津贴，1人为广西有突出贡献的科技人员。所长张明非。

自建所以来，累计出版专著14种，主编或合著26种，发表论文133篇。研究成果获广西社会科学研究优秀成果二等奖1项，三等奖5项；广西高校社科优秀成果三等奖2项。

2002年出版专著3种，发表论文32篇。

【广西大学经济研究所】 1989年5月成立。经济学研究机构。有科研人员37人，其中具有高级专业技术职务资格的34人，中级3人。

2002年，确定中国—东盟经济与管理问题为重点研究领域，组织编写中国—东盟经济与管理问题研究系列丛书。年内完成3种专著，分别探讨有关中国—东盟的国际贸易、国际金融、国际经济合作等问题。

【广西大学民族研究所】 1992年8月成立。前身是广西大学民族研究室。重点研究方向是中国南方跨境民族研究。有研究人员6人，其中具有高级专业技术职务资格的3人，中级3人；有享受政府特殊津贴专家1人。所长袁少芬。累计完成国家级社会科学研究重点课题2项，自治区级重点课题3项，出版专著4种，发表论文96篇。科研成果获广西社会科学研究优秀成果二等奖2项，三等奖6项。

2002年5月28～29日，在南宁举办中越少数民族政策研讨会，18人参加。与会者就中越两国少数民族经济、教育、扶贫政策等进行交流与探讨。年内，科研人员发表论文20篇。

【广西大学东南亚研究中心】 1996年5月成立。前身为1992年成立的广西大学民族研究所。内设文化研究室（兼民族研究所）、经济研究室、资料室及办公室。有专职研究人员6人，兼职研究人员8人。主任马继汇。

2002年开展课题研究6项，主要有：美国 Ford 基金会资助的中越边境民族文化振兴与经济发展互动关系比较研究，香港乐施基金会资助的集中资源办学对边远山区农村基础教育的影响研究等。年内，科研人员发表论文20篇。

广西大学东南亚研究中心组织科研人员在其京族文化研究基地进行调研并与当地群众合影留念　　韦家朝　摄

【广西大学外国语言文学研究所】　1994年10月成立，隶属广西大学外语学院。有研究人员150人，其中具有高级专业技术职务资格的41人、中级64人。所长刘上扶。内设英美语言文学研究室、日本语言文学研究室、中西文化比较研究室、翻译理论与实践研究室；有语言实验室11个。累计发表论文、译文、专著200余篇(种)，其中教材、译著、论著40余种，有20多项成果获得国家级、省部级科研和教学优秀成果奖。代表专著有：《英语写作论》、《彩图袖珍自然百科》、《最新中学生汉英词典》、《彩图袖珍百科全书》、《涉外活动速成英语口语》、《新英汉词典》、《中学生英汉词典》、《中国文化》、《大学基础英语常用词词典》、《外向型外语人才的培养和研究》、《中国古代格言妙语英译》、《最新汉英常用词语手册》、《英语教学新思路》等。

2002年，出版专著8种，发表论文77篇。

【广西大学语言研究所】　1997年5月成立。隶属广西大学语言文字工作委员会。重点研究方向是语言理论、汉语及汉语方言。有研究人员12人，均由广西大学与语言学科相关的教学科研人员兼职。其中，具有高级专业技术职务资格的11人，中级1人；有享受政府特殊津贴专家1人。所长李连进。累计出版专著12种，发表论文139篇，其中获广西社会科学研究优秀成果二等奖1项。

2002年承担各级科研项目9项。其中有国家社会科学基金项目“西部地区(广西)语言文字应用问题调查与研究”，自治区人民政府项目“《广西通志·汉语方言志》修订”，自治区社科规划项目“桂东土话、湘南土话和粤北土话比较研究”及“北海市老城区及周边乡镇老街历史文化研究”，自治区教育厅项目“广西语言运用状况研究”、“广西普通话韵律特征研究”及“桂北平话研究”(参与项目)。年内，发表学术论文13篇。有4人次参加长沙“湘粤桂土话国际学术会议”及哈尔滨“全国音韵学学术会议”，并在会议上宣读论文。

此外，配合自治区语委在校内外开展《国家语言文字法》宣传日活动，举办普通话强化培训班3期，开展普通话水平测试3次。

【广西教育学院教育科学研究所】　2001年5月成立。教育理论与教育改革研究机构。内设教育理论、基础教育、学校变革与发展、成人教育、心理健康教育、民族教育等6个研究室，其中以学校变革与发展、成人教育、心理健康教育为重点研究方向。有研究人员6人，其中具有高级专业技术职务资格的4人，中级1人。所长徐书业。至2002年，先后主持、主研全国教育科学规划课题3项，其中重点课题1项，自治区级课题5项；出版(含合作撰写)专著10余种，发表论文60余篇，完成调研报告4种。

2002年6月14日，举行教育科学研究学术沙龙启动仪式，40多人参加。9月9日，召开第二次学术沙龙研讨会，40多人参加，与会者围绕“后现代教育与文化”主题进行交流与探讨。年内，科研人员出版专著1种，发表论文10篇。

学术团体

社会科学界联合会

【广西壮族自治区社会科学界联合会】 1984年成立。原称广西社会科学学会联合会。广西社会科学界学术性社会团体的联合组织，自治区党委直接领导的人民团体，党和政府联系广大社会科学工作者的桥梁和纽带。主要职责是领导和协调社会科学界各学会、协会、研究会工作，指导各城市、高校社科联工作，组织社会科学优秀成果评奖，开展社会科学宣传普及和咨询服务。机关设办公室、学会部、外联部、科普部等4个工作部门，下设编辑部、东南亚经济与政治研究中心和机关服务中心。有团体会员118个，其中自治区级学会、协会、研究会100个，城市社科联8个，高校社科联10个。工作人员38人。现任领导机构是第四届委员会。主席周国丰。

2002年，自治区社科联在理论研究、学会管理、社科普及、对外交流、自身建设等方面取得新成绩。据不完全统计，自治区社科联及所属团体会员组织召开学术会议215次，参加学术会议278次，出版著作312种，发表论文4035篇，完成研究课题586项，举办社会科学知识普及展览106次，科普讲座178场次，专题讲座75场次，培训班256期。

①2001年12月10～16日，广西第七次社会科学优秀成果评奖会议在北海举行，对申报成果集中评议。图为评委会领导在会议主席台上 ②2002年2月5日，自治区社科联召开广西第七次社会科学优秀成果评奖颁奖大会暨广西社科界迎春茶话会。自治区领导人马庆生、潘琦、李振潜、梁超然等出席 ③2002年1月21～22日，第四次广西社科联学会秘书长联席会在南宁召开 ④3月26日，2002年度广西社科联学会工作会议在南宁召开。26个先进学会、83位学会工作先进个人在会上获表彰。图为颁奖情景

自治区社科联供稿

自治区社科联根据新的形势和任务要求，及时组织社科界专家学者，联系广西改革开放和现代化建设的实际，开展深入学习、宣传、研究邓小平理论和“三个代表”重要思想的系列学术活动；依托主办的《广西社会科学》、《改革与战略》杂志，开辟相关专栏，刊发一批学习、宣传、研究邓小平理论和“三个代表”重要思想的理论文章，发挥理论导向作用。加强全局性、前瞻性、战略性重大理论和实践问题研究，特别是着力研究影响广西经济社会发展的重大问题，如实施富民兴桂新跨越、加入 WTO 后广西工业结构调整、建立中国—东盟自由贸易区等，组织或参与一系列应用研究和为有关部门提供决策咨询服务的调研活动，为广西经济社会发展作出新的贡献。

2002年初，《广西壮族自治区社会科学界联合会学会管理暂行办法》施行，学会管理开始走向规范。自治区社科联机关在加强学会管理的同时，筹措资金，资助经费困难的学会开展学术活动，促进学会活动广泛开展。自治区级学会、协会、研究会共组织开展学会活动152次，比上年明显增多。

年内，广西商专、广西财专、钦州师专、桂林旅专等4所高校建立社科联，广西高校和城市社科联组织由14个增至18个。此外，自治区社科联还批复同意梧州师专、广西工学院成立社科联。

这一年，自治区社科联及各团体会员，充分发挥智力优势，拓展思路，创造性地开展科普工作。5月，自治区社科联承办全国社科联第五次科普工作经验交流会，促成因故停开多年的全国社科联科普工作会议延续举行。会议就社会科学普及工作的成功经验和存在问题，以及开拓创新的措施和办法进行交流和研讨。在自治区社科联的支持和资助下，南宁市社科联、桂林市社科联开展内容丰富、形式多样的社会科学普及宣传周活动。桂林市社科联确定社科普及活动主题为：“加强公民道德建设，塑造城市文明形象”，并围绕这一主题举办桂林高校大学生辩论赛，组织社科工作者就公民道德建设与城市管理建设撰写理论文章，推荐在《桂林日报》专版发表。南宁市社科联在5月科技活动月期间，举办主题为科技创新，富民兴桂的大型科普活动。广西大学社科联、广西民院社科联、广西师院社科联、广西教育学院社科联等也都积极开展社会科学普及工作。

【柳州市社会科学界联合会】 1985年7月成立。2002年末有团体会员64个，比上年增加3个。设内部机构4个（办公室、学会工作部、科普培训部、学术编辑部），工作人员18人。现任领导机构是第三届委员会，有委员109人。主席蒙智扉，秘书长赵选忠。

2002年，柳州市社科联举办学习十六大精神“创新与创业”有奖征文活动，收到征文73篇，组委会优选29篇，推荐发表在《柳州日报》并辑入《柳州研究文集》。7月5日，召开社科理论界学习江泽民“五三一”重要讲话座谈会，收到发言稿28篇。11月22日，召开社科界学习党的十六大精神座谈会，50位专家、学者出席。年内，邀请中国社会科学院心理学研究所罗江教授作“21世纪亲子教育”专题报告，听众累计5万人次；邀请天津大学管理学院博士生导师赵黎明教授作“企业管理”、“人力资源管理”、“企业迎接入世挑战”讲座。协助中共柳州市委召开全市社会科学工作会议，表彰一批先进学会和学会工作积极分子。下达2002年科研课题15项，完成8项。出版社科论文集1种。

【桂林市社会科学界联合会】 1985年12月成立。2002年末有团体会员53个。设内部机构3个（办公室、学会部、编辑部），工作人员14人。现任领导机

2002年7月5日，柳州市社科联召开社科理论界学习江泽民“五三一”重要讲话座谈会　姜　立　摄

构是第一届委员会(地市合并后),有委员72人。主席李继荣。

2002年1月4日,召开2000～2001年度桂林市社会科学先进学会、最有创意活动、学会活动先进个人表彰大会,表彰先进学会4个,最有创意活动3项,学会活动先进个人95人。1月中旬及12月下旬,两次与桂林市法学会组织法律工作者参加桂林市“科技下乡”活动,分别到全州县黄沙河镇、临桂县五通镇开展法律宣传和咨询活动,发放资料1000多份,接待咨询200多人次。3月,与中共桂林市委宣传部、桂林市市容管理局联合主办“加强公民道德建设,塑造城市文明形象”大型科普活动和主题为“公民道德建设主要依靠自律(或他律)”的桂林高校大学生辩论赛,后者有桂林市8所高等院校组队参赛。组织会员围绕“公民道德建设与城市建设管理”撰写论文7篇,均发表于3月底的《桂林日报》理论版。5月18日,组织金融、钱币、教育、保险、法学、劳动等学会参加桂林市科技活动月活动,推出宣传展版20多块,发放宣传资料近万份,接待咨询1000多人次。5月下旬,组织钱币学会到临桂县两江镇开展金融钱币知识宣传、咨询活动。6月26日,与市党建学会联合召开纪念中国共产党成立81周年理论座谈会,40多人出席。8月11日,组织金融、保险、劳动等学会参加桂林市第一次科普进社区活动,在社区展出宣传展板10多块。重点课题研究取得进展。其中,桂林国家高新技术产业开发区一区多园运作模式研究(自治区“十五”社科规划重点课题),完成近2万字的《桂林高新区产业发展规划研究报告》;桂林市科学技术局立项的软科学项目农业拳头产品产业化研究,完成3万多字的《桂林农业产业化研究》。年内,批复成立桂林学生记者协会和桂林文物鉴赏研究会,并接纳为团体会员;重新接纳桂林日本语协会为团体会员。

【南宁市社会科学界联合会】 1987年7月成立。2002年末有团体会员27个。设内部机构6个(办公室、学会部、科研培训部、经济研究所、城市发展研究所、社会与文化发展研究所),工作人员29人(其中具有高级技术职务资格的6人,中级8人)。现任领导机构是第四届委员会,有委员71人,其中常务委员15人。主席郭学群,秘书长覃柳琴。

2002年,南宁市社科联围绕市委、市政府关注的重大问题,开展社科研究活动,完成市级重点研究课题《南宁市会展业发展研究》、《南宁市以信息化带动工业化研究》、《工商企业改制后企业的运作管理研究》、《南宁市服务业结构调整优化研究》等12个课题,并通过专家评审。出版《南宁市工业发展研究》一书,发表论文25篇。选送4篇论文参加国际学术研讨会,另有5篇论文参加自治区级研讨会。5月15～17日,在南宁市朝阳广场举办为期3天的“科技创新,富民兴桂”大型科普宣传活动,24个会员单位和有关高校社科联参加,自治区社科联有关领导到场指导。科普活动以专家咨询、板报、图片、录像等形式向市民宣传科学思想和科学精神,社会效果良好。

【梧州市社会科学学会联合会】 1988年7月成立。2002年末有团体会员21个。设内部机构1个(办公室),工作人员3人。现任领导机构是第二届委员会,有委员43人。主席梁小毅。

2002年,梧州市社科联与中共梧州市委宣传部联合开展“建设东大门,实现新跨越”有奖征文活动,收到论文43篇,编辑出版《建设东大门　实现新跨越》论文集,并举办建设东大门论坛,交流和奖励获奖论文。8月,和有关部门组成课题组,开展“建设东大门,实现新跨越——梧州如何主动接受粤澳经济辐射和产业转移”研究,经过半年的深入调研,按计划、按要求顺利结题。11月26日,召开梧州市社科界学习贯彻十六大精神座谈会,30多位专家学者与会。

【北海市社会科学界联合会】 1989年8月成立。2002年末有团体会员26个。设内部机构1个(办公室),工作人员3人。现任领导机构是第二届委员会,有委员30人。主席吴定光,秘书长王昌雄。

2002年3月,北海市社科联与中共北海市委宣传部联合表彰北海市社会科学界先进学会和先进学会工作者。广西社科联副主席张瑞枝就成立合浦县社科联和市社科联机构改革情况进行调研。11月,与市委宣传部联合组织召开北海市社科界学习十六大精神座谈会,50多人参加座谈,市委常委、宣传部部长吕余生作中心发言。12月初,与市委党校联合举办学习贯彻十六大精神理论研讨会,500多人与会,市委副书记盛忠雄在会上就社科界和党校如何贯彻十六大精神发表讲话。年内,完成2002年社科研究系列中、初级职称的评审和高级职称报评工作。

【桂平市社会科学界联合会】 1989年9月成立,是广西第一个县(市)级社科联组织。2002年末有团体会员18个。设内部机构1个(办公室),工作人员3人。现任领导机构是第二届委员会，有委员33人。主席卢炤岳，秘书长植振锦。

2002年4月，桂平市社科联组织发动社科工作者参加自治区党委宣传部、自治区社科联举办的实施富民兴桂新跨越有奖征文活动，选送4篇论文参评，均被评为入选优秀论文。其中，黄志光市长的《“富民兴桂”与桂平市工业化和城镇化的着眼点》，罗奕军副市长的《实施“富民兴桂”新跨越与人力资源的整体性开发》，市政协主席许小红的《实施“富民兴桂”新跨越战略与北回归线桂平区间的资源保护和开发》获三等奖。编印《桂平发展研究（第三辑）——桂平市社会科学界公民道德建设论丛》，收入桂平市近年来有关公民道德建设和社区精神文明建设的优秀论文10篇，共10万多字。编印约56万字的《“三农”问题论文选编——基层干部专题学习资料》。应桂平市委党校邀请，为乡镇副职领导干部学习班作“乡村经济管理与经济结构调整”专题讲座。应市老年大学邀请，为离退休老干部作社会主义现代家庭伦理的建设专题讲座。年内，完成市委、市政府领导圈点、市有关部门委托的经济社会发展研究课题10多项，部分研究成果进入有关部门的决策。

【钦州市社会科学界联合会】 1997年11月成立。2002年末有团体会员15个。工作人员2人。现任领导机构是第二届委员会，有委员40人，其中常务委员17人。主席陈弢弘，副主席兼秘书长宁创家。

2002年，钦州市社科联派员参加中共钦州市委组织的十六大精神宣讲团，深入市直单位和钦城区进行3场宣讲。编辑《道德哲学的理论与实践》(25万字)，在《钦州社会科学文稿》刊发。12月20日，召开第二次代表大会，69人出席，选举产生第二届委员会。

【防城港市社会科学界联合会】 2000年12月成立。2002年末有团体会员19个。设内部机构1个（办公室），工作人员4人。现任领导机构是第一届委员会，有委员32人，其中常务委员19人。主席李剑，秘书长翟耀鹏。

2002年1月25日，召开防城港市社科联一届三次会议，选举主席，修改章程；总结2001年工作，部署2002年工作。年内，完成自治区下达的研究课题1项。选送3篇论文并派员参加自治区“三个代表”学教活动研讨会和自治区富民兴桂新跨越研讨会。这一年，会员发表论文120篇。

【广西师范大学社会科学联合会】 1991年12月成立。2002年末有会员850人（其中具有高级技术职务资格的320人，中级182人）。设内部机构6个，分支机构23个。现任领导机构是第三届理事会，有理事39人，其中常务理事17人。主席阳国亮，副主席兼秘书长尹鑫。

2002年，广西师范大学社科联采取大课堂与小课堂相结合的方法，建立工作联系制度，组织学生走出校门，到工厂、农村、部队等开展社会调查，通过密切接触社会，增强对社会的感性认识，加深对邓小平建设有中国特色社会主义理论的理解。5月，与校团委等单位共同举办青年学生第11次邓小平理论学习月活动，以学生社团为活动载体，以学习讨论如何认识社会主义发展的历史进程为重点，帮助学生正确认识国内外形势，树立科学的世界观、人生观和价值观，增强走社会主义道路的坚定信念。紧紧抓住学习——认识——实践——提高的环节，通过大学生的自我学习、培训理论学习骨干、与专家教授进行理论学习对话、深入实际进行调查研究等方式，把理论学习活动开展得有声有色，并取得较好成效。年内，举办国内外学术研讨会共30次，其中比较重要的有“国际教育合作高级论坛”、“经济全球化时代的马克思主义文论与美学学术研讨会”、“第12届中国当代文学研究会年会”、“海峡两岸明清史学研讨会”等，聘请国内外专家到校讲学90人次。会员出版《马克思主义利益观研究》等专著158种，发表论文680多篇，有7项课题成果通过评审。

【广西大学社会科学联合会】 1994年10月成立。2002年末有会员1005人（其中具有高级技术职务资格的289人，中级447人）。现任领导机构是第二届委员会，有委员19人。主席杨伟嘉，秘书长韦界儒。

2002年，广西大学社科联召开广西大学人文社科科研会议、东南亚研究机构整合专题研讨会、关于进一步发展繁荣高校哲学社会科学和人文社会科学基地建设座谈会等，统一全校人文社会科学工作者的思想认识，在全校范围内整合人文社会科学研究力量，实现资源的优化配置。年内，组织申报国家社科研究项目17项，其中西部地区（广西）文字应用问题调查与研究、大西南石山区生态保护与农业可持续发展研究两个项目获准立项并获国家资助13.5万元。此外，会员承担的研究课题有2项获得国家自然科学基金资助（28万元），1项获得自治区主席基金资助（25万元）。6月，举办学习江泽民“五三一”讲话座谈会，30多人出席。11月，组织全校人文社科工作者收看十六大会议实况转播，与学校宣传部门一起，分别组织教师代表和学生代表举行学习宣传贯彻十六大精神座谈会。组织黎之焕、冯干文等6位专家组成十六大精神宣讲团，先后在校内7个学院宣讲十六大精神。副秘书长韦日平作为自治区十六大精神宣讲团成员到河池地区和广西工学院宣讲。这一年，举行全校性学术报告70多场，会员发表论文509篇，出版著作、译著、教材41种。

【桂林工学院社会科学联合会】 1995年7月成立。2002年末有团体会员11个。现任领导机构是第二届委员会，有委员16人，其中常务委员6人。主席李善辉，秘书长秦宏毅。

【广西民族学院社会科学联合会】 1995年12月成立。设内部机构2个（秘书处、学术交流部）。现任领导机构是第二届理事会，有理事29人，其中常务理事9人。主席何龙群，秘书长莫金山。

2002年10月24日，广西民族学院社科联召开社会科学教学和科研人员座谈会，学习和讨论江泽民在考察中国人民大学时发表的关于高度重视哲学社会科学的讲话，20多人出席。大家表示一定要按照江泽民的要求，认真读书，多思慎思，关注现实世界，注重学术积累，做善于育人的“人师”，出精品，出上品，为哲学社会科学的发展和繁荣，为中华民族的伟大复兴谱写新的篇章。年内，会员出版著作30种（其中专著8种，编著、教材22种），发表论文628篇。

【广西教育学院社会科学界联合会】 1999年11月成立。2002年吸收广西教育学院生态文化研究所等3个团体会员，年末团体会员达到43个（含学生团体会员），个人会员2600人（其中具有高级技术职务资格的156人，中级194人）。现任领导机构是第一届理事会，有委员20人，其中常务委员11人。主席丘贵明，秘书长朱家安。

2002年，广西教育学院社科联继续加大对办公硬件的投入，增添电脑等设备，改善办公条件。3月中旬，会员单位广西教育学院教研部和广西小学语文教学专业委员会、中小学数学教学专业委员会在广西体育馆举办广西小学语文、数学（修订版）培训班，分别有1500人、1530人参加培训。6月9～11日，组织院长丘贵明教授申报的国家教育部重点课题“少数民族地区基础教育阶段地方课程的研究与实验”开题会。年内，组织2000～2001年广西教育学院社科优秀科研成果评奖，评出一等奖3项，二等奖6项，三等奖11项；组织以“后现代主义”等为论题的3次科研学术沙龙；组织教师参加自治区教学软件大赛，有1项软件获三等奖。会员出版专著11种，发表论文489篇。7项研究课题获准立项。

【广西商业高等专科学校社会科学界联合会】 2002年1月成立。年末有会员167人（其中具有高级技术职务资格的32人，中级105人）。设内部机构1个（秘书处），工作人员2人。领导机构是第一届理事会，有理事13人，其中常务理事4人。主席莫亦飞，秘书长李小红。

2002年1月，广西商专社科联举行成立大会。自治区社科联副主席张瑞枝出席并讲话。年内，会员围绕学校教育教学改革和广西经济社会发展的重大问题，从不同视角进行理论探讨，发表论文140多篇，出版教材、专著各2种，获厅局级立项课题4项，1项省部级哲学社会科学研究课题通过评审。党的十六大召开后，校长、校社科联副主席卫荣凡教授参加自治区十六大精神宣讲团到各地作宣讲报告。

【钦州师范高等专科学校社会科学界联合会】 2002年6月成立。年末有会员50人（其中具有高级技术职务资格的18人，中级25人）。领导机构是第一届理事会，有理事13人。主席罗勇岐，秘书长何光耀。

2002年，钦州师专社科联组织会员学习和讨论江泽民总书记关于哲学社会科学的重要讲话，增强会员研究社会科学的责任心和自豪感；12月，召开学习十六大报告座谈会，组织会员学习十六大报告；派出十六大精神宣讲团，深入县、区基层单位宣讲十六大精神。召开钦州师专思想政治工作研讨会，探索新时期思想政治工作的新途径、新方法。年内，会员发表论文78篇，参与编写著作、教材8种；承担自治区级社科研究课题6项，结题1项。

【广西财政高等专科学校社会科学界联合会】 2002年6月成立。年末有会员159人（其中具有高级技术职务资格的28人，中级102人）。领导机构是第一届委员会，有委员20人。主席蒙丽珍，副主席兼秘书长蒋椆媛。

2002年6月2[illegible]日，广西财专社科联召开第一次会员代表大会，自治区社科联副主席张瑞枝出席大会并讲话。会议选举产生第一届领导机构。11月15日，邀请美国加州洛杉矶州立大学国际培训交流部中国项目专员、美中教科文交流中心主任、广西欧美同学会第三届理事会海外副会长陈增曙博士到校作中美教育比较讲座。组织学校领导干部和有专长的教师为全校的教职工、学生作学术报告和专业辅导讲座。12月6日，召开全体委员会议，讨论通过《广西财政高等专科学校社会科学界联合会章程》。年内，会员出版著作38种，发表论文271篇。获中国社会科学院人力资源研究中心、国家教育部高教司、自治区教育厅、国家审计署审计科研所等校外立项课题18个。

【桂林旅游高等专科学校社会科学界联合会】 2002年7月成立。年末有会员58人(其中具有高级技术职务资格的16人，中级25人)。领导机构是第一届理事会，有理事25人，其中常务理事8人。会长王栟，秘书长龚维玲。

自治区级学会(协会、研究会)

【广西经济学会】 1979年成立。2002年末有团体会员1个，个人会员100人(其中具有高级技术职务资格的56人)。工作人员2人。现任领导机构是第二届理事会，有理事40人，其中常务理事35人。会长詹宏松，副会长兼秘书长寿思华。

2002年，广西经济学会会员出版著作8种，完成研究课题49项，发表论文50篇。有50多人次参加自治区内外的各种学术交流活动。

【广西旅游学会】 1979年12月成立。前身为广西旅游经济研究会，1984年11月更名为广西旅游经济学会，1989年8月改用现名。2002年末有团体会员5个，个人会员220人(其中具有高级技术职务资格的56人，中级75人)。设内部机构2个(秘书处、财务室)。现任领导机构是第四届理事会，有理事48人，其中常务理事24人。会长陈其娴，秘书长苏长高。

2002年，广西旅游学会组织会员参与广西各级各地的旅游发展规划和旅游景区景点建设项目的策划和评审，为制订广西旅游业“十五”发展规划献计献策。参与研究策划和参加广西旅游经贸大篷车等大型系列宣传活动，为广西旅游产业的进一步发展作贡献。

【广西农村金融学会】 1980年10月成立。2002年末有团体会员11个，个人会员560人(其中具有高级技术职务资格的91人，中级320人)。现任领导机构是第五届理事会，有理事71人，其中常务理事22人。会长李彦斌，秘书长周策群。

2002年，根据年初全国、全自治区农行工作会议精神，把“深化商业银行改革，实现扭亏为盈”确定为2002年度学会的主要研究课题，组织3个跨地市课题组开展科研活动，召开专题研讨会，参加研讨会人数150人，交流学术论文200篇，取得较好的研究成果。4月中旬，组织开展第七次全自治区农村金融研究优秀成果评奖活动，评出一等奖12项，二等奖31项，三等奖57项。

【广西统计学会】 1981年3月成立。2002年末有团体会员12个，个人会员600多人(其中具有高级技术职务资格的100人，中级400人)。设内部机构1个(秘书处)，有分支机构8个。现任领导机构是第五届理事会，有理事76人，其中常务理事26人。会长廖新华，秘书长李美才。

2002年11月，广西统计学会召开第五次会员代表大会，与会代表88人。大会对学会章程进行修改，选举产生第五届理事会。年内，组织召开第六次广西统计科学讨论会，收到论文65篇，评出优秀论文43篇，其中一等奖3篇、二等奖6篇、三等奖15篇，并给予奖励。此外，还组织会员参加纪念新中国政府统计机构成立50周年暨第十一次全国统计科学讨论会和中南六省区统计学术活动，协助中国统计学会在北海召开2002年全国各省市自治区统计学会秘书长会议。举办统计新知识培训班2期，培训140人次。学会建立会员名录库，管理走向规范。继续办好会刊《广西统计》，全年出刊6期，发表文章80篇。

【广西财政学会】 1981年成立。2002年末有团体会员15个。设内部机构1个(秘书处)。现任领导机构是第五届理事会，有理事87人，其中常务理事25人。会长黎灼仁，副会长兼秘书长汪振民。

2002年1月，广西财政学会组织会员参加在江苏省无锡市召开的中国财政学会年会暨第十五次全国财政理论讨论会。3月，在北海承办由中国财政学会主持的全国财政重点调研课题研讨会。8月，参加在新疆由中国财政学会民族地区财政研究专业委员会主办的民族地区财政收入问题研究会。年内，组织完成调研课题87项。对会刊《广西财政》进行改版，加大对地、市、县财政的宣传力度，刊物质量提高，获全国财政系统期刊评比三等奖。编印《广西财政文告》，为各级政府机关和企事业单位及各界人士及时提供翔实、可靠、权威的财税政策法规，推进依法理财。编印《财政政策反馈》，为领导决策提供参考。此外，还完成《广西财政年鉴》(1995～2000)的编辑工作。学会牵头的全国协作课题《修订〈民族区域自治法〉 调整和完善中央对民族自治地区的财政体制和政策》获中国财政学会优秀成果三等奖，学会参与的全国协作课题《民族地区特殊性财政支出研究》获一等奖。组织专家学者对广西财政部门2001年度的科研成果进行评审，并将获奖成果编辑出版。

【广西会计学会】 1981年成立。2002年末有团体会员34个，设内部机构3个(秘书处、编辑部、学术委员会)。现任领导机构是第五届理事会，有理事103人，其中常务理事16人。会长黄金福，秘书长黄乃宽。

2002年1月下旬，广西会计学会召开常务理事会，审议广西会计学会第五届理事会工作报告，对第五届理事会4年来的工作给予肯定，并对今后的工作提出意见和建议。7～8月，举办会计优秀论文评选活动，评选1999～2001年《广西会计》刊登的自治区内作者的学术文章以及2001年学会开展征文活动收到的各团体会员推荐的论文，从100多篇论文中评选出优秀论文一等奖3项，二等奖8项，三等奖15项，并给予奖励。年内，会刊《广西会计》期发行量达到1.7万份。

【广西价格协会】 1981年11月成立。前身是广西价格学会，2001年3月改为现名。2002年末有团体会员15个，个人会员253人(其中具有高级技术职务资格的52人，中级138人)。设内部机构1个(秘书处)，工作人员3人。另设有《广西市场与价格》编辑部。现任领导机构是第五届理事会，有理事117人，其中常务理事54人。会长陈孟，秘书长徐管康。

2002年，由《广西市场与价格》编辑部牵头，围绕广西经济与价格中心工作，选择政府关心、企业和群众关注的重点、热点和难点问题，组织会员开展课题研究，收到论文320多篇，部分论文在《广西市场与价格》发表。年末组织专家、学者进行评审，评出优秀论文34篇。12月27日，在南宁举办深化价格改革，促进经济发展理论研讨会，84人与会，提交论文25篇。与会者围绕中国加入世贸组织后，如何按照经济规律及世贸组织规则要求，提高价格宏观调控管理水平、完善政府价格机制、调整价格结构、深化价格改革等问题进行研讨，提出不少建设性的意见。

【广西物流与采购联合会】 1982年成立。前身是广西物资经济学会。1996年更名为广西物资流通协会，2002年9月改用现名。年末有团体会员232个。设内部机构1个(秘书处)，工作人员3人。现任领导机构是第二届理事会，有理事90人，其中常务理事48人。会长张元生，秘书长林春平。

2002年7月，在北海举办西南地区物资流通协会联席会议暨广西物资流通协会二届四次常务理事会，邀请中国物流与采购联合会常务副会长丁俊发到会作主题讲话，四川、重庆、贵州、云南等西南各省市物流协会领导以及自治区内各地、市、县物资总公司负责人共76人参加。会议就如何抓住西部大开发的历史机遇，大力推动传统物流向现代物流发展进行讨论，对加强西南各省物流协会合作、建立定期信息交流制度作了探讨。

自治区财政厅、广西会计学会举办的广西第二届会计知识大赛总决赛现场

广西会计学会供稿

【广西商业经济学会】 1982年12月成立。2002年末有团体会员75个，个人会员55人。设内部机构2个(秘书处、编辑部)，工作人员4人。现任领导机构是第五届理事会，有理事105人，其中常务理事35人。会长孙德明，副会长兼秘书长黄光云。

2002年4月24日，广西商业经济学会与梧州市商业经济学会在梧州市联合召开五届二次理事会暨入世后商业企业应对理论研讨会，60人与会。8月6～10日，应中共百色地委邀请，会长孙德明等6人前往百色地区考察。

【广西劳动保障学会】 1983年成立。2002年末有团体会员61个。设内部机构1个(秘书处)，工作人员6人。现任领导机构是第五届理事会，有理事75人，其中常务理事47人。会长雷震，秘书长赵志军。

2002年，组织开展“扩大就业对策”理论研讨活动，收到论文43篇。配合自治区劳动和社会保障厅开展全国劳动保障知识竞赛和电视大赛广西赛区的策划组织工作。组织各地50万职工参加竞赛，职工参赛率达到22.5%，在全国各省、市、自治区中名列第二位，获全国劳动保障知识竞赛组织奖。5月26日，与自治区劳动和社会保障厅、中国太平洋人寿保险南宁分公司及广西电视台联合举办广西“太平洋保险杯”劳动保障知识电视大赛，各地15支代表队参赛，广西电视台生活频道转播比赛实况。与自治区劳动和社会保障厅联合编辑出版《广西劳动和社会保障年鉴》2002年卷。全年出版会刊《广西劳动保障》10期，总印数3万册，约70万字。

【广西生产力学会】 1984年成立。2002年末有团体会员19个，个人会员89人。设内部机构1个(秘书处)，工作人员6人。现任领导机构是第六届理事会，有理事89人，其中常务理事49人。会长刘军，秘书长韦保建。

2002年6月，广西生产力学会与广西社科院、自治区社科联在南宁联合举办中国—东盟自由贸易区研讨会，180人出席。云南省、暨南大学的有关专家学者应邀作主题报告，会员以专题发言或讨论的形式就相关问题进行研讨。会后，召开学会年会，增选了3位副会长和3位理事。

【广西宏观经济学会】 1985年成立。原名广西计划学会，1996年12月改为现名。2002年末有自治区计委经济研究所、广西经济信息中心、广西国际工程咨询公司等16个团体会员，个人会员625人(其中具有高级技术职务资格的114人，中级276人)。设内部机构1个(秘书处)，工作人员3人。现任领导机构是第三届理事会，有理事45人，其中常务理事13人。会长杨道喜，副会长兼秘书长章远新。

2002年，广西宏观经济学会组织会员参与《建立中国—东盟自由贸易区广西对策研究》、《广西应对建立中国—东盟自由贸易区的若干建议》、《广西五大经济区发展总体规划实施情况跟踪调查》等重大课题研究，研究成果提供给自治区党委、自治区人民政府领导决策参考。8月24日，与南宁地区行署项目办、崇左县人民政府联合举办投资软环境建设理论研讨会，50多名理论工作者和实际工作者参加。与会者就投资软环境建设的重要性、必要性和如何加快广西投资软环境建设，以及投资软环境的评价体系等问题，进行广泛的探讨。自治区人大常委会副主任李振潜到会并讲话。10～11月，先后与自治区计委经济研究所、广西社会科学院东南亚研究所等单位联合召开3次有关广西如何应对中国—东盟自由贸易区的建立座谈会，与会代表提出不少建设性意见。10～12月，在《计划与市场探索》(会刊)上组织刊登学习、贯彻十六大精神的文章，第11、12期共发表13篇。年内，会员出版《论转轨时期的广西经济发展》等专著3种，发表论文14篇，有4项研究课题通过评审。

【广西经济体制改革研究会】 1985年成立。简称广西体改研究会。2002年末有梧州中恒集团股份公司、广西玉柴机器股份有限公司、广西柳工集团有限公司等23个团体会员，个人会员90人(其中具有高级技术职务资格的55人，中级33人)。设内部机构1个(秘书处)，工作人员5人。现任领导机构是第四届理事会，有理事88人，其中常务理事23人。会长刘清平，副会长兼秘书长梁卓平。

2002年，广西体改研究会致力于课题研究，为各级党委、政府提供决策咨询服务。主要参与自治区人民政府重点课题《加入WTO后广西主导产业发挥比较优势研究》，国务院发展研究中心重点课题《西部地区人力资源研究》，柳州市发展研究中心《加入世贸组织与柳州市优势产业的选择研究》，桂林市发展研究中心《桂林市加快工业化进程研究》等，研究成果均以不同形式上报有关领导机关，其中一些成果已被采纳，进入决策程序。年内，组织会员参加全国性和区域性的体改研究会活动，派员参加主题为“入世后政府职能转变”的中国经济体制改革研究会年会，参加广东省经济体制改革研究会在广州举办的“中国入世后政府与企业关系”培训班等。

【广西农业经济学会】 1985年成立。2002年末有团体会员14个，个人会员2020人（其中具有高级技术职务资格的60人，中级259人）。设内部机构1个（秘书处），工作人员7人，其中专职2人。现任领导机构是第四届理事会，有理事35人，其中常务理事17人。顾问是自治区党委副书记陆兵和自治区副主席孙瑜，理事长韦吉田，秘书长杨志。

2002年，广西农业经济学会在农业经济理论研究方面取得显著成果。据不完全统计，完成课题研究15项，调研报告25项，发表论文132篇。杨志、李平、莫荣旭等完成《广西“十五”期间农业产业化走向及发展思路》课题研究；徐金霞完成《入世后广西农村经营管理体制改革创新研究报告》；廖声东、周中云、李平等完成《广西农村劳动力就业形势研究报告》；杨志、李平、莫荣旭等完成《入世后广西农民增收形势研究报告》。这几个研究报告均编入《中国加入WTO与广西农业发展研究》一书，由中国农业出版社出版。吴英莲、罗佳年的《跨越式发展是广西农业和农村经济发展的必然选择》，彭志光的《加快农业产业化经营步伐，努力实现富民兴桂新跨越》和谢英美、彭志光的《石山地区实现富民兴桂新跨越的思考》，入选“富民兴桂新跨越理论与实践研讨会”交流论文，并获得会议优秀论文奖。

【广西税务学会】 1985年成立。2002年末有团体会员15个，个人会员4100人（其中具有高级技术职务资格的300人，中级800人）。设内部机构1人（秘书处），工作人员4人。现任领导机构是第三届理事会，有理事71人，其中常务理事30人。会长谢景开，副会长兼秘书长黄比智。

2002年1月21日，在南宁召开广西税务学会第三次会员代表大会，选举产生新一届理事会，200人与会。9月，与国家税务总局税收科研所在桂林联合召开第二次全国金融税收研讨会，60人与会。10月，与国家税务总局在桂林联合举办全国税收科研所所长培训班，120人参加培训。年内，完成国家税务总局、中国税务学会、中国国际税收研究会下达的重点研究课题7项，其中5项研究成果公开发表。与南开大学经济学院合作，完成大型研究课题《广西国税发展报告（1996～2001）》（110千字）。推荐2篇论文参加2000～2001年度中国国际税收优秀科研成果评奖，其中1篇获集体奖。年内，会员发表论文100篇，完成调研报告30篇，完成课题10项，出版著作8种。

【广西城市科学研究会】 1985年成立。2002年末有团体会员59个，个人会员84人。现任领导机构是第二届理事会。理事长范存举，秘书长郑朝燊。

2002年6月，协助自治区党委组织部、自治区建设厅举办赴清华大学广西第三期市（县）长城市规划与管理培训班。来自14个地、市和27个县（市、区）的党政领导和城建部门负责人38人参加培训。通过培训，加强学员的现代城市规划理念，加深对城市规划新领域的认识与理解。年内，联合广西市长协会开展学术征文活动，收到论文43篇，内容涉及城镇化、城市规划、城市经营、旧城改造等。经评选，评出一等奖1项、二等奖2项、三等奖3项、鼓励奖10项。年末，研究会参加自治区组织的第四届城市环境综合整治“南珠杯”竞赛检查评选活动，为推进广西城市市容市貌改观，提高城市环境质量作出贡献。

【广西审计学会】 1985年7月成立。2002年末有团体会员58个。设内部机构1个（秘书处），工作人员11人。现任领导机构是第四届理事会，有理事117人，其中常务理事26人。会长唐松庆，秘书长周华楣。

2002年，广西审计学会组织审计及相关学科优秀成果评奖活动，收到论文50篇，评出获奖成果一等奖2项、二等奖9项、三等奖15项。年内，承担国家审计署和中国审计学会重点课题13项，年末全部结题。其中《部门预决算编制制度审签方法研究》和《发展我国审计科研工作的基本构想》被中国人民大学《复印报刊资料·审计文摘》转载；《经济全球化与审计创新》被中国人民大学《复印报刊资料·财务与会计》转载。6月，组织会员参加中国审计学会和北京光华管理学院联合举办的虚假财务报告与监管论坛研讨会，提交论文《困境中国有企业造假会计报表的客观分析》，并入选研讨会论文集；组织会员参加自治区党委政法委主办的广西首届中国加入WTO与司法论坛征文活动，学会成立评委会对报送的论文进行评选，选送其中2篇代表学会应征。11月12～15日，协助中国审计学会在桂林举办审计理论研究方法与论文写作培训班。年内，编辑出版会刊《广西审计》6期，发表文章168篇，年发行量9万份。

【广西粮食经济学会】 1986年成立。2002年末有团体会员25个,个人会员850人(其中具有高级技术职务资格的80人,中级710人)。设内部机构1个(秘书处),工作人员6人。现任领导机构是第三届理事会,有理事52人,其中常务理事31人。会长侯汝玮,秘书长黄永蓬。

2002年,广西粮食经济学会组织、参与多项调研活动。对广西优质稻产业化经营的现状、存在问题、发展方向和政策措施等进行调查研究,写出专题报告。通过调研形成的《搞活粮食流通,促进农民增收》、《关于广西发展粮食产业化经营的研究报告》均获自治区直属机关工委调研报告二等奖;《关于广西发展粮食产业化经营的研究报告》获国家粮食局优秀软科学研究成果三等奖。派员参加在内蒙古自治区召开的西南暨民族地区粮食经济研讨会、由中国粮食经济学会主办的中央苏区粮食史研讨会、在南京召开的全国粮食经济研讨会。邀请中国粮食行业协会会长白美清到广西进行工作调研,为广西粮食部门的干部职工作专题讲座。会刊《广西粮食经济》年内刊发各类文章260篇。

【广西少数民族经济研究会】 1986年成立。2002年末有会员185人(其中具有高级技术职务资格的90人,中级60人)。设内部机构1个(秘书处)。现任领导机构是第三届理事会,有理事31人,其中常务理事13人。会长黄海坤,秘书长韦志坚。

2002年,广西少数民族经济研究会承担自治区民委《广西民族团结历史与现实研究》和《广西民族数据库》研究课题,并得到部分课题研究经费。年内,会员发表论文27篇,其中有6篇获有关部门奖励。《可持续区域经济发展论》、《中国—东盟经济双向开放与国际经济合作》、《国际金融实务与理论》、《国际金融热点问题研究》等4种著作相继出版。

【广西民族贸易经济研究会】 1986年成立。2002年末有会员234人。设内部机构1个(秘书处),兼职工作人员1人。现任领导机构是第三届理事会,有理事93人,其中常务理事12人。会长乔彬,秘书长韦荣飞。

【广西经济社会发展战略研究会】 1986年成立。2002年末有团体会员3个,个人会员196人。工作人员5人。现任领导机构是第一届理事会,有理事60人,其中常务理事26人。会长李润惠,秘书长沈小春。

2002年1月4日,广西经济社会发展战略研究会与北海市政府经济研究中心在北海联合举办WTO与政府职能转变研讨会,20人出席。2月4日,与北海市政府经济研究中心在北海联合举办应对中国—东盟自由贸易区建立研讨会,20人出席。11月5日,与北海市政府经济研究中心在北海市联合举办经营城市与北海发展研讨会,70人出席。年内,会员参与26项课题研究,完成研究报告26篇,发表论文36篇,出版专著2种。

【广西保险学会】 1986年11月成立。2002年末有团体会员8个,个人会员300人(其中具有高级技术职务资格的100人)。设内部机构1个(秘书处),工作人员4人。现任领导机构是第四届理事会,有理事45人,其中常务理事8人。会长吴芬,常务副秘书长陈成业。

2002年8月8日,广西保险学会在柳州召开2002年度保险理论研讨会,收到论文41篇。会后出版论文集《入世背景下的保险理论探讨》。10月17日,在南宁召开华南片保险学会工作交流会,30人与会,收到论文21篇,会后编辑《华南保险论坛》论文集。年内,派代表参加亚太风险与亚太保险学会2002年年会、中法第二期保险专题研讨会;与江苏保险学会开展对口交流,探索如何缩小广西与江苏保险业发展差距的问题。会刊《广西保险》出版6期,发行1.1万份。

【广西商业会计学会】 1986年11月成立。2002年末有团体会员25个,个人会员1080人(其中具有高级技术职务资格的6人,中级240人)。设内部机构1个(办公室),工作人员2人。现任领导机构是第四届理事会,有理事41人,其中常务理事15人。常务副会长胡顺生,秘书长陈会龙。

【广西金融学会】 1987年成立。2002年末有团体会员29个。设内部机构1个(秘书处),工作人员2人。现任领导机构是第四届理事会,有理事97人,其中常务理事31人。会长李明初,秘书长龙刚家。

2002年,广西金融学会联合广西农村信用合作管理办公室召开农村合作金融理论与务实研讨会,收到论文58篇,就农村信用社在改革与发展中的热点问题进行探讨。组织自治区金融系统论文20篇,参加自治区政法委主办的"中国加入WTO与司法论坛"征文活动。推荐6篇论文参加中国金融学会第六届全国优秀金融论文评选活动。派员到内蒙古参加加快少数民族地区经济金融发展理论研讨与经验交流会，提交论文3篇。编辑出版会刊《广西金融研究》12期，刊发文章264篇。

【广西国际经济贸易学会】 1988年5月成立。2002年末有团体会员53个。设内部机构1个(秘书处)，工作人员2人。现任领导机构是第四届理事会，有理事58人，其中常务理事15人。会长温斯新，秘书长李亦芝。

2002年，广西国际经济贸易学会与自治区乡镇企业局及自治区部分外贸企业联合开展入世对广西乡镇企业产品出口的影响及对策课题研究。该课题获得中央西部外经贸发展促进奖金的资助。课题组人员收集了许多数据资料和文字资料，深入乡镇企业考察调查，获得大量第一手资料，撰写出《我国加入 WTO 对广西乡镇企业外向型经济发展的影响及对策研究》、《关于广西乡镇企业外向型经济情况的调查报告》和《关于促进乡镇企业外向型经济发展的意见》(自治区人民政府文件代拟稿)等。举办广西外经贸改革与发展有奖征文活动，要求面对中国加入世贸组织后的新形势，研究入世后广西外经贸的应对措施，促进广西外经贸各项改革的深入开展。收到有效征文10篇，评出获奖征文5篇，其中二等奖1篇、三等奖2篇、鼓励奖2篇。

【广西投资学会】 1988年成立。2002年末有团体会员20个，个人会员150人(其中具有高级技术职务资格的10人，中级140人)。工作人员5人。现任领导机构是第二届理事会，有理事7人，其中常务理事5人。会长魏春旗，秘书长黄诚东。

2002年11月，广西投资学会在南宁举办建行行史座谈会，研究撰写广西区建设银行行史的有关事宜，50人出席。年内，会员完成研究课题3项。

【广西供销合作经济学会】 1988年成立。2002年末有团体会员5个，个人会员489人(其中具有高级技术职务资格的63人，中级306人)。设内部机构1个(秘书处)。现任领导机构是第三届理事会，有理事55人，其中常务理事12人。会长黄德强，秘书长韦华。

【广西供销合作社会计学会】 1988年成立。2002年末有团体会员103个。工作人员4人。现任领导机构是第四届理事会，有理事51人，其中常务理事15人。会长薛文钰，秘书长潘健雄。

2002年，参与举办供销社体制创新与扭亏增盈学术研讨会，50多人与会，收到论文37篇。与会者就供销社深化改革中涉及的改善经营体制、财会信息失真、提高财会人员业务素质、搞好当家人理财等问题进行深入讨论，并提出一系列建议和对策。继续做好会计账证的监制供应工作、规范会计账证，供应各种系统内专用会计账证55个品种，对促进供销系统的会计基础工作规范化发挥了重要作用。

【广西工商行政管理学会】 1989年成立。2002年末有团体会员96个，个人会员8000人。设内部机构1个(秘书处)。现任领导机构是第三届理事会，有理事60人，其中常务理事20人。会长蔡永伦，秘书长刘彬。

学会办有一报一刊，其中《广西工商》为内刊，《广西市场报》公开发行。

【广西农村财政研究会】 1990年4月成立。2002年末有团体会员3个，个人会员110人(其中具有高级技术职务资格的36人，中级52人)。设内部机构1个(秘书处)，工作人员4人。现任领导机构是第二届理事会，有理事97人，其中常务理事20人。会长莫望云，副会长兼秘书长吴云。

2002年，广西农村财政研究会联合自治区财政厅农业处、农税处和柳州、贺州、贵港市财政局对广西农村税费改革研究、农业财政促进农民增收研究、缓解县乡财政困难和问题的对策研究等3个重点课题分别进行调研。课题组深入柳州、贺州、贵港市和北流、德保、昭平、蒙山、武鸣、象州等县(市)调查研究，收集第一手资料。这3项课题研究年内陆续结题。编印《广西农村财政优秀论文选集》，收入联合课题组研究报告9篇和获奖优秀论文24篇。会员发表论文29篇。

【广西城市金融学会】 1991年成立。2002年末有团体会员8个，个人会员300人(其中具有高级技术职务资格的60人)。设内部机构1个(秘书处)，工作人员5人。现任领导机构是第四届理事会，有理事48人，其中常务理事8人。会长许桂北，秘书长黄振奋。

2002年1月，广西城市金融学会在南宁举办国际结算问题研讨会，15人与会。2月，在南宁召开第四次会员代表大会，300人与会，选举产生新一届理事会。10月，在南宁举办拓展广西信贷市场策略研讨会,25人与会。年内,会员发表论文38篇,完成调研报告20篇,完成课题7项,出版著作1种。举办科普讲座6次,听众1600人。举办培训班2次,参加培训150人。

【广西数量经济学会】 1991年成立。2002年末有会员300人。设内部机构1个(秘书处),工作人员4人。现任领导机构是第二届理事会,有理事34人,其中常务理事17人。会长詹宏松,副会长兼秘书长宋佰谦。

2002年12月12日,在南宁召开广西数量经济学会2002年年会暨学术研讨会,53人出席。大会收到著作2种,论文18篇。会长詹宏松作题为《学习十六大关于全面建设小康社会的几点体会》的发言。

【广西比较经济学学会】 1994年成立。2002年末有团体会员9个,个人会员214人(其中具有高级技术职务资格的58人,中级128人)。设内部机构4个(秘书处、学术部、财务部、综合发展部),专职工作人员3人,兼职工作人员4人。现任领导机构是第一届理事会,有理事48人,其中常务理事7人。会长林卓群,秘书长岳明。

2002年,广西比较经济学学会坚持走会企合作的道路,为企业和会员单位提供工作指导和咨询服务,多次与企业进行联谊和交流;健全法人治理机构,建立和完善《会员守则》、《财务管理制度》、《基础工作管理制度》等规章制度,并对《学会章程》提出修改议案。学会领导和学术骨干应邀到南宁市营销协会、广西农垦总公司、广西斯壮股份有限公司等单位作比较经济学专题讲座,听众近千人。5月,在南宁市主办中国入世广西招商对策暨外资港澳台资企业高级经理研讨会,来自泰国、越南、香港、台湾及自治区内外的经济界、企业界人士30多人参加。9月,协助中国中医手足推拿学会举办"中国中医手足推拿第三届学术交流会",自治区内外有关专家学者80多人参加。年内,接待来自美国、泰国、越南、柬埔寨等国家和台湾、澳门、香港地区的客商及友好人士30多人次,洽谈4个项目,牵线搭桥引进外资960万港元。

【广西钱币学会】 1994年成立。2002年末有团体会员27个,个人会员1159人(其中具有高级技术职务资格的170人,中级390人)。设内部机构4个(秘书处、广西钱币陈列馆、《广西泉友通讯》编辑部、活动园地),工作人员11人。现任领导机构是第四届理事会,有理事58人,其中常务理事46人。会长陈伯发,副会长兼秘书长周光才。

2002年4月23日,广西钱币学会在南宁召开各地市钱币学会秘书长工作会议,传达中国钱币学会秘书长工作会议精神,布置2002年工作,17人与会。同日,在北海召开《中国十文铜元版式研究》第三稿评审会。6月6日,在南宁召开援越随军银行产生及消亡情况座谈会,参加过援越抗美战斗的人员14人与会。7月25日,在南宁召开《中国十文铜元版式研究》终审会。9月1日,在南宁召开《中国十文铜元版式研究》定级会,会议确定铜元的评分方法,对书中的十文铜元进行等级评定。10月23~26日,副秘书长部广华等参加在北京召开的国际钱币与银行博物馆委员会第九届年会。12月6~8日,在北海召开广西钱币学会2002年度钱币理论研讨会,同时,召开学会2002年度工作总结会和学会常务理事会。

【广西市场经济研究会】 1996年成立。2002年末有团体会员58个,个人会员566人(其中具有高级技术职务资格的206人,中级288人)。设内部机构6个(办公室、培训部、理论部、司法服务部、咨询服务部、综合发展部),工作人员4人。现任领导机构是第二届理事会,有理事210人,其中常务理事99人。会长龙观水,副会长兼秘书长王德民。

2002年6月、8月,分别组织两批会员(共56人)赴法国国家行政学院学习考察,了解加入WTO条件下,国家政府职能的转变和公务员培训情况。7月,组织香港回归5周年成就考察团赴香港考察,48人参加。8月24日,在南宁召开第二次会员代表大会暨发展非公有制经济理论研讨会,158人出席。自治区党委副书记、自治区副主席、广西市场经济研究会名誉会长王万宾到会并讲话。会议听取并讨论通过研究会工作报告,修改章程,选举产生新一届理事会。大会收到论文40多篇,评出优秀论文34篇。年末,组织知名专家学者宣讲中共十六大精神30场,听众4500多人。

【广西卫生经济卫生统计学会】 1998年成立。由1985年成立的广西卫生统计学会和1986年成立的广西卫生经济学会合并而成。2002年末有团体会员34个,个人会员1070人。设内部机构3个(秘书处、卫生经济学术委员会、卫生统计学术委员会),工作人员2人。现任领导机构是第一届理事会，有理事99人，其中常务理事27人。会长潘兴仪，秘书长唐运华。

2002年，完成自治区科技厅科研课题《广西卫生资源配置标准》。推荐10篇论文参加中南六省（自治区）第十六次卫生经济学术研讨会，10名会员参加会议。

【广西历史学会】 1963年成立。2002年末有广西师范大学、广西民族学院、广西社会科学院、广西通志馆、广西党史研究室、广西博物馆、广西档案馆、广西民族研究所、玉林师范学院、右江民族师专等10个团体会员，个人会员586人（其中具有高级技术职务资格的329人）。设内部机构1个（秘书处），工作人员3人。现任领导机构是第九届理事会，有理事66人，其中常务理事23人。会长钟文典，秘书长陈雄章。

2002年4月、8月，广西历史学会分别在荔浦县、桂林市对入选国家级园丁工程培养对象的中学历史教师进行培训，同时指导当地教师开展教学活动。组织历史学、考古学、民族学等方面专家参与田阳县布洛陀遗址考察、研讨活动，探寻壮族历史源头。还派员参与长江三峡抢救性考古发掘。举行第二届广西历史学会优秀教学成果评比，促进中学历史教学发展。

年内，学会科研活动领域宽广，视野新颖。蒋廷瑜、蓝日勇等的考古发掘及研究，何英德的文物考古研究和陈列宣传，梁颖的中国古代国家形态和形成道路研究，朱从兵的太平天国史与近代铁路史研究，唐凌的近代矿业史研究，庾裕良、黄振南、张壮强的中法战争史研究，宾长初等的近代圩镇研究，谭肇毅等的新旧桂系史研究，何龙群的地方党史研究，雷坚等的地方史志研究与编纂，俞德华、陈汉宁、韦浩明等的桂东南经济史研究，许欢科等的左江河谷近代社会变迁研究，钱宗范的宗法制度研究，任冠文的中国思想史和历史文献学研究，范玉春的移民史研究，谭开先的军事史研究及军事志编纂，陈雄章的交通交往史研究，覃圣敏、覃彩銮等的壮—泰民族史研究，潘其旭的“那文化”研究，覃乃昌的壮族稻作史研究，白耀天的壮族谱系研究，何毛堂的黑衣壮研究，张有隽、玉时阶、莫金山等的瑶族史研究，黄铮的中越关系史及胡志明研究，崔凤春的中韩关系史研究，罗爱林的中俄关系史研究，张坚的华侨史研究等，或自成体系，或特色鲜明，在国内乃至国际上有一定的影响。

由于史学研究主要是基础理论工作，学术性强，政府鲜有投资，学会创收无门，所需办会经费甚缺。且史学各分支自立门庭，先后成立了与历史学会平行的其他社团组织，使历史学会难以开展工作。

【广西哲学学会】 1979年成立。2002年末有会员312人（其中具有高级技术职务资格的179人，中级101人）。现任领导机构是第六届理事会，有理事20人，其中常务理事10人。会长黎之焕，秘书长曾德盛。

2002年，广西哲学学会采取多种形式，组织会员学习贯彻“三个代表”重要思想和十六大精神，提高会员的政治思想水平。据不完全统计，会员发表学习文章70多篇。应自治区党政机关和企事业单位邀请，学会的专家学者分别就“三个代表”重要思想和十六大精神，为干部群众作学习报告20多场，受到欢迎和好评。先后派出21人次参加自治区党委、自治区人民政府组织的有关社会调研活动，取得积极的成果。在为社会服务的同时，逐渐完善学会运行机制，并在规范化、制度化建设方面取得新的进展。年内，召开1次学术研讨会和2次理事会，讨论新形势下学会的发展思路、如何开展哲学社会科学学术活动、如何发动会员积极参与广西的改革开放实践等问题。会员出版专著11种，发表论文43篇。

【广西中共党史学会】 1979年成立。原为广西新民主主义革命研究会，1980年12月更名为广西中共党史研究会，1989年底改用现名。2002年末有会员近300人（其中具有高级技术职务资格的71人，中级141人）。现任领导机构是第五届理事会，有理事50人，其中常务理事19人。会长覃文成，秘书长韦秀康。

2002年8月，广西中共党史学会与广西新四军历史研究会联合在南宁举行纪念张云逸同志诞辰110周年座谈会，会员提交《张云逸主政广西》等论文、资料6篇。会后，编辑《张云逸与广西》一书，由广西人民出版社出版。年内，协助自治区党委党史研究室和广西革命老区建设促进会编辑出版《“三个代表”在广西的实践》、《峥嵘岁月稠》、《探索集》、《蒙谷诗文集》、《红土丰碑——东兰英雄谱》等书。此外，还协助影视部门摄制广西爱国主义教育系列专题片《邕城丰碑》等。

【广西语言文学学会】 1980年成立。2002年末有会员264人（其中具有高级技术职务资格的120

人，中级132人）。设内部机构1个（秘书处），工作人员2人。现任领导机构是第四届理事会，有理事41人，其中常务理事17人。会长杨焕典，秘书长卢斯飞。

2002年，广西语言文学学会继续做好会刊《阅读与写作》的编辑出版工作，出刊12期，共发稿469篇。同时，各会员积极从事社科研究特别是语言文学学科的研究，出版著作4种，发表论文80余篇。

【广西科学社会主义学会】 1981年成立。2002年末有团体会员36个，个人会员296人。设内部机构1个（秘书处），工作人员7人。现任领导机构是第三届理事会，有理事10人，其中常务理事5人。会长吴天波，秘书长黄新跃。

2002年12月，广西科学社会主义学会与广西国际共运史学会在南宁联合举办十六大精神与新世纪中国共产党执政规律学术研讨会暨会员代表大会，58人与会。大会进行学会换届选举，组成新的领导班子，并进行学术研讨。在收到的论文中评选出优秀论文42篇。据不完全统计，会员年内发表论文50篇，完成调研课题3项、省级科研课题2项。承担的3项国家级、省级科研课题的研究工作取得重大进展。研究成果获自治区级科研成果一等奖1项，二等奖3项。

【广西新闻学会】 1982年8月成立。2002年末有团体会员97个。设内部机构2个，工作人员6人。现任领导机构是第三届理事会，有理事71人，其中常务理事43人。会长李明德，秘书长陈魁元。

2002年4月，广西新闻学会与广西新闻工作者协会在宜州市开展2001年度广西新闻奖评奖活动，评出一等奖85项，二等奖131项，三等奖210项。5月，组织部分会员到北流市采访农村文明建设成效。11月1日，在南宁市举行庆祝第三届中国记者节暨2001年广西新闻奖颁奖大会。自治区党委宣传部、中央驻桂新闻单位、广西各新闻媒体的领导，获奖者代表和广西老新闻工作者协会的会员代表300多人出席。年末，举办广西要闻大赛，评出一等奖5项，二等奖10项，三等奖15项。继续与广西记者协会联合办好会刊《新闻潮》，全年出刊6期，刊发文章240篇。

【广西美学学会】 1983年成立。2002年末有会员168人。设内部机构1个（秘书处），专职工作人员1人，兼职1人。现任领导机构是第二届理事会，有理事10人，其中常务理事10人。会长范阳，秘书长杨昌雄。

【广西档案学会】 1985年成立。2002年末有柳州市档案学会、梧州市档案学会、桂林市档案学会等团体会员5个，个人会员693人（其中具有高级技术职务资格的200多人，中级400多人）。设内部机构1个（办公室），工作人员2人。现任领导机构是第三届理事会，有理事42人，其中常务理事17人。理事长温强，副理事长兼秘书长李泰城。

2002年2月，广西档案学会召开常务理事会，研究布置年度工作，并围绕档案建设有关问题开展讨论。4月上旬，牵头组成学习调研组赴广州、深圳等地，就学会发展新途径、如何增强学会活力等问题进行实地学习调研和交流。4月下旬，与中国学术期刊电子杂志社就共建论文全文数据库签定合作协议书。5月15～20日，与中国档案学会联合在北京中央档案馆举办档案干部继续教育讲习班，90名广西学员参加。9月，组织并向中国档案学会推荐档案学术论文15篇，其中8篇论文入选中国档案学会第六次全国档案学术讨论会交流论文。11月，邀请中国人民大学档案学院博士生导师王传宇教授在南宁作转型期的企业

2002年11月6日，中国人民大学王传宇教授在南宁为档案工作者作学术报告　李泰城　摄

档案管理工作专题学术报告,100多名档案工作者与会。

【广西中国文学学会】 1985年成立。2002年末有会员175人(其中具有高级技术职务资格的154人,中级21人)。专职工作人员1人,兼职2人。现任领导机构是第四届理事会,有理事29人,其中常务理事23人。会长杨炳忠,秘书长唐桂清。

2002年12月7～10日,广西中国文学学会联合广西师范大学马克思主义美学研究所、中共凭祥市委、龙州县委、大新县委召开"生态工程文化、边境民族文化与现代文明"学术研讨会,与会代表70多人,收到论文22篇。与会专家、学者对凭祥、龙州、大新3个边境市县的生态工程文化、边境民族文化与现代文明进行学术考察和社会调研,提出建设性意见。10位专家学者在会上作专题发言。自治区内多家传媒对此项活动作了报导。年内,会员出版《多维文化视阈中的文学转型》等专著8种,发表论文68篇,有5项研究课题通过评审。

【广西伦理学学会】 1985年成立。2002年末有会员67人(其中具有高级技术职务资格的30人,中级32人)。工作人员3人。现任领导机构是第三届理事会,有理事19人,其中常务理事10人。会长卫荣凡,秘书长任浩明。

2002年,广西伦理学学会会员发表论文75篇,出版专著、教材和科普读物25种,共150万字。参加各种学术会议20人次,提交论文9篇,其中入选全国性理论研讨会5篇。会员撰写的著作、论文共获奖10项,其中获省部级三等奖1项,地厅级奖5项。有6名会员应邀作党的十六大精神理论报告20场次,其中宣讲《公民道德建设实施纲要》报告15场次。3月,召开常务理事会,经过民主协商,通过由新任会长、广西商业高等专科学校校长卫荣凡担任学会法人代表的决议。5月,按照民政部门的管理规定,办理法人代表变更手续,学会工作开始走上正轨。

【广西社会心理学会】 1985年成立,2000年8月注销,2002年7月重新登记。2002年末有柳州市社会心理学会等团体会员7个,个人会员320人(其中具有高级技术职务资格的32人,中级75人)。设内部机构3个(秘书处、学术部、培训部)。现任领导机构是重新登记后的第一届理事会,有理事19人,其中常务理事11人。会长吴中任,秘书长刘字。

2002年7月,广西社会心理学会与柳州宏华生物发展公司签订工作协议书,把学会秘书处办公地点设在该公司,以该公司为学会人力心理资源开发的研究基地,并将研究成果向广西各地推广。开展"扶心工程"活动,通过讲座、案例分析、模拟训练、操作练习等方式培训228名企业管理人员。开展心理咨询服务,鼓励会员积极参与学校、医院、机关心理咨询机构的活动,协助会员依法申办独立的心理咨询服务机构。组织会员开展提高少数民族大学生心理素质专题研究,在高校举办系列讲座,定期进行个别咨询,会员在网上交流相关信息。

【广西地方志协会】 1986年5月成立。2002年末有团体会员152个〔其中地、市志办14个,县(市)志办77个,城区志办16个,各厅局专志编辑室45个〕,个人会员982人(其中专职修志会员677人。专职修志会员中具有高级技术职务资格的66人,中级188人)。设内部机构1个(秘书处),与自治区通志馆合办有《广西地方志》期刊、志书地情书录入排版室。现任领导机构是第四届理事会,有理事76人,其中常务理事42人。会长蓝日基,副会长兼秘书长晏源源。

2002年,会员单位编纂出版自治区、地(市)、县(市)三级志书12种,其他志书、地情书、年鉴23种。《广西地方志》发表方志理论文章、评论文章和地情资料研究、信息交流文章150篇,其中绝大多数为会员的研究成果。4月1～3日,会长蓝日基等40余人参加广西通志馆举办的《广西通志·人物志》评稿会,对入志人物的收录标准、人物传编写、传主的是非功过及其他敏感性问题进行研讨。12月21日,联合广西通志馆在南宁召开地方志编纂继承与创新理论研讨会暨广西地方志协会第四次会员代表大会。参加会议的有广西地方志协会第四届理事会候选人,《广西通志》各专志编辑室、各地市县(史)志办负责人及入选论文作者,共170人。自治区党委常委、宣传部部长、广西地方志编纂委员会副主任潘琦到会宣讲十六大精神,并就地方志工作如何贯彻落实十六大精神、与时俱进、开拓创新提出意见。会议围绕地方志如何与时俱进等问题进行研讨,13名会员在会上宣读论文。大会选举产生第四届理事会。

【广西群众文化学会】 1986年8月成立。2002年末有柳州市群众文化学会、南宁市群众文化学会2个团体会员,个人会员356人。设内部机构1个

(办公室),兼职工作人员2人。现任领导机构是第三届理事会,有理事42人,其中常务理事12人。会长韦壮凡,秘书长左厚尧(法人代表)。

2002年2～6月,广西群众文化学会组织会员在南宁市新城区新竹社区、荣和社区、菠萝岭社区开展调研活动,分别对开发小区型、企业依托型、纯居民型社区呈现的多种文化形态进行剖析,并提出不同的建设思路和实施对策。12月,联合自治区文化厅在柳州举办农村小康文化建设研讨会,50多位与会代表围绕中共中央《关于进一步加强基层文化建设的指导意见》精神,结合广西实施文化进村进户战略,对农村小康文化建设的性质、任务、对策等问题进行深入研究。年内,组织会员撰写论文、调研报告100余篇,选送32篇论文参加文化部举办的群众文化论文征文活动,25篇入选,并发表在中央文献出版社出版的《文化大视野——全国群众文化论文集》2002年第4卷。

【广西少数民族语文学会】 1986年成立。2002年末有会员240人(其中具有高级技术职务资格的50人,中级110人)。现任领导机构是第四届理事会,有理事38人,其中常务理事11人。会长覃耀武,秘书长黄如猛。

2002年2月1日和12月20日,会员单位自治区少数民族语言文字工作委员会分别参与举办恢复推行壮文工作暨纪念壮文进校实验工作20周年座谈会和纪念《壮文方案》颁布45周年座谈会。会长覃耀武等代表学会理事会参加7月22～26日在兰州举行的中国少数民族双语教学研究会第十次研讨会,就“西部大开发与双语教学”主题,与与会代表进行学术交流。组织会员协助有关单位在上林县举办壮族歌师歌手壮文班,在靖西、田东、平果等县开展壮语科技电影下乡活动,在环江、柳城等县(自治县)举办农民学壮文学科技培训班。会员承担并与 SIL(世界少数民族语文研究院)合作编写的《壮汉英小词典》完成初稿。协助有关部门举办民语系统部分干部语言学基础知识培训班,提高会员利用国际音标进行语言田野调查的能力。年内,会员发表论文20多篇。

学会面临的困难主要是自筹经费能力不强,会员后继乏人。

【广西写作学会】 1986年成立。2002年末有会员358人(其中具有高级技术职务资格的198人,中级160人)。设内部机构1个(秘书处),工作人员8人,其中专职3人。现任领导机构是第五届理事会,有理事67人,其中常务理事44人。会长陈学璞,秘书长黄筱娜。

2002年11月15～16日,广西写作学会在北海召开第五次会员代表大会,80多人出席。大会选举产生第五届理事会,对学会章程进行了修改。年内,会员一批高质量的研究成果获奖:徐治平的专著《中国当代散文史》获全国首届“冰心散文奖”;在第四届广西文艺创作铜鼓奖评奖中,张利群的《批评重构——现代批评学引论》、韦一凡等的《百色大地宣言》、东西的《耳光响亮》获奖;林超峻参与编剧的《苦楝树花开的季节》被评为中宣部第八届“五个一工程”入选作品和第八届广西精神文明建设“五个一工程”荣誉奖。黄绍清、容本镇、雷耀发、覃可霖、张利群、刘江等6位学者的8种专著出版。黄筱娜、吴毅等分别完成《文化转型与广西民族文化建设研究》、《西部大开发中广西民族文化资源保护和开发利用研究》等3个省部级研究课题。

【广西华侨历史学会】 1986年12月成立。2002年末有桂林市华侨历史学会、玉林市华侨历史学会

广西写作学会经常组织会员开展调查研究活动。图为会员深入考察南宁房地产市场
广西写作学会供稿

2个团体会员，个人会员110人（其中具有高级技术职务资格的21人，中级15人）。设内部机构1个（秘书处），工作人员2人。现任领导机构是第二届理事会，有理事45人，其中常务理事11人。会长李汉金，秘书长潘瑞安。

2002年，学会组织课题组向国务院侨办申报《西部少数民族地区国外侨务工作研究》重点研究课题。4月，李汉金会长参加中国海外交流协会访问团访问印尼、马来西亚、文莱等国；6月，韦谦、莫家耀参加广西侨办代表团赴印支3国考察华文教育工作。年内，部分会员先后出席在武汉召开的第二届国务院侨办重点课题研究成果交流会，在广州召开的中国加入WTO后的亚太局势国际学术研讨会和在珠海召开的海外华人专题国际学术研讨会。

【广西毛泽东哲学思想研究会】 1987年成立。2002年末有广西工学院社科部、桂林工学院社科部等7个团体会员，个人会员365人（其中具有高级技术职务资格的102人）。现任领导机构是第五届理事会，有理事61人，其中常务理事29人。会长潘宝卿，秘书长梁贯珍。

2002年，协助华中师范大学如期完成该校在广西举办的行政管理专业硕士研究生课程进修班的办班任务，87名学员结业。12月6～9日，在贺州市召开党的十六大与中国特色社会主义理论讨论会暨广西毛泽东哲学思想研究会第五次会员代表大会。55人出席。会长潘宝卿在会上作学习十六大报告创新理论的主题发言。选举产生新一届理事会。年底，研究会理事和会员在认真学习十六大报告的基础上，争当十六大报告的宣传员，其中曾德盛、韦日平两位副会长参加自治区党委宣讲团巡回宣讲，会长潘宝卿、副会长张绍森、常务理事陈卓祥、罗永平等分别在广西师范大学、桂林工学院、桂林电子工业学院、广西工学院作学习十六大辅导报告，副会长宿富连、黄启学等分别在桂林市、百色市巡回宣讲。年内，发展团体会员7个，个人会员98人。会员出版编著1种，43万字。

【广西国际共运史学会】 1987年成立。2002年末有团体会员5个，个人会员80人（其中具有高级技术职务资格的32人，中级41人）。现任领导机构是第五届理事会，有理事21人，其中常务理事11人。会长叶润青，秘书长李建光。

2002年，广西国际共运史学会组织会员学习十六大精神，并在教学实践活动中通过各种形式宣传、讲授十六大精神，使“三个代表”重要思想进课堂、进头脑。部分会员参加广西十六大精神宣讲团，受到干部、大学生的欢迎。12月5日，与广西科学社会主义学会在南宁联合举办十六大精神与新世纪中国共产党执政规律理论研讨会，与会代表58人，评出优秀论文42篇。年内，会员出版专著1种，发表论文35篇。

【广西广播电视学会】 1987年8月成立。2002年末有团体会员28个，个人会员1183人。设内部机构1个（秘书处），专职工作人员3人，兼职工作人员1人。现任领导机构是第三届理事会，有理事85人，其中常务理事42人。会长朱焱，秘书长石熙明。

2002年，广西广播电视学会联合自治区广播电影电视局开展多项活动。1月24日，在贺州市举办2001年度广西广播电视县级台站优秀作品评选；5月30日，在靖西县举办2001年度全自治区广播电视优秀播音主持作品评选；9月3～4日，在北海召开广播电视短新闻写作研讨会，来自自治区各地广播电台、电视台的代表37人与会。会议就把短新闻作为广播电视新闻的主要报道形式来抓，短新闻写作要求独具匠心、别具一格等达成共识。11月底，协助中国广播电视学会在南宁召开2002年年会暨第二届中国广播电视学会学术期刊颁奖会。会员作品《记者道德形象探析》获2002年中国广播电视学会学术期刊论文一等奖。

【广西翻译工作者协会】 1988年成立。2002年末有会员585人（其中具有高级技术职务资格的264人，中级215人）。设内部机构1个（秘书处），工作人员1人。现任领导机构是第三届理事会，有理事30人。会长贺祥麟，秘书长左自鸣。

2002年，广西翻译工作者协会举办广西首届电视英语翻译大奖赛，2400多人参赛。通过这次大赛，扩大了协会的社会影响，促进了广西的外语教学工作。

【广西抗战文化研究会】 1988年12月成立。前身为广西抗战文艺研究会，1996年12月改用现名。2002年末有会员88人。设内部机构2个（秘书处、财务处）。现任领导机构是第三届理事会，有理事23人。会长李建平，秘书长黄燕熙。

2002年9月12～13日，广西抗战文化研究会在桂林市召开广西抗战文化史迹史料调查与开发研讨会，30余人参加。桂林市文化局、桂林图书馆、柳州市图书馆、广西师范大学“抗战时期广西沦陷区损失调查课题组”等4个单位提交研究报告，并作专题发言。与会人员实地考察抗战时期美国空军“飞虎队”在桂林修建的两江机场遗址、李宗仁官邸、李宗仁故居等历史遗迹。

【广西考古博物馆学会】 1990年成立。2002年末有团体会员12个，个人会员500人（其中具有高级技术职务资格的62人）。现任领导机构是第一届理事会。会长韦壮凡，秘书长陈远璋。

2002年5月，广西考古博物馆学会组织各团体会员配合当地的文化（文物）行政管理部门开展“五一八国际博物馆日”宣传活动，通过报纸、广播、电视、板报、展览等形式，宣传国家文物保护法律、法规及方针、政策。10月，发动组织会员学习全国人大常委会新修订的《中华人民共和国文物保护法》，并开展宣传活动。分两批组织部分会员单位负责人赴法国、德国、意大利和埃及、土耳其进行文物考察和交流活动。12月，举办“广西文博论坛”，收到论文70余篇。举办全自治区文博馆（所）长理论研讨班，邀请国家文物局专家作《文物保护法》专题讲座。年内，协助自治区文化厅文物处在自治区范围内开展文博单位基本情况普查及古民居、民族传统建筑群普查工作。

【广西人民革命大学历史研究会】 1992年成立。2002年末有团体会员123个，个人会员3000人（其中具有高级技术职务资格的766人，中级1394人）。设内部机构2个（编辑组、财务组）。专职工作人员5人，兼职1人。现任领导机构是第一届理事会，有理事268人，其中常务理事82人。会长黄语扬，秘书长韦荣木。

2002年1月25日，广西人民革命大学历史研究会在自治区党校举行迎春茶话会，驻邕会员400余人参加。3月，出版校友诗集《丹桂诗声》。10月下旬，广西人民革命大学纪念亭竣工，61个团体会员、1200多人捐款3.6万元建亭。11月3日，在广西农业学校建校60周年庆典期间，举行广西人民革命大学纪念亭落成仪式，自治区人大常委会副主任李振潜、广西人民革命大学老领导梁唐晋和南宁地市代表50多人参加揭幕。12月11日，召开会长扩大会议，在邕的常务理事共37人出席。会议总结研究会成立10年来的主要成绩：一、编辑出版《广西革大校史》、《丹桂诗声》等著作6种，共200万字。二、先后举办广西革大创办45周年纪念大会、广西革大成就回顾展、弘扬广西革大传统研讨会暨广西革大创办48周年纪念会等大型活动。会议认为，经过10年的努力，研究会主要任务基本完成，决定到2003年6月注销研究会。

【广西朱熹思想研究会】 1994年5月成立。2002年末有会员332人（其中具有高级技术职务资格的49人，中级43人）。设内部机构4个（秘书处、学术研究部、基层工作部、外联部）。现任领导机构是第二届理事会，有理事90人，其中常务理事38人。会长朱光恒，副会长兼秘书长朱光贵。

2002年8月12～15日，广西朱熹思想研究会在北海市举办朱熹思想与以德治国学术研讨会，收到论文52篇。会后，全部论文发表在《朱子论坛》2002年第一、二期合刊。10月上旬和11月上旬，副会长朱光葳先后参加在香港举行的2002年孔子圣诞全球大庆典活动和在菲律宾首都马尼拉召开的朱子学国际学术研讨会。12月3日，为2003年度研究会在自治区内开展弘扬中华传统文化、推广少年儿童经典诵读作准备，邀请北京师范大学教授、博士生导师、中华孔子学会常务副会长郭齐家到南宁东方外国语学校等学校以“中华优秀传统文化与素质教育”为题，作了3场演讲。

【广西新四军历史研究会】 1997年9月成立。2002年末有会员228人（其中省级干部7人，厅局级干部105人）。设内部机构2个（办公室、编辑部）。有理事30人。会长郑少东，秘书长马忠桂。

2002年8月，与自治区党委党史研究室在南宁联合举办纪念张云逸同志诞辰110周年座谈会，50多人参加，收到论文和有关史料6篇。会议由自治区党委党史研究室主任覃文成主持，会长郑少东在会上致辞，自治区党委常委、宣传部部长潘琦参加会议并作题为“发扬革命传统，建设美丽广西”的讲话，离退休老干部韦纯束、刘毅生分别作“常驻心间的怀念”和“学习张云逸与时俱进的精神”的发言。10月，举办纪念黄克诚大将诞辰100周年座谈会，会议由秘书长马忠桂主持，会长郑少东讲话。会议收到史料和论文7篇。年内，出版《铁军风采》4期，320千字；印发《张云逸年谱》（初稿），128千字。

【广西图书馆学会】 1979年10月成立。2002年末有团体会员15个，个人会员1450人。设内部机构6个（办公室、学术工作委员会、科普与教育工作委员会、编辑出版工作委员会、采访工作委员会、现代化技术工作委员会)。现任领导机构是第六届理事会,有理事56人,其中常务理事16人。理事长王雪光,秘书长黄永宁。

2002年10月29日至11月1日,广西图书馆学会在柳州市召开第20次科学讨论会暨2002年年会,126人出席。会议总主题是:知识经济时代图书馆的发展趋向。研讨内容包括:加入WTO后图书馆立法与知识产权保护,数字图书馆的建设与研究,图书馆信息资源建设,网络信息资源的收集、利用及导航系统建立,特色数据库制作,图书馆服务模式与用户需求,图书馆管理与改革,基层图书馆建设与知识工程等。收到征文74篇,经学术工作委员会评选,入选论文48篇,交流论文18篇。广西民族学院图书馆莫燕玲、广西桂林图书馆曹旻、柳州市图书馆刘小兰分别以《新时期高校外文资料工作浅探》、《竞争情报与图书馆功能的拓展》、《社区图书馆建设初探》为题在大会上发言。与会者围绕主题进行讨论,并就图书情报业务工作进行经验交流。大会听取并审议了王雪光理事长《2002年广西图书馆学会工作情况及2003年工作计划》的报告。

2002年12月10日,广西教育学会常务副会长林红在该学会"十五"立项课题会上作如何开展教育课题研究的报告　　广西教育学会供稿

【广西教育学会】 1979年11月成立。2002年末有团体会员17个,个人会员548人(其中具有高级技术职务资格的288人,中级240人)。设内部机构2个(秘书处、基础教育研究杂志社),分支机构27个(专业委员会26个,教育咨询服务中心1个)。现任领导机构是第五届理事会,有理事88人,其中常务理事24人。会长余益中,秘书长李登明。

2002年1月,举办广西教育学会第七次优秀成果评奖活动,约3000项成果参评,其中146项获一等奖。4月下旬,联合自治区课程改革办公室和广西教育学院教研部在南宁举办普通高中课程改革培训班,约300名教研员、高中校长、教师参加学习。年内,先后完成《广西教育厅组织史》(广西教育学会部分)和《广西教育学院院史》(广西教育学会部分)的编写任务。10月,常务副会长林红等参加自治区教育厅举办的广西示范性高中校长培训班赴江苏考察学习。10月29日,在南宁召开中国教育学会和自治区教育科学"十五"规划重点课题"广西中小学全面推进素质教育的现状与对策研究"研讨会,总结前一阶段的研究工作,部署下一阶段的任务。11月17～29日,组织广西教育考察团赴台湾进行教育考察和学术交流。会刊《基础教育研究》出刊14期,共发行36万份。

这一年,学会的组织建设得到加强。上半年按照自治区社团登记管理机关的要求完成27个分支机构的复查登记工作。5月31日至6月1日,召开第五次会员代表大会,选举产生第五届理事会,成立第四届学术委员会。10月,根据社团整顿后基层教育学会组织建设中存在的问题,代自治区教育厅起草《关于加强基层教育学会工作的意见》(桂教办字[2002]202号)。年内,发展直属个人会员171人,指导5个直属学科专业委员会和1个团体会员进行理事会换届选举。

【广西东南亚研究会】 1979年12月成立。前身为广西印度支那研究会,1991年改为现名。2002年末有团体会员10个,个人会员175人(其中具有高级技术职务资格的35人,中级40人)。现任领导机构是第三届理事会,有理事32人,其中常务理事15人。会长赵和曼,秘书长罗桂友。

2002年,广西东南亚研究会承担科研课题4项,广西社会科学院重点课题2项,课题成果共约50万字,其中16万字的《中国—东盟自由贸易区与广西的机遇和挑战及我们的对策建议》通过专家鉴定。年内,会员出版《中国—东盟自由贸易区与广西》等专著4种,共约1050千字;发表论文31

篇，译文17篇，研究报告14篇，科普读物2种，共1460千多字。

【广西民族研究学会】 1981年成立。2002年末有团体会员4个，个人会员489人（其中具有高级技术职务资格的186人，中级198人）。兼职工作人员5人。现任领导机构是第四届理事会，有理事68人，其中常务理事8人。会长覃圣敏，秘书长李富强。

2002年，广西民族研究学会受自治区文化厅委托，组织专家编制《广西数字民族文化工程》，为广西民族文化资源的保护、开发、研究作出规划。会长覃圣敏带领专家组到上林县对唐代城址及碑刻进行考察研究，为上林县的民族文化旅游开发提供依据。年内，学会继续抓好壮学系列丛书、《瑶族通史》等研究课题的申报、编写、审定出版和资料收集工作。召开编委会议，对《壮族布洛陀麽经》(28卷本)和《壮泰民族传统文化比较研究》(350万字)书稿进行校对审定。会刊《广西民族研究》陆续开辟壮学研究、瑶学研究、侬智高研究、岭南考古研究、民族历史与文化研究、民族文化旅游研究等栏目，刊发论文80多篇。覃乃昌理事的著作《广西民族自治立法研究》(广西民族出版社出版)首次将民族理论和民族自治立法结合起来进行研究论证，在学术界和广大读者中产生影响。

【广西人才学会】 1982年成立。2002年末有团体会员70个，个人会员532人（其中具有高级技术职务资格的253人，中级232人）。设内部机构9个（秘书处、组织联络部、科学研究部、宣传普及部、国际交流部、成果开发部、法律咨询部、培训部、专家顾问中心），工作人员28人。现任领导机构是第四届理事会，有理事62人，其中常务理事19人。会长黄业恩，秘书长李光琳。

2002年1月16日，广西人才学会举办2002年新春茶话会，学会理事及会员代表，自治区人事厅、自治区社科联、自治区民政厅的领导共60余人与会。1月24～25日，黄业恩会长和黄民权常务副会长出席在北京召开的中国人才研究会第三次会员代表大会，并当选中国人才研究会第三届理事会理事。4月12日，召开常务理事会，传达中国人才研究会第三次会员代表大会精神及2002年度广西社科联学会工作会议精神。年内，学会把科研工作摆在重要位置，并取得一批成果。副秘书长洪玮等完成的《广西大中专毕业生自主创业调查报告》等5篇文章在由自治区人事厅、广西社科院、广西社科联联合举办的“与时俱进，全面实施人才战略”研讨会上，分别被评为一、二、三等奖或优秀奖。由副会长覃纪映和张达飞、尹福伦、黄业恩、黄民权等人共同调研并撰写的《南宁地区人才资源开发“十五”计划纲要》被中共南宁地委、南宁地区行署采纳，并于7月15日付诸实施。8月，编辑出版《八桂英才创辉煌》大型画册，编入24家企业和22家事业单位的简介，介绍21位有突出贡献的专家和23位优秀人才的业绩，宣传专业技术人员的精神风貌和创业经历。学会专家顾问中心承担调研、论证、规划的10个项目，至年底，完成《广西现代中药民族药产业化基地》等7项。

【广西青少年研究会】 1982年12月成立。2002年末有会员239人（其中具有高级技术职务资格的13人，中级23人）。设内部机构1个（秘书处），工作人员3人。现任领导机构是第四届理事会，有理事65人，其中常务理事13人。会长甘霖，秘书长龙润忠。

2002年3月，为迎接中国共青团成立80周年，组织编写《永远跟党走——党团关系教育读本》(广西人民出版社出版，126千字)。5月2日，联合

广西人才学会专家顾问中心的专家学者们在进行学术研讨

广西人才学会供稿

有关部门举办中国共产主义青年团成立80周年座谈会，30多位与会者就共青团的性质、作用和新时期共青团的使命进行座谈。8月27日，在南宁举行《广西通志·共青团志》首发式，该志书620千字，97幅图片，记述自1919年五四运动至2000年广西青年运动的历史。年内，承担中国青少年研究会重点研究课题“民族地区青少年人力资源开发研究和青年志愿者行动的实践与理论研究”和广西哲学社会科学“十五”规划研究课题“广西青年科技人力资源开发与区域经济发展”的研究。编辑出版会刊《广西青年干部学院学报》6期，近700千字。会员发表论文76篇。

【广西高等教育学会】 1984年成立。2002年末有团体会员49个。设内部机构2个（秘书处、《高教论坛》编辑部），有分支机构14个（图书馆专业委员会、学报专业委员会、后勤管理专业委员会、高师数学专业委员会、大学语文专业委员会、广播电视教育专业委员会、教材管理专业委员会、科研管理专业委员会、高校化学专业委员会、保卫学专业委员会、学位与研究生教育专业委员会、钢琴教育专业委员会、现代教育技术专业委员会、合作探究性教学专业委员会），工作人员3人。现任领导机构是第四届理事会，有理事52人，其中常务理事18人。会长车芳仁，秘书长曹方。

2002年，广西高教学会参与由自治区学位办组织的高校博士、硕士申报单位与申报点检查与调研工作；参与组织广西高校第二届教学软件评比、广西高校教材工作研讨会、广西高校社科学报创教育部名刊恳谈会等。这些活动的开展，对促进高校教学软件开发和高校教育教学改革都起到积极的推动作用，受到自治区教育行政部门的肯定。

【广西瑶学学会】 1984年成立。2002年末有会员312人。设内部机构3个（办公室、秘书处、财务室），专职工作人员3人，兼职3人。现任领导机构是第五届理事会，有理事88人，其中常务理事23人。会长张有隽，秘书长莫金山。

2002年5月2～22日，广西瑶学学会组织学术考察团一行5人赴美国瑶族社区进行学术考察交流。先后考察旧金山、奥克兰、圣保罗、里奇门、萨克拉门托、波特兰、西雅图等城市的瑶族社区，参观美国瑶胞的农庄、工厂、超市和高新企业，深入瑶家做个案调查，与美国瑶胞就“社区现代化建设问题”进行学术座谈。9月18～19日，在桂林市召开平地瑶、民瑶社会历史文化学术研讨会，64人与会，收到论文和调研报告32篇。会议对平地瑶、民瑶的历史文化研究取得较大进展。11月7～26日，邀请以全美瑶人协会首席顾问赵召山先生为团长的美国瑶胞代表团一行15人到中国参观考察，先后安排该代表团考察访问广西、湖南、广东的瑶族地区。11月10～25日，组织学术考察团赴法国访问。11月20日，和湖南江永县人民政府在江永县召开“南岭瑶族地区旅游资源开发与产业结构调整”专题研讨会，40多人与会，收到论文28篇。

【广西法学会】 1984年10月成立。2002年末有柳州市、防城港市、桂林市、梧州市、河池市、柳州铁路法学会等6个团体会员，另有宪法学、刑法学、民法学、劳改法学、法学逻辑、行政法学、民族法学、民商法学等8个专业学科研究会，个人会员3500人。设内部机构6个（办公室、财务室、会员工作部、研究部、编辑部、图书资料室），在编工作人员7人。现任领导机构是第四届理事会，有理事69人，其中常务理事31人。会长何新，专职副会长兼秘书长曹平。

2002年，广西法学会完成广西哲学社会科学“十五”规划重点课题研究任务并形成科研成果——《中国金融法新论》。编辑出版《法学论丛》第二卷（学苑出版社2002年12月出版），收入会员论文36篇。接受中国法学会2002年重点研究课题——《“三个代表”思想与法制建设研究》，并组成课题组进行调研和撰写。承办自治区政法委主办的“中国加入 WTO 与司法论坛”征文活动，并提交《应对入世挑战　加强广西地方立法》等3篇论文；向司法部推荐《诉讼程序对司法公正的影响》等7项法学研究优秀成果。召开刑法学研究会、行政法学研究会2002年年会暨学术研讨会，分别收到论文43篇和16篇。编发《广西农村三大纠纷处理对策》等4期《决策参考》，报送有关上级领导机关。应中国法学会特邀，专职副会长兼秘书长曹平出席“中国法学会监狱法学研究会、中国监狱法学专业委员会加入 WTO 与监狱法制建设论坛”；分别派员参加中国法学会刑法学研究会年会暨学术研讨会、中南西南十省区市法学会工作协作会暨优化法制环境研讨会、中国法学会诉讼法学研究会年会暨学术研讨会，提交《WTO 与我国行政纠纷解决机制》等3篇论文。与广西政法报社及有关单位联合召开3个案例研讨会。接待参加纪念《中华人民共和国残疾人保障法》颁布实施10周年“中国世纪爱心万里行——八桂行”大型文艺活动组委会副主席、中国法学会副会长兼秘书长宋树涛，并分别在南宁市、桂林市组织召开法学法律专家座谈会；接待以越南法律家协会会长帕姆·杭为团长的越南法律家协会代表团来访，中越同行分别就两国法学法律团体体制、法律制度等问题进行交流。完成广西法学会第三次法学优秀成果评选，分别评出一等奖5项，二等奖10项，三等奖11项，佳作奖3项。根据广西法学会《关于开展广西壮族自治区杰出法学家评选活动的决定》，出台《广西壮族自治区杰出法学家评选试行办法》，并具体实施，经由中国法学会组织有关专家评定，从34名候选人中评出9名广西首届杰出法学家。

【广西律师协会】 1984年成立。2002年末有团体会员308个，个人会员2500人（其中具有高级技术职务资格的280人）。工作人员7人。现任领导机构是第五届理事会，有理事37人，其中常务理事10人。会长蔡江生，秘书长黄胜超。

2002年，为南丹系列案件召开3次案件讨论会，并组织律师旁听案件的庭审情况。组织律师小组到南丹县，为自治区政府领导就南丹事件涉及的有关问题提出法律意见；推荐律师参加自治区党委、自治区党委政法委就南丹案件以及其他重大案件的讨论。3月28～30日，在桂林接待英格兰及威尔士大小律师公会代表团造访，并组织律师与英格兰及威尔士大小律师公会代表团座谈。4月9日，在南宁召开第五届理事会第三次会议，总结2001年工作，部署2002年工作，研究承办2002年西南六省（市、自治区）律协片会暨律师业务研讨会等事宜。4月29日，召开全自治区律师职业道德和执业纪律教育评查总结大会，总结2001年10月以来开展的教育评查活动情况，就教育评查活动中发现有违法违纪行为的8家律师事务所和2名律师进行了行政处罚，并就教育评查活动情况，分别向司法部、自治区人大常委会、自治区人大内司委、自治区政法委、自治区政府办公厅作了专题汇报。7月1日，协会党总支组织区直党员律师和入党积极分子参加庆祝党的生日联谊活动。7月20日、27日，先后举办两期民事诉讼证据适用培训班，共培训律师2100人。组织6名律师参加司法部举办的第二十六期全国高级律师培训班。8月14～16日，在北海市召开西南六省（七方）律师协作暨业务研讨会，来自广西、云南、四川、贵州、重庆、成都等省、市、自治区司法厅（局）、律师协会领导以及律师代表80多人参加会议。会议收到论文50多篇，16位代表在会上发言。经专家评审，评出优秀论文一等奖7篇，二等奖12篇，三等奖9篇。与会者就如何规范律师事务所管理，促进律师事务所壮大发展，进一步加强西部地区律师间的合作，促进西部地区律师业的共同发展进行研讨。9月，邀请自治区人大常委会领导视察律师工作，并与部分律师座谈。

【广西青年社会科学工作者协会】 1985年7月成立。2002年末有会员398人（其中具有高级技术职务资格的106人，中级280人）。设内部机构9个，工作人员2人。现任领导机构是第三届理事会，有理事123人，其中常务理事33人。会长袁绪程，秘书长蒋升湧。

【广西行政管理学会】 1985年成立。2002年末有柳州市行政管理学会、广西行政管理教学研究会2个团体会员，个人会员295人（其中具有高级技术职务资格的81人，中级140人）。设内部机构2个（办公室、财务部），工作人员3人。现任领导机构是第四届理事会，有理事70人，其中常务理事35人。会长覃卓凡，秘书长崔忠仁。

2002年11月9～10日，广西行政管理学会在上林召开加入世界贸易组织与行政管理创新研讨会。图为研讨会会场　　广西行政管理学会供稿

2002年1月，广西行政管理学会举办地市县公务员、办公室主任、秘书培训班。11月，联合南宁地区行署办公室、上林县人民政府在上林举办加入世贸组织与行政管理创新研讨会。自治区政协副主席徐文彦出席会议并讲话。会议收到论文30多篇，评出优秀论文一等奖1篇，二等奖3篇，三等奖5篇，优秀奖11篇。会议就“入世，关键是政府入世”主题，研究和探讨中国入世以后，政府职能转变、精简审批程序、行政管理创新、管理行为改革等问题。

广西领导科学研究会名誉会长奉恒高、会长李光炎在研究工作

广西领导科学研究会供稿

【广西党的建设研究会】 1985年成立。原称广西党的建设学会，2002年12月更用现名。2002年末有团体会员319个，个人会员3600多人。现任领导机构是第四届理事会，有理事42人，其中常务理事19人。会长丁廷模，秘书长梁海萍。

2002年12月，广西党的建设研究会召开广西党的建设研究会第四次会员代表大会，60人与会。自治区党委副书记刘奇葆到会并作重要讲话，自治区党委常委、组织部部长陈秀榕出席会议。大会审议并通过吴汉代表第三届理事会所作的工作报告，修改并通过研究会章程，选举产生第四届理事会。

【广西领导科学研究会】 1985年成立。2002年末有团体会员12个，个人会员148人（其中具有高级技术职务资格的36人，中级78人）。设内部机构4个（学术部、企业策划咨询服务部、秘书处、驻北海培训中心）。现任领导机构是第四届理事会，有理事54人，其中常务理事24人。会长李光炎，秘书长陶建平。

2002年10月，广西领导科学研究会在南宁召开第四次会员代表大会暨新世纪领导问题研讨会，80人与会。自治区原副主席、全国人大常委会委员奉恒高致开幕词。上海市领导科学研究会会长王健刚、上海市经营者资质评价中心副主任曹钟勇博士分别就面向21世纪的中国人才战略、国有企业改革的深层次问题作学术报告，会长李光炎就领导权力问题作学术报告。大会听取第三届理事会的工作报告，对研究会章程进行修改，聘请奉恒高担任研究会名誉会长，选举产生第四届理事会。10月下旬，发起并和中共中央党校《中国党政干部论坛》、自治区党委《广西工作》杂志、《领导广角》杂志联合举办2002华迪杯·广角论坛——21世纪领导方法管理方式理论研讨会。会议的主题是以“三个代表”重要思想为指导，从理论与实践的结合上探讨如何改进21世纪领导方法、执政方式和管理方式，提高领导和管理水平。来自全国各地的领导干部、专家学者和企业家共150人出席会议。中国工程院院士李京文教授，著名经济学家魏杰教授、刘伟教授，著名管理学家李兴山教授，著名领导学家王健刚研究员分别作了专题演讲。自治区党委常委、秘书长邱石元到会并发言。研讨会聘请专家组成优秀论文评审委员会，从征集到的365篇论文中评出特别奖1项，一等奖2项，二等奖4项，三等奖12项及优秀论文若干项。新华社、中央人民广播电台、经济日报、广西日报、广西电视台等对研讨会作了宣传报道。副会长黄汉棠担任南宁市4家企业的总监事，将领导科学理论运用、服务于民营企业，为把领导科学理论成果转化为现实生产力探索新路子。

研究会目前存在的突出问题是科研协作团队尚未形成，缺乏一个能够把大家强有力地凝聚在一起的重大集体项目。此外，如何进一步加强对实际情况的调查研究，让领导科学研究更加贴近现实，对领导实践具有更强的指导意义，也是有待解决的问题。

【广西职工思想政治工作研究会】 1985年成立。2002年末有团体会员246个。设内部机构1个，工作人员7人。现任领导机构是第四届理事会，有理事246人，其中常务理事59人。常务副会长兼秘书长杨朝林。

2002年3月4日，广西职工思想政治工作研究会召开全自治区企业宣传暨政研会秘书长工作会议，190多人参加。会上表彰职工思想政治工作先进单位74个，先进个人69名，政研会工作先进单位70个，先进工作者64名；奖励年度思想政治工作优秀研究成果特等奖1项，一等奖5项，二等奖14项，三等奖30项；颁发政研会工作开拓奉献奖证书，授予39名企业政工干部开拓奉献奖。10月，召开广西国企实践“三个代表”加强思想政治工作理论研讨会，145名企业领导和政工人员参加，提交论文141篇。与会者着重就如何建设高品质的企业文化进行讨论。年内，组织2次全自治区政工论文评选活动，表彰参评论文339篇。从12月中旬开始，组织开展学习十六大精神宣讲活动，杨朝林常务副会长（自治区宣讲团成员）先后到近20个企事业单位进行宣讲。

【广西人口学会】 1985年12月成立。2002年末有桂林市人口学会、柳州市人口学会、百色市人口学会等3个团体会员，个人会员190人（其中具有高级技术职务资格的45人，中级20人）。设内部机构1个（秘书处），工作人员2人。现任领导机构是第四届理事会，有理事190人，其中常务理事60人。会长何劳，秘书长黄洪波。

2002年，整理出版广西人口学会第九次人口科学理论研讨会论文集《跨世纪广西人口与计划生育战略研究》（2002年11月由广西人民出版社出版）。会长何劳的论文《贯彻“三个代表”重要思想　开创人口与计划生育工作的新局面》、秘书长黄洪波的专著《育龄人口必读》（广西人民出版社出版）获第三届中国人口科学优秀成果优秀奖。

【广西家庭教育研究会】 1986年5月成立。2002年末有会员131人（其中具有高级技术职务资格的20人，中级12人）。设内部机构6个，工作人员4人。现任领导机构是第三届理事会，有理事59人，其中常务理事16人。会长陆明珠，秘书长何亚联。

2002年9月14～18日，广西家庭教育研究会与《中华家教》杂志社在北京举办现代家教研讨会暨家庭教育骨干培训班，65名学员全部来自广西。学员们通过接受新的家庭教育理念，更新家教知识，并结合实际撰写论文15篇。

【广西党校教育研究会】 1986年12月成立。2002年末有团体会员99个，个人会员1546人（其中具有高级技术职务资格的178人，中级317人）。现任领导机构是第四届理事会，有理事31人。会长侯汉民，秘书长卢家翔。

2002年4月16～18日，广西党校教育研究会举办广西党校系统入世专题师资培训班，地（市）、县（市）党校102名会员参加，邀请自治区直属机关领导和高校、党校教授讲课。10月23～28日，举办广西党校系统办公室主任、工作处（科）长培训班，地（市）委党校及部分县委党校30多名会员参加。10月31日，组织自治区、地（市）、县（市、区）党校会员参加广西党校系统“学习《江泽民论有中国特色社会主义》，迎接十六大”理论研讨会，收到论文308篇，其中152篇被评为优秀论文；有13位代表就学习《江泽民论有中国特色社会主义》一书的理论创新、党的建设、经济、文化、可持续发展等方面内容在大会上发言。11月4～16日，组织7名会员赴华东五省（市）党校学习考察。年内，组织开展党校基本情况调查，掌握各级党校尤其是基层党校存在的问题和困难，向有关领导机关反映。

【广西妇女理论研究会】 1987年成立。2002年末有广西医科大学妇女研究中心、绿荫妇女咨询中心2个团体会员，个人会员150人（其中具有高级技术职务资格的67人，中级46人）。设内部机构1个（秘书处），工作人员2人。现任领导机构是第四届理事会，有理事65人，其中常务理事23人。会长蒋培兰，副会长兼秘书长刘旭金。

2002年，广西妇女理论研究会课题和项目研究取得新成果，一批研究课题和项目相继结题。4月30日，完成中国妇女研究所下达的《西部妇女人力资源开发对策研究——广西农村妇女科技素质现状与对策研究》，结题报告摘要发表于《中国妇女报》（2002年12月31日）。5月20日，完成中国妇女研究会资助的《妇女组织在社区建设中的地位和作用——对南宁市社区居委会妇女组织调查》，调研报告摘要发表于《妇女研究论丛》。5月24日，由香港乐施会资助经费在南宁举办广西首期社会性别与妇女发展培训班，邀请北京2位社会性别研究资深专家授课，培训30人。此外，还先后两次召开社会性别理论与实践专题讨论会，在邕20多位专家学者就如何结合本职工作运用社会性别分析方法进行交流。学会在完成第二期广西妇女社会地位调查主要数据报告后，6月10日，联合自治区妇联、自治区统计局召开第二期广西妇女社会地位调查主要数据新闻发布会，向社会展示1990年第一期广西妇女社会地位调查以来广西妇女社会地位的现状，分析存在问题，提出提高妇女地位的建议。10多家传媒作了报道。8月，根据主要数据报告撰写3篇论文参加全国妇联在云南召开的第二期中国妇女社会地位调查研讨会。

年内，组织有关专家、学者先后6次（15人次）参加国内外妇女理论研讨活动；协助丹麦人权中心与自治区妇联联合举办妇女维权暨反家庭暴力项目骨干培训班，参与编写《反对家庭暴力读本》。7月，会长蒋培兰参加全国妇联在安徽召开的建设有中国特色妇女基本理论研讨会，并在会上发言。

【广西老年学学会】 1988年成立。2002年末有广西老年人体育协会、广西老年大学、玉林市老年学学会、柳州市老年学学会等4个团体会员，分支机构1个，个人会员522人（其中具有高级技术职务资格的137人，中级240人）。设内部机构1个（办公室），工作人员2人。现任领导机构是第三届理事会，有理事76人，其中常务理事20人。代会长郭平，秘书长齐白鸽。

2002年，广西老年学学会组织会员围绕“养老与社会保障”主题，从老年经济、医疗、权益保障以及提高老年人生活生命质量，促进老年人心理健康和抗衰老等方面，深入实际开展调研，提出建议和对策。先后收到论文88篇，编成《养老与社会保障》论文集。1月15～18日，20多名会员出席在桂林市召开的全国老年人生活/生命质量学术研讨会，学会选送的50多篇论文得到大会好评。4月22日，联合自治区老龄委、广西老年基金会、广西老科协在横县云表镇举办助老、扶贫、科技三下乡活动。8月26～30日，联合自治区老龄委举办广西第八期老龄工作干部培训班，学会专家学者分别为120多位学员讲授保护老年人合法权益、人口老龄化与老龄工作、老年病的防治等课程。11月16～20日，12名理事和会员出席在海南省三亚市举行的首届世界养生科学大会。大会评选出100篇优秀论文，广西老年学学会的15篇论文榜上有名。年内，会员发表论文20篇。

【广西行为科学学会】 1988年6月成立。2002年末有团体会员73个，个人会员874人（其中具有高级技术职务资格的31人）。设内部机构3个（行为科学培训中心、秘书处、信息资料服务部），分支机构8个（创造行为专业委员会，公共关系专业委员会，医学行为专业委员会，关心残疾人行为专业委员会，教学行为专业委员会，企业文化专业委员会，法学行为专业委员会，老年科学技术分会）。现任领导机构是第四届理事会，有理事112人，其中常务理事56人。会长叶永生，副会长兼秘书长傅希恺。

2002年，广西行为科学学会4次在南宁召开科普读物编委会会议，讨论、落实编辑、出版《行为科学与管理艺术》一书的有关事宜。2月3日，在南宁召开驻邕常务理事、各专业委员会委员、秘书处成员等参加的迎春座谈会，40人出席。8月28～30日，副会长韦作分赴上海参加海峡两岸组织行为与人才开发首届学术研讨会。9月25日，傅希恺荣获中华教育艺术研究会授予的“铸魂育才”银杯奖。10月10～15日，傅希恺赴福州市参加八省一市行为科学学会第十三次学术研讨会暨经验交流会。10月22日，傅希恺到南宁华港饲料公

2002年12月19日，广西行为科学学会在南宁召开创建学习型组织开发创造力学术研讨会。图为与会代表合影留念　广西行为科学学会供稿

司作如何创建学习型企业报告，收到良好效果。12月19日，在南宁召开创建学习型组织开发创造力学术研讨会暨第八次学术年会，41人出席。会议就如何贯彻十六大精神创建学习型组织进行了研讨。

【广西老社会科学工作者协会】 1988年6月成立。原名广西离退休社会科学工作者协会，2000年更为现名。2002年末有会员246人（其中具有高级技术职务资格的136人，中级50人）。设内部机构5个（办公室、理论研究部、教育培训部、社会咨询部、经济开发部），工作人员2人。现任领导机构是第三届理事会，名誉会长7人，顾问15人，理事42人，其中常务理事16人。会长韦英生，秘书长黄飚。

10月28～29日，举办应对入世带来的挑战学术研讨会，来自武汉、广州、深圳等地的专家学者及会员共110多人出席。收到论文29篇。与会者围绕加入世贸组织后中国面临的挑战与对策主题，进行深入研讨。11月26日，召开理事扩大会，学习贯彻十六大精神。出席会议的有名誉会长丁廷模、袁正中、侯德彭、王蓉贞以及顾问、理事等46人。会议提出，要围绕十六大提出的本世纪头20年全面建设小康社会的奋斗目标和广西的中心任务，结合协会实际，开展理论研究等活动，开创协会工作新局面。

【广西社会学学会】 1989年成立。2002年末有团体会员56个，个人会员292人（其中具有高级技术职务资格的89人，中级48人）。设内部机构1个（秘书处），工作人员2人。现任领导机构是第四届理事会，有理事63人，其中常务理事27人。常务副会长邓壬富，副会长兼秘书长李秋洪。

2002年，广西社会学学会开展中国社会变迁调查（分课题）、广西异地安置人口社会适应性调查、广西青年流动状况调查等一系列调研活动。在广泛调查研究的基础上，11月15～16日在南宁召开广西社会流动与变迁专题研讨会，对改革开放以来广西社会流动与社会变迁问题作较全面深入的研究。35人出席。

【广西壮学学会】 1991年1月成立。2002年末有团体会员4个，个人会员276人（其中具有高级技术职务资格的106人，中级98人）。工作人员5人。现任领导机构是第二届理事会，有理事71人，其中常务理事8人。会长覃乃昌，副会长兼秘书长覃彩銮。

2002年，广西壮学学会有计划地组织会员深入民族地区进行专题性的个案调查和微观研究，同时配合地方开展民族传统文化的保护、开发和利用工作。应田阳县人民政府邀请，学会专家组多次前往田阳县对布洛陀文化遗址进行全面深入的考察，为田阳布洛陀文化的定位和开发提供理论支持并提出建设性意见，为宣传壮族源远流长、内涵丰富、积淀深厚、特色鲜明的布洛陀文化，扩大布洛陀文化的知名度作出贡献。继续抓好壮学系列丛书研究课题的申报、审定和出版。由学会主要领导和资深专家组成丛书编委会及办公室，先后5次召开会议，推进丛书编写出版工作。组织相关学科专家举行壮族现代化问题座谈会，就壮族现代化的必然性、途径、模式及难点等问题进行探讨。组织专家对各种版本的布洛陀麽经进行译注和研究，完成28部麽经的译注、影印、研究和排版。年内，会员承担国家哲学社会科学研究课题1项，自治区课题5项；出版专著4种，发表论文30多篇。学会接待来自日本、泰国、奥地利、越南、韩国等国家和香港地区的专家学者70多人次，并陪同他们深入民族地区考察，举行学术讲座和座谈会，进行学术交流。

【广西印度支那研究会】 1991年成立。2002年末有个人会员98人。工作人员6人。现任领导机构是第七届理事会，有理事18人，其中常务理事12人。会长郭明，秘书长韦树先。

2002年，组织会员参与《2001年越南国情报告》、《2001～2002年东南亚发展报告》和《中越关系新时期》的编纂工作。4月，组织会员参加广西贸促会在南宁召开的中越两国贸易洽谈暨学术座谈会。5月23～25日，组织会员参加广西社科院和广西社科联等单位在南宁召开的中国—东盟自由贸易区研讨会。8月30～9月3日，参加在郑州大学召开的21世纪中越关系展望中越学者学术研讨会。11月，参加自治区人民政府在南宁召开的中国（广西）—东南亚经济合作论坛。

【广西监察学会】 1992年1月成立。2002年末有南宁市监察学会、柳州市监察学会2个团体会员，个人会员849人。设内部机构1个（秘书处），工作人员1人。现任领导机构是第三届理事会，有理事67人，其中常务理事29人。会长侯世华，副会长兼秘书长沈兴瑞。

2002年,广西监察学会完成调研课题13项。7月25日,在南宁召开第三次会员代表大会,68人与会。自治区纪委副书记、监察厅厅长农立进出席并讲话。大会选举产生第三届理事会。10月30日,南宁市监察学会、南宁市监察局等5个单位联合召开效能监察和效能建设专题研讨会,收到论文72篇,评出优秀论文24篇。侯世华会长出席并讲话。

【广西秘书工作者协会】 1992年11月成立。2002年末有团体会员44个,个人会员1078人(其中具有高级技术职务资格的11人,中级82人)。设内部机构3个,有分支机构1个。现任领导机构是第二届理事会,有理事144人,其中常务理事99人。会长陈继源,秘书长奉明芳。

【广西社会工作协会】 1992年12月成立。2002年末有团体会员96个,个人会员142人。现任领导机构是第二届理事会,有理事67人,其中常务理事29人。会长韦宣仁,秘书长江书中。

2002年4月23日,广西社会工作协会第二届理事会举行第一次会议,通过《广西社会工作协会2001年工作总结及2002年工作计划的报告》和《广西社会工作协会五年工作规划的报告》。7月24～26日,中国社会工作协会在深圳举办首届“中国社会工作论坛”,陆汉超、江书中合撰的论文《研究国际先进经验　建立中国特色社工体系》被采用,江书中应邀出席会议并在会上发言。7月,会长韦宣仁随中国社会工作协会代表团赴瑞士出席国际社会工作联合大会。

【广西警察学会】 1993年2月成立。2002年末有团体会员8个。设内部机构1个,工作人员2人。现任领导机构是第二届理事会,有理事47人,其中常务理事19人。会长刘永芃,秘书长兰海宁。

2002年,根据公安工作的中心任务和广西的实际情况,广西警察学会与自治区公安厅办公室联合印发2002年公安工作调研要点题录,组织自治区各级公安机关和会员单位开展调研活动,形成一批调研成果,《广西公安简报》调研专刊选刊其中15篇优秀调研文章。组织全自治区公安机关2002年度优秀调研论文评选活动,评出优秀论文63篇并予以奖励。继续开展一年一度的社会治安评估活动,通过评估,形成一批科研成果。配合中国警察学会组织开展我国加入WTO后公安工作面临的机遇与挑战理论研讨活动,收到论文50多篇,选出16篇报送中国警察学会,其中南宁市公安局经侦支队黄宗云撰写的《论入世对警力资源的挑战及对策》获三等奖。

【广西政策研究学会】 1993年成立。2002年末有会员150人(其中具有高级技术职务资格的25人,中级83人)。设内部机构1个(秘书处),工作人员1人。现任领导机构是第三届理事会,有理事19人,其中常务理事9人。会长黄念先,秘书长吴庆生。

2002年,广西政策研究学会紧紧围绕各级党委中心工作开展调查研究,为党委决策和经济建设服务。会员发表论文98篇,起草各种文稿1054份,103项课题成果被各级党委、政府采用。

【广西邓小平理论研究会】 1998年成立。2002年末有会员97人。现任领导机构是第一届理事会。会长潘琦,秘书长王永兴。

2002年,广西邓小平理论研究会先后以广西邓小平理论研究会和“三个代表”学习研究小组名义撰写并发表《“三个代表”重要思想是对南方谈话的重大理论提升》、《两个时代课题,两大理论丰碑》等8篇文章。据不完全统计,年内,会员发表关于邓小平理论和“三个代表”重要思想的学习研究文章300多篇。配合自治区党委宣传部组织广西学习江泽民“五三一”讲话宣讲团和十六大精神宣讲团到各地市县、大专院校、大中型企业宣讲,先后宣讲228场,直接听众约20万人,部分市、县和学校、企业通过分会场、电视、广播等直播及录播,约200万干部群众间接听取了宣讲辅导。此外,学会还协助自治区党委宣传部召开学习“七一”讲话座谈会和学习十六大精神座谈会。

【广西检察官协会】 1998年12月成立。2002年末有团体会员15个,个人会员975人(其中具有高级技术职务资格的30人,中级63人)。设内部机构1个,工作人员3人。现任领导机构是第二届理事会,有理事57人,其中常务理事27人。会长郭永运,秘书长罗绍华。

2002年2月21～24日,在百色市举行广西检察官协会第二届优秀研究成果颁奖暨检察理论研讨会,同时召开协会理事会会议。

社会科学期刊

综合类期刊

【广西工作】 中国期刊方阵双效期刊。主编、社长牙韩彰。前身为20世纪50年代初创刊的《广西通讯》。1993年4月改用现名，是自治区党委主管、主办的机关刊物。主要栏目有：半月话题、高层信息、特稿、特别报道、视野、经济纵横、调查研究、工作交流、理论学习、信访督查、实践与思考、八桂人物、百姓建言、走进基层、他山之玉、法制天地、文教风采、民族展台、八桂短讯、公仆在线、铜鼓之声、组织人事、形象展示等。至2001年底，共出刊142期。

2002年，新辟学习贯彻十六大精神专栏，栏目总数26个。全年发稿1213篇，总字数1200千字。

【广西师范大学学报（哲学社会科学版）】 全国《中文核心期刊要目总览》入编期刊，中国期刊方阵双效期刊。广西师范大学主办。主编王杰。前身为1957年创办的《科学论文集》。1984年改用现名，季刊。主要栏目有：文学研究、美学研究、语言学研究、哲学研究、法学研究、经济学研究、历史研究、教育学研究等。至2002年底，累计出刊163期。

2002年，开始走栏目的专题化建设道路，并进行扩版，刊物开本增大，载文量增加，当年正刊出版4期，发表论文113篇，增刊出版研究生专刊、外国语言文学与教学专辑、综合专辑各1期。年内获第二届全国百强社科学报称号，并被评为中国人文社会科学学报核心期刊。有20篇文章分别被中国人民大学《复印报刊资料》、《高等学校文科学报文摘》等刊物转载。

【支部生活】 中国期刊方阵双效期刊。自治区党委组织部、宣传部主办，自治区党委宣传部主管。社长覃世平，总编辑秦佛有。创办于1958年，“文化大革命”中停刊，1980年复刊。原为32开本，月刊，1987年改16开本。主要栏目有：上情下达、特别报道、党委工作、支部园地、八桂先锋、人民公仆、正气歌、虚实谈、议论风生、党务咨询、政策解答、致富路上、引以为戒、入党向导、桂花园、党史春秋等30多个。至2002年底，累计出版267期，发行6080多万册。蝉联1992、1994、1996年广西报刊评比政治综合类优秀期刊一等奖，在2001年广西十佳期刊评比中名列第一。

2002年新辟栏目有：以案说法、真情在线、世贸知识等，栏目总数32个。全年发稿1300篇，总字数1100千字。

【学术论坛】 中国人文社会科学核心期刊，中国期刊方阵双效期刊，入选广西十佳期刊。广西社会科学院主管、主办。总编辑兼社长林志杰。创刊于1978年12月，双月刊。主要栏目有：政治学研究、行政学研究、哲学研究、法学研究、经济学研究、文艺学研究、历史学研究、社会学研究、文化学研究、教育学研究等。至2001年底，累计出刊149期，刊发论文6000多篇，其中1篇获全国“五个一工程”奖，100多篇获省部级奖。

2002年出版6期，刊发论文245篇，总字数近2000千字。其中有37篇文章分别被《新华文摘》、《中国社会科学文摘》、《高等教育文摘》、中国人民大学《复印报刊资料》等刊物转载。

【广西民族学院学报（哲学社会科学版）】 全国《中文核心期刊要目总览》入编期刊，中国期刊方阵双效期刊。广西民族学院主管、主办。主编何龙群。1978年创刊，季刊。主要栏目有：人类学研究、民俗学研究、汉民族研究、壮学研究、瑶学研究、语言学研究、文学研究、哲学研究、民族理论研究等。至2001年底，累计出刊36期，刊发论文580多篇。

2002年栏目总数25个，刊发论文186篇，总字数1800千字。其中有20多篇文章分别被中国人民大学《复印报刊资料》等刊物转载。

【计划与市场探索】 广西发展计划委员会主管，广西宏观经济学会、广西发展计划委员会经济研究所联合主办。总编辑兼社长蒋升湧。前身为1979年10月创刊的《计划与市场》，1989年改用现名。主要栏目有：宏观经济、发展与改革、区域经济、市场分析、投资金融、企业发展、营销方略、社会观察、成功之路、地方专栏。至2001年底，累计出刊284期，刊发论文8900篇，其中105篇获省部级奖。

2002年新辟栏目5个，栏目总数14个。全年刊发论文208篇，其中5篇被中国人民大学《复印报刊资料》等刊物转载。

【东南亚纵横】 全国《中文核心期刊要目总览》入编期刊。广西社会科学院主管，广西社会科学院东南亚研究所主办。社长古小松，总编辑古小松、覃绍权。1979年创刊，前身为《印度支那》学术季刊。1990年改用现名，并改为月刊。主要栏目有：特别专题、东南亚政治经济、东南亚社会文化、中国与东南亚、中国与世界、地区合作、华人华侨研究等。该刊着重刊登有关东南亚的政治、经济、外交、安全、文化、历史等方面的文章和中国与东南亚经贸、投资、旅游等信息，全面客观地反映东南亚各国政治、经济、外交、社会文化、军事、历史、地理、法律、民族、华侨华人、东盟组织、中国与东南亚各国关系、中国—东盟自由贸易区建设等方面的情况。

中国工程院院士李京文（右）教授接受学术论坛杂志社社长兼总编辑林志杰（左）采访　　学术论坛杂志社供稿

2002年，发表文章240篇，总字数1680千字。其中14篇论文被中国人民大学《复印报刊资料》全文转载，106篇被收入索引。

【玉林师院学报】 玉林师范学院主管、主办。主编刘力。前身为1980年1月创刊的《玉林师专学报》，季刊，2001年1月改用现名。主要栏目有：哲学、经济学、政治学、历史学、文学、教育学、高教研究等。至2001年底，累计出刊93期，刊发论文近3000篇。

2002年栏目总数8个，刊发论文173篇，总字数约1200千字。其中有7篇文章分别被中国人民大学《复印报刊资料》等刊物转载。

【广西师范学院学报】 第二届全国优秀社科学报。广西师范学院主办。主编钟海青。前身是1980年创刊的《南宁师范学院学报》，1985年改用现名，季刊。曾获首届全国百强社科学报和广西优秀期刊二、三等奖。主要栏目有：哲学、政治经济学、文艺学、民俗学、教育学、语言学、历史学等。至2002年底，共出刊92期，刊发论文2200余篇，其中被中国人民大学《复印报刊资料》转载120余篇，收入索引900余篇。

2002年新辟栏目有教授博士论坛、民间文化论坛等，栏目总数8个。全年刊发论文110篇，总字数960千字。

【广西党史】 自治区党委党史研究室主办。主编师小玲，社长韦秀康。前身为1981年创刊的《广西党史研究通讯》，双月刊。主要栏目有：理论研究、党史研究、党史纪事等。至2001年底，累计出刊124期。

2002年新辟史要回放、时政话题等栏目，栏目总数达到24个。全年刊发文章100篇，总字数500千字。

【广西经贸】 广西壮族自治区经济贸易委员会主管、主办。主编、社长陈可猛，执行主编宋尤兴。前身为1983年1月创刊的《技术经济信息》，1998年8月改用现名，月刊。主要栏目有：经贸政策、领导思路、地市经济、企业改革、理论研究、名企篇、英杰篇、经济纵横、百业探讨、百家言、花山文苑等。至2002年底,累计出刊226期,刊发文章1万多篇,其中100多篇获省部级奖。

2002年新辟经贸传真、兴桂论坛、探索与研究、关注工业化等栏目,栏目总数30个。全年刊发文章300多篇,总字数960千字。

【广西经济】 中国期刊方阵双效期刊,第四届广西优秀期刊。自治区人民政府主管,自治区人民政府发展研究中心主办。社长、主编韦乃煌。前身为1983年10月创刊的《广西经济研究》,月刊。1994年1月改用现名。主要栏目有:领导专线、八桂宏观、地方思维、兴桂论坛、三农天地、热点聚焦、专题报道、基层采风、决策摘要、闻者足戒、信息拾萃等。至2001年底,累计出刊219期,刊发论文3000余篇,专题报道近1000篇,提供各种信息1000多条。

2002年新辟西部鼓点、富民兴桂、区情报告等栏目,栏目总数14个。全年刊发论文210篇,信息100多条。

【广西商业高等专科学校学报】 广西商业高等专科学校主办。主编黄光云。1984年创刊,季刊。主要刊发市场营销、经济管理、财务会计、信息技术等研究领域的理论文章。常设栏目有:高教论坛、地方经济、营销与管理、财务与会计、旅游经济、企业研究、国际贸易等。2002年出刊至第19卷第68期。年内刊发学术论文148篇,其中有10篇被中国人民大学《复印报刊资料》和《高等学校文科学报文摘》转载和摘录。年内被自治区教育厅评为广西优秀社科学报。

【宣传与文明】 全国优秀宣传期刊。自治区党委宣传部主管、主办。社长覃世平,总编辑秦佛有。前身为1985年创刊的《宣传通讯》,月刊,32开本;1986年更名为《宣教通讯》;1990年1月更名为《广西宣传》,1993年10月改为16开本;1999年1月改用现名,并改为大16开本。主要栏目有:新闻通气会、请您关注、思想政治工作、宣传工作论坛、传媒纵横、文明之光、激浊扬清、宣传业务探索、文化广场、影视戏剧看台、学习辅导、休闲时光、精神家园等。

2002年增设本期特别话题、宣传实践"三个代表"、刊首语等栏目,栏目总数25个。全年发稿1100篇,总字数1100千字。

【广西统计】 自治区统计局主管,自治区统计局、广西统计学会主办。主编黄卫东,社长廖新华。1985年7月创刊。主要栏目有:探讨与应用、问题研究、经济广场、调查预测分析、法规制度、微机应用等。至2002年底,累计出刊104期,刊发文章1800多篇。

【民族艺术】 全国《中文核心期刊要目总览》入编期刊。自治区文化厅主办。总编辑、社长廖明君。1985年创刊,季刊。主要栏目有:文化研究、艺术探索、学术访谈、田野观察、特稿等。至2001年底,累计出刊68期,刊发论文1400多篇,其中50多篇获省部级奖。

2002年新辟人文讲坛栏目,栏目总数7个。全年刊发论文85篇,总字数800千字。其中3篇被中国人民大学《复印报刊资料》转载。

【桂海论丛】 中国期刊方阵双效期刊,广西优秀期刊,首届《学术期刊(光盘版)检索与评价数据规范》执行优秀期刊。是中国学术期刊综合评价数据库、中国人文社会科学引文数据库来源期刊,中国期刊网、中国学术期刊(光盘版)全文收录。自治区党校、广西行政学院主办。社长龙观水,主编央吉。1985年创刊,双月刊。主要栏目有:邓小平理论研究、学习十六大精神、经济研究、党的建设、理论广角、西部大开发、兴桂方略、调查与思考等。至2002年底,累计出刊104期,刊发论文3000多篇,其中100多篇获省部级奖励。

2002年栏目总数15个,刊发论文180篇,总字数1080千字。其中被中国人民大学《复印报刊资料》全文转载12篇,收入索引133篇。

【改革与战略】 全国《中文核心期刊要目总览》入编期刊,中国期刊方阵双效期刊。自治区社科联主办。主编、社长孙可庸。1985年5月创刊。主要栏目设有:学习宣传研究、发展战略、改革热点、开放探讨、管理方略、金融、财税研究等。至2001年底,累计出刊100期,刊发论文2000多篇,其中有1篇获全国精神文明建设"五个一工程"奖,20多篇获省部级奖。

2002年,新辟理论探讨、市场建设等栏目。栏目总数12个。全年刊发文章150篇,总字数2200千字。

【广西教育学院学报】 广西教育学院主办。主编黄明瑞。1986年创刊,半年刊,1992年改为季刊,

2001年改为双月刊。至2001年底，累计出刊56期，刊发论文2200多篇。

2002年刊发论文340篇，总字数2040千字。

【广西粮食经济】 自治区粮食局主管，自治区粮食局、广西粮食行业协会、广西粮食经济学会主办。主编、社长韦尚英。1986年6月创刊。双月刊。主要栏目有：权威发布、资讯快递、热点追踪、理论探索、工作研究、粮油科技、茶余饭后、社会百态、学校教育、社会故事、他山之石等。至2002年底，累计出刊85期，发表文章1000多篇。

2002年新辟栏目有：记者来信、改革前沿、粮改经验摘登、人物专访、天下粮仓、农发行之窗、环球聚焦、致富门路、食为天、图片新闻、粮经案例、食在广西、行业协会、军粮供应、特别报道、祝你健康等，栏目总数34个。全年刊发文章260篇，总字数1100千字。

【社会科学家】 中国人文社会科学核心期刊，中国优秀旅游期刊，全国旅游经济类核心期刊，广西优秀期刊。中共桂林市委主管，桂林市社会科学界联合会主办。主编邓祝仁，社长李继荣。1986年9月创刊，双月刊，单月出版。主要栏目有：名家系列（包括名家语丝、名家访谈、名家新作、名家新著评介等）、博士硕士论坛、哲学与当今世界、经济新视野、旅游时空、政法与文明建设、文艺论丛、历史纵横、教育新探索、管理学与企业发展、桂林研究等。至2002年底，累计出刊104期，刊发论文2200多篇。

2002年新辟旅游城市研究、新青年网站等栏目，栏目总数14个。全年刊发论文190篇，总字数1400千字。

【柳州师专学报】 第四届广西优秀期刊。柳州师范高等专科学校主办。主编梁文杰。1986年9月创刊，季刊。主要栏目有：骈文研究、柳宗元研究、语言文学、政治经济、高教研究、基础教育研究等。至2001年底，累计出刊46期，刊发论文1200多篇。

2002年刊发论文132篇，总字数880千字。其中有5篇文章分别被中国人民大学《复印报刊资料》等刊物全文转载。年内获广西高校优秀社科学报二等奖。

【广西财政】 自治区财政厅主管，广西财政学会和广西财政科学研究所联合主办。副主编刘家凯（主持工作）。创刊于1987年。主要栏目有：改革探索、工作研究、专题研究、专题报道、县乡财政、经济广角、文献摘要、财务会计、税务园地、他山之石、调查思考、财经法规、地市专栏、财经传真等。2001年获全国财政系统优秀期刊称号。

2002年，改为大16开本。新辟知识之窗、政策法规、新书赏析等栏目，栏目总数15个。全年刊发论文216篇，总字数1030千字。

【桂林师范高等专科学校学报】 中国学术期刊综合评价数据库来源期刊，中国人文社会科学引文数据库来源期刊，中国期刊网，中国学术期刊（光盘版）全文收录。桂林市教委主管，桂林师范高等专科学校主办。主编陆文戈。前身为1987年创刊的《桂林市教育学院学报》，季刊。从2001年第3期起改用现名。主要栏目有：邓小平理论研究、哲学研究、经济学研究、文学艺术研究、历史研究、汉语言研究、外语研究、高教研究、基础教育（素质教育）研究、桂林地方文化研究和自然科学研究等。至2002年底，累计出刊52期，刊发论文1620多篇。

2002年，新辟“三个代表”重要思想理论研究专栏，栏目总数10个。全年刊发论文120篇，总字数1200千字。

【河池师专学报】 河池师范高等专科学校主管、主办。主编韦启良。前身是1981年创刊的《河池师专》，季刊，内部发行。1982年改用现名。1987年9月获国内统一刊号，公开发行。2000年加入《中国学术期刊（光盘版）》和《中国期刊网》全文数据库。主要栏目有：政治经济研究、史学哲学研究、文学研究、少数民族研究、语言文字学研究、广西作家作品研究、教育理论研究、高教研究、中教研究、物理学研究、生物化学研究、数学研究、大学生论坛等。至2001年底，累计出刊77期，刊发论文1800多篇。其中100多篇被《高等学校文科学报文摘》、中国人民大学《复印报刊资料》等刊物转载。1999年获广西高校优秀社科学报三等奖。

2002年，新辟徐霞客研究栏目，生态文化研究、史学哲学研究栏目得到加强。全年刊发论文121篇，总字数800千字。有10多篇论文被中国人民大学《复印报刊资料》等刊物转载。

【广西理论学习】 全国《中文核心期刊要目总览》入编期刊，中国期刊方阵双效期刊。自治区党委宣传部主办。主编华平，社长李海荣。1987年10月创刊，月刊。主要栏目有：要论、学习与实践“三个代表”、思想政治工作、每日一课、企业管理等。至2001年底，累计出刊160期，刊发论文4000多篇，有200多篇论文获省部级奖。

2002年栏目总数26个，刊发论文400篇，总字数1280千字。

【广西社会科学】 中国人文社会科学核心期刊，广西优秀期刊。自治区社会科学界联合会主管、主办。社长、主编杨丽娜。前身为1985年创刊的《广西社联通讯》(内刊)。1988年改名为《社会科学探索》，并改为双月刊，公开出版。1992年改用现名。主要栏目有：政治、哲学、经济学、法学、文学、历史学、社会学、广西论坛等。至2001年底，累计出刊78期，刊发论文3540篇。

2002年常设栏目9个，刊发论文518篇，总字数3128千字。

【广西财政高等专科学校学报】 中国学术期刊综合评价数据库来源期刊，中国期刊网、中国学术期刊(光盘版)全文收录。广西财政高等专科学校主办。主编蒙丽珍。1988年创刊，双月刊。主要栏目有：专论、经济体制改革、广西经济问题研究、财税研究、金融研究、投资研究、会计与审计研究、高教研究等。

2002年，新辟迎接十六大栏目，栏目总数18个。全年刊发论文166篇，总字数900千字。

【广西右江民族师专学报】 中国学术期刊(光盘版)全文收录期刊，中国学术期刊综合评价数据库来源期刊。广西右江民族师范高等专科学校主办。主编何毛堂。前身为1988年创刊的《右江民族师专学报》，季刊。2002年改用现名，并改为双月刊。哲社版开设的栏目有：民族学、人类学和社会学研究，哲学、史学、法学、经济学研究，语言、文学研究，艺术研究，教育教学研究和书评等。至2002年底，累计出刊56期，刊发论文1400多篇，其中3篇被中国人民大学《复印报刊资料》全文转载，4篇被《高等学校文科学报文摘》摘录。2001年被评为广西优秀期刊，2002年获广西第二届高校优秀社会科学学报一等奖，全国第二届高校学报质量进步社科学报奖。

2002年新辟邓小平理论研究、右江革命根据地研究等栏目，栏目总数8个。全年刊发论文157篇，总字数1100千字。

【桂林旅游高等专科学校学报】 自治区旅游局主管、主办。主编张文祥。前身为1989年11月创刊的《旅游研究与实践》，季刊。主要栏目有：旅游学理论研究、旅游经营管理研究、区域经济与旅游等。至2001年底，累计出刊51期，刊发论文900多篇。

2002年新辟旅游名家访谈、博士论坛等栏目，栏目总数15个。全年刊发论文80篇，总字数600千字。

【八桂侨刊】 中国学术期刊(光盘版)收录期刊。自治区侨务办公室主管，广西华侨历史学会主办。主编赵和曼。前身为1987年4月创刊的《八桂侨史》，内部发行。1991年5月改为季刊，公开发行。2000年改用现名。主要栏目有：论坛、侨史研究、华人企业、华文教育、华人文化、华人社团、新移民研究、国外研究动态、海外侨情、海外见闻、异乡旧事、今日侨乡、译文等。至2001年底，累计出刊52期，刊发论文570多篇。其中有14篇文章获省部级以上奖励，10篇文章被国务院侨办收入《世界华侨华人经济国际学术研讨会论文集》等文集。

2002年，新辟广西侨务、书评、特别报道、体育运动、人物、华人认同等栏目，栏目总数达到10多个。全年刊发论文60篇，总字数400多千字。

【广西党建】 中国期刊方阵双效期刊。自治区党委组织部主管、主办。主编梁海萍。1992年1月创刊，月刊。主要栏目有：视点、人物、资政、修养、策划、对话、博览、感悟、服务等。至2001年底，累计出刊121期。

2002年，新辟摄影报道、读书生活等栏目，栏目总数18个。全年刊发文章1020篇，总字数860千字，其中有6篇文章分别被《人民日报》、中国人民大学《复印报刊资料》等刊物转载。

【广西人大】 自治区人大常委会办公厅主办。主编卢霓仙，社长甘益伟。前身为1992年5月创刊的《广西人大工作》，月刊。主要栏目有：要闻、党委与人大、监督广角、主任赞、工作探讨、论点摘登、市县人大、乡镇人大、依法治桂、代表园地、地市专栏、立法介绍、办理跟踪、基层民主、社会瞭望、人与法、艺苑等。至2001年底，累计出刊116期，发稿8700多篇，其中论文300多篇。有30多篇论文获省部级奖。

2002年新辟主任笔谈、专门(工作)委员会、依法行政、公正司法、杂谈等栏目，栏目总数28

个。全年刊发文章720篇，总字数720千字。

【领导广角】 中国期刊方阵双效期刊。中共广西壮族自治区委员会办公厅主管、主办。社长、总编辑牙韩彰。前身为1994年1月创刊的《领导与秘书》，月刊。1995年10月改用现名。1998年公开发行。主要栏目有：激情时代、财经、人物、领导者、时代广角、连线市县乡、成长之道、全球视角等大版块。编辑方针及其突出特点是：领导时代前沿、透视政经管理、浓缩人生精华。以"拓展领导境界，关注百姓人生"为追求目标。至2002年底，累计出刊108期，刊发论文3000多篇，其中200多篇被其他报刊转载。

2002年新辟栏目有主题点击、广角论坛、财经视线等，栏目总数45个。全年刊发论文360篇，总字数1260千字。

【沿海企业与科技】 广西社会科学院主管，广西社会科学院企业文化研究中心主办。社长、总编辑李建平。1996年2月创刊，双月刊。主要栏目有：院士访谈、经济纵横、科海视野、焦点透视、文化力聚焦、海洋世界、企业发展与管理、八桂企业巡礼、弄潮文谈等。至2002年底，累计出刊40期，刊发文章800篇。

2002年，新辟科技产业开发、科技新话题等栏目，栏目总数21个。全年刊发文章118篇，总字数480千字。

【公诉人】 广西优秀期刊。广西壮族自治区人民检察院主办。社长蒋浦，总编辑华芝和。前身为1987年8月创刊的《广西检察》，双月刊，内部发行。1997年起公开发行。2002年7月改用现名，并改为月刊。主要栏目有：大案纪实、反贪前沿、警钟长鸣、校园内外、法律视点等。2001年获最高人民检察院精神文明建设"金鼎期刊奖"三等奖。自1997年以来，累计出刊38期。

沿海企业与科技杂志社社长、总编辑李建平（左）采访香港企业家香灼玑（右）

沿海企业与科技杂志社供稿

2002年改为大16开本，新辟以国家名义、本刊策划等栏目。8月，在桂平市举办为期一周的通讯员培训班，邀请新华社、广西政法报社等新闻单位的编辑记者授课。

【广西社会主义学院学报】 中国期刊网和中国学术期刊（光盘版）收录期刊。广西社会主义学院主办。主编李建明。前身为1996年创刊的《广西社会主义学院院刊》（内刊）。1997年改用现名。1998年公开发行。主要栏目有：邓小平理论研究、社会主义理论研究、统战理论研究、民族问题研究、宗教问题研究、港澳台问题研究、非公有制经济研究、多党合作研究、民主与法制、八桂人物等。学报的主要特点为统战性、理论性、宣传性、地方性，是广西统战理论政策研究和宣传的重要阵地。历年累计刊发论文328篇。

2002年，新辟同心谱、中华民族凝聚力研究、反邪教研究、留学人员工作研究、八桂人物等栏目，栏目总数23个。全年刊发论文62篇，总字数400千字。

【钦州师范高等专科学校学报】 钦州师范高等专科学校主管、主办。主编罗勇岐。前身为1986年创刊的《教学与科研》，内部发行。1994年更名为《钦州师专、钦州教院学报》，1997年更名为《钦州学刊》，1998年8月改用现名，季刊，公开发行。主要栏目有：哲学研究、政治学研究、经济学研究、文艺学研究、语言文字学研究、历史学研究、环境伦理学研究、教育心理学研究、北部湾文化研究、中等教育教学研究等。至2001年底，累计出刊48期，刊发论文900多篇。曾获首届广西高校优秀学报三等奖，第二届广西高校优秀社科学报二等奖，首届《中国学术期刊（光盘版）检索与评价数据规范》执行优秀奖，并被评为第二届全国高等学校优秀编辑质量社科学报。

2002年刊发论文79篇，总字数600千字。其中有5篇文章分别被中国人民大学《复印报刊资料》和《高等学校文科学报文摘》等刊物转载。

【大通道】 广西贫困地区干部培训中心主管、主办。主编黄颂文。1998年10月创刊，月刊。主要栏目有：特别报道、扶贫传真、财经观察、前沿观点、传媒资讯、爱心奉献、通道经济、西部聚焦、环球扫描等。至2001年底，累计出刊62期，刊发论文50多篇，其中6篇获省部级奖。

2002年新辟前沿理论、决策参考、博士论坛、打工路上等栏目，栏目总数25个。全年刊发文章480篇，总字数1440千字。

【广西经济管理干部学院学报】 广西优秀期刊。主编梁毅。1988年创刊（内刊），1999年改为季刊，公开出版。主要栏目有：社会主义市场经济、国民经济管理、现代农业管理、现代企业管理、金融与投资、市场与消费、财务与会计、兴桂方略、高教研究等。至2002年底，累计出刊52期。

2002年刊发文章108篇，总字数500千字，其中9篇被中国人民大学《复印报刊资料》等刊物转载。

【广西政法管理干部学院学报】 中国期刊网和中国学术期刊光盘版收录期刊，《中国学术期刊综合评价数据库》来源期刊。自治区政法委主管，广西政法管理干部学院主办。主编陈家新。1986年创刊，原名为《广西政法管理干部学院院刊》，1987年改为《政法学报》，半年刊，1992年改为季刊，1995年更名为《广西法学》，均为内刊。1999年起改用现名，公开发行。常设栏目有：专家特稿、法学论坛、问题研究、立法探讨、司法实践、研究生论坛等。至2001年底，累计出刊51期，刊发论文1000多篇。

2002年改为双月刊，栏目总数6个。全年刊发文章200篇，总字数1000千字，其中有8篇文章被中国人民大学《复印报刊资料》等刊物转载。

【企业天地】 中共广西壮族自治区企业工作委员会主管，中共广西壮族自治区企业工作委员会和广西职工思想政治工作研究会共同主办。社长杨朝林，总编辑何载福。2001年1月创刊，时为双月刊。2002年改为月刊。以指导工作、服务企业、面向社会为办刊宗旨。主要栏目有：要闻要讯、党建之窗、学习园地、思想政治工作、企业文化、八桂名企、现代管理、品牌广场、经营方略、热点透视、用人之道、经济论坛、国企改革、直面WTO、网络时代、关注西部、企业观测站、企业与法、企业动态、工作短波、文海拾贝、谈天说地等。

2002年新辟栏目有：特别报道、新闻传真、企业信息化、道德建设、一线传真、业内视界、监察之声等，栏目总数30个。全年刊发论文180篇，总字数680千字。其中有5篇文章分别被其他刊物转载。12月6日，召开《企业天地》创刊两周年座谈会，160多人出席。

专业类期刊

【广西金融研究】 中国人民银行南宁中心支行主管，广西金融学会主办。主编李彬，社长白鹤祥。1979年9月创刊，月刊。主要栏目有：行长经理论坛、货币政策、金融监管、资产管理、银行实务、外汇管理、合作金融、保险、证券市场、争鸣与探索等。至2001年底，累计出刊336期，刊发论文4900多篇，其中30多篇获省部级奖。

2002年新辟观点荟萃等栏目，栏目总数26个。全年刊发论文264篇，总字数1540千字。

【阅读与写作】 广西大学党委主管，广西语言文学学会、广西大学中文系主办。主编梁超然、梁扬，社长梁扬。前身为1980年4月创刊的《语文园地》，双月刊。主要栏目有：作家与作品、佳作鉴赏、雕龙新探、汉语之窗、应用写作、探索与争鸣、诗词丛话、写作入门、读写教学等。至2001年底，累计出刊231期，刊发文章9160篇。

2002年新辟广播影视角、新书掠影等栏目，栏目总数18个。全年刊发文章469篇，总字数1160千字。其中有16篇文章分别被中国人民大学《复印报刊资料》等刊物转载。

【广西会计】 全国《中文核心期刊要目总览》入编期刊。广西会计学会主办。总编辑黄乃宽。1984

自治区党委副书记、自治区纪委书记马铁山（右一）向企业天地杂志社社长杨朝林（左一）了解办刊情况　　企业天地杂志社供稿

年6月创刊，月刊。主要栏目有理论探讨、工作研究、业务与技术、行业会计、财会法规等。

2002年新辟栏目有：博士生论坛、各抒己见、经济广角、广集博采、地角滩头、实话实说、他山之石、会计人语等，栏目总数35个。全年刊发论文200篇，总字数1200千字。

【广西市场与价格】 自治区物价局、广西价格协会联合主办。主编陈孟。前身为1984年7月创刊的《广西物价》，月刊。1999年改用现名。主要栏目有：权威论坛、专家论坛、改革探讨、专题研究、收费管理、价格监督、价格鉴证、市场预测、热点追踪、政策法规等。至2002年底，累计出刊221期，刊发论文4000多篇。

2002年新辟栏目有：价格改革、价格管理、域外见闻、他山之石、市场营销、拍卖市场、旅游市场、市场预测、人物专访、名人幽默艺术等。年初召开有100多人参加的价格理论研讨会，组织开展价格课题研究。

【广西民族研究】 中国民族学类核心期刊。自治区民族事务委员会主管，广西民族研究所主办。主编覃乃昌。1985年创刊，季刊。主要栏目有：民族理论研究、民族历史与文化研究、民族法学、民族考古、民族语言研究、民族学、人类学研究、民族经济研究等。1996年曾被评为广西优秀期刊。

2002年刊发论文89篇，总字数300千字，其中7篇被中国人民大学《复印报刊资料》全文转载。

【高教论坛】 广西高教学会主办。主编、社长曹方。前身为1985年10月创刊的《广西高教研究》，双月刊。主要栏目有：院校长论坛、思想政治教育、教育改革研究、教育改革与实践、高校管理等。至2001年底，累计出刊68期，刊发论文2500多篇。

2002年栏目总数15个，刊发论文249篇，总字数1180千字。

【广西地方志】 中国学术期刊(光盘版)入编期刊。广西通志馆、广西地方志协会主办。主编蓝日基。前身为1982年10月创刊的《广西地方志通讯》(内刊)，1987年改用现名，公开发行，双月刊。主要栏目有：方志论坛、续修研讨、志书评论、志鉴工作研究、史志资料与研究、广西古今、志坛信息等。至2002年底，累计出刊117期，发表论文3200余篇，其中10篇获省级优秀学术成果奖。

2002年，新辟争鸣园地栏目，栏目总数9个。全年刊发论文150篇，总字数750千字。9月15日，在南宁召开创刊20周年座谈会，60多人参加座谈。

【人事天地】 自治区人事厅主管，广西人才资源研究所主办。总编辑、社长黄民权。前身为1987年1月创刊的《广西人事》，月刊，内部发行。2000年10月改用现名，公开发行。设观点、新闻、才市、视线、生活等5个版块，主要栏目有：本月关注、人物长廊、考职揭秘、百家论坛、政策信箱、案例点评、警钟长鸣、五彩艺苑等。至2002年底，累计出刊165期，刊发文章5000多篇。

2002年，新辟人力资源、名人轶事、留学人生等栏目，栏目总数25个。全年刊发文章360篇，总字数800千字。

【基础教育研究】 广西教育学会主办。总编辑、社长林红。前身为1980年1月创刊的《广西教育学会通讯》，内刊；1988年1月改现名，双月刊，公开发行。2001年改为月刊。主要栏目有：教育改革探索、教育管理研究、教育论坛、素质教育、德育纵横、课程改革、教研园地、学科教学、学法指导、心理辅导、幼教研究等。刊物坚持以研究基础教育的理论与实践问题为中心，坚持学术性、实践性、可读性相结合，面向广大基层基础教育工作者，为基础教育改革和发展服务。至2002年底，累计出刊189期，刊发论文4900多篇。

2002年新辟栏目有：新课程与教师的成长、课例分析等，栏目总数达到15个。全年刊发论文312篇，总字数940千字，被中国人民大学《复印报刊资料》全文转载2篇，收入索引51篇。10月10日召开通讯工作年会，40多人出席。与会人员就如何培养作者和读者群，进一步提高刊物整体质量，充分发挥期刊效益等问题进行了研讨。

【广西审计】 自治区审计厅、广西审计学会主办。主编兰保珍。前身是1984年2月创刊的《广西审计简报》，为内部不定期刊物，1985年3月改用现名。1986年改为季刊，1988年改为双月刊，公开出版。主要栏目有：领导谈审计、局长论坛、课题成果、财税与大经济、专题调研、决策建议、工作思路、注册会计师园地、内审天地、企业管理、财务与会计、经验交流、各抒己见等。至2002年底，累计出刊105期，刊发论文2000多篇，其中13篇分别获广西社会科学研究优秀成果二、三等奖及优秀奖。

2002年新辟本刊特稿、我与审计、审计先锋、案例写真、法制园地等栏目，栏目总数23个。全年刊发论文168篇，总字数620千字，其中有17篇文章分别被中国人民大学《复印报刊资料》、武汉审计学会《审计文摘》等刊物转载。

【文史春秋】 中国期刊全文数据库收录期刊，中国学术期刊综合评价数据库统计源期刊。自治区政协主管，自治区政协办公厅主办（1993年至2001年为自治区政协文史资料委员会主办）。总编辑陈奕俊，社长陆荣甫。1993年12月创刊，2001年以前为双月刊，2002年改为月刊。主要栏目有：人物春秋、名人写真、史海钩沉、民国春秋、军旅春秋、将星闪烁、海外春秋、见证历史、内幕秘闻、华人春秋、委员风采等。2001年被评为第四届广西优秀期刊。

2002年新辟八桂英才栏目，栏目总数26个。全年刊发文章240篇，总字数126千字。

【出版广角】 中国期刊方阵双效期刊，2002年入选第二届全国期刊奖百种重点期刊。自治区新闻出版局主管、主办，广西出版杂志社出版。社长邓锟。1995年创刊，1999年改为月刊。主要栏目有：特别策划、观察、观点、人物、个案、传媒、茶座、书香、资讯、畅销书排行榜等。至2001年底，累计出刊60期，刊发文章2600多篇。

2002年栏目总数9个，刊发文章400篇，总字数1900千字。据不完全统计，年内有47篇文章被《新华文摘》、《出版工作》转载（其中《新华文摘》5篇，《出版工作》42篇）。

中国人民大学《复印报刊资料》转载广西社会科学期刊文章统计（2002年）

期刊名称	转载文章数	期刊名称	转载文章数
出版广角	48	钦州师范高等专科学校学报	4
学术论坛	34	广西教育学院学报	3
广西社会科学	30	广西商业高等专科学校学报	3
广西大学学报（哲社版）	17	民族艺术	3
广西民族学院学报（哲社版）	14	玉林师范学院学报	3
东南亚纵横	14	沿海企业与科技	2
广西师范大学学报（哲社版）	13	图书馆界	2
桂海论丛	12	广西会计	2
社会科学家	10	广西青年干部学院学报	2
广西师范学院学报	8	基础教育研究	2
社科与经济信息	7	河池师专学报	2
广西民族研究	7	广西党建	1
广西经济管理干部学院学报	6	广西党史	1
广西政法管理干部学院学报	5	八桂侨刊	1
改革与战略	5	广西审计	1
领导广角	4	计划与市场探索	1
桂林旅游高等专科学校学报	4	右江民族师专学报	1
柳州师专学报	4		

人　物

学界人物

【王　杰】 当选广西教育学会副会长，主持国家社会科学基金项目研究，《艺术与审美的当代形态》等2种专著出版。广西师范大学副校长、《广西师范大学学报》主编、《马克思主义美学研究》副主编，教授、博士。江苏无锡人，1957年10月生。1982年毕业于武汉大学哲学系，获学士学位；1988年在广西师范大学获文学硕士学位，1991年在山东大学获文学博士学位。同年7月到广西师范大学任教，历任系副主任、主任，副校长。1992年评为副教授，1994年晋升教授。主要从事马克思主义美学和审美人类学的教学与研究，先后出版专著4种、译著1种，主编教材2种，在《新华文摘》、《文艺研究》、《国外社会科学》、《文史哲》等期刊发表论文70余篇。1994年被确定为广西高校跨世纪学科带头人培养对象，1996年获政府特殊津贴，1997年评为广西先进生产者，1998年获广西德艺双馨文艺家称号，1999年评为广西优秀专家。是国家教育部中文学科教学指导委员会委员、全国马列文论研究会副会长、广西文艺理论家协会主席。2002年，主持国家社会科学基金项目《中国共产党三代领导人的文艺思想与马克思主义文艺理论的当代形态》研究。年内，当选广西教育学会副会长，专著《艺术与审美的当代形态》和《审美幻象与审美人类学》先后出版。

【王　枬】 专著《美丽教师——教师职业美的研究》和编著《教育原理》出版。桂林旅游高等专科学校党委书记、校长，教授，博士。辽宁沈阳人，1960年1月生。1982年2月至1997年7月在广西师范大学任教，曾任系副主任、主任，教科院院长。1997年9月至2000年7月在华东师范大学教育系攻读博士学位。2000年11月调任桂林旅游高等专科学校党委书记、校长。1992年评为副教授，1998年晋升教授。主要研究方向：教育学原理、教育哲学、教师教育、教育美学、教学艺术与旅游教育。自20世纪80年代以来，出版著作15种，发表论文39篇。是广西21世纪园丁工程A类导师，广西课程改革专家组成员。2002年12月参加在上海举办的中国教育国际学术研讨会并宣读论文。年内，主编的《教育原理》和专著《美丽教师——教师职业美的研究》由广西师范大学出版社出版。

【古小松】 在2002年11月召开的中国（广西）—东南亚经济合作论坛上发表"中国—东盟自由贸易区与广西的地位和作用"演讲。广西社会科学院东南亚研究所所长，《东南亚纵横》杂志社社长兼总编辑，研究员。广东高州人，1958年10月生。1982年毕业于广西民族学院，获学士学位。1988年毕业于北京国际关系学院，获硕士学位。2000年毕业于暨南大学，获博士学位。曾任中共东兴市委副书记、《东兴报》总编辑，中共防城港市委宣传部常务副部长、防城港日报社社长。1992年评为副研究员，1995年晋升研究员。1999年入选广西"十百千人才工程"第二层次人选，2000年评为广西有突出贡献科技人员，2001年被确定为广西社会科学院国际关系学学科带头人。20世纪

2002年11月22日，古小松在中国（广西）—东南亚经济合作论坛上发表演讲　　广西东南亚研究会供稿

90年代以来，累计出版编著和专著10种，发表论文60篇，其中《越南的经济改革》、《越南的社会主义》、《越南经济发展对广西的机遇与挑战》分获广西社会科学研究优秀成果二、三等奖。多次到美国、日本、澳大利亚、越南、泰国、新加坡等国家和台湾、香港地区讲学和进行项目合作研究。是厦门大学、广西民族学院兼职教授，中国东南亚研究会副会长，中国中外关系史学会理事。

【刘绍忠】 当选连任中国英语教学研究会常务理事。广西师范大学外国语学院院长，教授，硕士研究生导师。广西临桂人，1963年6月生。1983年毕业于广西师范大学外语系并留校任教，1987年毕业于广西师范大学外语系英语语言文学研究生班，1997年毕业于广东外语外贸大学语言学与应用语言学国家重点学科点，获文学博士学位。1992年评为副教授，1998年晋升教授。主要研究方向和教授课程包括：语言学、语用学、第二语言习得、外语学习策略、世界语等。自20世纪80年代以来，出版编著、译著近20种，发表论文80余篇。2001年，入选广西师范大学拔尖人才。是国际中国语言学会、国际关联网络研究会会员，国际世界语教师协会理事，广西高校英语教学指导委员会主任，广西教育学会英语专业委员会副主任，广西语言文学学会副会长。兼任《英语大王》(桂林)主编。

【张利群】 当选广西写作学会副会长，专著《多维文化视阈中的批评转型》出版。广西师范大学中文系主任，教授。湖北罗田人，1952年6月生。1981年毕业于广西师范大学中文系，1985年又在广西师范大学获文学硕士学位。1987年留校任教，一直从事文艺理论教学科研工作。主要作品有：《庄子美学》(获中华美学学会青年优秀学术成果奖、广西高校社科成果二等奖)，《词学渊粹》(获广西社科优秀成果三等奖)，《批评重构》(获广西文艺“铜鼓奖”)，《论批评接受》(获广西社科优秀成果三等奖)。2002年4月，专著《多维文化视阈中的批译转型》由中国社会科学出版社出版。11月，当选广西写作学会副会长。是中国古代文艺理论学会理事，全国文艺理论学会会员，广西作家协会会员，广西文艺理论家协会理事。

【陈学璞】 当选广西写作学会会长。自治区党校、广西行政学院文史教研部主任，教授。江西安义人，1944年8月生。1963年考入广西师范学院(今广西师范大学)中文系，1967年毕业。先后在中共天峨县委、河池地委从事新闻、宣传、理论和文秘工作。1984年调进自治区党校，1985年评为讲师，1990年评为副教授，1995年晋升教授。自20世纪80年代以来，公开出版编著和专著17种，发表论文208篇，共380多万字。论著获奖48项，其中省部级奖9项。在文艺理论方面，评论国内外当代作家70多人，着力扶助文学新人。在写作理论与教学方面，较早面向全国开辟干部写作教材系列，所主编的教材被十几个省市的有关院校采用。1993年起享受政府特殊津贴，1996年评为广西优秀专家，1998年入选广西首届中青年德艺双馨文艺家“五十杰”。2002年11月在广西写作学会第五次会员代表大会上，当选连任广西写作学会会长。是中国写作学会副会长，广西文艺理论家协会副主席，广西中国文学学会副会长，广西秘书工作者协会副会长兼学术委员会主任。

2002年11月，广西写作学会组织参观北海金品现代农业观光园。会长陈学璞分享着丰收的喜悦

广西写作学会供稿

【吴中任】 当选广西社会心理学会会长。广西民族学院心理学副教授。广西鹿寨人，1944年2月生。1966年7月毕业于广西民族学院中文系，曾在三江侗族自治县良口中学、广西柳州财经学校任教，1985年12月调入广西民族学院。同年发表论文《略谈武训精神》和《重评武训》，被多种报刊转载。1988年到北京大学心理系学习。1989年在广西民族学院建立心理咨询室。先后发表40余篇心理咨询报告和10篇论文，出版专著4种、光盘5张，内容涉及心理健康、儿童教育、婚姻家庭、求职择业等。1998年完成世界银行贷款课题《民族地区中学教师心理素质研究与养成训练》。专著《中学教师心理素质研究与养成训练》获1996～1999年

广西社会科学研究优秀成果三等奖。2002年7月，在广西社会心理学会重新登记后的成立大会上当选会长。

【孟勤国】 入选广西首届杰出法学家，专著《物权二元结构论》出版。广西大学法学院党委书记、网络法律研究中心主任，教授，博士。浙江绍兴人，1957年4月生。1982年毕业于西南政法学院，获法学学士学位，1985年在武汉大学获法学硕士学位，2000年在武汉大学获法学博士学位。长期从事民商法教学和研究，以及外贸、金融、房地产实务。累计发表论文、出版著作60余篇（种），先后获广西社会科学研究优秀成果一、二、三等奖7项，广西教学优秀成果一等奖1项，自治区教委一、二、三等奖5项。在物权法、国企改革、司法改革、政法体制改革及电子商务法等研究领域取得多项成果，其中2002年1月人民法院出版社出版的《物权二元结构论》一书所创立的物权二元理论，以及起草的中国物权法草案建议稿，在国内产生较大反响。1992年获政府特殊津贴，1993年被评为广西高校首批跨世纪人才，1996年获广西优秀专家称号，1998年评为全国优秀教师并入选广西“十百千人才工程”第二层次人选，2000年评为自治区先进工作者，2002年入选广西首届杰出法学家。是美国加州柏克利大学高级访问学者，武汉大学法学院民商法博士生导师，中国法学会理事，广西法学会副会长，广西民法学研究会会长。

【袁鼎生】 当选广西教育学会副会长，专著《审美生态学》和编著《生态审美学》出版。广西教育学院副院长，教授。广西全州人，1955年生。1977年从中山大学中文系毕业后，到广西师范大学任教。1992年进入山东大学中文系攻读博士学位，1994年12月提前毕业，获文学博士学位，仍回广西师范大学工作，历任教务处副处长、处长。2001年2月调任广西教育学院副院长。先后出版美学专著6种，主编美学、文艺学著作11种，合著5种，发表文章80余篇。2002年6月，当选广西教育学会副会长。年内，专著《审美生态学》和编著《生态审美学》先后出版。是中国高师美育学会常务理事兼学术委员会副主任。

【容本镇】 当选广西写作学会副会长，专著《文学的感悟与自觉》、《悄然崛起的相思湖作家群》出版。广西民族学院副院长，教授。广西浦北人，1958年2月生。1978年考入广西民族学院中文系，1982年毕业留校任教。1992年任院长办公室主任，1997年任院长助理兼院办主任。1998年在广西首次面向全国公开选拔副厅级领导干部中被任命为广西民族学院副院长。在繁忙的行政工作中坚持从事教学科研工作，主要研究方向为写作学理论和文学研究。公开发表和出版著述160多万字。主要成果有《写作成语类典》、《写作学教程》、《写作教学可操作性训练的研究与实践》丛书。是中国写作学会常务理事兼副秘书长。2002年，专著《文学的感悟与自觉》由中国文联出版社出版，专著《悄然崛起的相思湖作家群》由广西民族出版社出版。11月，当选广西写作学会副会长。

【覃乃昌】 当选中国民族学会副会长。广西民族研究所所长，《广西民族研究》主编，研究员。广西宜州人，1947年12月生。1978年进入广西民族学院政治系学习。1982年分配到自治区民委工作，1985年任自治区民委办公室副主任。1991年调任广西民族研究所所长。1992年评为副研究员，1997年晋升研究员。在壮族稻作农业史、华南民族文化史、华南与东南亚民族历史文化关系以及民族区域自治理论研究等方面取得成绩。出版个人专著2种，合著8种，主编和编著5种，发表论文70多篇。获省部级哲学社会科学研究优秀成果一等奖3项（其中合作2项）、二等奖3项（其中合作1项）。1998年获广西有突出贡献科技人员称号。是中国西南民族研究学会副会长、广西壮学学会会长、广西历史学会副会长、广西民族研究学会副会长，国家哲学社会科学研究“九五”、“十五”规划民族问题研究学科规划小组（学科评审组）成

覃乃昌在国际学术会议上发言

广西民族研究所供稿

员，广西师范大学和广西民族学院兼职教授、硕士研究生导师。2002年8月，在中国民族学会第六次会员代表大会上当选副会长。

【覃可霖】 当选广西写作学会副会长，专著《写作思维学》出版。广西师范学院中文系副主任、副教授。广西宾阳人，1952年12月生。1979年考入南宁师专中文系，1986年到广西师范学院中文系教师本科班学习，1988年毕业留校任教。1997年任写作教研室主任，2000年任中文系副主任。先后发表论文30余篇，其中《在写作中如何培养学生的创造性思维》获广西社会科学研究优秀成果三等奖。2002年3月，广西人民出版社出版其专著《写作思维学》。11月，当选广西写作学会副会长。

【覃国生】 出任广西语言学会会长。广西民族学院文学院教授，硕士研究生导师。广西柳江人，壮族，1937年7月生。1957年进入中央民族学院语文系学习，1961年毕业后分配到中国科学院民族研究所从事民族语言研究。1984年调入广西民族学院任教，主要讲授现代壮语、壮语方言概论、语言学概论等课程。曾任教研室主任、系副主任等职。1987年评为副教授，1996年晋升教授。先后出版著作8种(含合著)，发表论文20多篇。1994～1998年担任国家教委世行贷款师范教育发展项目改革课题组组长，该课题成果包括著作6种，电视教学片1部(25集)，培训中学语文教师120多人。获国家教育部授予的世行贷款项目全国优秀成果二等奖，自治区教育厅授予的世行贷款项目广西优秀成果一等奖。其他科研成果获省部级三等奖2项，地厅级二等奖2项。2002年6月22日，经广西语言学会会长会议决定，担任该会会长。

【覃耀武】 当选中国少数民族双语教学研究会副会长。自治区民委党组成员，自治区少数民族语言文字工作委员会副主任，广西少数民族语文学会会长。广西大化人，壮族，1952年11月生。1977年2月毕业于广西师范学院(今广西师范大学)政治系。1977年2月至1982年8月在南宁师范学院工作；1982年8月至1985年4月调任自治区团委少年部部长；1985年4月至1992年12日任自治区团委副书记、自治区青联主席、自治区政协常委；1992年12月后任自治区民语委副主任，并当选广西少数民族语文学会副会长，2001年12月当选会长。2002年7月当选中国少数民族双语教学研究会副会长。

【潘宝卿】 当选中国马克思主义哲学史学会常务理事和广西毛泽东哲学思想研究会会长。广西师范大学哲学教授，硕士研究生导师。广西贺州人，1936年5月生。1958年毕业于华中师范学院(今华中师范大学)政治系并留校任教，1959年调入广西师范学院(今广西师范大学)任教，曾任政治系副主任。1990年晋升教授。1993年获政府特殊津贴。长期从事马克思主义哲学原理、毛泽东哲学思想和邓小平哲学思想的教学研究。先后培养15届马克思主义哲学专业的硕士研究生。20世纪80年代以来，出版专著4种，主编著作19种，发表论文46篇。1987年起任广西毛泽东哲学思想研究会会长。2002年11月，当选中国马克思主义哲学史学会常务理事。12月，在广西毛泽东哲学思想研究会第五次会员代表大会上当选连任会长。

逝世人物

【范　阳】(1927.4～2002.10.7)　原名范俊宝，浙江丽水人。自治区社科联原副主席，研究员。青年时代曾就读于北京大学东方语专印度语系、南开大学哲学教育系、华北大学理论部。1949年南下广西，历任广西人民革命大学第七大队副主任、政治研究班主任、团委副书记、文艺工作团团长，广西省行政干部学校党委委员、哲学教研室主任，自治区党校党委委员、哲学教研室主任、理论研究室主任，《广西社会科学》主编，广西社会科学院哲学研究所所长、副院长，自治区社科联副主席，自治区第五届政协委员、第六届政协常委。1992年10月获政府特殊津贴。长期从事马克思主义哲学原理的教学和研究。先后发表论文200余篇，出版编著和专著30多种。代表作有：《马克思主义哲学原理》、《哲学讲话》、《广西各族民间文艺研究丛书》、《壮族审美意识探源》、《铜鼓艺术研究》、《山水美论》等。研究成果中获广西社会科学研究优秀成果一等奖1项，二等奖5项。是山水美学的奠基人。曾担任广西美学学会、广西老年学学会会长，广西哲学学会名誉会长，中国马克思主义研究会理事，中国辩证唯物主义研究会理事，中国哲学史学会理事。

国家有突出贡献的中青年专家（广西社会科学部分）名录

1986年

姓名/单位

丘振声/广西社会科学院

1988年

李甫春/广西社会科学院
黄海澄/广西艺术学院

1992年

张艺谋/广西电影制片厂

1994年

叶裕惠/自治区党校

1996年

黄　铮/广西社会科学院

1998年

肖永孜/广西社会科学院

享受政府特殊津贴人员（社会科学部分）名录

1991年

姓名/单位

韦其麟/自治区文联
黄海澄/广西艺术学院
丘振声/广西社会科学院
钱宗范/广西师范大学
詹宏松/广西社会科学院
李甫春/广西社会科学院
蒋廷瑜/自治区博物馆
孙可庸/自治区社科联
宋德生/广西社会科学院

1992年

100元档

黄　铮/广西社会科学院
肖永孜/广西社会科学院
刘贵访/广西社会科学院
李　雁/广西艺术创作中心
麦群忠/广西图书馆
张江垠/自治区社科联
范　阳/自治区社科联
钟文典/广西师范大学
林仲湘/广西大学
马世俊/广西商业高等专科学校
冯　深/广西民族学院
梁超然/自治区通志馆
王　珏/自治区党校
王镜芝/广西商业高等专科学校
苏　林/广西话剧团
潘楚华/广西梧州粤剧团
唐佩珠/广西歌舞团
周筱兰魁/桂林市戏曲学校
罗桂霞/桂林市桂剧团

50元档

尹福伦/自治区工商行政管理局
覃圣敏/广西民族研究所
江业国/广西师范学院
卢斯飞/广西师范学院
李少民/自治区政府经济研究中心
郑妙昌/广西教育出版社
张兴强/自治区科技出版社
李宝靖/《广西文学》编辑部
底书贵/自治区党校
王志梧/桂林市艺术研究所
李肇隆/漓江日报
张建华/广西科技报社
韦纬组/南宁市文联
顾建国/广西艺术研究所
党玉敏/广西师范大学
伍纯道/广西师范大学
毛水清/广西师范大学
张明非/广西师范大学
郭道明/广西师范大学
刘世英/广西师范大学
赵仲如/自治区自然博物馆
黄淑子/广西歌舞团
杨　凡/广西公安管理干部学院
黄天源/广西民族学院
范宏贵/广西民族学院
徐方治/广西民族学院
王世堪/广西教育学院
陈钊华/广西教育学院
唐有璋/自治区财政厅
刘铭达/广西财政高等专科学校
梁焕新/广西平南桂花水暖器材公司
康润森/北海司法局
阎　革/广西大学
孟勤国/广西大学
梁国钊/广西大学

袁少芬/广西大学
仇仲谦/广西大学梧州分校
蔡建章/广西医科大学
黄格胜/广西艺术学院
周　楷/广西艺术学院
韦轩元/自治区高级法院业余大学
蓝启渲/自治区民政厅
苏毅之/自治区党校
蓝直荣/南宁晚报
傅锦华/广西彩调剧团
苏国璋/广西桂剧团
马定强/广西彩调剧团
马婉玉/柳州市桂剧团
卢　浩/广西桂剧团
杨爱霞/广西杂技团

1993年

100元档

邓弼强/广西体工大队
顾绍柏/广西社会科学院
郭　明/自治区社科联
过　伟/广西师范学院
何乃汉/广西博物馆
何异煌/广西社会科学院
江　波/广西彩调剧团
刘益之/广西师范大学
张家璠/广西师范大学
彭大雍/广西民族学院
徐峻泰/广西话剧团
虞达文/广西大学
张　桓/自治区党校

50元档

白先同/广西师范大学
潘宝卿/广西师范大学
宋子英/广西师范大学
苏关鑫/广西师范大学
闾金童/广西师范大学
陈肖人/自治区新闻出版局
陈学璞/自治区党校
胡隆镁/自治区党校
邓裕民/广西体工大队
冯振仁/广西体工大队
范西姆/广西艺术创作中心
古　笛/广西艺术研究所
金　涛/广西艺术研究所
海代泉/柳州市文联
何善祥/自治区图书馆
黄　焯/广西教育学院
黄泽茂/广西教育杂志社
江建文/广西大学
黎之焕/广西大学
李炳东/广西大学
黎国璞/南宁市文联
李朝阳/南宁市体委
李润芬/广西柳州市体操学校
李学伦/广西右江民族歌舞团
李彦福/广西教育科学研究所
梁全进/广西教育科学研究所
李永斌/广西中医学院
梁　津/自治区检察院
梁荣中/广西书画院
廖竞叶/广西政法管理干部学院
林士良/广西师范学院
刘家纪/钦州地区教育学院
刘清宏/广西广播电视报社
刘映华/广西社会科学院
周中坚/广西社会科学院
朱　荣/广西社会科学院
罗　宾/广西民族古籍办
蒙南生/广西日报社
莫旭麟/广西政法管理干部学院
姚舜安/广西民族学院
张有隽/广西民族学院
朱慧珍/广西民族学院
荣仕星/广西民族学院
宿富连/桂林市委党校
谈忠馀/广西电视台
唐佐明/广西高考招生办
韦启新/广西人民广播电台
韦仕鹏/自治区农业厅
韦校常/河池地区党校
夏永翔/自治区新闻出版局
杨　奔/柳州日报社、柳州晚报社
杨汝福/河池师范高等专科学校
杨仲华/自治区国土整治和资源调查办公室
俞德华/玉林师范高等专科学校
张业敏/广西教育学院
赵文怀/自治区农村经济调查队
左昌鸿/广西商业高等专科学校
岑德森/广西公安管理干部学院

1994年

陈兴扬/桂平一中
李光炎/自治区党校
叶裕惠/自治区党校
连友农/自治区旅游局
梅帅元/自治区壮剧团
谭汉永/广西体工大队

韦以明/广西航运学校
杨炳忠/自治区社科联
尹建国/广西大学
曾德盛/广西社会科学院
张葆全/广西师范大学

1995年

黄　刚/广西师范大学
张金长/广西师范大学
李欣广/广西大学
莫善泉/河池地区教育局
吴纪才/广西体工大队
徐治平/广西民族学院
曾宪瑞/桂林南方文学社
张一经/百色建材机械厂
覃彩銮/广西民族研究所
宋浔坚/南宁市天桃实验学校

1996年

唐锦波/南宁市体工大队
卢永德/广西体工大队
岑贤安/广西社会科学院
央　吉/自治区党校
王　杰/广西师范大学
唐运桂/临桂五通小学
李睿娴/北流市特殊学校

1997年

曹　平/广西法学会
黄肇勤/河池地区教育局
李　宁/桂平市桂平镇中心小学
李桂凤/广西桂林体操学校
李元君/广西接力出版社
刘朝明/广西大学
唐　凌/广西师范大学
汪继红/桂林地区荔城一小
张　敦/自治区党校

1998年

陈建军/广西艺术学院
党雪妮/北流陵城小学
傅　磬/自治区文联
何龙群/自治区党史研究室
洪　珏/南宁市教科所
胡　勖/广西彩调剧团
黄　承/自治区政府经济研究中心
黄继树/桂林文学院
蒋钦挥/北海日报社
杨东甫/广西师范学院
张月泉/自治区党校

1999年

黄理彪/自治区新闻出版局
钟海青/广西师范学院
蒋升湧/广西经济社会技术发展研究所

2000年

陈红娣/广西体工大队
韦志中/广西大学
李秋洪/广西社会科学院
李人凡/广西教育出版社
张冬峰/广西艺术学院
任　君/河池地区文化局
罗知颂/广西师范大学

2001年

常剑钧/广西艺术创作中心
张利群/广西师范大学
张艺谋/广西电影制片厂
钟启泉/广西社会科学院

广西有突出贡献的科技人员（社会科学部分）名录

1988年

姓名/单位
蒋炳光/邕江大学
黄海澄/广西艺术学院
李甫春/广西社会科学院
詹宏松/广西社会科学院
黄　铮/广西社会科学院
韦其麟/自治区文联
梁焕新/广西平南桂花水暖器材公司
谭丕娉/玉林古定中心小学

1990年

蒋廷瑜/自治区博物馆
袁绪程/广西软科学咨询公司
马世俊/广西商业高等专科学校
宋德生/广西社会科学院
钱宗范/广西师范大学
孙可庸/自治区社科联
吴光文/广西水电学校

1992年

柯　炽/广西大学、广西民族学院兼职教授
黎旭贵/北海市群鹰集团公司

1994年

邓国明/自治区政府农村发展研究中心
张乃忠/自治区农业厅
张英忠/广西检察官培训中心
吴崇基/广西博物馆
凌永庆/《广西文学》编辑部
刘绍昆/广西美术家协会
谢华西/广西亚热带作物研究所子弟学校
陈红娣/广西体工大队
聂震宁/自治区新闻出版局
于　瑮/广西艺术学院
雷务武/广西艺术学院
徐治平/广西民族学院
徐杰舜/广西民族学院
汪宇明/广西师范学院
王超常/柳州市艺术研究所
张绍勋/百色地区民族体育中学
周裘绒/百色地区教育局
杨　波/桂林市戏曲创作办公室

1996年

黄著荣/南宁师范高等专科学校
熊水连/自治区政府农村发展研究中心
周英明/百色地区田东民族师范学校
廖春晓/贺州市实验初中
罗慎法/柳州市第一中学
覃瑞玲/南宁市第三幼儿园
谢华西/广西亚热带作物研究所子弟学校
区向明/广西人民出版社
杨步云/广西彩调剧团
李德敏/自治区党校
罗国解/广西电视台
杨秀昭/广西艺术学院艺术研究所
卢声兰/广西体工大队

1998年

胡大雷/广西师范大学
李俊康/广西艺术学院
李中峰/藤县教育局
张仁胜/广西艺术研究所
蔡定国/沿海企业与科技杂志社
覃乃昌/广西民族研究所
邓　群/自治区党委党史研究室
张燕玲/《南方文坛》编辑部
冯　艺/广西作家协会
廖赤眉/广西师范学院
梁秋萍/广西医科大学

2000年

梁　扬/广西大学
曾建雄/广西大学
肖启明/广西师范大学
雷　锐/广西师范大学
阳国亮/广西师范大学
陈时见/广西师范大学
古小松/广西社会科学院
黄振南/广西社会科学院
李富强/广西民族研究所
甘武炎/广西美术出版社
彭石生/广西人民出版社
陈健兴/南宁市教育科学研究所
梁仁国/都安瑶族自治县都安高中
张　武/漓江出版社
苏理立/桂林日报社
张复兴/桂林画院
罗文权/柳州地区民族师范学校
潘启优/来宾县第三中学
覃才京/北海市业余体校
农　彬/灵山县灵山中学

广西优秀专家(社会科学部分)名录

1992年

姓名/单位
林仲湘/广西大学
冯　深/广西民族学院
梁超然/广西民族学院
黄格胜/广西艺术学院
郑军里/广西艺术学院
钟文典/广西师范大学
苏毅之/自治区党校
李光炎/自治区党校
马世俊/广西商业高等专科学校
袁绪程/广西软科学咨询公司
肖永孜/广西社会科学院
黄　铮/广西社会科学院
黄宗炎/自治区社科联
包玉堂/自治区文联
蓝怀昌/自治区文联
李　雁/广西艺术创作中心
黄淑子/广西歌舞团
吴光文/广西水电学校
杨国荣/广西体工大队
梁文杰/广西体工大队
王云高/南宁市文联

1994年

张明非/广西师范大学
叶裕惠/自治区党校
央　吉/自治区党校
李甫春/广西社会科学院
宋德生/广西社会科学院
曾德盛/广西社会科学院
蓝日基/广西社会科学院
韦　胜/自治区社科联
刘新华/自治区社科联
韦一凡/广西作家协会
龙杰锋/广西彩调剧团
梅帅元/广西壮剧团
苏新生/广西电视台
蒙南生/广西日报社
杨炳忠/自治区社科联
连友农/自治区政府经济研究中心
蒋纯基/柳州汽车厂
潘楚华/梧州粤剧团
蒋钦挥/北海日报社
黄秀群/德保实验小学

1996年

孟勤国/广西大学
尹建国/广西大学
陈学璞/自治区党校
李秋洪/广西社会科学院
文衍修/广西人民广播电台
汤竹庭/广西人民广播电台
黄奇志/广西日报社
覃彩銮/广西民族研究所
余秋华/桂林市大风山一小

1998年

唐　凌/广西师范大学
王　杰/广西师范大学
何龙群/自治区党校
钟启泉/广西社会科学院
寿思华/广西社会科学院
罗国解/广西电视台
吴文贾/广西日报社
吴昌敬/广西日报社
曹　平/广西法学会
徐秀华/平南县平南镇中心小学

广西“十百千人才工程”第二层次人选（社会科学部分）名录

1998年

姓名/单位，技术职务
王　杰/广西师范大学，教授
唐　凌/广西师范大学，教授
孟勤国/广西大学，教授
汪宇明/广西师范学院，教授
曹　平/广西法学会，研究员
央　吉/自治区党校，教授

1999年

李秋洪/广西社会科学院，研究员
古小松/广西社会科学院，研究员
丁焰辉/自治区社科联，副研究员
黄宗湖/广西接力出版社，编审

2000年

范　旭/广西大学，教授
陈时见/广西师范大学，教授
周世中/广西师范大学，教授
黄振南/广西社会科学院，研究员

2001年

罗平汉/广西师范大学，教授
廖赤眉/广西师范学院，教授
周建胜/广西社会科学院，研究员

2002年

唐文琳/广西大学，教授
邱耕田/广西大学，教授
王书成/柳州卷烟厂，工程师

大事记

1月

7日　中国法学会副会长兼秘书长宋树涛等到广西法学会机关与学会工作人员和部分法学专家座谈。

9日　广西商业高等专科学校社会科学界联合会成立。

△广西劳动保障学会获中国劳动学会授予的中国劳动学会系统先进单位称号。

15日　中国老年学学会在桂林召开为期4天的“全国老年人生活/生命质量学术研讨会”，250人与会。

21日　自治区社科联在南宁召开第四次学会秘书长联席会，80多人参加。

2月

1日　自治区少数民族语言文字工作委员会、自治区民族事务委员会、自治区教育厅、广西少数民族语文学会在南宁联合举办“恢复推行壮文工作暨纪念壮文进校20周年座谈会”，60人与会。

4日　广西华侨历史学会常务副会长赵和曼在武汉召开的第二届国务院侨务办公室重点课题研究成果交流会上，代表课题组宣读论文《越南华侨政策研究》。

5日　自治区社科联在南宁举行广西第七次社会科学研究优秀成果颁奖大会暨广西社科界迎春茶话会，自治区领导人马庆生、潘琦、李振潜、梁超然等出席并为获奖者颁奖，马庆生还在会上发表讲话。

8日　自治区党委副书记马庆生到广西社会科学院看望干部职工，并与科研人员座谈。

21日　广西检察官协会在百色市召开第二届优秀研究成果颁奖暨检察理论研讨会，90多人参加。

28日　自治区副主席王汉民到广西社会科学院检查指导工作，与科研人员座谈，就加强广西与东盟国家的经贸合作等问题发表讲话。

3月

4日　广西职工思想政治工作研究会召开企业宣传暨研究会秘书长工作会议，部署年度工作，表彰先进，190多人与会。

13日　自治区社科联召开常委会，总结2001年工作，安排2002年工作。

15日　广西师范大学中文系张明非教授出席台湾辅仁大学举办的“建构与反思——中国文学史的探索”学术谈论会，并作专题发言。

26日　自治区社科联按自治区党委要求，开始进行机构改革。

△自治区社科联在南宁召开学会工作会议，90多人出席。

28日　广西律师协会与桂林市司法局联合接待英格兰及威尔士大小律师公会代表团访问。

29日　由中国财政学会主办，广西财政学会承办的“全国财政重点调研课题协作研讨会”在北海召开。

4月

15日　广西社会科学院东南亚研究所所长古小松参加在北京召开的亚洲合作问题研讨会并作发言。

16日　广西党校教育研究会在南宁举办为期3天的党校系统入世专题师资培训班，102人参加培训。

17日　自治区党委宣传部在防城港举办为期3天的广西环北部湾文化研讨会。自治区党委常委、宣传部部长潘琦，自治区党委宣传部副部长李启瑞出席并讲话。

22日　自治区党委在南宁举办为期7天的广西领导干部“当前形势与世贸知识”第一期研讨班。

27日　广西教育学会与自治区课程改革办公室、广西教育学院教研部联合举办为期3天的普通高中课程改革培训班，300人参加学习。

5月

9日　自治区党委宣传部召开深入宣传“三个代表”社教活动座谈会，自治区党委常委、宣传部部长潘琦，自治区党委宣传部副部长邬善康出席并讲话。

13日　广西民族学院民族学人类学研究所与学院学报编辑部在南宁举办首届人类学高级论坛，自治区内外专家学者70多人参加论坛活动。

15日　广西档案学会与中国档案学会在北京中央档案馆联合举办为期6天的档案干部继续教育讲习班，90名广西学员进京参加学习。

16日　自治区党委宣传部在南宁召开广西理论界深入学习研究“三个代表”重要思想座谈会，自治区党委常委、宣传部部长潘琦出席，自治区党委宣传部副部长邬善康主持会议。

24日　香港乐施会资助，广西妇女理论研究会承办的广西社会性别理论与妇女发展培训班在南宁开学，30人参加培训。

26日　广西劳动保障学会与自治区劳动和社会保障厅、中国太平洋人寿保险南宁分公司、广西电视台联合举办“广西太平洋保险杯”劳动保障知识电视大赛，15支代表队参赛。

27日　广西图书馆学会举办“信息资源数字化与数字图书馆工程”专题讲座，200多人参加。

△广西比较经济学会举办中国入世广西招商对策暨外资、港澳台资企业高级经理研讨会，海内外经济界、企业界30多人与会。

28日　广西秘书工作者协会组织1633人报名参加国家秘书职业资格统一鉴定。

△广西大学东南亚研究中心在南宁召开中越少数民族政策研讨会，18人与会。

31日　广西教育学会召开第五次会员代表大会暨学术研讨会，选举产生第五届理事会，余益中当选会长。

6月

10日　由广西教育学院科研处主办，广西教育学院教研部承办的教育部“十五”规划立项重点课题“少数民族地区基础教育阶段地方课程的研究与实验”开题会在南宁举行，160多人出席。

20日　由自治区社科联承办的全国第五次社科联科普工作经验交流会在南宁召开，同时召开全区社科联科普工作会议。60多人出席。

21日　自治区人事厅、广西社会科学院、自治区社科联在南宁联合举办“与时俱进，全面实施人才战略”人事人才工作理论研讨会。120多人参加。

26日　广西钦州师范高等专科学校社会科学界联合会成立。

27日　广西华侨历史学会常务副会长赵和曼出席在广州召开的“对话、竞争与合作：中国加入WTO以后的亚太局势”国际学术研讨会，并作题为《中美关系与台湾问题》的发言。

28日　广西财政高等专科学校社会科学界联合会成立。

7月

2日　广西物资流通协会在北海召开西南地区物资流通协会联席会议暨广西物资流通协会二届四次常务理事会，76人参加。中国物流与采购联合会常务副会长丁俊发到会并讲话。

4日　《壮学丛书》编委会在南宁召开壮族现代化问题学术座谈会，23人与会。

7日　广西教育学院举办两期新课程小学英语省级培训者及骨干教师培训班。7月18日结束，共培训134人。

12日　桂林旅游高等专科学校社会科学界联合会成立。

15日　广西高教学会举办全国高校期刊研讨班，全国高教期刊研究会副理事长曹方等20人参加。

17日　自治区社科联在北海召开第五次学会秘书长联席会暨学会工作研讨会，90多人与会。

19日　广西教育学院教研部承办为期5天的全国2002年暑期《思想政治》教材培训会，500多人参加。

20日　广西律师协会在南宁举办两期民事诉讼证据适用培训班。7月27日结束，共培训律师2100人。

25日　广西监察学会在南宁召开第三次会员代表大会，68人与会。大会选举产生第三届理事会，侯世华当选会长。

28日　广西师范大学蔡昌卓教授在银川举行的西部地区和全国民族地区外语教学研讨会上作题为《大学英语教学研究的现状与趋势》的报告。

8月

12日　广西社科界深入学习江泽民“五三一”重要讲话座谈会在南宁举行，自治区党委常委、宣传部部长潘琦，自治区党委宣传部副部长邬善康出席并讲话。

△广西朱熹思想研究会在北海召开为期7天的朱熹思想与以德治国学术研讨会,60多人参加。

13日 广西社会科学院"三个代表"重要思想研究中心成立,自治区党委常委、宣传部部长潘琦出席挂牌仪式并讲话。

14日 广西律师协会在北海召开为期3天的西南六省(七方)律师协作暨业务研讨会,80多人与会。

21日 广西中共党史学会、广西新四军历史研究会联合召开纪念张云逸诞辰110周年座谈会,自治区党委常委、宣传部部长潘琦出席并发言。

△由桂林市社会科学界联合会、广西儒学学会主办,桂林市儒学学会承办的中华文化传统与现代社会道德重构学术研讨会在桂林召开,会期3天。来自海内外的54名专家学者参加会议。

22日 自治区党委宣传部组织深入学习江泽民"五三一"重要讲话宣讲团赴各地宣讲。自治区党委宣传部副部长邬善康在南宁为自治区直属机关干部作首场报告。

24日 广西市场经济研究会在南宁召开发展非公有制经济理论研讨会,150多人出席。

26日 广西老年学学会与自治区老龄委联合举办第八期老年工作干部培训班。培训班为期5天,120多人参加。

9月

5日 广西供销合作社会计学会在桂林举办以供销社体制创新与扭亏增盈为主题的学术研讨会,50多人参加。

△广西民族文化艺术研究院组织开展为期7天的西部开发与红水河民族文化艺术考察活动。

12日 广西抗战文化研究会在桂林召开广西抗战文化史迹史料调查与开发研讨会,30多人参加。

△自治区社科联召开常委会,选举杨伟嘉为兼职副主席。

14日 广西家庭教育研究会与《中华家教》杂志社在北京举办为期5天的现代家教研讨会暨家庭教育骨干培训班,广西各地65名学员参加。

17日 自治区社科联与自治区党委宣传部联合在南宁召开富民兴桂新跨越理论研讨会,60多人参加。

18日 广西瑶学学会在桂林召开平地瑶民瑶历史研讨会,64人出席。

22日 自治区党委宣传部招聘第二批理论专家。

24日 自治区社科联组织社科学术代表团赴澳大利亚、新西兰等国进行为期20天的学术交流和考察。

25日 广西行为科学学会副会长兼秘书长傅希恺获中华教育艺术研究会"铸魂育才"银杯奖。

26日 广西价格协会与北海市物价局在北海联合承办中国价格协会宣传工作研讨会,90多人与会。

27日 自治区党委宣传部在南宁组织国防教育形势报告会。自治区党委常委、广西军区政委周传统作报告,自治区党委常委、宣传部部长潘琦出席报告会。

28日 广西粮食经济学会在桂林召开第三次会员代表大会,选举产生第三届理事会,梁雨祥当选名誉会长,侯汝玮当选常务副会长。

10月

8日 广西师范大学蔡昌卓教授等编写的《大学英语系列教程》获2002年全国普通高等学校优秀教材二等奖。

9日 广西社会工作协会与自治区民政厅社会福利和社会事务处在南宁联合举办首届广西社会工作论坛,68人参加论坛活动。自治区人大常委会副主任、广西社会工作协会名誉会长张慕洁出席论坛大会并讲话。

15日 广西职工思想政治工作研究会在贺州召开广西国企实践"三个代表"加强思想政治工作理论研讨会,145人与会。

17日 广西保险学会在南宁召开2002年华南片保险学会工作交流会,30多人出席。

19日 广西领导科学研究会在南宁召开新世纪领导问题研讨会。邀请上海市领导科学会会长王健刚、上海市经营者资质评价中心曹钟勇博士作专题报告。

△广西师范大学在桂林举办国际教育合作高级论坛,教育部原副部长周远清应邀作专题报告。

20日 广西领导科学研究会召开第四次会员代表大会,80人出席。大会选举产生第四届理事会,李光炎当选会长。原自治区副主席、全国人大常委会委员奉恒高出席大会并致词。

21日 《中国党政干部论坛》杂志社、《广西工作》杂志社、《领导广角》杂志社、广西领导科学研究会联合主办,华迪计算机有限公司等单位协办的

2002华迪杯·广角论坛——21世纪领导方法管理方式理论研讨会在桂林召开，150多人与会。中国工程院院士李京文等作专题演讲，自治区党委常委、秘书长邱石元出席并讲话。

△广西教育学院教研部在南宁举办广西基础教育阶段学科探究学习研讨会，邀请上海教育科学研究所王洁博士作专题报告。

24日 广西政策研究学会与自治区农业、水产畜牧、统计等专业协会在南宁联合举办广西大力推进农产品流通工程研讨会，100多人与会。自治区党委副书记陆兵、自治区政协副主席俞曙霞到会并讲话。

29日 自治区社科联与自治区政府发展研究中心联合召开加入WTO后广西工业结构调整研讨会，50多人参加。自治区副主席王万宾到会并讲话。

△广西教育学会在南宁召开中国教育学会和自治区教育科学“十五”规划重点课题“广西中小学全面推进素质教育的现状与对策研究”研讨会，51人出席。

△广西老社会科学工作者协会举办应对入世带来的挑战学术研讨会，110多人参加。

△广西图书馆学会在柳州市召开第20次科学讨论会暨2002年年会，126人与会。

30日 广西老社会科学工作者协会召开第三次会员代表大会，选举产生第三届理事会，韦英生当选会长。

31日 自治区党校在南宁召开“学习《江泽民论有中国特色社会主义》(专题摘编)、迎接十六大”理论研讨会，200多人出席。中央党校校务委员、科研部主任李忠杰出席会议并讲话。

△广西老区促进会在南宁举行广西革命老区宣传工作会议，自治区党委宣传部副部长陈梧生出席并讲话。

11月

4日 广西秘书工作者协会组织培训报名参加国家秘书职业资格统一鉴定的人员1463人。

7日 广西金融学会与人民银行南宁中心支行信用合作管理办公室联合召开农村合作金融理论与务实研讨会，40多人到会。

8日 广西档案学会邀请中国人民大学档案学院博士生导师王传宇教授在南宁作《转型期的企业档案管理工作》专题学术报告，100多人出席报告会。

9日 广西行政管理学会在上林召开加入世界贸易组织与行政管理创新研讨会，100多人与会。自治区政协副主席徐文彦出席并讲话。

12日 自治区社科联组织召开广西社会科学界专家学者学习十六大精神座谈会。40多人参加。

15日 广西写作学会在北海召开第五次会员代表大会，80多人出席。大会选举产生第五届理事会，陈学璞当选连任会长。

16日 广西写作学会在北海召开第八届学术年会，80多人与会。

△广西老年学学会选送的15篇论文被是日召开的首届世界养生科学大会评为优秀论文，会员罗中在大会上宣读论文《运用系统工程搞好科学养生》。

17日 自治区党委发出《中共广西壮族自治区委员会关于学习宣传贯彻党的十六大精神的通知》。

19日 广西统计学会在南宁召开第五次会员代表大会暨第六次广西统计科学讨论会，88人出席。大会选举产生第五届理事会，廖新华当选会长。

20日 自治区人民政府发展研究中心和广西社会科学院在南宁联合举办广西2002～2003年经济形势专家分析会，40多人到会。

△自治区第一期领导干部学习十六大精神研讨班开班，学员们进行为期3天的学习。自治区领导曹伯纯、李兆焯、陈辉光、马庆生、陆兵、刘奇葆、王万宾等出席。自治区主席李兆焯发表讲话。

21日 自治区党委宣传部在南宁举办学习宣传十六大精神理论骨干培训班，自治区党委常委、宣传部部长潘琦出席并讲话。

△由自治区人民政府主办，广西社会科学院承办的中国(广西)—东南亚经济合作论坛在南宁举行，国内外各界人士近400人参加论坛活动。自治区主席李兆焯出席论坛大会并作重要发言。

△广西职工思想政治工作研究会在北京举办为期4天的企业文化建设与企业信息化学习考察班，广西企业界25人参加。

24日 自治区第二期领导干部学习十六大精神研讨班开班。

26日 自治区党委宣传部、广西区党校、广西社科院、自治区社科联联合召开广西社科理论界学习十六大精神座谈会，自治区党委副书记马庆生、自治区党委常委、宣传部部长潘琦，自治区党委宣传部副部长陈梧生出席并讲话。

△广西老社会科学工作者协会召开学习贯

彻十六大精神的理事扩大会，名誉会长丁廷模、袁正中、侯德彭、王蓉贞以及顾问、理事等46人出席。

28日　南宁市社科联在南宁举办“节庆文化与城市经济发展”国际主题会，国内外专家学者50人参加。

30日　广西翻译工作者协会举办广西首届电视英语翻译大奖赛，自治区各地参赛人数达2400多人。

12月

1日　自治区党委在南宁举行报告会，中央宣讲团作学习贯彻党的十六大精神报告。会议由自治区党委书记曹伯纯主持。

2日　广西民族研究所在桂林召开全国民族理论问题研讨会，全国各地民族理论工作者120多人到会。

4日　自治区文明单位学习贯彻十六大精神座谈会在南宁召开，自治区党委宣传部副部长李涛出席并讲话。

5日　自治区十六大精神宣讲团在南宁举行报告会，1700多人到会。自治区党委常委、南宁市委书记李纪恒出席报告会。

△自治区党委发出《中共广西壮族自治区委员会关于学习贯彻党的十六大精神的决定》。

△广西图书馆学会举办学术报告会，135人参加。

△广西国际共运史学会与广西科学社会主义学会在南宁联合举办十六大精神与新世纪中国共产党执政规律理论研讨会，58人出席。

△广西师范大学外国语言文学研究所在桂林举办为期4天的第五届中南/华南地区高等学校英语专业教学协作暨学术研讨会，80多人与会。

△是日起，自治区十六大精神宣讲团先后在北海、南宁、河池、贺州、桂林、百色、玉林、钦州、柳州、贵港、来宾等地举行报告会。

6日　广西钱币学会在北海召开2002年度钱币理论研讨会，60人与会。

△广西毛泽东哲学思想研究会在贺州召开党的十六大与中国特色社会主义理论研讨会暨第五次会员代表大会。会期4天，55人与会。大会选举产生第五届理事会，潘宝卿当选连任会长。

7日　广西中国文学学会在凭祥、龙州、大新主办生态工程文化、边境民族文化与现代文明学术研讨会。会期4天，72人与会。

9日　由广西社会科学院主办的2002年中南地区社科院院长联席会在南宁召开，80多人参加。自治区党委副书记马庆生出席并讲话，自治区党委常委、宣传部部长潘琦，自治区政协副主席徐文彦出席开幕式。

10日　广西党的建设研究会第四次会员代表大会在南宁召开，60人与会。大会选举产生第四届理事会，丁廷模当选会长。自治区党委副书记刘奇葆出席并讲话，自治区党委常委、组织部部长陈秀榕出席大会。

△广西群众文化学会和自治区文化厅在柳州联合举办为期6天的农村小康文化建设研讨会，50多人与会。

19日　广西行为科学学会在南宁召开创建学习型组织开发创造力学术研讨会暨第八次学术年会，41人到会。

21日　广西通志馆、广西地方志协会联合召开广西地方志编纂继承与创新理论研讨会暨广西地方志协会第四次会员代表大会，170人出席。大会选举产生第四届理事会，蓝日基当选会长。

22日　广西首届杰出法学家评审会议在北京结束。由中国法学会副会长、北京大学法学院兼职教授孙琬钟为主任委员的评委会对34名被推荐人进行评审。经无记名投票，孟勤国、曹平、张英忠等9人被评为广西杰出法学家。

27日　广西价格协会在南宁召开2002年度广西价格协会年会，增选11名常务理事，进行“以深化价格改革，促进经济发展”为主题的理论研讨。

△广西考古博物馆学会在南宁举办广西文博论坛，120人参加为期2天的论坛活动。

附　　录

国家社会科学基金项目管理办法

（2001年6月修订）

第一章　总　则

第一条　为适应改革开放和发展社会主义市场经济的新形势，使国家社会科学基金项目（下称国家社科基金项目）的管理更加科学化、规范化，促进哲学社会科学研究多出优秀成果，多出优秀人才，总结多年管理工作的经验，结合新的情况，特制定本办法。

第二条　国家社科基金项目的管理，必须坚持以马克思列宁主义、毛泽东思想、邓小平理论为指导，贯彻江泽民同志“三个代表”的要求，坚持党的基本路线和基本纲领，积极探索、努力遵循社会科学发展规律，更好地为党和政府决策服务，为两个文明建设服务，促进我国哲学社会科学繁荣健康发展。

第三条　国家社科基金项目面向全国，公平竞争，择优立项。

国家社会科学基金（下称国家社科基金）要注意扶植青年社科研究工作者和边远、民族地区的社会科学研究。

第四条　在全国哲学社会科学规划领导小组（下称全国社科规划领导小组）的领导下，国家社科基金项目实行三级管理体制。全国哲学社会科学规划办公室（下称全国社科规划办）全面负责国家社科基金项目的管理；各省（自治区、直辖市）社会科学规划办公室（下称省社科规划办）和在京委托管理机构，受全国社科规划办的委托，管理本地区和本系统的国家社科基金项目；项目负责人所在单位在上级管理机构的指导下，具体负责管理本单位的国家社科基金项目。各级管理机构要各负其责，协调配合，共同做好国家社科基金项目管理工作。

第二章　规划和选题

第五条　国家社科基金研究课题的选题，主要以发布国家哲学社会科学研究五年规划要点和年度课题指南的方式进行。规划要点发布时间在规划起始年的第二季度；年度课题指南发布时间在上一年的第四季度。规划要点和年度课题指南的制定，由全国社科规划办首先向有关部门广泛征集研究课题，并委托各学科规划评审组提出建议，经全国社科规划办汇总整理，报全国社科规划领导小组审定。

第六条　国家社科基金项目的选题，要以我国改革开放和社会主义现代化建设中的重大理论问题和实践问题作为主攻方向，积极探索有中国特色社会主义经济、政治、文化的发展规律，注重基础研究、新兴边缘交叉学科和跨学科综合研究，积极推进理论创新，支持具有重大价值的历史文化遗产的抢救和整理工作。

第七条　国家社科基金设立重点项目、一般项目和青年项目，每年评审一次。成果形式为研究报告、论文、专著等，研究报告、论文的完成时限一般为1年，专著一般为2—3年。除重要的基础研究外，鼓励以研究报告、论文为项目的最终成果形式。

第八条　少数重要研究课题，以国家社科基金特别委托项目的方式，经全国社科规划领导小组负责人审定，单独立项，委托研究。

第九条　国家社科基金设立自筹经费项目，其选题、申报和评审办法与资助项目的要求相同，立项数量视当年申报的实际情况确定。

第三章　申报和评审

第十条　国家社科基金项目自年度课题指南发布之日起开始受理申报，期限一般为三个月。

第十一条　申请国家社科基金项目者应符合以下条件：

1. 享有中华人民共和国公民权，遵守中华人民共和国宪法，拥护社会主义制度和中国共产党的领导。

2. 申请重点项目和一般项目，应具有副高级以上专业技术职务（或相当于副高级以上专业技术职务）；申请重点项目，必须是完成过省、部级以上社科研究项目的项目负责人。

3. 申请人必须真正承担和负责组织、指导项目的实施;不能从事实质性研究工作的,不得申请。

4. 申请人当年只能申报一个项目,过去负责的国家社科基金项目已结项。

5. 申请青年项目者(包括课题组成员)年龄不得超过39周岁(以申报截止日期为准),不具备副高级以上专业技术职务的,须由两名具有正高级专业技术职务的同行专家推荐。

6. 申请自筹经费项目,须有出资单位的经费资助证明。

第十二条 申请人可由所在单位向所在省社科规划办或在京委托管理机构索取(或从全国社科规划办信息网站下载)《国家社会科学基金项目申请书》及有关材料,并根据课题指南和申请书的要求认真填写,按规定时间送所在单位审核。

项目申请人所在单位按本办法第十一条规定进行审查,签署意见,并承诺提供研究条件和承担项目的管理任务及信誉保证。在申报期内,将本单位审查合格的申请书统一送交省社科规划办或在京委托管理机构审核。

省社科规划办和在京委托管理机构负责审核申请书和申请人所在单位意见,并签署意见,按有关规定上报全国社科规划办。

省社科规划办和在京委托管理机构按规定的标准,收取评审费。

第十三条 国家社科基金项目实行同行专家评审制。国家社科基金项目评审设立专家库,按学科划分为学科评审组,届时抽取一定数量的成员参加会议评审。

国家社科基金项目评审专家由全国社科规划领导小组聘任,聘期一般为五年,每年可视需要作部分调整。

第十四条 全国社科规划办在全国社科规划领导小组的领导下,负责组织国家社科基金项目的评审。

1. 资格审查。按本办法第三章第十一条各项内容进行复查,合格者,进入初评。

2. 初评。将《国家社会科学基金项目申请书》分送若干名同行专家评审。专家依据统一制定的评估指标体系写出评审意见并评分,在规定时限内返回评审意见。全国社科规划办按评审意见和分值择优选出拟立项数三倍的申请书,提供会议评审。

3. 会议评审。进人会议评审的申请书,先由学科评审小组筛选提出建议立项名单,然后在该学科评审组全体会议上介绍情况,进行充分讨论,最后以无记名投票方式产生拟立项项目。

学科评审组成员须有三分之二以上出席方能进行评审和表决,出席成员的三分之二以上同意方能通过。

对拟立项项目,由主审专家签署建议立项意见,学科评审组提出资助经费建议,最后由学科评审组正副组长签署意见,交全国社科规划办。

4. 复核审批。全国社科规划办对会议评审结果进行复核,报全国社科规划领导小组审批。

第十五条 全国社科规划领导小组对拟立项项目及资助金额行使最终审批权。批准立项的,由全国社科规划办向项目负责人发出《国家社会科学基金项目立项通知书》。立项时间从当年7月1日算起。

第十六条 为保证评审的公正性,评审专家和工作人员必须严格遵守下列评审纪律:

1. 初评阶段不得以任何理由查询或透露课题论证的相关背景材料。

2. 评审专家本人申请本年度项目者,不得参加本年度项目评审工作;工作人员(含学科秘书)申请本年度项目者,不得参加会议评审阶段的工作。

3. 不得索取和收受礼金或礼品。

违反以上纪律者,严肃处理。

第四章 经费的管理与使用

第十七条 项目负责人接到立项通知后,填写回执,按批准的资助金额编制开支计划,在一个月内寄回全国社科规划办,无特殊情况,逾期视为自动放弃,不再办理拨款手续。

全国社科规划办接到列有开支计划的回执后,将项目经费拨到项目负责人所在单位的银行账户,由所在单位统一管理。项目经费不分拨给项目研究成员个人。

第十八条 项目资助经费一次核定,分期拨付,包干使用,超支不补。特别委托项目、重点项目一般拨款三次,立项当年以回执为凭,拨付资助经费的40%,次年以检查合格的《国家社会科学基金项目年度检查表》为凭拨付30%,其余30%为预留经费。一般项目和青年项目一般拨款二次,立项当年以回执为凭,拨付资助经费的70%,其余30%为预留经费。预留经费在项目验收结项后拨付,未通过验收结项的,不予拨付。

第十九条 项目负责人在本单位科研管理部门和财务管理部门的指导下,按计划自主支配项目经费。项目资助经费的使用范围主要包括:

1. 管理费:指项目负责人所在单位科研管理部门和财务部门提取的管理费(特别委托项目和重点项目每项2000元,一般项目和青年项目每项1500元,不得超额提取和重复提取)。科研管理部门和财务部门分配管理费的比例可为3:2。

2. 资料费:指开展项目研究所需的资料收集、复印、翻拍、翻译等费用,以及必要的图书购置费等。

3. 调研差旅费:指为完成项目研究工作而进行的国内调研活动开支的差旅费,其标准参照国家有关规定执行。涉及港、澳、台的调研差旅费须经全国社科规划办审批。与课题有直接关系,确需赴国外调研的差旅费，须经全国社科规划办审批。

4. 小型会议费：指围绕项目研究举行的小型研讨会的经费开支。

5. 计算机及其辅助设备购置和使用费：因项目研究确需使用计算机，而项目负责人又确无计算机或其所在单位没有配置或无法提供计算机的，经项目负责人所在单位批准后，可以购买一台计算机，其所有权归所在单位。计算机使用费指上机费、录入费以及用于项目研究的资料查询、信息交流等上网费和软件费用等。

6. 咨询费：指为开展项目研究而进行的问卷、专家咨询等支出的费用，提取额一般不得超过项目资助经费的8％。

7. 印刷费：指项目研究成果的印刷费、打印费和誊写费等。

第二十条　成果鉴定费（包括鉴定专家劳务费、鉴定材料邮寄费等）由全国社科规划办拨付。根据本办法第三十四条分级鉴定办法，重点项目最终成果的鉴定专家劳务费由全国社科规划办核定拨付；一般项目、青年项目的成果鉴定费由全国社科规划办委托省社科规划办、在京委托管理机构拨付。每位鉴定专家的劳务费根据最终成果形式和字数掌握在300—800元。

第二十一条　项目研究成果通过验收后，其资助经费结余（包括预留经费）可用于项目研究成果的出版补助。其余部分由项目负责人所在单位继续用于开展其他社会科学研究工作。在同等条件下，原项目负责人有优先使用权。

第二十二条　项目进行过程中，凡有本办法第三十条规定的项目重要事项变更者，暂停拨款。审批同意后，恢复拨款。

第二十三条　项目负责人因工作调动等原因更换科研管理部门及财务管理部门，须经调出、调入单位和省社科规划办或在京委托管理机构同意并签署意见，报全国社科规划办审批。

第二十四条　对因项目负责人出国、生病、死亡或其他原因不能继续研究的项目，停止拨款，并追回已拨经费的剩余部分；对按本办法第三十二条予以撤销的项目，追回已拨经费。

第二十五条　项目完成后，项目负责人应会同所在单位财务部门清理历年收支账目，如实编制《国家社会科学基金项目结项审批书》（下称《结项审批书》）中的经费决算表，接受管理部门检查。

第二十六条　自筹经费项目的经费筹集、使用和管理必须符合国家有关财务制度及本管理办法的规定。自筹经费由项目负责人所在单位管理。

第二十七条　项目资助经费的管理实行分级负责制。省社科规划办和在京委托管理机构受全国社科规划办委托，对管理范围内项目资助经费的使用行使监督、检查和指导职责；项目负责人所在单位科研管理部门和财务部门对项目资助经费实施具体管理，按财务制度要求，对项目资助经费的预算、决算和开支情况进行审查，发现问题，及时纠正。财务部门应妥善保存项目资助经费账目和单据，以备上级有关部门监督、检查、审计。

对于国家社科基金项目，在条件允许的情况下，地方和部门可给予配套资金予以支持。

第五章　项目的中期管理

第二十八条　国家社科基金项目实行年度检查制度，检查项目的进度、质量和经费使用情况。

全国社科规划办负责国家社科基金特别委托项目和重点项目的年度检查，每年3—4月下发《国家社会科学基金项目年度检查表》，检查结果与经费续拨款挂钩。项目负责人须认真填写项目年度检查表，经省社科规划办或在京委托管理机构审核，报全国社科规划办检查。全国社科规划办对进展正常、经费按规定使用的项目，按时拨付经费。对不按规定报送《国家社会科学基金项目年度检查表》或经检查不合格的，暂缓拨付经费，严重违规的要予以追究。

省社科规划办或在京委托管理机构负责一般项目、青年项目和自筹经费项目的年度检查。在检查的基础上，对当年在研项目的进展情况和已完成项目的情况撰写年度检查报告，填写《国家社科基金项目执行情况统计表》，于当年12月31日前送全国社科规划办。

全国社科规划办汇总项目年度检查情况向全国社科规划领导小组报告。

第二十九条　为促进项目正常进行，按时间高质量完成研究任务，项目负责人和各级管理部门要各负其责，共同做好项目中期管理。

项目负责人要按本办法的有关规定和管理部门的要求做好项目自我管理，组织课题组成员按计划进度和质量要求完成研究任务。

项目负责人所在单位要将国家社科基金项目纳入本单位的科研工作计划，加强项目的跟踪管理，重点做好年度检查工作。要建章立制，严格执行，促进课题组按时间高质量完成研究任务。

省社科规划办和在京委托管理机构对项目负责人所在单位的国家社科基金项目管理工作进行检查、督促和指导。

全国社科规划办对项目执行情况、经费使用情况和各地各单位管理情况进行抽查；通报项目执行情况，组织交流管理经验。

第三十条　凡有下列情形之一者，须由项目负责人提交书面申请，经所在单位同意，省社科规划办或在京委托管理机构审核，报全国社科规划办审批：

1. 变更项目负责人；

2. 改变项目名称；

3. 改变最终成果形式；

4. 研究内容有重大调整；

5. 变更项目管理单位；

6. 延期一年以上或多次延期；

7. 项目执行过程中或成果出版等方面有涉外问题；

8. 中止项目协议；

9. 撤销项目；

10. 其他重要事项的变更。

第三十一条 凡有下列情形之一者，须由项目负责人提交书面申请，经所在单位同意，报省社科规划办或在京委托管理机构审批：

1. 变更或增补课题组成员；

2. 延期不超过一年；

3. 其他非重要事项的变更。

第三十二条 凡有下列情形之一者，由全国社科规划办撤销项目：

1. 研究成果有严重政治问题；

2. 研究成果学术质量低劣；

3. 第一次鉴定未能通过，经修改后重新鉴定，仍未能通过；

4. 剽窃他人成果；

5. 与批准的课题设计严重不符；

6. 逾期不提交延期申请，或延期到期仍不能完成；

7. 严重违反财务制度。

被撤销项目的项目负责人三年内不得申请新项目。

第六章 成果鉴定、验收和结项

第三十三条 为科学地评估国家社科基金项目研究成果的质量，项目最终成果须进行鉴定，通过鉴定后予以验收结项。重点项目和其他项目中政治性、政策性强的最终成果一般须经鉴定结项后，方可出版。

第三十四条 国家社科基金项目最终成果的鉴定一般应采用聘请同行专家通讯鉴定的方式。全国社科规划办负责组织重点项目的最终成果鉴定；省社科规划办或在京委托管理机构受全国社科规划办委托组织一般项目、青年项目和自筹经费项目的最终成果鉴定。

第三十五条 通讯鉴定专家的选定：

1. 全国社科规划办、省社科规划办和在京委托管理机构分别建立相应的通讯鉴定专家库，组织鉴定时随机挑选。通讯鉴定专家一般应具有高级专业技术职务或相当于高级专业技术职务，思想作风正派、有较高学术水平。

2. 每个项目的通讯鉴定专家须选定5人。

3. 课题组成员不能担任本项目的鉴定专家，项目负责人所在单位及其上级主管部门参与鉴定的专家人数不能超过2人。

4. 课题组不能参与选择本项目的鉴定专家，也不能参与鉴定的具体事务。

5. 鉴定组织者须对鉴定专家的人选、鉴定过程中的具体内容严格保密。

第三十六条 成果鉴定程序：

1. 项目研究工作完成后，项目负责人通过本单位科研管理部门向省社科规划办或在京委托管理机构索取并填写《结项审批书》，经所在单位科研管理部门和财务部门审核（重点项目还须经省社科规划办或在京委托管理机构审核）合格后，连同5套最终成果报送鉴定组织者。

2. 鉴定组织者对《结项审批书》和最终成果进行审查，最终成果须符合批准的设计内容和形式，审查合格后，将最终成果和《国家社科基金项目通讯鉴定表》（下称《通讯鉴定表》）寄送鉴定专家进行通讯鉴定。

3. 负责通讯鉴定的专家在认真通读最终成果的基础上，在《通讯鉴定表》上写出文字评语，提出成果等级建议，依照评估指标体系设定的指标量化计分。

4. 鉴定专家将《通讯鉴定表》和项目成果等材料及时返回鉴定组织者。鉴定的时间，专著类成果一般不超过2个月，研究报告、论文类成果一般不超过1个半月。

5. 鉴定组织者汇总鉴定意见，计算分值，确定成果等级，并根据5名鉴定专家的多数意见确定是否通过鉴定。成果评为一、二级和平均60分以上者为通过，三级和59分以下者为未通过。

6. 鉴定组织者要及时将鉴定结论通知课题组及所在单位。鉴定未能通过的，允许课题组在一年内对成果进行修改，并重新申请鉴定，重新鉴定仍不能通过的，按撤项处理。

第三十七条 具备下列条件之一者可免于鉴定：

1. 获得省部级评奖二等以上奖励的；

2. 提出的理论观点、政策建议等被省部级以上党政领导机关完整采纳吸收的；

3. 涉及党和国家机密不宜公开，而质量已得到有关部门认可的。

属于上述情况者，仍须填写《结项审批书》，注明免于鉴定的理由，并附有关证明材料，连同最终成果上报。

第三十八条 最终成果鉴定通过后，由全国社科规划办负责办理验收结项。验收结项材料应包括：一份《结项审批书》原件，五份《通讯鉴定表》原件或免于鉴定的证明材料，三套最终成果（专著打印稿可1套，待正式出版后补送3套）。验收合格的，全国社科规划办发给《国家社会科学基金项目结项证书》。

第三十九条 验收合格的国家社科基金项目最终成果，在正式出版或向有关领导、决策部门报送时，应在醒目位置标明“国家社会科学基金项目”字样，作为参加国家社科基金项目成果评奖的条件之一。

第七章 成果宣传、出版与评奖

第四十条 各级社科规划办、各课题组和课题组所在单位，应采取各种积极措施加强对国家社科基金项目研究成果的宣传、推广和转化，充分发挥其在党和政府决策、两个文明建设中的作用。

第四十一条 建立相对稳定的成果宣传推广渠道，充分利用刊物、报纸、网站、广播电视等媒体，逐渐形成机制。具有重要应用价值、重要学术意义的最终研究成果或阶段性成果要及时摘报全国社科规划办和有关领导机关，或向社会广泛宣传。

第四十二条 各级社会科学研究管理部门，应采取各种积极措施，资助或协助国家社科基金项目优秀成果的出版。

第四十三条 国家社科基金项目每五年举行一次优秀成果评奖活动。办法另定。

第八章 附 则

第四十四条 教育学、艺术学和军事学三个单列学科的国家社科基金项目管理办法参照本办法并根据各自学科的实际情况，由三个单列学科规划领导小组分别制定，报送全国社科规划领导小组审批。

第四十五条 本办法自发布之日起生效，解释权和修改权属全国社科规划领导小组，以往其他暂行办法中的有关规定，凡与本办法不符的，均以本办法为准。

国家社科基金项目 2002年度课题指南

说 明

一、国家社科基金项目2002年度课题立项的指导思想是：以马列主义、毛泽东思想、邓小平理论为指导，坚持党的基本理论、基本路线和基本纲领，贯彻江泽民同志“七一”讲话和“三个代表”重要思想，落实党的十五大和三中、四中、五中、六中全会精神，解放思想，实事求是，与时俱进，推动理论创新，推动重大理论和实际问题研究，积极探索有中国特色社会主义经济、政治、文化的发展规律，加强基础研究和学科建设，注重新兴边缘交叉学科和跨学科综合研究，为党和政府决策服务，为两个文明建设服务，全面发展和繁荣哲学社会科学。

二、申报国家社科基金项目要充分反映本学科及相关学科领域研究新的进展，力求居于学科前沿，具有原创性或开拓性，避免低水平重复。要着眼于新的时代特点和国际局势，立足当代中国国情，坚持理论联系实际，注重研究我国改革开放和社会主义现代化建设中的全局性、战略性和前瞻性的重大课题。

三、2002年度的课题指南条目分为重点项目（指南中带*号的课题）和年度项目两大类。申报者可根据指南条目设计具体题目。申报重点项目的负责人须主持并完成过省、部级以上社科研究项目。

四、在基础研究领域，鼓励有较丰富前期研究成果者申报自选项目。自选项目的选题不受《课题指南》具体条目的限制，但必须符合课题立项的指导思想。自选项目的立项率将视申报情况确定。

五、本《课题指南》涵盖22个学科，申报者（包括自选项目申报者）应选择适合的学科专业进行申报。跨学科的课题，要以为主的学科进行申报。“公共管理学科”在“政治学其他学科(ZZE)”中申报，管理学的其他学科可选择相关学科进行申报。

六、论文、研究报告一般在一年内完成，除特殊项目外，专著必须在二至三年内完成。除重要的基础研究外，鼓励以论文和研究报告作为最终研究成果进行申报。最终研究成果必须符合学术规范，引用材料务必注明出处，并附主要参考文献目录。

七、教育学、艺术学、军事学三个单列学科的课题申报，分别由全国教育科学规划办公室、全国艺术科学规划办公室、全军哲学社会科学规划办公室组织受理。

马克思主义·科学社会主义

※1. 马克思主义与时俱进的理论品质
※2. 马克思主义中国化问题研究
※3. 江泽民“三个代表”重要思想研究
※4. 我国现阶段的阶级、阶层问题研究
※5. 人的全面发展研究
※6. 马克思主义发展史研究
※7. 和平与发展的时代主题与各国文明的多样性
8. 解放思想、实事求是思想路线研究
9. 马克思、恩格斯、列宁是如何对待自己的理论的
10. 毛泽东、邓小平结合中国实际创造性运用马克思主义的生动实践
11. 如何认识我国现阶段的剩余价值和剥削问题
12. 中国先进文化及其前进方向研究
13. 经济全球化、反全球化思潮与社会主义
14. 执政的共产党建设与社会主义的历史命运
15. 社会主义初级阶段研究
16. 新时期人民内部利益关系研究
17. 我国现阶段深化政治体制改革研究
18. 国外对马克思主义的新探索

19. 国外对社会主义的新探索

20. 外国共产党和社会党的新变化

党史·党建

※1.坚持“三个代表”的历史经验与新世纪党的建设开拓创新研究

※2. 加强和改进党的作风建设研究

※3. 新时期中国共产党的领导方式和执政方式研究

※4. 中国共产党保持和发展先进性问题研究

※5. 党的阶级基础和群众基础研究

※6.中国共产党领导的新民主主义和社会主义文化建设的历史经验研究

7. 党的民主集中制研究

8. 反腐败和党风廉政建设研究

9. 思想政治工作的新特点新方式新办法

10. 党的最低纲领和最高纲领的关系

11. 中国共产党历史上的重大事件和重要人物研究

12. 党风建设的历史经验研究

13.中国共产党维护祖国统一、反对分裂主义的斗争及其历史经验研究

14.中国共产党领导体制和组织机构的历史沿革及其经验研究

15. 中国共产党的国际战略与对外工作的历史考察

16.选贤任能与党的干部政策和干部制度改革、干部工作机制建设研究

17. 对“一把手”监督问题研究

18. 关于反对党内错误倾向历史经验研究

哲学

※1.江泽民“三个代表”重要思想与唯物史观

※2.马克思主义哲学中国化的历史考察与前进方向

※3.经济全球化下的民族文化

※4.论社会主义建设规律

※5.21世纪中国技术创新的生态化方向研究

6.马克思主义哲学基本原理、经典著作和哲学思想研究

7.当代哲学前沿有关问题

8.社会科学的本质、功能和方法论研究

9.中国哲学特别是近现代的人物、著作和学派的研究

10.西方古代和现代哲学人物、著作和学派研究

11.西方马克思主义哲学思潮、著作和人物研究

12.伦理学重大现实问题与中外伦理学史方面研究(德治与法治的理论与实践、公民道德教育、公共管理伦理、行政伦理、市场道德规范、生命科学中的伦理问题、经济全球化中的道德问题,等等)

13.马克思主义哲学与现时代问题研究

14.当代逻辑问题研究

15.美学基本理论、范畴、审美教育、中外美学思想研究

16.当代科技哲学前沿问题和科技创新问题的哲学研究

17. 东方哲学的国别史、学派和著名哲学家的研究

经济理论

※1.江泽民“三个代表”重要思想与当代中国的改革与发展

※2.先进生产力的发展要求研究

※3.马克思主义经济思想史

※4.工业化、信息化与跨越式发展研究

※5.新的历史条件下马克思劳动价值论的继承和发展研究

※6.建立和规范社会主义统一市场秩序研究

※7.农民收入问题研究

8.“十五”期间世界经济发展趋势及其对我国经济发展影响研究

9. 经济全球化理论研究

10. 入世后我国经济安全问题研究

11.社会主义初级阶段所有制结构演变和发展趋势研究

12.就业和再就业问题研究

13.现阶段我国农村土地经营权流转制度改革研究

14.加强我国企业竞争力研究

15.我国垄断行业改革研究

16.民营企业加快发展和积极引导与管理问题研究

17.中小企业发展战略研究

18.我国县乡财政问题研究

19.中国西部地区水土资源开发和生态安全的历史与现状研究

20. 中国近代信用制度研究

21. 我国经济中介组织的发展及其规范化研究

22. 当代资本主义发展特点研究

23. 国际资本流动对世界经济体系的影响研究

24. 我国经济发展过程中的收入分配关系问题研究

25. 西方经济学最新发展研究

26. 经济全球化与马克思主义世界经济学的发展

应用经济

※1.经济全球化和科技进步与经济结构调整和优化的互动关系及中国对策的研究

※2.经济全球化背景下中国农业的发展模式研究

※3.西部大开发中的环境保护、水资源管理和农业可持续发展研究

※4.扩大内需的政策研究

※5.中国外贸可持续发展研究

※6.加入 WTO 与我国金融监管体系变革

※7.在新形势下扩大利用外资和对外双边与单边技术经济合作的研究

※8.社会主义市场经济条件下财政科技投入模式研

究

9.建立健全农村社会保障体系研究

10.人力资本参与企业收益分配研究

11.我国经济景气分析预测系统的研究与开发

12.超大型公共工程项目评价的理论与方法

13.垄断行业改革战略及政策研究

14.启动民间投资问题研究

15.2008年奥运会对我国经济社会发展影响及相关政策措施研究

16.国民经济和社会信息化与发展网络经济、电子商务研究

17.我国中介组织改革与发展研究

18.加入WTO与深化中国会计制度改革

19.加入WTO与我国零售业发展对策研究

20.农村经济、农民就业与土地政策研究

21.农村城镇化问题研究

22.我国高新科技园区建设的比较研究

23.21世纪初我国就业问题研究

24.我国资本市场的结构优化与风险控制

25.资本市场发展对中国货币政策改革影响的数量分析和对策研究

26.加入WTO后我国财税政策研究

27.中国21世纪扶贫战略研究

28.中西部地区民营经济发展问题研究

29.对重大经济和技术政策、发展规划和重大经济开发计划进行环境影响评价的研究

30.中国企业集团规模、结构与效益关系研究

31.国有企业管理体制的比较研究

32.我国金融机构风险控制与治理结构改革研究

33.生态经济与农业可持续发展研究

34.人才战略的研究

35.投融资体制改革问题的研究

36.人口、资源、环境相互协调与经济、科技和社会可持续发展的研究

37.区域经济合作

政治学

※1.江泽民“三个代表”重要思想与执政党建设研究

※2.依法治国与以德治国的理论与实践研究

※3.反腐败斗争与民主监督机制建设问题研究

※4.加强我国基层政权建设问题研究

※5.加入世界贸易组织与我国政府管理模式的转变

6.我国社会阶层的变化及其政治影响分析

7.人民代表选举的监督研究

8.经济全球化过程中的国家与社会关系研究

9.“一国两制”在港澳的成功实践与台湾和大陆统一问题研究

10. 互联网条件下国家安全问题研究

11.社会主义市场经济发展过程中地区差异与政治整合问题研究

12.新疆地区政治稳定机制研究

13.“绿色政治"理论研究

14.反恐怖主义的政治学研究

15.社会主义市场经济条件下政府规范运行和效率研究

16.西部大开发与地方政府行为研究

17.公共部门人力资源开发与管理研究

18.我国行政区划改革研究

19.政府信用研究

20.政务公开研究

21.电子政务与行政信息研究

22.城市社区管理研究

23.县级政府管理模式创新探讨

24.恐怖主义与霸权主义的关系研究

社会学

※1.社会主义现代化发展与先进文化的创新模式研究

※2.世界社会发展模式研究的新趋势

※3.加入WTO对我国社会的冲击和影响的整体分析

※4.城市弱势群体的社会支持与社会工作模式研究

※5.社会主义市场经济条件下的社会公平研究

※6.流动人群的公共教育及其权利保障问题研究

7.当前我国民众的社会心理与社会情绪的调查分析

8.市场经济条件下我国社会的劳动关系研究

9.当前社会变革过程中的户籍制度改革及其政策研究

10.机关、事业单位改革中出现的NGO组织及其与政府关系问题研究

11.西部开发过程中的民族教育和社会稳定问题研究

12.村民自治和宗族关系问题研究

13.农村干群互动过程中的信任关系研究

14.农民文化素质与科技素质提高的社会学研究

15.经济特区和沿海城市中外来务工者的婚姻和家庭问题研究

16.组织建设与城市反贫困问题研究

17.私营企业主阶层内部结构的未来发展问题研究

18.体制转轨时期的越轨行为及社会控制问题研究

19.农村劳动力流出地的土地承包制度问题的研究

20.高新技术发展与代际差异问题研究

21.经济全球化过程中的文化冲突问题研究

22.国外社会学中的建构主义理论的形成和发展研究

法学

※1. 法治与法治国家研究

※2. “三个代表”重要思想与中国法学、中国法制建设研究

※3. 权力制约与反腐倡廉的理论和制度研究

※4. 宪法实施保障制度研究
※5. WTO规则及其实施机制研究
6. 人大监督法律制度研究
7. 21世纪初中国行政法发展问题研究
8. 财产所有权一体保护法律制度研究
9. 证券交易中民事责任问题研究
10. 21世纪初中国民法典制定问题研究
11. 反限制竞争法律制度研究
12. 金融法制建设研究
13. 科技创新法律环境研究
14. 绿色贸易壁垒法律问题及其对策研究
15. 国际恐怖主义犯罪的成因、特征、类型、活动规律及对策研究
16. 证券犯罪研究
17. 人权司法保障研究
18. 证人制度研究
19. 国际公约实施研究
20. 国际人权法研究
21. 亚洲法律研究
22. 生物多样化法律保护研究
23. 中西法律文化比较研究

国际问题研究

※1. 恐怖主义、国际反恐怖主义斗争及对我国国家安全的影响
※2. 全球化与反全球化问题研究
※3. 世界经济的周期理论研究
※4. 新世纪中国国际关系理论发展研究
※5. 传统霸权理论与美国的新霸权
6. 转型国家经济的比较研究
7. 国际贸易的可持续发展研究
8. 全球石油供应关系的变化与中国的对策
9. 东亚国家的城市化、环境、秩序与安全研究
10. 布什政府关于美国对外战略的调整
11. 新中国外交理论与实践研究
12. 西方国际关系理论流派分析
13. 上海合作组织研究
14. 国际制度研究
15. 苏联兴亡的文化透视
16. 新世纪的世界战略环境与我国西部大开发
17. 互联网、信息技术对当前国际关系的作用与影响

中国历史

※1. 中华民族优良传统研究
※2. 中国社会经济形态演变进程研究
※3. 中国古代文明的起源和发展
※4. 中国近代殖民化研究
※5. 中国历史上西部开发与生态环境变迁研究
※6. 江汉平原经济开发与环境变迁的历史研究
7. 中国历史上德治与法治思想研究
8. 中国历代治理边疆思想研究
9. 从历史人类学视角对中国古代社会生活的研究
10. 中国古代民间宗教问题研究
11. 中国历史上长江的水利开发与水患防治
12. 口岸与古代中西关系
13. 20世纪出土文献与传世文献对比研究
14. 西北地区水资源环境的发展演变和开发利用
15. 中国社会转型时期的文化冲突
16. 中国的近代化与道德变迁
17. 中国近代企业制度研究
18. 台湾日据时期"皇民化运动"及其影响

世界历史

※1. 二战以来主要资本主义国家阶级和阶级关系的演变研究
※2. 冷战后的社会主义运动研究
3. 经济全球化的历史考察
4. 经济全球化与世界文化的多样性
5. 20世纪以来西方大国主要执政党执政经验和教训的个案研究
6. 当代资本主义政治思潮个案研究
7. 古代国家、民族、宗教的形成发展及其相互关系
8. 东南亚古国的社会经济和阶级结构研究
9. 俄罗斯民族的形成与发展
10. 日本对台湾的殖民统治研究
11. 印度独立以来主要政党社会基础及其内外政策的演变
12. 世界华商史研究

考古学

※1. 中国文明的起源和发展
※2. 中国古代聚落和城市的考古学研究
3. 中国旧石器时代向新石器时代过渡的研究
4. 中国新石器时代诸文化的考古学研究
5. 中国区域考古学研究
6. 中国重大考古发现研究报告

民族问题研究

※1. "三个代表"的思想与当代中国民族理论发展研究
※2. 中亚民族史
※3. 西部大开发与少数民族地区城镇化研究
※4. 西部大开发与少数民族传统经济生产方式研究
※5. 西部大开发与文化多元化研究
6. 民族文化生态与经济协调发展
7. 社会转型期民族传统文化的继承与发展研究
8. 当代民间信仰的调查与研究
9. 游牧民族定居问题研究
10. 西部大开发中的新疆民族关系及政策调适研究
11. 加入WTO对我国少数民族地区经济社会发展的影响研究

12. 修改后的民族区域自治法及实施研究
13. 西部大开发与民族地区旅游业发展研究
14. 民族自决权与当代民族分裂主义理论研究

宗教学

※1. 宗教文化研究

(1)对古代外来宗教(佛教、基督教、伊斯兰教、琐罗亚斯德教、犹太教等)在中国的传播史、中古道教及其思想和流派、民间宗教与中国传统基层社会组织等领域的研究;(2)古代中国儒、佛、道三教对文化的影响及其相互关系的研究。

※2. 中国原始宗教研究
※3. 中国宗教与政治关系史
4. 宗教对话研究
5. 区域佛教研究
6. 现存藏传佛教典籍初步调查与整理的可行性方案研究
7. 伊斯兰教与社会现代化进程
8. 近代教案专题研究
9. 中国基督教的“本色化”神学建设问题
10. 台湾宗教专题研究
11. 美国宗教专题研究

中国文学

※1. 中国共产党三代领导人的文艺思想与马克思主义文艺理论的当代形态
※2. “三个代表”的思想与我国社会主义文艺的方向
※3. 大众文化、文化产业的发展及其对策
※4. 我国当代各民族文学的民族特色及其对策
5. 毛泽东文艺思想的历史意义和当代意义
6. 文学与先进文化的前进方向
7. 文艺理论基本问题(如文艺中的主体与客体的关系、民族性与当代性的关系、理性与非理性的关系、语言艺术与影像艺术的关系等)
8. 比较文学中的跨学科研究(如文学与哲学、文学与历史学、文学与社会学、文学与文化学、文学与自然学等)
9. 中国历代重要作家作品、文学流派和文学社团(任选特定对象)
10. 我国历史上的重大社会变革与文学变迁的关系(重在探讨文学发展规律)
11. 我国古代各民族文学特征(比较研究)
12. 我国文学史上各文体的形成与演变
13. 新视角中的我国民族文学和民间文学
14. 当代儿童文学与儿童素质教育
15. 海外华文文学新探(新地域:如北美、西欧、大洋洲华文文学;新现象:如新移民文学、“草根文学”;新视角:如全球化与海外华文文学、中华文化与海外华文文学等)
16. 网络文学的迅猛发展及其对策
17. 中国新文学巨匠与现代文化建设

外国文学

※1. 国外马克思主义文论史(可作综合研究,也可按地区、按语种、按国别研究)
※2. 外国古代神话和史诗研究(可作综合研究,也可按地区和国别研究)
3. 20世纪90年代外国文学状况及其发展趋势
4. 外国文学的跨学科研究
5. 外国文学重要时期、重要思潮研究
6. 外国重要作家、批评家、理论家研究
7. 中外文学关系研究
8. 经济全球化与外国文学

语言学

※1. 西部地区语言文字应用问题的调查与研究
※2. 与现代汉语语料库的深加工有关的语言文字研究
3. 汉语作为第二语言的教学理论与教学法研究
4. 汉语语法化理论研究
5. 专书语言研究
6. 汉语方言史研究
7. 计算机辅助外语教学研究
8. 汉语与世界主要语种比较研究

新闻学与传播学

※1. 新闻传播事业与我国先进文化的前进方向
※2. 中国出版史
※3. 21世纪初我国大众传媒发展研究
4. 传播技术发展史研究
5. 新闻出版广播影视业改革研究
6. 互联网络新闻宣传研究
7. 东欧国家新闻传播的经验教训
8. 媒介经济在我国经济发展中的地位和作用
9. 新世纪新闻工作者的自律
10. 中外广告法比较研究
11. 新闻传播语言研究

图书·情报与文献学

※1. 新世纪图书馆学的人才培养
※2. 从传统图书馆到现代图书馆转型时期的图书馆工作研究
※3. 加入 WTO 后我国图书情报事业面临的机遇与挑战
※4. 图书情报事业在国家可持续发展战略中的作用
5. 信息战略研究
6. 社区图书馆功能及发展模式研究
7. 社科信息工作的当代取向
8. 面向用户的信息服务体系研究
9. 基于内容的标引与检索的创新研究
10. 知识管理与图书馆学的关系研究
11. 转型期的档案管理体制
12. 档案文化研究

人口学

※1. 第五次全国人口普查数据的开发与分析

※2. 21世纪中国人口的发展趋势及其对策
3. 人口管理法规体系研究
4. 社区在人口发展中的地位与作用研究
5. 西部开发与提高少数民族人口素质研究
6. 人口城镇化与城镇人口规模结构研究
7. 健康人口学研究
8. 市场经济与流动人口研究

统计学

※1. 国家现代化进程的统计测算方法
※2. 实际国内生产总值的估算方法
3. 重大社会经济问题的统计分析方法
4. 数据挖掘技术与方法
5. 复杂数据的统计诊断方法及其应用
6. 我国加入WTO后进出口贸易统计中的服务贸易统计、电子商务统计、外商直接投资统计等理论和方法问题研究
7. 我国政府统计改革中的新统计调查方法和数据处理技术研究
8. 地理信息系统在统计中的应用问题研究
9. 实施西部大开发战略中的统计问题研究

体育学

※1. 中国群众体育现状调查与研究
※2. 举办2008年奥运会与我国经济社会发展关系研究
3. 21世纪奥林匹克运动发展研究
4. 体育在国民经济和社会发展中地位作用研究
5. 完善新时期体育“举国体制”的理论与实践研究
6. 构建面向大众的全民健身服务体系的理论与实践研究
7. 加快我国体育产业发展的理论与实践研究
8. 体育法律研究
9. 各类体育社团现状及加强管理问题研究
10. 中华人民共和国体育史专题研究

国家社会科学基金项目2001～2002年度立项课题(广西部分)

项目名称	负责人	预期成果	工作单位
珠江中上游地区生态环境和生态农业建设研究	叶裕惠	专著	中共广西区委党校
邓小平民族理论与西部民族地区的开发	曾德盛	研究报告	广西社会科学院
西部大开发与西南少数民族生活方式变革问题研究	宋涛	专著	中共广西区委党校民族研究所
中国西部少数民族长寿人口典型研究——兼论天然长寿区对营造健康老龄化社会的启示	央吉	专著	中共广西区委党校
西部大开发过程中西南少数民族心理特征嬗变研究	潘志清	专著	中共广西区委党校心理测评中心
《文选》分类研究	胡大雷	论文	广西师范大学
中华文化与海峡两岸凝聚力研究	娄杰	专著	中共广西区委党校
农村人民公社历史研究	罗平汉	专著	广西师范大学
港澳台族群社会与文化研究	廖杨	论文	广西师范大学
大西南石山区生态保护与农业可持续发展研究	曾艳华	论文 研究报告	广西大学商学院
西部地区(广西)汉言文字应用问题调查与研究	陈海伦	研究报告	广西大学文化与传播学院中文系
中国南方跨国民族“和平跨居”模式研究	周建新	专著	广西民族学院
当代中国档案事业发展的社会文化探源	吴荣政	专著	广西民族学院
民族地区残疾人社会保障问题	包学雄	专著	广西民族学院政法系
广西各民族经济心理的比较研究	李秋洪	专著	广西社会科学院

项 目 名 称	负责人	预期成果	工 作 单 位
中国共产党三代领导人的文艺思想与马克思主义文艺理论的当代形态	王 杰	专著	广西师范大学中文系
壮族文学现代化的历程	雷 锐	专著	广西师范大学中文系
佛教逻辑的现代研究	黄志强	专著	广西师范学院
修改后的民族区域自治区法及实施研究——民族地区财政转移支付的模式选择	杨真祝	专著	广西财政厅
壮族经济发展史的人类学考察	覃乃昌	专著	广西民族研究所

全国教育科学“十五”规划课题指南

综合研究部分

一、党的第三代领导集体对马克思主义教育学说新贡献的研究；江泽民同志的“七一”重要讲话和“三个代表”思想对教育发展与改革重大意义和指导作用的研究。

二、当代中国教育理论与学科发展研究

教育学主要分支学科发展研究；主要分支学科理论基础与研究方法及方法论研究；当代中国教育理论发展与国际比较的研究等。

三、全面推进素质教育的深化研究

全面推进素质教育的重大理论问题研究；知识经济时代对人才素质要求和人才培养模式的研究；不同类型学校实施素质教育的目标、途径、方法与评估的研究；推进素质教育课程与教学改革实验研究；加强思想品德教育与深化德育改革研究；不同类型学校培养学生创新精神和实践能力研究；我国推进素质教育的理论与实践和国际教育教学改革发展趋势的比较研究；素质教育个案研究等。

四、21世纪初我国学校教育发展若干重大问题的研究

不同地区巩固和发展、提高我国九年义务教育的目标、任务与对策的研究；中国高等教育大众化与高中教育发展的指导思想、总体目标与分阶段指标、发展途径与特色研究；我国职业教育发展的模式、途径、政策和有关制度研究；我国产业结构的战略性调整与城镇化发展对我国学校特别是高等学校布局、专业结构调整与人才培养模式的影响、要求与对策研究。

五、构建中国终身教育体系的研究

构建中国终身教育体系的指导思想、分期战略目标及发展途径研究；建设中国终身教育体系有关政策、立法和制度建设研究；建立中国特色终身教育体系的内涵和模式研究；构建与终身教育相适应的开放式的学校教育系统、行业（企业）教育系统、社会教育系统研究；构建区域性终身教育体系的试验研究；终身教育的国际比较研究等。

六、教育信息化发展研究

教育信息化内涵、指标体系的研究；教育信息化带动教育现代化，实现教育跨越式发展的战略研究；现代信息技术与课程整合的研究；现代信息技术在教育教学中的应用研究；农村地区特别是中西部贫困农村地区开展信息技术教育的研究等。

七、西部大开发与教育发展研究

西部经济、文化、生态环境与教育发展研究；西部不同类型地区教育为脱贫致富服务的发展战略研究；西部地区教育与经济、科技协调发展和办学模式研究；西部大开发中优先发展少数民族教育的特殊政策研究；贫困地区大面积提高基础教育质量和效益的实证研究；西部开发中职业技术教育和高等教育的作用、特点与发展战略研究；地区经济差异条件下教育发展的国际比较研究等。

八、农村教育研究

提高农村普及义务教育的程度以及质量水平的研究；农村实行税费制度改革与农村教育特别是九年义务教育投入保障机制的研究；完善农村义务教育管理体制特别是以县级政府管理为主的体制和投入保障机制的研究；农村教育综合改革及可持续发展研究；农村教育为农村经济发展、农村社会转型、农民收入增加服务的研究等。

九、社区教育研究

学习化社会与社区教育发展研究；社区教育与社区建设发展及社区内各类学校与教育机构关系的研究；教育资源和社区资源协调、共享及社区教育管理体制和运行机制研究；社区教育目标、评估标准、保障条件及发展对策研究；不同发展水平地区推进社区教育实验研究等。

十、社会主义市场经济的发展与深化教育改革

的研究

社会主义市场经济的发展对人才培养和学校教育的影响、挑战和对策研究；政府在市场经济条件下的职能转变与管理机制研究；市场经济条件下处理教育公平和效率之间关系的研究；市场经济条件下教育的公益性与教育产业性问题的研究；市场经济与教育改革的国际比较研究等。

十一、经济全球化和我国加入WTO的新形势对我国教育发展的影响、挑战和对策研究

十二、教师教育和加强教师队伍建设问题研究

我国教师教育的现状与发展对策研究；教师教育专业化的理论与实践研究；教师教育水平评估体系研究；发挥大学对于培养中小学教师作用的研究；教师职前培养与职后培训的互动机制研究；教师培养机构资格认证制度研究；教师道德教育研究；各级各类教育教师队伍建设研究；国外教师教育理论研究；教师教育的国际比较研究等。

十三、教育投入、资源配置与提高效益研究

我国教育投入的现状分析与国际比较研究；教育投入在我国国民收入再分配中的合理比例研究；我国教育投入体制包括中央、省、市、县、乡镇级政府在教育投入方面的责任和比例研究；新形势下多渠道筹措教育经费的研究；教育成本分担机制与不同阶层人群支付能力关系的研究；教育投入在不同教育层次、类型以及学校(重点和一般)之间的合理分布研究；不同类型学校(包括国家重点投资的学校、“标志性”学校、一般性学校、薄弱学校等)的教育经费使用效益评价研究。

十四、脑科学与学生潜能开发的机理研究与实验

脑科学与学生潜能开发的机理研究与实验；教育训练对脑功能开发影响的研究与实验等。

十五、传统教育资源的开发与中国当代教育改革研究

文化教育传统的现代价值研究；当代中国教育观念转变、教育体制改革、学校管理方式创新与传统教育的关系研究等。

十六、21世纪世界各国教育发展与改革动向比较研究

世界各国教育发展与改革现状及趋势比较研究；基础教育、职业技术教育、高等教育等不同类型教育改革与发展的国际比较研究。

分类研究部分

教育基本原理及教育哲学等研究

一、教育原理研究

当代中国教育思想研究；对20世纪有影响的教育思潮、教育理论、教育政策的理论透析；与知识经济时代要求相适应的新教育思想的构建；素质教育的基本理论问题研究；教育现代化基本理论问题研究；基础教育目标定位问题的研究；创新性教育的基本理论问题研究；教育的现实性与超越性及其关系的研究；有中国特色的教育基本问题的研究等。

二、教育哲学研究

20世纪东西方教育哲学的发展规律研究；21世纪中国价值教育的内涵、本质及其教育实践的行为方式研究；知识经济中的教育哲学问题研究；教育哲学与当代科学技术进步研究；当代教育伦理思想的发展对教育实践影响的研究；教育逻辑学的应用研究；教育美学的基本理论和基本范畴研究；西方教育哲学研究的新进展等。

三、教育社会学研究

社会转型期教育的社会功能研究；教育在当代社会流动、变迁中的作用研究；社会的可持续发展与教育的干预研究；个体社会化过程及规律研究；课堂教学的社会学研究；人口控制与教育影响研究；西方教育社会学研究的新进展等。

四、教育政治学研究

中西教育政治学的学科发展及学科要素研究；教育与政治关系研究；社会阶层与教育关系研究；国家教育权利、义务、责任研究；公共教育政策的理论问题研究；政治教育(内容、方法、法律等)研究；政党政治、民主政治与教育发展问题研究；政治体制改革与教育制度创新研究等。

五、课程论、教学论问题研究

课程论、教学论的基本理论问题研究；国外课程理论和教学理论流派及其对我国课程理论、教学理论建设的影响研究；课程目标、内容、结构的研究；课程、教学与生活、活动、社会的关系研究；课程、教学与教育创新问题的研究等。

教育心理研究

六、素质教育问题的心理学研究

素质的心理结构及其形成机制研究；素质的心理学评估指标研究；素质测评量表及其在实践中的应用研究；学生良好心理素质的发展研究；学生心理素质培养模式及其实施策略研究；大、中、小、幼各阶段学生心理素质教育的衔接问题研究。

创造性思维的结构和创造性人格的结构及其影响因素和发展特点的研究；创造性教育干预的措施研究；不同类型学校培养学生创造性思维的任务、方法与途径以及相互之间的分工与衔接的研究等。

七、学习心理研究

学习的心理机制研究；内隐学习的特点和结构研究；学习动机的培养与激发研究；学习态度的培养研究；影响高效率学习的因素研究；学习困难儿童的特征及其干预研究等。

八、学生智能的研究

学生智能的结构及其发展特点研究;汉语认知加工和学生阅读能力的发展研究;培养智能的途径和措施研究;智能开发的理论和测量学的技术手段研究;课堂教学与智能的促进研究等。

九、个性、社会性发展的研究

学生个性、社会性发展的特点研究;影响学生个性、社会性发展的因素研究;学生社会认知的特点和发展研究;学生个性与社会性的诊断与评价研究;学生的非智力因素研究等。

十、学科教学心理研究

大、中、小学各学科教学心理整体研究;学科教学设计的理论研究;学科教学的目标、过程和效果研究;学科能力结构及其测评研究;各种现代教育技术手段、特别是多媒体计算机及网络的综合使用对学生心理的影响研究等。

十一、心理健康与心理辅导研究

提高学生心理健康教育的规范性与实效性研究;各类学校学生心理健康现状及制约因素研究;学校心理健康教育模式研究;特定学生群体的心理健康教育研究;学校人际氛围与心理辅导研究;学生心理健康的测评工具研究;心理辅导教师的规格与培训研究;学生心理健康咨询理论与实践研究等。

十二、特殊人群心理的研究

特殊人群(包括盲、聋、弱智等残疾人)、超常儿童与行为问题儿童(包括青少年犯罪和吸毒青少年等)的心理特征、形成原因和教育方法研究等。

十三、教师心理的研究

教师心理健康的现状、标准与对策研究;师生关系的互动性及其良好发展研究;教师培训中的心理问题研究等。

教育史研究

十四、中国古代学校教育与社会教化关系的研究

古代学校教育与社会教化的关系及其基本特征的研究;古代社会教化思想的产生和发展的研究;社会教化政策、措施的制定和实施研究;学校教育在社会教化方面所起作用的研究等。

十五、中外教育交流史研究

在"西学东渐"潮流影响下西方教育在中国导入、传播的总体历程及基本特征研究;晚清(1840—1895)、清末(1896—1911)、民国(1912—1949)三个历史时期西方教育思想、理论的导入和传播研究;教育制度的借鉴和模仿,教科书的翻译和引进,留学生的派遣,外籍教师的聘用,罗素、杜威等外国教育家的来华讲学,中国教育官员的出国考察,重大国际合作研究项目的开展等教育交流活动特征、意义及影响的研究。

十六、中外中小学教育史研究

中外中小学教育的发展、演变及其主要特征的研究;中外近现代中小学教育制度、教育目标、课程设置、教学内容与方法、考试方式、管理模式等问题的研究。

十七、教育史学理论与方法研究

教育史学科的性质、功能与作用的研究;教育史学科发展的历史研究;教育史史料学;教育史研究的方法研究;教育史的跨学科研究;教育史研究者的素养研究等。

比较教育研究

十八、关于文化与教育的比较研究

大文化圈(可以包括儒教文化圈、伊斯兰教文化圈及基督教文化圈等古代史中既已形成的文化区域及其子文化区域,也可以包括近代殖民地历史所形成的殖民文化区域如英联邦文化圈等)和小文化圈(主要限定于各国内部的文化区域如各少数民族文化区域)的教育现代化问题研究。大文化圈的研究可以进行历史比较,也可以着眼于揭示某一文化圈的共性;小文化圈的研究可以结合对该国多元文化与教育政策的分析进行,也可以侧重探讨社会不利人群的文化与教育状况。

十九、市场经济下公共政策对教育发展影响的比较研究

不同国家市场经济条件下公共政策对教育发展影响的比较研究;市场经济国家在发展教育方面的基本理念和它们所运用的经济与政治杠杆研究;教育产业问题的基本理论与实践研究;教育发展中市场原理的运用与界限的研究;各国关于教育可持续发展的基本政策的比较研究;教育财政保障机制(特别是义务教育的财政问题)的比较研究;20世纪80年代以来席卷世界的教育私有化浪潮研究;各国各级各类公立学校办学模式的转变和私立学校的发展研究。

二十、国外重要教育思想和思潮的系列研究

精心选取国外著名教育家和著名教育学者的经典论著以及国外关于教育发展的著名研究报告和政策报告,进行系列的翻译、评介和研究分析。

德育研究

二十一、德育基本理论问题研究

加强和深化关于德育内涵、德育本质、德育目的、德育功能、德育内容及其发展、德育研究的方法论、德育理论的元问题、中国德育学科建设的历程、主体性德育、德育制度、德育实效、创新性德育等问题的研究。

二十二、新世纪德育面临的挑战与对策研究

我国儿童、青少年人生观、价值观的现状和特点及其教育的研究;深化德育改革、进一步提高各级各类学校德育的针对性和实效性研究;新时期爱国主义与理想信念教育研究;网络技术的发展与学校德育研

究;科技道德与科技时代的道德教育研究;现时代的各种社会问题(如青少年犯罪、吸毒、校园暴力、特殊家庭等)与道德教育研究;影视文化及报刊杂志、文学作品对青少年思想品德影响的调查与研究。

二十三、新世纪中国道德人格及其培养研究

道德人格构成的研究;道德人格与整体人格关系的研究;新世纪对人的道德素质要求的研究;中国传统道德人格及塑造与中国现代道德人格之培养的研究;国外在道德人格的设计、培养方面的理论及其经验的研究等。

二十四、德育与文化的研究

德育的文化学基础研究;德育的文化内涵研究;德育与文化的关系研究;中西方文化与德育的比较研究;宗教、伦理与道德教育研究;中国优秀传统德育思想的开发与现代转化研究;休闲文化与道德教育研究;民族文化与道德教育研究等。

二十五、儿童青少年价值观念变化的追踪研究

新时期青少年价值观特别是道德价值观的现状、变化特点的研究;青少年对中国主流价值观的认同,对西方现代道德价值观的态度的追踪研究等。

二十六、道德学习接受与道德教育研究

道德学习的性质研究;道德学习与其他领域学习的联系与区别研究;道德学习和接受的规律、内在机制研究;道德学习源研究;道德学习理论研究;道德学习与道德教育课程建设研究;不同年龄阶段儿童道德学习的特点、规律与道德教育研究等。

二十七、德育课程与德育模式研究

德育课程理论的研究;各级各类学校德育课程改革与建设的研究;大中小学德育课程内容体系相互衔接的研究;德育课程的实效性研究;建构德育模式的方法论研究;新的德育模式建构研究;德育模式的形式研究;德育模式的实效性研究;德育模式的推广与应用研究等。

二十八、职业道德与道德教育研究

职业道德面临的困境及教育对策研究;各级各类职业学校的职业道德教育研究;职业学校职业规范教育与道德教育的关系研究;高等学校不同专业学生的职业道德教育研究;高等学校学术道德、科研道德教育的研究等。

教育经济与管理研究

二十九、教育政策研究

教育政策研究的功能与定位;教育政策分析的理论和方法研究;转型期中国教育重大政策案例研究;我国教育政策制定的模式研究;教育决策支持系统的研究;国外教育政策研究的新进展;教育政策制定的比较研究等。

三十、办学体制改革及相关政策研究

办学体制多元化和相应的管理体制改革及相关政策研究;我国办学体制改革的发展方向及公办与民办教育关系研究;公办转制学校研究(包括学校类型、运行机制、产权关系等);跨国办学和中外合资办学的管理与评价研究等。

三十一、城市教育综合改革研究

新世纪中国城市教育发展模式的理论分析研究;信息时代城市教育管理模式研究;远程网络教育与人口发展对城市学校布局调整的影响及对策研究;城市教育管理评估体系的构建与应用研究;构建学习型组织与企业教育改革的研究等。

三十二、学校管理体制研究

不同类型学校领导管理体制研究;学校人事制度改革(包括完善教师资格制、教师聘任制、专业职务评定制、奖惩制、辞退教职工程序和教职工合法权益保障)的研究;提高各类学校办学效益的途径和方法的研究等。

三十三、考试、评估、督导的理论与实践研究

考试的内容、形式与能力考查关系的研究;高考科目设置与高中课程改革关系的研究;高中会考与素质教育及毕业生就业问题研究;自学考试与终身学习体系建设问题的研究;西方教育考试制度的历史演变和主要特征及对我国考试制度改革借鉴作用的研究等。

社会评估、政府评估与学校自我评估作用、方式及相关关系研究;各类学校评估指标体系研究;建立有利于素质教育实施的监督机制与督导制度问题研究等。

三十四、教育法制研究

教育立法和执法研究;教育实践中的教育法律问题研究;教育行政与学校的法律关系、学校与学生及其家长之间的法律关系等教育法基本理论问题的研究;20世纪中国教育立法的历史演变及特点研究等。

三十五、教育管理学学科发展中的重要问题研究

20世纪90年代以来教育管理学理论研究的新进展;当代信息科学与技术的发展对教育管理影响的研究;学校办学自主权的扩大与校本管理研究;以法治校、以德治校及其相互关系问题研究;教育管理学的理论体系与框架研究等。

三十六、教育经济学领域若干理论和实践问题研究

知识经济时代教育经济学的基本理论问题研究;教育产业问题研究;教育特别是高等教育与就业问题研究;教育供求关系及其与市场经济的联系研究;教育财政转移支付的理论分析与实证分析;办学成本与社会发展(人均可支配收入)关系的研究;高等学校生均培养成本研究;高等教育成本补偿政策影响分析;研究生教育实施成本补偿的合理性和可行性研究;高校学生资助政策研究;高等教育规模和成本的变化与

教育的个人收益率关系的研究；公立高校和民办高校成本行为的比较研究；资本市场融入高等教育某些领域问题研究等。

三十七、现代教育技术发展的若干理论、实践与技术问题研究

现代教育技术重大理论问题研究；新学习模式的研究；教学(学习)资源建设与教学设计创新的研究；以多媒体和网络为重点的硬件技术应用研究；传统电教设备的改造、再开发和扩大应用的研究等。

教育发展战略研究

三十八、中国经济发展的二元性与教育现代化发展战略研究

经济发达地区(含大、中城市)调整发展内涵、转变教育发展方式，发展"一流教育"实现"教育强省(市)"的战略研究；不同类型的经济发达地区教育发展动力和运行机制研究；适应教育现代化要求的教育观念和模式的创新研究等。

三十九、关于我国民办教育发展的研究

民办教育在我国教育发展中的地位、作用研究；我国民办教育发展的历史经验、发展趋势、相关政策和立法研究；民办学校的办学特色和管理机制研究；民办学校质量评估研究；民办教育的投入机制及规范管理研究，包括民办学校资金积累方式、投资者合法权益保障、资金盈余部分的再分配、风险资金的提取及破产办法的研究；民办教育的国际比较研究等。

基础教育研究

四十、九年义务教育研究

九年义务教育在我国实施的历史经验与进一步巩固发展提高的对策研究；推进九年义务教育均衡化发展的研究；对残疾人群、弱势群体、少数民族实施义务教育的研究；流动人口子女义务教育问题研究；农村义务教育阶段辍学问题研究；九年义务教育阶段课程与教学改革的实验研究；义务教育课程管理、课程实施评价研究；初中教育阶段办学模式的研究；提高我国义务教育质量及质量标准的研究；义务教育的国际比较研究等。

四十一、高中阶段教育研究

高中阶段教育发展模式、办学模式与结构的研究；高中阶段教育性质、任务特点及其与义务教育衔接的研究；高中阶段教育及其与后续教育关系及沟通的研究；高中阶段普通教育与职业教育沟通的研究；高中阶段教育课程、教材多样化的研究；提高高中阶段教育质量的研究等。

四十二、课程、教材与教学改革的研究

基础教育课程教材改革和建设的理论与实践的研究；综合课程与分科课程设置的理论与实践研究；课程、教材多样化与基础教育质量保障机制的研究；课程教材研制、开发与评价、使用的研究；农村课程、教材，地方课程、教材与校本课程、教材的开发与管理研究；综合实践活动(包括研究性学习课程、劳动技术教育、社区服务和社会实践等内容)的研究开发与实验的研究；课程、教材与教学关系的研究；建国以来中小学先进教学改革经验的研究；实施基础教育新课程的教学管理研究等。

四十三、教育教学质量评价及考试招生改革研究

中小学教育教学质量标准及评价制度的研究；建立科学的教育教学质量评价体系的理论与实践的研究；中考管理制度与招生改革的研究；学科考试命题研究；考试与招生改革趋势的国际比较研究；教育质量评价、招生考试制度与社会影响关系的研究等。

四十四、学前教育研究

推动农村学前教育发展的研究；在我国的大多数儿童是独生子女的条件下，幼儿的社会性/个性发展与学前教育改革的研究；幼儿园课程、游戏、教育过程研究；加速提高城乡幼教机构素质及教育质量的研究；家庭教育、社区教育与学前教育和谐发展的研究；玩具与环境对幼儿思维品质发展作用的研究；网络时代与幼教发展关系的研究等。

四十五、特殊教育研究

超常儿童教育的实验与研究；随班就读质量的监测研究；随班就读教师培养培训的经验推广研究；利用脑科学研究成果和高新技术改进特殊教育的方法和手段，提高教育质量，促进残疾儿童潜能开发的研究；残疾儿童教育的早期干预研究等。

高等教育研究

四十六、高等教育办学理念、教育观念研究

新形势下高等教育的办学理念、人才观、质量观、发展观研究；高等教育理论的创新研究等。

四十七、高等教育的发展规模与结构研究

21世纪高等教育发展速度、规模研究；我国高等学校的多样化及高等学校分类体系的研究；中国高等教育区域布局调整和促进西部开发建设问题研究；世界一流大学建设的理论与实践研究；本科高等学校学科专业结构布局调整与优化研究；学科专业调整与改革的科学依据、基本规律和基本对策研究等。

四十八、高等教育管理体制改革若干重大问题研究

现代高等教育管理理论与管理制度建设研究；高等教育教学评价制度与加强质量管理研究；高等教育管理体制改革(包括中央与地方共建、不同学校之间的合并、学校的相互联合等各种模式)的历史经验和效益追踪研究；高校招生、收费与就业制度深化改革的研究；政府职能的转变与扩大大学办学自主权相互关系的研究；促进高等学校产学研结合和科学技术研

究成果转化为社会生产力的研究;大学科学园区研究等。

四十九、高校教学与大学生学习的研究

高校教学过程的特点研究;高校教学适应社会发展需要和人才自身成长需要的关系研究;高校教师在教学过程中的主导作用和学生的主体作用研究;研究型教学的特点和发展学生创新能力途径的研究;高校课程环节、教学内容、教学方法改革的实验研究;高校教学的目标管理和过程管理研究;大学教学与学生自主学习及创新能力培养的研究等。

五十、研究生教育改革和发展对策研究

我国经济、科技和社会发展对高层次人才质和量的需求研究;学科设置与学位授予权改革的研究;各类研究学位和专业学位体系的设置和比例研究;加强研究生院建设、加强研究生导师队伍建设的研究;提高研究生特别是博士生培养质量的研究等。

五十一、中国高等教育中推进哲学社会科学发展的研究

高等教育中哲学社会科学的地位和作用研究;高等教育中的文科与理、工、农、医等其他学科关系的研究;不同类型院校中文科的地位与作用研究;基础文科与应用文科的地位和作用研究;哲学社会科学人才培养与教师队伍建设的研究等。

职业技术教育研究

五十二、我国职业教育发展趋势和办学模式研究

我国经济体制改革、产业结构和技术结构变化与职业教育发展趋势研究;职业教育发展和改革与地方经济和社会发展紧密结合的研究;中等和高等职业教育办学模式与人才培养研究;职业教育与各级各类教育之间的衔接、沟通机制和相关政策的研究;职业学校实行弹性学制和学分制的研究;行业在职业教育发展中的地位作用的研究等。

五十三、职业教育课程和教学改革研究

职业教育课程模式开发与评价研究;不同专业的整体课程改革与实验研究;加强职业指导和创业教育的研究;社会转型期学生就业观念、职业心理适应性的研究;培养学生创业精神和创业技能培养的研究;职业教育质量和效益评价研究等。

五十四、职业教育与劳动就业研究

职业教育与劳动力市场相适应的调查和研究;劳动准入制度和政策研究;职业资格证书制度研究等。

五十五、不同区域职业教育发展政策研究

不同地区农村职业教育发展差异的成因研究;不同地区农村职业教育发展的基本战略和政策措施研究;大中城市职业教育的发展对策研究等。

成人教育研究

五十六、市场经济条件下的成人教育发展研究

社会主义市场经济体制下成人教育管理及运作的特点、规律研究;成人教育管理体制改革深化研究;成人教育投入与产出的效益研究;成人教育与劳动人事制度改革研究;各级各类(行业)成人教育运行机制研究等。

五十七、成人教育课程、教学改革和现代远程教育研究

成人教育课程和教学改革的模式、内容、方法和评价研究;远程教育的发展对成人教学和学习影响的研究;中国实施远程教育的课程设计、管理模式和评价体系研究;实现以学习者为主体的远程教育支持服务体系研究等。

五十八、中国老年教育研究

中国社会人口老龄化的趋势及带来的社会问题研究;中国老年教育的现状和问题研究;老龄人口学习需求与心理研究;老年教育的经费、管理、政策等理论与实践问题研究等。

五十九、特殊群体成人教育研究

流动人口的教育研究;残疾人口的教育研究;农村贫困地区妇女教育研究;不同群体教育权利和愿望研究等。

体育卫生美育研究

六十、体育课程改革研究

21世纪人才培养与学校体育课程体系的相互关系问题研究;学生生理、心理特点研究;“体育与健康”课程的整体改革和课程指导思想、课程基本理念、课程标准、课程内容、教材建设及课程评估体系研究;大中小学“体育与健康”课程内容相互衔接的科学体系问题研究等。

六十一、学生体质健康的监测评价及干预措施的研究

学生体质监测手段、方法及评价的科学化问题研究;学生个体体质健康状况的评估标准研究;不同年龄、不同人群运动处方的研制与实验推广研究;影响学生身体健康的新的因素及其机制研究;学生常见病、多发病新的特征及其干预措施研究;针对学生近视眼等突出问题,进行综合性实验研究等。

六十二、高等学校体育教育专业改革的理论与实践研究

高等学校体育教育专业的办学指导思想、学制、培养目标和规格、课程体系与标准、教学管理等问题研究;高等学校体育专业学生知识、能力、素质的结构体系及其实践能力发展与培养的途径和方法的系统研究;新形势下高等学校体育专业的适应性问题研究等。

六十三、学校体育促进学生心理健康、健全学生人格的实验研究

体育锻炼、体育与健康课程在提高学生心理素质

中的作用研究；体育与健康课程设计的心理学基础研究；学校体育在促进学生心理健康和健全学生人格中的特殊意义研究；学校体育促进学生心理健康的方法与手段研究；对学生心理障碍实施干预的实验研究等。

六十四、美育与学校艺术教育关系的研究

艺术和艺术教育的美育本质及其对人的影响机制研究；美育的实施、美育目标的实现与载体和途径的关系研究；普通学校艺术教育与专业艺术教育异同的比较研究；美育与学校艺术教育的关系研究；学校美育、艺术教育的现状、问题与对策研究等。

六十五、学校艺术教育教学系统研究

各级各类学校美育、艺术教育融入学校教育全过程的研究；各级各类学校美育、艺术教育的课程、教学、活动及其保障条件的配置与管理研究；不同阶段、不同类别学校美育、艺术教育的目标、规格要求及相互衔接研究；不同地区尤其是农村和少数民族地区学校美育、艺术教育教学特殊性、规范性的系统研究；以提高国民素质为目标的各级各类学校艺术教育改革实验研究；学校艺术教育的科学管理的研究；中外学校艺术教育教学的比较研究等。

六十六、艺术师范教育教学改革研究

各级各类艺术师范教育，特别是高等艺术师范教育的课程结构、教学内容、教学模式、教学方法的改革实验与研究等。

六十七、学校艺术教育的文化学与社会学研究

艺术教育中的文化规范与人格构成的关系研究；艺术教育与民族文化传承、国民精神气质、社会文明状况的关系研究；近百年来，我国文化传统的承袭、变迁、发展和精神文明建设的情况与走向，及其与教育、艺术教育之间对应关系研究。

我国现行学校艺术教育与社会文化环境相互关系的研究；在世界经济一体化、文化传播多元化的影响下，我国学校艺术教育的使命及应对研究；农村和少数民族地区学校艺术教育为经济建设和社会发展服务的理论与实践研究；农村和少数民族地区艺术教育资源的现状、保护及合理开发的理论与实践研究等。

六十八、艺术教育促进青少年心理健康的实验研究

艺术教育促进学生心理健康的作用、特点和机制研究；艺术活动在预防学生心理问题、调控学生心理状态、消除学生心理障碍等方面的途径和方法研究等。

民族教育研究

六十九、马克思主义民族教育思想研究

马克思主义民族教育思想的基本观点研究；社会主义初级阶段民族教育的基本原则研究；毛泽东、邓小平与江泽民的民族教育思想研究；新时期马克思主义民族观、宗教观、文化观与国家观教育的内涵和特点研究等。

七十、民族地区高中等教育和贫困边境地区普及义务教育研究

民族地区基础教育发展与改革的战略措施研究；特困民族地区实行免费义务教育的政策和保障措施研究；“民族教育优先发展示范区”的试验研究；不同民族地区普及义务教育加快发展的成功模式研究；民族地区义务教育的课程改革与乡土教材建设研究；民族地区普及义务教育质量评估的研究；边远民族地区普及义务教育的师资队伍建设研究；民族地区普及义务教育成果的巩固与提高研究；民族地区妇女和女童教育研究；民族地区解决失学、辍学儿童的义务教育问题研究；民族地区中等教育面临的重大问题与对策研究；民族地区高等教育发展战略研究；民族学院改革与发展研究；少数民族大学生预科教育模式的改革研究等。

七十一、少数民族双语教育研究

在少数民族教育教学中使用通用语的实验研究；少数民族母语教学改革研究；双语教育中教与学的心理尤其是学的心理研究；双语教育中两种语言文字使用的衔接规律研究；新时期民族地区基础教育中汉语教学改革研究；高校招生和考试制度的变革与双语教育研究；双语教育中同一民族语不同方言之间的协调与统一问题研究；民族学校中“三语”教育实验研究；民族地区文化多元、语言趋同与双语教育的改革研究；双语教学的课程设置、教材编写、双语师资培训模式的研究；双语教学与开发少数民族儿童多种能力之关系的研究；国内外双语教育理论流派和实践模式的比较研究等。

七十二、民族地区应用型人才培养与人力资源开发研究

民族地区应用型人才培养途径的研究；民族地区先进适用科技的培训与推广研究；民族地区中等职业教育的改革与发展研究；民族地区普通中小学中渗透职业技术培训的研究；民族地区扫盲教育的特殊性、存在的问题与对策研究；少数民族成人教育的特点研究等。

七十三、民族教育体制与管理的研究

现有民族教育政策的总结和反馈研究；市场经济体制下民族教育管理面临的问题与对策研究；民族教育管理的特殊体制研究；民族地区办学体制多元化研究；未来10－15年民族自治地方教育发展总体规划研究；民族地区教育质量的评价研究；贫困民族地区教育的投资体制改革研究；少数民族大学生的招生体制改革研究；民族教育的立法与依法治教研究；国外民族教育法规、政策与体制的比较研究；边疆民族教育内地办学模式（西藏班、新疆班）的发展与改革研究等。

七十四、民族教育的课程与教学改革研究

少数民族学生理科课程与教学改革研究；民族学校的教材建设研究；民族学校的教学方法改革研究；民族院校人才培养模式研究；少数民族学生的学科教学心理研究；民族地区中小学地方课程、教材及计算机辅助教学软件的开发研究等。

国防军事教育研究

七十五、军队院校教育理论研究

党的三代领导人关于军事教育的重要论述研究；军队院校教育的特点及规律研究；新时期军队院校的职能与作用研究；军队院校创新教育与素质教育研究；军事高等教育理论研究；军队院校教育管理理论研究；军事教育心理理论研究；军队院校教育学学科体系与结构研究；军队院校在国家实现高等教育大众化目标过程中的地位与作用问题研究；军队院校教育与国家普通高等教育和外军院校教育的比较研究等。

七十六、军队院校教育发展战略研究

军队院校教育改革与发展的宏观背景分析；新中国军队院校建设与发展的重要历史经验研究；军队院校教育的现状及未来发展预测研究；军队院校办学效益分析与可持续发展战略研究；新型院校教育体系及内部结构问题研究；院校重点学科专业建设问题研究；军队院校在国内外进一步加强交流与合作的对策研究等。

七十七、军队院校思想政治教育研究

在市场经济和多元思想文化条件下，进一步改进和加强军队院校思想政治工作的对策研究；军队院校政治理论课程内容与教学方法改革研究；加强军队院校校园文化建设，改善育人环境问题研究；针对人文社会科学领域中的热点、难点问题，加强军队院校人文素质教育问题研究；军队院校学员心理健康状况与心理健康教育研究等。

七十八、军队院校管理体制问题研究

院校宏观领导管理体制及运行机制问题研究；院校内部体制编制的合理结构及编配比例研究；提高院校编制使用效益的途径及方法研究；扩大军队院校办学自主权问题研究；综合性大学内部体制编制及运行管理机制问题研究等。

七十九、军队院校人才培养工作研究

军队院校招生和分配制度改革问题研究；依托国家普通高等教育培养军事人才问题研究；军队院校招收和培养“双向选择”学员的专题研究；新型军事人才的知识、能力、素质结构与培养模式研究；课程体系及课程内容改革问题研究；生长军官“基础教育合训、任职训练分流”的培养模式研究；军队应用型研究生的培养模式问题研究；军队研究生的联合培养问题研究；新型士官人才培养模式和教学体系研究；教学方法研究和现代教育技术在军事教育领域中的应用研究等。

八十、军队院校科研工作研究

军队院校科技创新体系及运行机制问题研究；加强军队科教联合的理论与实践研究；院校科研纳入全军装备科研大系统的有关政策及制度研究；加快军队院校科研成果推广、转化工作的对策研究；教学与科研相结合问题研究；院校内部科研管理机制问题研究等。

八十一、军队干部继续教育问题研究

军队干部继续教育的现状及发展趋势研究；加强军队继续教育工作的政策及制度研究；军队院校继续教育体系及运行机制研究；军队各类人才的继续教育专题研究等。

八十二、军队院校保障工作研究

军队院校教育的经费投入及经费来源多样化问题研究；提高军队院校教育经费使用效益的途径及措施研究；合理配置军队院校教育资源问题研究；军队各类人才的培养成本问题研究；院校后勤社会化保障问题研究；院校区域联合保障问题研究；院校教学保障专题研究等。

八十三、军队院校管理工作研究

院校正规化建设研究；院校领导班子建设问题研究；院校教学制度改革研究；院校教育与教学工作评价的理论与实践；院校教育法规建设及依法治校问题研究；加强军队院校教员队伍建设，进一步吸引、培养、使用和保留优秀人才的对策研究等。

八十四、国防教育研究

我国国防教育的现状及发展趋势研究；加强我国国防教育、提高全民国防意识的对策和措施研究；我国国防教育体系及教育内容研究；加强国防教育领导和健全国防教育管理机制问题研究；学校开展爱国主义和革命英雄主义教育问题研究；国防教育法实施问题研究等。

全国教育科学“十五”规划2001年度立项课题（广西部分）

课题名称	课题类别	姓名	工作单位
优秀教师教学风格研究	教育部重点课题	王枬	桂林旅游高等专科学校

课　题　名　称	课题类别	姓　名	工 作 单 位
西部开发进程中壮侗民族教育与文化传承的多视角跨学科探究	教育部重点课题	覃德清	广西师范大学
越南教育改革研究	教育部重点课题	范宏贵	广西民族学院
少数民族地区基础教育阶段地方课程的研究与实验	教育部重点课题	丘贵明	广西教育学院
民族院校发挥"两课"主渠道主阵地作用的理论与实践研究	教育部重点课题	唐　鹏	广西民族学院
中学合作学习策略的实验研究	教育部规划课题	王晓东	柳州市第四十中学
教师参与课程变革的理论与实践	教育部规划课题	蒋士会	广西师范大学
大学二级学院管理模式与运行机制研究	教育部规划课题	唐德海	广西师范大学
壮族学生体质健康现状原因和干预对策研究	教育部规划课题	王家林	广西医科大学
西南民族地区研究生教育发展战略	教育部规划课题	黄　宇	广西区教育厅
民族地区教育科研成果应用转化与推广网络建设的探索	教育部规划课题	陈先乐	广西教科所
广西小学壮汉双语教学研究	教育部规划课题	郑作广	广西区教育厅
少数民族地区民办高中教育模式研究	教育部规划课题	钟海青	广西师范学院
高职集群式模块课程的构建与学分制教学管理制度相结合的实验研究	教育部规划课题	李彦福	广西教科所
少数民族地区高校实行学分制的研究与实践	教育部规划课题	黄　冰	桂林电子工业学院
民族地区青少年心理健康教育理论与实践模式研究	教育部规划课题	朱家安	广西教育学院
在侗族地区民族学校进行"英侗汉"三语教育试点实验研究	教育部重点课题	熊向阳	柳州师范高等专科学校

广西壮族自治区哲学社会科学规划研究课题管理办法

（2003年9月修订）

为了加强对广西壮族自治区哲学社会科学规划研究课题的管理，保证我区哲学社会科学研究规划的实施，促进哲学社会科学事业的繁荣和发展，特制定本办法。

第一章　总　则

第一条　设立广西壮族自治区哲学社会科学规划研究课题的宗旨是：贯彻国家发展社会科学的方针、政策，根据我区哲学社会科学发展规划和社会经济发展的需要，有重点有选择地资助基础理论研究，突出应用性、战略性和对策性研究，加强新兴、边缘、交叉学科研究，促进人才培养和我区社会进步与经济发展。

第二条　广西壮族自治区哲学社会科学规划研究课题的研究和管理，必须坚持以马克思列宁主义、毛泽东思想、邓小平理论和"三个代表"重要思想为指导，贯彻党的十六大精神，坚持党的基本路线，坚持"百花齐放、百家争鸣"的方针，积极探索和遵循社会科学的发展规律，为改革开放、为物质文明、政治文明和精神文明协调发展服务；坚持理论联系实际的原则，鼓励和支持哲学社会科学工作者深入社会实践，创造性地运用马列主义、毛泽东思想、邓小平理论和“三个代表”重要思想去研究新情况，解决新问题。强化创新意识和精品意识，注重提高规划项目研究成果的社会效益、经济效益和学术价值。

第三条 在重视基础理论研究，突出应用性、战略性和对策性研究，加强新兴、边缘、交叉学科研究的基础上，大力加强对建设有中国特色社会主义重大理论问题和实践问题的研究，特别是加强对广西经济、社会发展具有重大意义与反映地方特色问题的研究，为党政部门决策提供科学依据。

第四条 以课题研究带动人才培养，以人才促进课题研究，把新世纪人才的培养、理论队伍建设和学科发展放在重要位置上。

第五条 课题的选择和确定要从目前我区的社会发展、经济状况和研究力量的实际出发，量力而行。要突出重点，注意发挥群体优势，鼓励理论工作者和实际工作者联合攻关。

第六条 广西壮族自治区哲学社会科学规划研究课题面向全区，公平竞争，择优立项，保证重点。

第二章　组织机构

第七条 广西壮族自治区哲学社会科学规划领导小组受广西区党委委托，领导广西壮族自治区哲学社会科学规划和管理工作。广西壮族自治区哲学社会科学规划领导小组的职责是：

1. 制定广西壮族自治区哲学社会科学规划研究的中长期发展规划；

2. 制定广西壮族自治区哲学社会科学规划研究课题管理办法以及有关政策；

3. 审批广西壮族自治区哲学社会科学规划研究课题指南，审批广西壮族自治区哲学社会规划研究课题，并对重大课题研究成果进行验收；

4. 管理和筹措广西壮族自治区哲学社会科学规划研究经费。

第八条 广西壮族自治区哲学社会科学规划领导小组办公室（以下简称区社科规划办）是广西壮族自治区哲学社会科学规划领导小组的办事机构，它的职责是：

1. 起草和实施自治区哲学社会科学研究五年发展规划；

2. 制订广西哲学社会科学研究和发展规划及年度工作计划方案；

3. 拟定和发布广西哲学社会科学规划研究课题指南；

4. 使用和管理广西哲学社会科学规划研究经费；

5. 组织广西哲学社会科学规划研究课题的申报、评审工作，实施对在研项目的日常管理；

6. 组织对课题研究成果的鉴定、验收和推广；

7. 区社科规划办负责协助管理国家哲学社会科学基金项目。受全国哲学社会科学规划办公室委托，代为受理我区申请人递交的国家哲学社会科学基金项目的申请书；代为检查我区承担的在研课题的执行情况和资金使用情况；参与组织对我区承担的国家哲学社会科学基金项目研究成果的鉴定、验收和推广，并按国家哲学社会科学研究基金项目管理暂行办法进行管理。

为了发挥各市，各高等院校、科研院所、区直各有关单位的科研管理部门的作用，协助管理好广西哲学社会科学规划研究课题，区社科规划办委托各市，各高等院校、科研院所、区直各有关单位的科研管理部门做如下工作：

1. 代为受理所在地申请人递交的广西哲学社会科学规划研究课题申请书；

2. 代为检查所在地立项课题的执行情况和资金使用情况；

3. 参与组织对课题研究成果的鉴定、验收和推广。

第三章　课题申请

第九条 区社科规划办通过有关媒体向全社会发布关于申请课题事宜的通告，自通告发布之日起开始受理申请，受理期限为2个月。迟于规定截止日期寄出的申请书一律不能进入当年评审。

开始受理申请后，申请人可向区社科规划办或所在市委宣传部理论科，高等院校、科研院所、区直各有关单位的科研管理部门咨询或索购《广西哲学社会科学研究课题申请书》（以下简称《申请书》）及其他材料，也可直接从广西社会科学规划与研究网下载申报材料。

第十条 凡在广西壮族自治区工作，具备主持项目研究能力和条件的理论工作者及实际工作者均可申报广西哲学社会科学规划研究课题。申请人要求具有副教授或相当于副教授以上的高级专业技术职称，不具备者，须有两名高级专业技术职称的专业人员的书面推荐。

第十一条 广西哲学社会科学规划研究课题分重大课题、重点课题、一般课题、青年课题、一般自选课题、青年自选课题和自筹经费课题，并根据需要，设立委托课题和合作课题。青年课题的申请人及课题主要参加人员，在申报时年龄不得超过39周岁（以申请截止日期为准）。申请自筹经费课题，须有出资单位的经费资助证明。

第十二条 课题负责人必须是课题的真正组织者和指导者，并担负课题研究的实质性任务。以单位名义而无具体承担人的申请不予受理。

第十三条　一个人不得同时申报两项以上(含两项)课题。承担广西哲学社会科学规划研究课题的负责人，须待完成所承担的国家社科基金项目和区级社科课题后，才能申请新的研究课题。

第十四条　课题申报者应参照当年区社科规划办发布的《课题指南》规定的选题范围，设计具体的研究课题，并实事求是地填写《申请书》，对课题研究领域的现状、基本内容、科学创新性、可行性和经费预算等方面进行论证。课题申报人所在单位要认真审核申请书填写的各项内容，实事求是地评价课题申报人的研究能力和业务水平，签署明确意见和承担课题信誉保证。《申请书》中的"课题设计论证"活页不得出现申请人(包括参加人)姓名及所在单位，否则不予评审。

第十五条　申报自筹经费项目者，经学科专家评审，并经批准立项时，应在区社科规划办交付立项保障金，签订《立项合同书》。其目的是维护社科规划项目的科研信誉，克服立项后课题负责人不履行科研义务、浪费有限的自筹经费项目名额的弊端，确保社科规划项目的顺利实施和研究质量。

立项保障金的使用权属区社科规划办。立项保障金主要用于该项目的日常管理、成果鉴定、成果宣传推广等开支。立项保障金不返还。

自筹经费项目，除不能从区社科规划办获得资助经费和交付立项保障金外，与一般资助项目享有同等待遇。

第四章　课题评审

第十六条　区社科规划办收到课题申请书后，提交学科评审专家组进行评审，按照"依靠专家、发扬民主、择优支持、公正合理"的评审原则筛选和评审，评审课题的基本原则和要求：

1. 指南课题的设计论证和自选课题的提出及论证，符合党的基本路线和国家方针政策，对于我国社会主义现代化建设具有理论意义和实践意义的课题；

2. 对我区经济和社会发展有重要意义，可为党政领导部门决策咨询提供科学依据和论证的课题；

3. 具有广西地方特色和能发挥我区优势力量的课题；

4. 有较高的学术价值，对学科建设和发展有一定的促进和推动作用的课题；

5. 有利于弘扬民族文化和振奋民族精神，有利于吸收、借鉴和传承世界优秀文明成果的课题；

6. 研究方向明确，论证充分有力，研究方法切实可行，经费预算合理；

7. 课题组成员结构合理，具有能够按计划完成研究任务的政治素质和科研能力及其他条件；

8. 《申请书》应填写规范，符合要求；

9. 研究课题的最终成果形式为论文、研究报告、专著、译著、工具书等。所立课题数量中，青年课题不低于20%。

第十七条　项目完成时限由区社科规划办发出立项通知书之日起算，到最终成果通过鉴定为研究工作完成时间。基础理论研究课题的完成时间一般为2—3年；现实应用性、对策性研究一般为1年。

第十八条　学科评审组对课题研究计划内容的科学创新性、可行性和经费预算等方面作全面的论证评议，并采取无记名投票方式表决，三分之二以上(含三分之二)到会评委人数通过，经区社科规划办批准，才能正式立项。

第十九条　为确保评审立项的公正性，课题评审工作实行回避制度和保密制度。

1. 评审专家本人申请项目者，不得参加当年的项目评审工作。

2. 学科评审组成员应回避本人所在单位的申请项目及可能影响公正的申请项目的评审，不得作为这些申请项目的主审。

3. 保护申请者的知识产权，除区社科规划办因评审和管理工作需要外，其他人员不准擅自复制、抄录和留用申请书；有关人员不准泄露或以任何形式剽窃申请书内容。

4. 有关人员不准泄露同行评议人姓名、评审过程中发表的意见和未经审批的评审结果。

5. 评审组成员和有关工作人员，不得因项目评审收受礼金或礼品。

6. 严格限制与评审工作无关的人员参加评审会议，评审会议期间，一律不接受与申请项目有关事宜的查询。

第二十条　为维护良好的科研道德，反对科研不端行为，凡在申请中弄虚作假者，或在项目评审中违背上述规定者，一经发现并核实后，将取消申请者当年及下一年度的申请资格，取消评审专家的评审资格。

第五章　课题管理

第二十一条　经审批立项的广西哲学社会科学规划研究课题，由区社科规划办向课题负责人及其所属单位科研管理部门下达立项通知书并在有关媒体上公布项目及承担单位名称。

第二十二条　课题负责人及其所属单位科研管理部门与区社科规划办共同进行课题研究的日常管理，课题组要接受区社科规划办和课题组负责人所在单位科研管理部门的监督指导，并定期汇报课题研究进展情况，提供详细的课题计划实施情况材料。

第二十三条　根据区社科规划办的统一部署，课题负责人要将课题实施、取得成果及经费使用情况，向区社科规划办填报年度进展报告。课题负责人每年12月底前填写《广西哲学社会科学研究课题年度进展报告》(简称《进展报告》)报送所在单位。所在单位在检查考核的基础上,对《进展报告》实事求是地签署意见,报送区社科规划办。逾期不报者,缓拨经费;拒报者,不再予以拨款,课题负责人两年内不得申报新课题。

第二十四条 列入广西哲学社会科学规划研究的课题,不得随意改变研究方向和研究计划。不得随意拖延研究期限,无故拖延规定期限半年以上者,按本管理办法第二十五条处理。

第二十五条 对不作任何请示和说明,无故不完成研究任务者,区社科规划办将撤销课题,追回资助经费,并在一定范围内予以通报,该课题负责人此后三年内申报广西哲学社会科学规划研究课题将不予受理。

第二十六条 课题负责人所在单位必须保证课题研究期间课题负责人和课题组主要成员的稳定,确需变更的,按下列规定报送区社科规划办审批:

1. 课题负责人工作调动。调出、调入单位应根据有利于课题顺利实施、结题的原则进行协商。如调入单位具备保证资助课题实施的条件,可由课题负责人提出报告,将课题转调入单位执行,经调出、调入单位签署意见后报批。如调入单位不具备条件,课题负责人可在原所在单位完成课题研究,或由原所在单位更换合适的课题负责人(必须具备高级专业技术职称,并且是该课题组成员),并报区社科规划办审批(附上更换者简历、学术水平、研究能力及申请书简表所列内容等材料)。如无合适的人选更换,应办理中止手续。

2. 课题负责人一般不得代理或更换。遇有特殊情况(如出国、病休等)离开该课题研究一年以内的,课题负责人须安排合适人选代理,并报所在单位及区社科规划办备案;擅自离岗超过一年的,须更换合适的课题负责人(必须具备高级专业技术职称),由所在单位在三个月内报区社科规划办审批(附更换者简历、学术水平、研究能力及申请书简表所列内容等材料)。如无合适人选更换,办理中止手续。

第二十七条 项目负责人所在单位科研管理部门要将本单位所立项目及时建档管理。每个项目的完整档案材料(复印件)应有:(1)《立项通知书》;(2)《进展报告》;(3)《结项审批表》;(4)《结项证书》;(5)最终成果;(6)批复报告等其他应存档材料。

第二十八条 对研究计划执行不力或难以取得研究结果的课题,所在单位可建议予以中止、撤销,经区社科规划办审批并办理有关手续。

第六章　课题经费管理

第二十九条 广西哲学社会科学规划项目的资助经费由自治区财政专项拨款。项目资助经费由项目负责人按规定掌握使用,接受所在单位科研管理部门、财务部门及区社科规划办的监督检查。

第三十条 资助经费分两次拨至课题负责人所在单位。第一次在课题立项后即拨一半的研究经费作为课题的启动资金,另一半研究经费在课题完成并通过鉴定后再拨付。由于广西哲学社会科学规划课题研究经费有限,凡是已立项的广西哲学社会科学规划研究课题,课题负责人所在单位原则上应给予相应的资金配套资助。

受资助单位应按课题单独建账,专款专用,严格按照本办法进行管理。在本单位财务部门的管理监督下,课题负责人按计划自主支配使用,任何单位和个人无权截留、挪用。区社科规划办定期审计课题经费的使用情况,受资助单位应主动配合、协助审计和检查。

第三十一条 中止、撤销的课题,区社科规划办停止拨款,并负责追回已拨的研究经费。已追回的经费连同该课题的待拨经费计入次年广西哲学社会科学规划研究课题经费。

第三十二条 课题研究资助经费实行"一次核定、分期拨款、包干使用、超支不补"的办法,一般不予追加。区社科规划办委托课题负责人所在单位的财务部门管理研究经费,由课题负责人按规定掌握使用,接受所在单位科研管理部门、财务部门和区社科规划办的监督。

第三十三条 研究经费必须用于资助课题研究工作。其主要开支范围包括:

1. 资料收集费,包括打印、抄录、复印、翻译、录音、录像、上机费、上网服务费;

2. 图书资料、文具、音像制品和软件购买;

3. 印刷费、论文版面费、专著出版费;

4. 调研、差旅费:为完成研究工作而必须进行的区外调查研究所需的差旅费,其标准依照国家有关规定执行。涉及港、澳、台地区及国外的调研差旅费,一律不得列支;

5. 为完成科研课题而必须召开小型座谈会的场租费和误餐补助费,费用开支标准依照国家有关财务规定执行;

6. 按有关规定支付课题聘用人员的劳务酬金;

7. 结项后的余款,可用于成果出版补贴和续做科研经费;

8. 管理费:代管单位可以提取课题研究资助经费总额的8%作为管理费,其中区社科规划办可提取4%作为项目成果鉴定费等,项目承担单位科研管理部门可提取4%。

第三十四条 资助经费必须专款专用,不得把资助经费用于与完成该课题研究无关的开支。对违反财务制度和本规定者,区社科规划办将视情况采取警告、停止拨款、撤销资助、追回经费、通报批评、不再受理当事人或有关单位研究课题的申请等处理。情节特别严重者要追究有关人员的法律责任。

第七章 课题的鉴定、验收与结题

第三十五条 课题完成后，课题负责人须提交有关课题鉴定验收材料，办理结项手续。区社科规划办负责组织课题的鉴定工作。课题的鉴定工作由专家组成的鉴定小组来完成。参加课题鉴定的专家必须是具有副教授或相当于副教授以上的高级专业技术职称，对所鉴定的内容有较深入研究的学科带头人或实际工作者。专家鉴定小组一般为3—5人，重大课题的鉴定为5—7人，课题承担单位可以有一名专家学者参加鉴定小组。

第三十六条 课题鉴定程序：

1. 项目负责人填写《广西哲学社会科学研究课题鉴定结项审批书》（以下简称《鉴定结项审批书》），由所在单位签署意见后报区社科规划办。项目最终成果形式为论文的，鉴定前必须在国家社科类核心期刊上发表；项目最终成果形式为系列论文的，一般要求在公开刊物上发表论文3篇以上。

2. 区社科规划办对《鉴定结项审批书》和最终成果进行审查，并签署是否同意成果鉴定的意见。

3. 以会议形式鉴定的，由区社科规划办组织召开鉴定会，对鉴定成果的政治观点、学术水平、资料是否齐全清晰、应用情况等进行评议，写出书面鉴定意见，提出成果等级建议。

以通讯形式鉴定的，由区社科规划办将鉴定资料寄送给鉴定专家组成员，分别对鉴定成果的政治观点、学术水平、资料是否齐全清晰、应用情况等进行评议，写出书面鉴定意见，再由区社科规划办聘请一位专家（可以是通讯专家）汇总所有专家的鉴定意见，写出最终鉴定意见，提出成果等级建议。

4. 区社科规划办根据专家鉴定意见，作出是否同意该项目通过鉴定的结论，并确定成果等级。对于通过鉴定的项目，颁发《广西哲学社会科学研究课题结项证书》（以下简称《结项证书》）。

5. 对于未通过成果鉴定，研究成果还需要进行重要修改和补充，并需要重新鉴定的项目，由区社科规划办及时将鉴定结论通知项目负责人及所在单位，要求项目组在指定期限内对成果进行修改、补充和完善，并在指定期限内重新申请鉴定。重新组织鉴定所需的费用由项目负责人及其课题组承担。重新鉴定仍不能通过的按撤项处理。对于因政治问题或学术质量低劣而不能通过鉴定的项目，将予以撤项。

第三十七条 具备下列条件之一的研究课题可申请免予鉴定：

1. 研究成果获得省、部级二等奖以上奖励的；

2. 收到反映足以证明该研究成果已达到国内领进水平，或提出的理论、政策、建议、构想等被省部级以上党政领导机关采纳并取得明显效益的；

3. 涉及党和国家机密不宜公开，而质量已得到有关部门认可并出具证明的。

属于上述情况者，仍须填写《鉴定结项审批书》，注明免于鉴定的理由，并履行正常的结项程序。

第三十八条 需延期结项的项目，均要办理延期手续。课题延期，基础研究不得超过3年，应用研究不得超过一年。

对已到完成时间，项目负责人因病、出国或其他不可抗拒原因，在限定时间内无法提交最终成果的项目，项目负责人可考虑申请撤项，办理撤项手续。项目负责人须将已取得的研究成果（含阶段性成果和有关资料）和剩余的研究经费一并送交区社科规划办。

第三十九条 对无正当理由不能按时结项，研究工作没有实质性进展的项目，项目负责人所在单位要通知项目负责人，撤销承担的研究项目，追缴全部研究经费，并采取必要的处理措施，提出批评，且将有关情况上报区社科规划办。

第四十条 项目验收结项要符合下列条件：

1. 研究成果通过鉴定；

2. 经审计和检查，项目经费使用合理；

3. 最终成果没有知识产权纠纷；

4. 验收结项材料齐备，符合规定要求。

第四十一条 验收结项材料应包括：

1. 《鉴定结项审批书》2份（包括1份复印件）；

2. 最终成果5套，待正式出版后补交10套并附软盘；

3. 课题研究成果均应按规定标注“广西壮族自治区哲学社会科学规划研究课题”及课题批准号，未标注的不予验收；

4. 3000字以内的成果简介（内容包括：成果名称、项目名称、项目负责人、起止研究时间、主要研究方法、成果主要内容、使用与反响情况等）1份，并附软盘。

第四十二条 对于符合验收结项条件且材料齐全的区社科规划项目，区社科规划办经审核后颁发《结项证书》。

对于不符合验收结项条件或材料不全的，限期补齐。否则将不予结项。

第四十三条 鉴定或结题验收的标准和内容包括：

1. 课题研究成果是否坚持以马列主义、毛泽东思想、邓小平理论和“三个代表”重要思想为指导，是否符合党的基本路线和基本方针；

2. 课题最终成果是否达到课题申请书中有关成果的设计要求；

3. 课题研究成果中提出的理论、观点、方法和建议、对策等是否具有科学性和创造性；

4. 课题研究成果，所依据和使用的资料与数据是否准确、完整；

5. 课题研究所运用的方法以及手段是否具有可靠性和先进性；

6. 课题研究成果有何理论意义、实践意义，学术价值达到何种水平，已有或预期综合效益如何；

7. 课题研究尚存在哪些问题和不足，该领域尚有什么问题值得深入研究，今后需要朝什么方向努力；

8. 对课题研究成果是否能通过鉴定作出明确结论；

第四十四条 课题通过鉴定后，即拨另一半研究经费。课题负责人在收到这笔经费后，再填写并提交《经费预决算表》，办理结题手续。在项目通过成果鉴定或结题后，如发现有抄袭等重大弄虚作假行为的，区社科规划办有权收回其课题《结项证书》并追回研究经费。

第八章 成果管理

第四十五条 项目最终成果形式为研究报告的，全文一般要求2万字以上，内容提要3000字左右。项目最终成果形式为论文或系列论文、研究报告的，其文本内容排列顺序均为：封面、课题组名单、成果摘要、目录、正文。

项目最终成果形式为专著类的，印刷前需要在封面后另加单独一白纸页，用显著字体字号印上“广西壮族自治区哲学社会科学规划研究课题”字样，并在后记中写明本书为“广西壮族自治区哲学社会科学‘十五’规划研究项目，得到广西壮族自治区哲学社会规划领导小组办公室资助”的内容。否则，不予承认其为区社科规划项目研究成果。

第四十六条 认真做好课题研究成果的推广工作。区社科规划办、课题组和所属单位科研管理部门应积极促使研究成果最大程度地实现其学术价值、经济效益和社会效益。区社科规划办有权在其网站上公布这些研究成果，并可根据实际工作的需要将有关的研究成果提供给有关部门作为决策参考。

第四十七条 凡正式出版的广西哲学社会科学规划研究资助课题成果，其著作权和版权归属按《中华人民共和国著作权法》和《中华人民共和国著作权法实施条例》办理。

第四十八条 对外公布广西哲学社会科学规划研究课题的科研成果，应严格遵守国家有关保密的规定及制度。

第四十九条 广西哲学社会科学规划研究资助课题成果，获得国家级和省级及国家部委级奖励的，课题负责人应及时向区社科规划办提供奖励情况及证书复印件。区社科规划办将视情况给予课题承担单位和负责人奖励和通报表扬。

第五十条 广西壮族自治区哲学社会科学规划领导小组每五年举行一次优秀研究成果评奖活动。奖励的等级和办法另定。

第九章 附 则

第五十一条 本管理办法自公布之日起实行。本办法的解释权和修改权属区社科规划办。

广西哲学社会科学“十五”规划 2001年度课题指南

说 明

一、广西哲学社会科学“十五”规划课题立项的指导思想是：以马列主义、毛泽东思想、邓小平理论为指导，贯彻江泽民同志关于“三个代表”的重要思想，落实党的十五大和十五届三中、四中、五中全会精神，解放思想，实事求是，以我国特别是我区改革开放和社会主义现代化建设中的重大理论问题和实践问题为主攻方向，积极探索有中国特色社会主义经济、政治、文化的发展规律，推动理论创新，加强基础研究，注重新兴边缘交叉学科和跨学科综合研究，为党和政府决策服务，为两个文明建设服务，全面发展和繁荣我区哲学社会科学。

二、申报广西哲学社会科学课题要充分反映学科及相关领域研究新的高度，力求居于学科前沿，具有原创性或开拓性，持续研究课题应注意概述前期成果，避免低水平重复。要着眼于新的时代特点和国际局势，立足于我国特别是我区改革开放和现代化建设的实际，围绕战略性、全局性和前瞻性的重大问题，做出具有说服力和战斗力的新的理论概括。

三、广西“十五”规划2001年度课题是整个“十五”规划课题的一部分，今后不再划分“十五”课题与年度课题，全部“十五”规划课题改由过去一次性发布和申报为按若干次年度发布和申报。

四、“十五”规划2001年度的课题指南条目分为重点项目、一般项目、青年项目和自筹经费项目，申报者可据以设计具体题目。

五、在基础研究领域，有一定前期研究成果者可申报自选项目。自选项目选题不受《课题指南》具体条目的限制，但必须符合课题立项的指导思想。本年度自选项目的立项数将不超过总立项数的20％。

六、跨学科的课题，要以为主的学科进行申报，评审时将组织相关学科的专家进行评审。

七、为使“十五”期间广西哲学社会科学课题多出精品、提高结项率，论文、研究报告要在一年内完成；除特殊课题外，专著必须在二至三年内完成。除重要的基础理论研究外，鼓励以论文和研究报告作为项目的最终研究成果进行申报。最终研究成果必须符合学术规范，引用材料务必注明出处，并附重要参考文献目录。

广西哲学社会科学2001年度课题指南

（有※号的为重点课题）

马克思主义·科学社会主义

1. 论当代社会主义低潮中的理想信念教育
2. 党的第三代领导集体对马克思主义理论的新贡献
3. 社会主义道德体系研究
4. 新时期中越社会主义改革与发展比较研究

※5. 社会主义历史进程及其规律研究

党史·党建

※1. 江泽民同志“三个代表”重要思想的理论与实践
2. 广西世纪重大党史事件、人物研究

※3. “三个代表”的理论创新与理论特色
4. 近年来广西廉政建设的经验与教训
5. 国有企业改制时期思想政治工作创新研究

※6. 特殊群体思想政治工作研究
7. 加强和改进非公有制经济组织党建工作研究
8. 新时期机关党建工作研究
9. 社区党建研究
10. 当前农村党建问题研究

哲 学

1. 毛泽东、邓小平、江泽民方法论研究
2. 广西民族心理与民族精神研究
3. 广西经济社会发展战略的哲学思考

※4. 加强无神论宣传教育工作研究

经济学

※1. 广西工业化的难点问题研究

※2. 大石山区经济可持续发展研究
3. 21世纪初中国与东南亚经贸关系研究
4. “十五”时期广西农业产业化的走向及发展思路

※5. 广西支柱产业和经济新增长点研究
6. 加入WRTO后广西实施大经济战略的新构建

※7. 广西旅游资源开发与旅游业发展研究
8. 广西城镇化与城乡可持续发展研究
9. 广西与西南各省区经济联合问题研究
10. 广西与粤港澳开展经济合作研究
11. 广西商品与资本进入越南市场与桂越经济合作发展研究
12. 广西区域经济发展战略研究

政治学

1. 广西民族区域自治制度的理论与实践
2. 基层民主与基层政权建设研究
3. 党政领导的综合素质与领导水平研究
4. 关于第一把手的权力制约研究

※5. 领导制度创新与反腐倡廉关系研究

※6. “以德治国”方略研究

社会学

※1. 广西城镇发展与城镇化进程研究

※2. 广西农村社会保障体系建设研究
3. “十五”广西劳动就业问题研究
4. 广西毒品问题的社区治理与社会控制研究
5. 广西地方宗法势力的特点与治理研究
6. 广西民间纠纷问题研究

法 学

※1. 制定《广西壮族自治区条例》研究
2. 广西旅游立法研究
3. 打击邪教组织的法律问题研究
4. 广西经济犯罪防范与惩治研究
5. 广西推选村民自治制度研究
6. 打黑除恶法律问题研究

※7. 市场管理法律问题研究
8. 广西工业化、城镇化立法研究
9. 金融法律问题研究

历史学

※1. 广西革命根据地史研究
2. 中越关系史研究
3. 广西对外开放史研究
4. 桂系与广西近现代发展关系研究
5. 广西抗战时期沦陷区损失调查与史料发掘研究

民族问题研究

1. 新中国建立以来广西各民族团结进步的历史经验研究
2. 广西在西部大开发中利用民族区域自治政策研究
3. 广西少数民族生活方式变迁研究
4. 广西少数民族与周边国家民族文化关系研究

※5. 广西少数民族地区教育的现状、问题及对策研究
6. 文化转型与广西少数民族地区的文化建设研究

宗教学

1. 广西当前宗教状况调查及发展趋势研究
2. 广西少数民族民间信仰问题研究
3. 反“邪教”问题研究

文 学

1. 90年代以来广西文学的成就、特点与走势研究
2. 中越文化、文学交流研究
3. 广西少数民族文化史

※4. 新中国五十年的广西文学
5. 广西新时期文学评论的现状与发展对策研究
6. 广西文化产业开发研究

语言学

※1. 广西壮族群众学习普通话语音难点分析与对策研究
2. 广西客家方言与客家文化研究
3. 新时期语言规范问题研究

新闻学与传播学

1. 理论电视专题片创作研究

※2. 广西新闻出版史研究
3. 广西对外宣传策略及提高宣传效果研究

4. 对台宣传工作的历史及现状

人口学

1. 广西稳定人口发展水平的政策问题研究

2. “十五”期间广西人口素质的变化状况及其对策研究

3. 广西人口老龄化趋势、影响与对策研究

统计学

1. 广西社会经济统计方法和技术发展研究

※2. 广西统计制度创新研究

3. 广西区域经济社会发展综合评价方法研究

体育学

1. “十五”广西体育发展战略研究

2. 21世纪广西少数民族传统体育产业发展的探索

※3. “十五”广西体育市场开发研究

其　他

1. 中西部开发与珠江流域壮族社会文化的创造性传承性与发展

2. 西南出海通道的形成与广西社会发展

3. 开辟广西至东盟各国陆路大通道研究

※4. “西电东送”工程红水河梯级电站坝区移民农业开发与生态建设

※5. 广西建设全国最大八角、肉桂等特色香料和调味品作物种植、加工与出口基地研究

※6. 南、贵、昆经济区发展战略研究

广西哲学社会科学“十五”规划2001年度立项课题

项　目　名　称	负责人	负责人所在单位
邓小平与百色起义	邓　群	自治区党委党史研究室
贺州地区旅游文化资源开发与利用	潘立文	梧州师范高等专科学校
新时期反腐败力度研究	罗喜江	玉林师范学院科研处
广西区域经济发展战略研究	沈　云	中共北海市宣传部
新时期党风建设之规律研究	张月泉	中共广西区委党校
文化转型与广西少数民族地区文化建设研究	黄筱娜	中共广西区委党校
新桂系史与中共关系史	陈新建	中共广西区委党校
广西石山地区生态环境和生态农业建设研究	陈　华	中共广西区委党校
广西科技实力综合评价与发展对策研究	李德敏	中共广西区委党校
西部大开发中广西少数民族文化资源保护和开发利用的研究	吴　毅	中共广西区委党校
广西边境少数民族地区文化发展问题研究	项光谋	中共南宁地委宣传部
南北钦防区域经济协调发展战略研究	廖廷弼	中共南宁市委党校
基层思想政治工作研究	庞汉生	中共玉林市委
广西农村生态家园建设研究	杨　红	中共玉林市委党校
道德治国论	桂　宣	自治区党委宣传部理论处
网络思想政治工作研究	韦吉锋	广西教育学院
民族地区青少年心理健康教育理论与实践模式研究	朱家安	广西教育学院
论广西城市化道路的选择	陆际恩	广西经济管理干部学院城乡建设经济系
江泽民同志“三个代表”重要思想的理论与实践	韦有多	广西民族学院
广西城镇空间集聚与城镇化问题研究	韦复生	广西民族学院
近年来广西廉政建设的经验与教训	何龙群	广西民族学院

项 目 名 称	负责人	负责人所在单位
变迁与调适——广西山地民族医疗卫生变迁中的问题与对策	张有隽	广西民族学院
论当代社会主义低潮中的理想信念教育	甘品元	广西民族学院
论当代社会主义的道德准则	秦红增	广西民族学院
广西壮族群众学习普通话语音难点分析与对策研究	韦茂繁	广西民族学院
网上政府与地方公共行政管理	邹 伟	广西民族学院管理学院
金秀大瑶山瑶族在中国瑶学研究中的地位和意义	莫金山	广西民族学院科研处
中越文化(文学)交流研究	农学冠	广西民族学院中文学院
民族医药产业作为广西支柱产业及经济新增长点的研究	黄汉儒	广西民族医药研究所
“十五”期间广西农业产业化走向及发展思路	杨 志	广西农村经济经营管理总站
广西城市社区党建研究	覃绍峰	广西中医学院
壮族文明的起源	郑超雄	广西博物馆
公共财政管理	杨真祝	广西财政厅行政法处
市场管理法律问题研究	曹 平	广西法学会
“西电东送”工程红水河梯级电站坝区移民农业开发与生态建设	俸代瑜	广西民族研究所
广西民族区域自治制度的理论与实践	覃乃昌	广西民族研究所
广西少数民族民间信仰问题研究	覃彩銮	广西民族研究所
医疗纠纷防范与处理机制研究	李冀宁	广西卫生管理干部学院
桂林国家生态旅游示范区建设模式研究	程道品	桂林工学院
非公有制企业党建工作的实践探索和理论思考	王清荣	桂林市党史研究室
《高新技术产业开发区“一区多园”模式研究与政策设计》	李继荣	桂林市社会科学界联合会
广西旅游资源开发与旅游业发展研究	谢迪辉	桂林市政府发展研究中心
南贵昆经济区发展战略研究	郭学群	南宁市社会科学院
城市化实证研究	蒙荫莉	南宁市委党校
广西沿海地区城镇空间格局与可持续发展研究	韦善豪	钦州师专环境与经济学系
环北部湾沿岸对外开放与东南亚经济发展对壮族地区经济社会的影响	廖国一	广西师范大学
中西部开发与珠江流域壮族社会文化的创造性传承和发展	海力波	广西师范大学
广西新时期文学评论的现状与发展对策研究	莫其逊	广西师范大学
1958年南宁会议研究	罗平汉	广西师范大学社科部
广西民族地区小城镇可持续发展模式与城乡一体化战略	廖赤眉	广西师范学院
加入 WTO 与广西少数民族地区教育对策研究	唐晓萍	广西师范学院
关于第一把手的权力制约研究	唐秀玲	广西师范学院

项 目 名 称	负责人	负责人所在单位
21世纪初广西少数民族地区教育发展对策研究	彭 宁	广西师范学院
广西文化产业开发研究	何 颖	广西师范学院
广西经济社会发展战略的哲学思考	莫尔高	广西师范学院
21世纪广西体育可持续发展战略研究	刘 玲	广西体育高等专科学校
加入WTO对广西外经贸发展的影响与对策	任燮康	广西外经贸厅
国民素质教育研究	韦彩英	广西艺术学院
壮族自然崇拜文化与生态保护	廖明君	广西艺术研究所
广西壮医药教育现状调查及发展对策研究	戴 铭	广西中医学院
广西非公有制经济发展研究	吴 坚	广西社会科学院
中越社会主义比较研究	古小松	广西社会科学院
白裤瑶社会文化变迁	玉时阶	广西社会科学院
新中国50年广西文学史	李建平	广西社会科学院
广西支柱产业结构调整与经济磨擦增长点培育研究	李敦祥	广西师范大学
社会主义历史进程及其规律研究	钟瑞添	广西师范大学
邓小平思维创新方法研究	尹 鑫	广西师范大学
广西的民族交融与边疆的稳定开发	刘祥学	广西师范大学
抗战时期广西沦陷区所受损失状况及其史料发展整理研究	唐 凌	广西师范大学
新桂系统治时期广西社会发展问题研究	谭肇毅	广西师范大学
广西少数民族文艺思想的审美人类学考察与研究	王 杰	广西师范大学
90年代以来广西文学的成就、特点与走势研究	黄伟林	广西师范大学
信息化社会思想政治教育与传播的交叉研究	欧阳林	广西师范大学
广西旅游规划建设中的区域、民族、民俗特色旅游研究	周作明	广西师范大学
桂林旅游可持续发展研究	阳国亮	广西师范大学
广西大学生、青少年体育俱乐部联合开发实践与研究	韦军湘	广西中医学院
广西青年科技人力资源开发与区域经济发展	甘 霖	广西青少年研究会
广西少数民族地区教育经济政策研究	冯学军	广西区党委讲师团
广西建设全国最大八角、肉桂等特色香料调味品作物种植、加工与出口基地研究	邹荣林	广西区政府经济研究中心
广西大石山区经济可持续发展研究	吴国华	广西区政府经济研究中心
广西农村社会保障体系建设研究	丘雪薇	广西区政府经济研究中心
国有企业改制时期党建工作创新研究	郑忠诚	广西区直机关工委
广西整顿和规范市场经济秩序研究	秦 开	广西区质量技术监督局
转型期经济社会热点分析	黄 信	广西日报理论部
广西信息产业测算分析及发展战略研究	李声明	广西商业高等专科学校

项　目　名　称	负责人	负责人所在单位
促进产业结构调整升级　加快推进广西工业化研究	寿思华	广西社会科学院
领导制度创新与反腐倡廉关系研究	钟启泉	广西社会科学院
广西就业问题研究	陈洁莲	广西社会科学院
广西区域经社会发展综合评价方法研究	周建胜	广西社会科学院
开辟广西至东盟各国陆路大通道研究	赵明龙	广西社会科学院
广西城镇发展和城镇化进程研究	彭珈玲	广西社会科学院
广西革命根据地政权文书档案史研究	韦界儒	广西大学
广西毒品问题的社区治理与社会控制研究	朱其良	广西公安管理干部学院
合浦是最早海上丝绸之路始发港的研究与开发	包驰林	北海市文化局
中越北部湾划界后广西海洋渔业发展研究	李　明	广西北海市人民政府办公
广西工业化的难点问题研究	周英虎	广西财政高等专科学校
制定广西壮族自治区自治条例研究	张文山	广西大学
广西旅游资源开发与旅游产业结构调整研究	吴冬霞	广西大学
广西跨越式工业化道路问题研究	郭晓合	广西大学
从官到民的个体道德素质完善:"以德治国"的基础工程研究	余　瑾	广西大学
广西少数民族教育现状分析与对策研究	潘春见	广西大学
桂东土话、湘南土话和粤北土话比较研究	李连进	广西大学
北海市老城区及周边乡镇街历史文化研究	黄南津	广西大学
堕落与升华——西方官吏道德思想的历史考察	海　达	广西邓小平理论研究会
广西区域经济发展战略中的产业更替及新兴产业的培育与发展问题研究	顾　煜	广西工学院
入世后广西中小企业发展战略研究	张　伟	广西工学院
广西工业化进程中企业人力资源管理战略与模式选择	马　璐	广西工学院
黑社会性质组织犯罪侦查研究	覃珠坚	广西公安管理干部学院
广西少数民族地区青少年健康教育的现状、问题及对策研究	吴伟强	广西医科大学

广西壮族自治区第七次社会科学优秀成果评奖办法

第一条　为奖励社会科学优秀成果，充分调动和发挥社会科学工作者的积极性、创造性，进一步促进广西社会科学事业的繁荣和发展，更好地为广西两个文明建设服务，根据国家的有关规定，结合广西实际，制定本办法。

第二条　广西壮族自治区社会科学优秀成果奖为自治区一级奖。

第三条　广西壮族自治区社会科学优秀成果评奖贯彻尊重知识、尊重人才的方针，遵循公平、公正的原则。

第四条　广西社会科学界联合会负责广西壮族自治区社会科学优秀成果评奖的组织实施工作。

第五条　本次社会科学优秀成果奖的评选范围为：

（一）1999年7月1日至2001年6月30日公开发表的社会科学论文、调查研究报告，正式出版的专著、编著、译著、教材、科普读物、古籍整理、通俗读物、工具书；经专家鉴定组鉴定合格的调研报告、决策咨询报告或其他应用课题；内部报刊发表的调研报告、决策咨询报告，被地市以上党政部门采纳使用并产生明显社会效益或经济效益，而且有证明材料的。

（二）自治区内作者与外省、市、自治区作者合作的作品，自治区内作者应为主编或其完成的篇幅占总篇幅的50%以上（包括50%），自治区内作者是第一署名的，其完成的篇幅比例可放宽到30%。

第六条　申报参评的成果，必须符合党的基本路线，坚持四项基本原则，理论联系实际，具有较高的学术水平或应用价值。

第七条　成立自治区社会科学优秀成果评选委员会。评委会成员主要由从事社会科学工作，对评审的学科研究及应用情况熟悉，具有高级专业技术职称的专家、学者组成。评委会组成人员报自治区党委、政府审批。评委会负责制定自治区社会科学优秀成果评奖的实施细则，评议参评成果，审定获奖成果及奖励等级，决定评奖工作中的其他重要事项。

为体现评奖的公正性，评选委员会成员的成果不参评。

第八条　自治区社会科学优秀成果评选委员会下设若干学科评审组，由相关学科的专家、学者组成，负责对相关学科社会科学成果进行评审，提出获奖成果项目及其等级建议，提交评选委员会审定。

第九条　成立自治区社会科学优秀成果评选委员会办公室，设在广西社会科学界联合会，负责评奖的日常工作。

第十条　本次社会科学优秀成果奖设一、二、三等奖，各等级奖的标准是：

一等奖　选题上有重大意义，对开辟某一新兴学科有重大建树或填补某一学科的空白，具有重要的学术价值，在国内产生较大影响，或对社会经济发展和改革开放中急需解决的重大实际问题有突出贡献。

二等奖　选题上有较大意义，对完善某一学科的发展做出贡献，具有重要的学术价值，并在国内有一定影响，在自治区内有较大影响，或对社会经济发展和改革开放中急需解决的实际问题有重要贡献。

三等奖　选题上较有意义，在某一学科内的某一方面有新的突破，或对某个理论问题作出正确、富有新意的阐述，在自治区内较有影响并具有较高学术水平，或对社会经济的发展和解决改革开放中出现的实际问题有一定贡献。

第十一条　广西壮族自治区社会科学优秀成果评奖的申报程序：

（一）广西社会科学界联合会所属自治区级学会会员向所在学会申报；

（二）成立有社科联的市、地、高校社会科学工作者向所在市、地、高校社科联申报；

（三）未成立社科联的市、地、柳铁，向所在市、地、柳铁党委宣传部申报；

（四）自治区直机关未参加学会的个人，经所在单位确认盖章后，直接向自治区社会科学优秀成果评选委员会办公室申报。

第十二条　各有关单位接到申报成果后，应按有关规定做好申报成果的资格审查工作，确认合格后送自治区社会科学优秀成果评选委员会办公室。

第十三条　申报参评的成果经自治区社会科学优秀成果评选委员会评审后，由自治区社会科学优秀成果评选委员会办公室予以公告并征求异议。

第十四条　自治区社会科学优秀成果评选委员会办公室收集、整理异议情况，并报自治区社会科学优秀成果评选委员会裁决。

第十五条　经自治区社会科学优秀成果评选委员会审定的获奖成果，报自治区党委、政府批准后，召开颁奖大会。对获奖的项目，颁发《广西社会科学优秀成果获奖证书》和奖金。

第十六条　获奖者的获奖通知书，存入作者本人档案，作为考核、晋级、评定专业技术职称、享受有关待遇的重要依据。

第十七条　评奖活动所需经费，由自治区财政预算安排。

第十八条　评审人员在评审过程中，应客观公正、秉公办事，如有弄虚作假、徇私舞弊的，应取消其评审资格。

第十九条　对获奖作品，如发现申报者弄虚作假或剽窃他人成果者，一经查实，由自治区社会科学优秀成果评选委员会撤销其奖励，追回证书和奖金，并视情节轻重，提请责任人所在单位给予批评教育或行政处分。

第二十条　广西壮族自治区社会科学优秀成果评奖的具体操作规程由自治区社会科学优秀成果评选委员会办公室负责制定。

第二十一条　本办法由自治区社会科学优秀成果评选委员会办公室负责解释。

广西社会科学界联合会学会管理暂行办法

（2000年12月28日

广西社科联常委会会议讨论通过）

第一章　总　则

第一条　为了规范学会行为，增强学会活力，提高学会管理工作科学化、规范化水平，根据国家有关法律、法规和广西社科联章程，制定本办法。

第二条　学会要以马克思列宁主义、毛泽东思想和邓小平理论为指导，遵守国家的法律、法规和党的路线、方针、政策，遵循办会宗旨，努力繁荣和发展社会科学事业，为两个文明建设服务。

第三条　学会必须遵守广西社科联的章程和有关规定，接受广西社科联的业务领导和管理，履行团体会员的权利和义务。认真执行本会决议，努力完成本会委托的任务，积极参加本会组织的活动并及时报告工作情况。

第二章　学会的权利和义务

第四条　广西社科联的会员为团体会员，广西社科联吸收团体会员坚持自愿原则。凡从事社会科学研究、经民政部门登记成立的自治区级学术团体，均可申请成为广西社科联的团体会员。

第五条　凡申请加入广西社科联的社会科学学术团体，必须提交下列材料：

（一）自治区民政厅核发的社团登记证书复印件；

（二）申请成为广西社科联团体会员的报告；

（三）业务主管单位对申请报告的意见；

（四）学会章程；

（五）学会概况；

（六）学会副秘书长以上领导名单及简要介绍；

（七）学会成立以来工作情况报告。

第六条　学会的权利：

（一）根据广西社科联和学会的章程，依法独立自主地开展活动；

（二）参加广西社科联所组织的学术活动、优秀成果评奖、先进学会评选等活动；

（三）享有广西社科联的选举权和被选举权；

（四）可提请广西社科联保护自身合法、正当权益；

（五）对广西社科联的工作进行监督，提出批评和建议；

（六）向广西社科联申请支持和资助学会开展学术活动；

（七）申请退会。

第七条　学会的义务；

（一）遵守广西社科联章程，执行广西社科联决议；

（二）接受并完成广西社科联委托的任务；

（三）积极参加广西社科联组织的活动；

（四）向广西社科联报告工作及学会情况，提供学术信息和资料，推荐科研成果；

（五）按规定、按年度向广西社科联缴纳会费。

第八条　各学会所交会费主要用于组织和资助重大学术活动，编印有关资料，奖励优秀学会和学会工作先进分子等，会费收取标准按相关规定执行。学会可对其团体会员或个人会员按规定收取会费。

第九条　凡要求退出广西社科联的学会，须向广西社科联提出书面申请，由广西社科联审定。

第三章　学会组织机构

第十条　学会吸收会员，须遵循章程，坚持标准，履行手续。专业研究人员入会，一般应具有中级以上专业技术职务资格或对本学科的研究有一定造诣成果较为突出；行政和企业管理人员入会，应有一定的研究成果。凡吸收团体会员，应是与学会专业有关的依法成立的学术团体或有助于学会工作的企事业单位。对违反国家法律、法规的会员，要及时进行处理。

第十一条　学会的组织机构一般为：会员（代表）大会、理事会（如有需要亦可设常务理事会）、秘书处及其他办事机构。各学会可根据学会工作的实际需要决定组织机构的设置，学会所设置的内设机构由学会提出申请，报业务主管部门审查同意并报广西社科联备案。

具备条件的学会，须按有关规定建立学会党组织。

第十二条　学会应遵循章程规定，加强组织领导。要按照召开会员大会或会员代表会议，审议和决定学会的工作方针和重大事宜。

会员（代表）大会是学会最高权力机构，每届任期一般不超过5年。理事会是会员（代表）大会的执行机构，在会员（代表）大会团会期间领导本团体开展日常工作。理事会成员中，具有副高以上职称和年龄在45岁以下的人数一般均不少于三分之一。理事会的召开一般要求须有三分之二以上理事出席方能召开；其决议须有到会理事三分之二以上表决通过方能生效。理事会每年至少召开一次会议，情况特殊的，也可采用通讯形式召开。

学会法定代表人一般应由会长（理事长）担任，如因特殊情况需由副会长（副理事长）或秘书长担任法定代表人，应报业务主管单位审查并经社团登记管理机关批准。本社团法定代表人不能兼任其他团体的法定代表人。学会负责人一般任职不超过两届，理事会因特殊原因而延期换届一般不超过一年。学会换届选举需事先将换届报告、新一届学会秘书长以上负责人名单（含个人基本情况，即年龄、性别、民族、籍贯、工作单位及职务、职称等）书面报告业务主管部门，经审查同意后再进行选举。换届工作结束后，应将全部换届材料报广西社科联。

学会改变名称、法定代表人或负责人，学会内部组织机构调整、办事机构变更等，须经业务主管部门同意，向自治区民政厅申请变更登记，并报广西社科联备案。

第四章　学会活动管理

第十三条　学会是群众性的学术研究团体。学会应以主要精力和财力用于学术活动，不断提高学术活动的质量。要根据社会实践和学科建设的需要，制定年度的学术活动计划，积极开展学术研究、学术交流、课题调研、科普培训、咨询服务等活动。

第十四条　学会创办报纸、杂志和编辑发行其他出版物，应按国家和自治区新闻出版行政管理部门的规定办理审批手续，并报广西社科联备案。学会对所办的报刊要加强管理，坚持正确的办刊方向，努力提高报刊质量，并按期报送广西社科联。

第十五条　学会应在每年2月底前向广西社科联报送上年度工作总结和本年度工作计划。凡组织各种重大活动，须事前提出申请，经业务主管部门和上级有关部门审查同意，并报社团登记管理机关备案，如属协办的则由主办单位办理申报手续，将批准作抄报广西社科联备案。学会重大活动主要包括：学会成立大会、会员代表大会、年会、换届选举会、研讨会、展览会、涉外活动等。

第五章　学会财务管理

第十六条　学会要贯彻勤俭办会的方针，执行国家规定的财务管理制度，接受有关部门监督。财务收入应由专人负责。学会资金来源必须合法，接受和使用捐赠、资助的款物，必须符合党和国家的有关政策、法规以及学会章程规定的宗旨与业务范围，有关情况须向业务主管部门报告并以适当方式向社会公布。向社会筹集的活动资金必须专款专用，不能以任何形式挪作它用。凡年度收支情况，应经理事会审议通过。

第十七条　学会自身不得从事营利性经营活动，可结合本学科、行业及学会特点，按照国家有关法规和学会章程规定，从事社会经济、文化和社会公益事业，开展课题研究、科普培训及咨询服务。

学会为了自身的发展和开展学术活动的需要，可以投资设立企业法人，也可以设立非法人的经营机构，但不得以学会自身的名义进行经营活动。学会创办经济实体必须经工商行政管理部门登记注册，照章纳税，其所得的税后利润按规定返还给所从属的学会，学会必须将其全部用于与学会宗旨相符的事业。

学会成立咨询服务机构，从事社会科学咨询业务有偿服务，应按有关规定办理。

学会资产及其所得，任何成员不得私分，不得分红。

第六章　学会奖惩

第十八条　广西社科联按年度对所属学会实施考核，每两年评选一次优秀学会和学会工作先进分子。对违反有关规定或两年内没有活动的学会，广西社科联视情况予以劝告、限期整改，情况严重者取消其团体会员资格。

第七章　附　则

第十九条　凡经自治区民政厅登记并加入广西社科联的社会科学学会、协会、研究会，均属本办法管理范围。

第二十条　本办法自公布之日起施行，解释权归广西社会科学界联合会。

广西社科联关于加强社会科学普及工作的意见

社会科学普及工作是实施科教兴国战略的重要任务和社会主义精神文明建设的重要内容。为了贯彻落实党中央和自治区党委的有关精神，进一步做好我区的社会科学普及工作，提出如下意见。

一、社会科学普及工作的重要性和紧迫性。

社会科学是人类认识和改造社会、促进社会进步的科学。社会科学普及工作肩负着为社会主义经济建设和改革开放提供智力支持、精神动力和思想保证的重要责任，是实践“三个代表”的重要举措，是全面提高各族人民综合素质的重要措施，关系到经济发展、社会进步和民族团结的大局。江泽民同志明确指出：“社会科学研究的方向正确与否，社会科学发展状况如何?对人们的思想道德意识和社会道德方向，对经济建设，对社会的稳定和发展，都会产生巨大而深刻的影响，甚至关系到中华民族的兴衰和社会主义的命运。”社会愈向前发展，社会现代化程度愈高，社会科学的地位就愈加突出，社会科学的作用就愈显得重要。

党中央历来十分重视社会科学的发展与繁荣，十分重视社会科学的宣传与普及。1982年党中央提出要求“要推动社会科学知识的普及工作”，1999年中央17号文件明确强调把科普宣传作为思想政治教育的一项重要内容。江泽民同志对科普工作作了一系列重要指示，他在致全国科普工作会议的信中指出：“要把科普工作作为实施‘科教兴国’战略的重要任务和社会主义精神文明建设的重要内容，切实加强起来，在全社会大力弘扬科学精神，宣传科学思想，传播科学方法，使中华民族的科学文化水平不断提高。”江泽民同志在庆祝中国共产党成立八十周年大会上的讲话中再次要求：“加强科学知识、科学方法、科学思想、科学精神的宣传教育。”

建国50多年来，特别是改革开放20多年来，我区的社会科学宣传普及教育工作取得了显著的成绩，为经济建设和社会发展作出了巨大的贡献。但是，当今世界，经济全球化和政治多极化的趋势越来越快，科学技术突飞猛进，特别是高新技术和信息网络化的飞快发展和我国即将加入世界贸易组织(WTO)，对外开放将进一步扩大，各种思想文化激荡，东西方意识形态领域斗争激烈。国内改革的不断深化，促进了经济成分和经济利益、社会生活、社会组织形式、就业岗位和方式的多样化，我们面临的形势越来越复杂。这都要求社会科学要紧跟形势，加强普及工作；要求社会科学与自然科学在概念、方法、观点等方面紧密结合起来，更有效地推进社会科学的宣传普及，充分发挥社会科学作为人类认识和改造社会、促进社会进步的巨大作用。

二、我区社会科学普及工作的指导思想和基本要求

我区社会科学普及工作的指导思想是：以马列主义、毛泽东思想、邓小平理论和江泽民同志“三个代表”重要思想为指导，深入贯彻落实党的十五大、十五届五中全会精神，围绕自治区党委“三大战略、六大突破”和西部大开发战略的总体部署，大力普及科学知识，弘扬科学精神，宣传科学思想，传播科学方法，帮助广大人民群众树立正确的世界观、人生观、价值观，全面提高人们的思想道德和科学文化素质，为经济建设和社会进步发展提供智力支持、思想保证和精神动力。

通过大力加强社会科学普及工作，力争达到以下基本要求：

1. 努力提高广大干部群众社会科学知识的素质，树立起正确的世界观、人生观和价值观；积极引导人民群众建立科学、文明、健康的生活方式，努力形成学科学、用科学、讲科学的社会风气和民族精神，创造与社会现代化进程相适应的社会精神风貌。

2. 每年出版一批科普读物，开展若干科普咨询活动。特别是用科学思想、科学精神解释好改革开放和社会主义市场经济条件下出现的新情况、新问题，加强对社会热点、难点的说服工作，做到通俗易懂，群众易于接受。

3. 逐步扩大社会科学科普的普及率，并以社科界各学会、协会、研究会为基础，联合教育、广播文化影视和自然科学、科研机构等单位，形成一支宏大的科普队伍。

三、社会科学普及的主要内容和基本形式

社会科学普及的主要内容有：

1. 科学思想方面，突出地宣传普及马克思列宁主义、毛泽东思想、邓小平理论及江泽民同志关于“三个代表”的重要思想。帮助人们树立正确的世界观、人生观和价值观，坚定对马克思主义的信仰、坚定对社会主义的信念、增强对改革开放和现代化建设的信心、增强对党和政府的信任。

2. 科学精神方面，突出地宣传普及求真务实、开拓创新精神。使解放思想、实事求是。热爱科学、崇尚真理，勤于学习、善于思考，甘于奉献、勇于创新的精神在全社会大力发扬起来，增强人们的自立意识、竞争意识、效率意识、民主法制意识和开拓创新精神。

3. 科学知识方面，突出地宣传普及与现代化建设相适应的知识。尤其要宣传普及好社会主义市场经济基础知识、金融财会知识、经济管理知识以及西部大开发的相关知识、世界贸易组织有关规则和知识等。

4. 科学方法方面，突出宣传普及马克思主义唯物辩证法和方法论。使人们更多地掌握唯物辩证法和方法论并以此来分析问题和解决问题。

社会科学普及的形式要结合所要普及的内容、普及的对象等实际，采取灵活的方式：

1. 办好社科刊物、出版科普读物。现有的社科刊物是社科宣传普及的重要阵地和主要工具，也是社科普及的好形式。要探索在新形势下刊物传播社科信息、普及社科知识的新路子。有重点地组织专家学者就社会热点难点问题撰写科普读物，力求产生良好社会效益和经济效益。

2. 举办社科科普讲座。讲座是社科团体开展理论教育、学术交流、沟通信息的重要方法，适合小中范围社科普及活动，是一种见效快、普及面较广的方式。

3. 开班办学培训方式。这是一种适合于特定对象、特定时间接受具体社会科学知识教育的直接有效方式。

4. 开展咨询服务活动。就广大人民群众在日常生活、工作中碰到的问题进行解答，如开展社科科普一条街活动、举办展览等。

5. 召开研讨会。组织专家学者及实际工作者就某一专题进行研讨，把主要观点归纳整理，向社会进行普及。

四、主要措施

1. 提高认识。各市、高校社科联，各学会、协会、研究会要认真贯彻落实中央的有关精神，把社会科学普及工作作为社会主义精神文明建设的重要内容来抓，认清在新形势下搞好这一工作的重要性和紧迫性，增强搞好社会科学普及工作的责任感、使命感，给予高度的重视，列入重要议事日程。

2. 制定规划。各市、高校社科联，各学会、协会、研究会要结合本部门、本行业的实际，制订出切实可行的社会科学普及规划，有计划、有步骤，扎扎实实地开展工作。

3. 努力争取增加对社会科学普及工作的投入。主要是争取地方财政或主管单位经费拨付一部分。同时在坚持社会效益的前提下，要面向市场，适当开展各种有偿科普咨询活动。

4. 加大社会科学普及工作的创新力度。科普工作要适应新形势，采取多种方式进行，不断总结创新，使之能有效开展起来，坚持下去。

5. 加强检查和督促。各市社科联要加强对所属学会开展科普活动的领导，进行指导、监督和检查。广西社科联于每年的3月份对上年度各市、高校社科联及区直各学会、协会、研究会开展科普活动的情况进行检查。

索　　引

说　明

一、本索引是《广西社会科学年鉴·2003》的主题索引。正文中凡具有独立检索意义的完整资料，都可以通过本索引进行检索。

二、索引按汉语拼音字母(同音字按声调)顺序排列。篇目、分目作索引款目用黑体字排印，其余款目用宋体字排印。表格、图片分别在其款目后注明“表”或“图”。

三、索引款目后的数字表示款目内容所在页码，数字后的拉丁字母(a、b)分别表示索引款目所在的页码。

四、空两格起排的款目为上一主题的附见，同一主题的参见只在款目后标明页码。内容有交叉的款目，为便于读者检索，在本索引中重复出现。

A

B

C

D

E

F

G

H

J

K

L

M

N

P

Q

R

S

T

W

X

Y